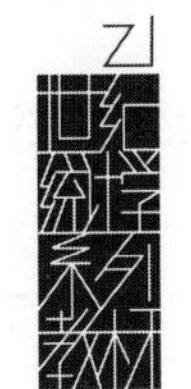

Statistics 21世纪统计学系列教材

Statistics

统计学（第二版）

金勇进　编著

中国人民大学出版社
· 北京 ·

第二版前言

统计学被称为一门“有关数据的科学”，它的作用、价值和社会公认度由其上升到一级学科而得到进一步彰显，这也是学科建设的正确定位和历史必然。当今，各种类型的数据量正在以几何级数形式增长，大数据时代的大门已经慢慢开启。在这样的背景下，学习和掌握一些统计学知识，具备运用统计方法描述和分析数据的基本能力，无疑是提升人生价值的一个重要环节。

本书是在第一版基础上修订而成的，除了保持第一版的内容体系和写作特点外，本书增添和改进的方面主要有：

1. 为了使内容的表现方式更为活泼，本版中增添了“小词典”、“知道吗”、“小常识”、“想一想”、“试一试”等栏目，将一些知识要点以启发方式提出，结合讲述的内容引导读者进一步思考和实践。

2. 为了便于使用计算机处理和分析数据，本版中采用了应用领域更为广泛的Excel软件，在各章最后，结合相关内容，给出使用Excel的具体操作步骤，配以图示，方便读者学习和使用。

3. 在本书中我们增添了一些著名统计学家的生平和学术贡献，以供读者了解。

4. 为配合第二版教材，我们还将推出与之配套的习题和解答（电子版），以方便学生和教师使用。

本书是在笔者的两名博士研究生胡丹丹、张喆的协助下完成的。他们做了大量工作，包括文字初稿的重新梳理、书中一些素材的收集，以及Excel操作步骤的介绍。对他们的辛勤劳动，我表示深深的谢意。

由于笔者水平有限，尽管十分努力，但错误和疏漏在所难免。对于书中不足，恳请各位专家和读者提出宝贵意见，以便进一步修订。

金勇进

第一版前言

翻开报纸，打开电视，登录网络，我们就会发现越来越多的数字，我们正生活在数字的海洋中。其实，每个人的生活都与这些数字息息相关，也许我们会想：

● 股市有回暖之势，股价指数不断上扬，想要投资现在是否应该进入？

● 官方公布全国职工平均工资比上年同期增长18%，我的工资上涨了多少？

● 有关方面公布的央视春节联欢晚会调查中观众满意度达到83%，这个数字是否可信？

● 类似的数据比比皆是，在好奇之余，我们不禁要询问，这些数字是怎么得出的，它说明了什么，怎样对这些数字进行恰当的分析？

统计学是一门关于数据的科学，是关于数据搜集和数据分析的科学。对于统计专业的学生，毫无疑问，统计学课程是他们最重要的专业基础课；对于非统计专业的学生，统计学课程也非常重要，它是分析和解读数据最重要的方法和工具。具备了统计学的知识，我们就可以在数字的海洋中遨游，并发现数字背后许多有趣的现象和规律。

统计学与数学有联系，因为分析数据、寻找数字背后的规律、用已有数据对未知现象进行推论、对未来的情况进行预测，都需要利用统计模型。但统计学不是数学，数学研究的是抽象的数量关系，采用的是演绎思维；统计学研究的是具体的数量关系，具有不确定性，主要采用归纳思维。本书是统计学的基础性教材，笔者在写作过程中尽量避免复杂的数学推导，具有高中水平的读者就可以读懂。

全书共十二章，具体内容如下：

第一章引论，主要讨论了数据的类型，介绍了统计学中的最基本概念和几种最常用的统计软件，使读者对什么是统计学有了一个大致的了解。

第二章数据的搜集，主要介绍统计数据是怎么来的。其实，数据的来源主要有两个，通过调查和实验可以获得不同特征的数据，而通过误差分析，就可以从某个角度解读数据的质量。本章的核心是通过什么样的技术手段来获取高质量的统计数据。

第三章和第四章是姐妹章，名称分别为“数据的描述1——数据的直观显示”和“数据的描述2——重要的统计量”。第三章主要介绍了统计表和统计图，不同统计表、统计图的特征和应用场合，以及如何制作规范的统计表、统计图；第四章介绍了一些重要的统计量以及每个统计量的作用和特点。数据的描述既是统计分析的一个组成部分，也为后面要讲到的统计推断做了铺垫。

第五章概率和概率分布，这是统计推断的理论基础。在高等学校中，概率论课程是一门重要的基础课程，学过概率论课程的读者可以略过本章。

第六章参数估计，本章讲授利用样本统计量对总体参数进行估计的方法，包括参数估计的基本原理，进行点估计、区间估计的方法，以及进行区间估计时确定合适样本量的方法。参数估计是统计推断的重要内容。

第七章假设检验，这是统计推断的另一个重要内容。该方法先对研究总体的参数提出假设，然后利用样本数据检验事先所做假设是否合理，实质上是通过判断样本信息与原假设是否有显著性差异来确定原假设的可信度。

第八章列联分析，这是统计推断方法在定性数据上的应用。列联分析包括拟合优度检验和独立性检验，本章对这些定性数据的检验内容进行了比较详细的讨论。

第九章方差分析，这种统计方法应用于分析分类型变量与数值型变量相互之间的关系，是假设检验方法在不同数据类型应用上的延伸。本章主要介绍了单因素方差分析和双因素方差分析，有助于加深我们对统计思想的理解。

第十章相关与回归，主要讨论变量之间的关系。本章通过统计建模的方法，将变量之间联系的密切程度数量化，并通过对模型系数的求解，实现统计预测的功能。本章内容有非常广阔的应用空间。

上面的第六章至第十章都是统计推断中的经典内容，而第十一章和第十二章主要是对动态统计数据进行描述和分析的方法。

第十一章时间序列分析，本章内容既包括对动态数据进行描述的方法，也包括对动态数据进行统计推断的方法，本章介绍的统计方法也可用于预测。

第十二章指数，这是另一类描述事物动态变化的方法和工具，在社会经济生活中，指数方法有着广泛的应用。本章主要介绍指数理论，包括指数的编制、指数的分解以及如何利用指数进行分析，本章还介绍了经济生活中几种重要的指数。

本书的写作具有如下几个特点：

(1) 尽量通俗易懂，避免复杂的数学推导。统计学中有许多定理，而不同的统计方法又有不同的数学性质。本书在写作时，尽量以通俗易懂的方式，采用逻辑叙述和分析的方法，解释公式背后的统计思想，避免枯燥的数学公式推导。一些重要且必要的公式推导，均放到各章最后，并以附录形式表现，既使略去这些推导，也不妨碍读者对全书的理解。

(2) 计算机的迅速发展，解决了统计计算中的诸多问题，使不同的统计方法有了更广阔的应用空间。面对这种情况，本书在相应的计算部分都应用了计算机，同时介绍了统计软件的操作步骤和输出结果，而不必进行繁杂的手工计算。本书的统计软件以使用最广泛的SPSS软件为模版，相应计算机操作的具体步骤均在附录中说明，以不影响全书正文表达的紧凑。

(3) 本书的写作以应用为背景，在统计方法介绍中突出应用的特点，同时强调读者的动手能力，各章均有一些思考题和计算题，并附之计算题的参考答案，供读者在练习中参考。

本书可以作为非统计专业统计学课程的教学用书，也可以作为其他人员学习统计方法的参考书。

本书是集体劳动的成果，由我和我的研究生们共同完成。其中，金勇进负责全书编写大纲的设计，并负责第一章和第八章的写作；其余各章由我的学生分别提供初稿，具体为谢佳斌（第一章与金勇进合作，第六章），张璞（第二章，第九章与汤琰合作），陶然、王俊合作（第三章，第四章，第十一章），艾小青（第五章），汤琰（第七章，第九章与张璞合作），黄媛（第十章），孙欣（第十二章），金勇进对全书进行了最后的修改和总纂，张璞为全书进行了技术处理。在此，向这些同学表示深深的谢意！同时，感谢中国人民大学出版社为出版本书所付出的辛勤劳动。

尽管我们十分努力，但书中一定会有不少错误和缺憾。对于书中的不足，恳请各位专家和读者提出宝贵意见。

金勇进

目　录

第 1 章 引　论

Chapter 1

“初步核算，2013 年上半年国内生产总值 248 009 亿元，按可比价格计算，同比增长 7.6%。其中，一季度增长 7.7%，二季度增长 7.5%。分产业看，第一产业增加 18 622 亿元，增长 3.0%；第二产业增加 117 037 亿元，增长 7.6%；第三产业增加 112 350 亿元，增长 8.3%。从环比看，二季度国内生产总值增长 1.7%。”①

我们每天在网络上、在报纸和杂志中都会看到类似的新闻，它们中间包含着大量的数据和图表。从中可以看出统计在日常生活中的作用越来越大，而且随着计算机的普及和发展，掌握统计理论和知识是人们必备的素质。通过对本章的学习，你将了解统计的基本含义、统计学中的基本概念和常用的统计软件。

1.1　统计数据与统计学

1.1.1　统计数据

我们每天都可以在报纸上、网络上和电视中看到或听到各种数据。例如，“2013 年二季度企业景气指数为 120.6，比一季度低 5.0 点，但仍明显高于 100 的景气临界值，企业运行仍处在景气区间。其中，反映企业当前景气状态的即期企业景气指数为 117.0，比一季度低 2.0 点；反映企业未来景气预判的预期企业景气指数为 123.0，比一季度低 6.9 点。二季度，企业家信心指数为 117.0，比一季度低 5.4 点。”又如北美票房数据（见图 1—1）。

① 数据来源于国家统计局。

北美 2013年第4周（1月25日-27日）

本周	上周	周数	片名	出品公司	周末票房	累计票房	院线
1	N	1	《女巫猎人》Hansel and Gretel: Witch Hunters	派拉蒙	$19,000,000	$19,000,000	3,372
2	1	2	《妈妈》Mama	环球	$12,860,000	$48,648,000	2,160
3	3	11	《乌云背后的幸福线》Silver Linings Playbook	温斯坦	$10,000,000	$69,465,000	2,641
4	2	6	《猎杀本·拉登》 Zero Dark Thirty	索尼	$9,800,000	$69,904,000	2,946
5	N	1	《帕克》Parker	FD	$7,000,000	$7,000,000	2,927
6	7	5	《被解放的姜戈》Django Unchained	温斯坦	$5,005,000	$146,295,000	3,102
7	N	1	《电影43》Movie 43	Rela.	$5,000,000	$5,000,000	2,027
8	4	3	《匪帮传奇》Gangster Squad	华纳	$4,200,000	$39,647,000	3,103
9	5	2	《破碎之城》Broken City	福克斯	$4,000,000	$15,270,000	2,927
10	8	5	《悲惨世界》Les Miserables (2012)	环球	$3,912,000	$137,237,000	2,927

图 1—1 北美票房数据统计图

资料来源：http://ent.163.com/special/2013pfb/.

类似的还有股票行情、物价指数、房价波动、汇率变化，乃至交通事故数、死亡人数等各种数据。数据是统计的起点，数据绝大多数是由数字构成的，但是数据不能单纯地理解为数字。我们可以把数据理解为有内涵和逻辑结构的数字。例如，以 40 为例，数字 40 本身没有什么意义，当我们听说某人的体温为 40℃时，这个人肯定是发烧了，因为人的正常体温平均在 36℃～37℃。统计就是利用数据来进行分析和推断的，因此有必要了解数据的类型。

统计数据按照所采用计量尺度的不同可划分为三种类型（见图 1—2）。一是**数值型数据**（quantitative data），是指用数值尺度测量的观察值。例如，GDP 等宏观经济运行数据，每天进出海关的旅游人数，某地流动人口的数量等。数值型数据的表现就是具体的数值，统计处理中的大多数数据都是数值型数据。二是**分类型数据**（categorical variable），是指对数值进行分类的结果，例如人口按性别分为男、女两类，受教育程度也可以按不同类别来区分。这种数据通常用频数（率）表示分类的结果，例如某地区男性常住人口占 52%，女性占 48%。三是**顺序型数据**（ordinal data），是指数据不仅是分类的，而且类别是有序的，例如满意度调查中的选项有“非常满意”、“比较满意”、“比较不满意”、“非常不满意”等。在这三类数据中，数值型数据由于说明了事物的数量特征，因此可归为**定量数据**（quantitative data）；分类型数据和顺

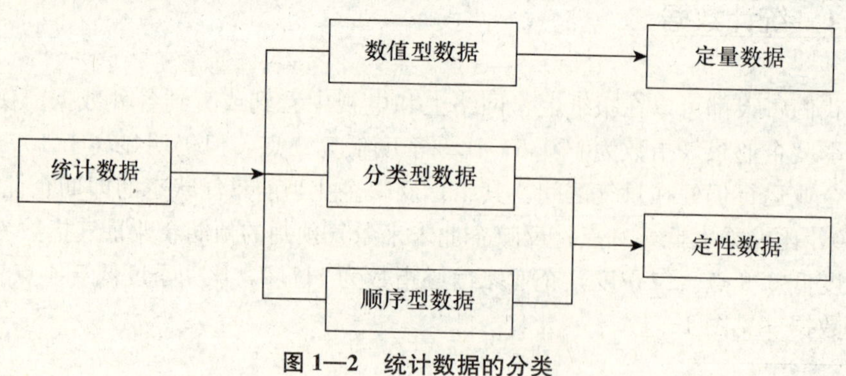

图 1—2 统计数据的分类

序型数据由于定义了事物所属的类别，说明了事物的品质特征，因此可统称为**定性数据**（qualitative data）。区分数据的类型非常重要，这是因为不同类型的数据在一些情况下，需要运用不同的统计方法进行处理。

试一试

在健康体检中会检查很多项目，试分析下面设计的数据属于哪种类型？

身高（厘米）、体重（公斤）、血压（毫米汞柱）、辨色（是色盲/不是色盲）、有无眼疾（有/无）、肝功能（阴性/阳性）。

此外，还可以从其他角度对统计数据进行划分。

按照收集方法的不同，可将统计数据分为**观测数据**（observation data）和**试验数据**（experimental data）两类。观测数据在没有对事物进行人为控制的条件下得到，是通过调查或观测而收集到的数据，主要集中在社会经济领域。例如，通过对商品零售价格变动水平的测量可以得到商品零售价格指数，通过对股票价格变动水平的测量可以得到股票价格指数。试验数据指的是通过在试验中控制试验对象而收集到的数据，主要集中在自然科学领域。比如某种新型电池的使用寿命、一种新型降压药疗效的试验数据等。

按照是否与时间相联系，还可以将统计数据分为**截面数据**（cross-sectional data）和**时间序列数据**（time series data）。表1—1中的数据为截面数据，描述了现象在某一时刻的变化情况。表1—2中的数据则为时间序列数据，描述了现象随时间变化的情况。

表1—1　　2013年5月汽车销量排行榜

厂商	品牌	车型	本月销量	本年累计
上海大众	大众	大众朗逸	30 534	185 957
上海通用	别克	别克凯越	24 756	124 832
长安福特	福特	福克斯	30 856	187 605
东风日产	日产	日产轩逸	19 428	93 986
一汽大众	奥迪	奥迪 A4L	9 856	58 960

资料来源：汽车销量网，http://www.qichexl.com。

表1—2　　2013年1—5月我国全社会客货运输量数据

月份	1	2	3	4	5
客运量（亿人）	33.23	34.00	32.39	32.36	32.72
货运量（亿吨）	33.68	30.15	34.91	35.64	35.27

资料来源：国家统计局，http://www.stats.gov.cn/tjsj/jdsj/t20130626_402907403.htm。

1.1.2　统计学

统计学是一门收集、整理和分析数据的科学，只要有数据的地方，就有统计学的应用。收集数据研究如何得到数据，与之对应的是统计学中的抽样调查和试验设计等理论；整理数据指的是将数据用图或表的形式展现出来，与之对应的是描述统计的方法；分析数据指的是选择适当的统计方法研究数据，并从数据中提取有用的信息进而得出结论，更多地对应于推断统计的理论与方法，包含参数估计、假设检验、相关分析、回归分析、时间序列分析等诸多内容。

统计学的应用领域非常广泛，它是一门几乎适用于所有学科领域的关于通用数据分析方法的科学。无论是学术研究、政府管理，还是公司或企业的生产经营管理，都离不开统计方法的应用。表 1—3 列出了统计学的一些应用领域，可以看到，统计无处不在。

表 1—3　统计的应用领域

Actuarial work（精算）	Hydrology（水文学）
Agriculture（农业）	Industry（工业）
Animal science（动物学）	Linguistics（语言学）
Anthropology（人类学）	Literature（文学）
Archaeology（考古学）	Manpower planning（劳动力计划）
Auditing（审计学）	Management science（管理科学）
Crystallography（晶体学）	Marketing（市场营销学）
Demography（人口统计学）	Medical diagnosis（医学诊断）
Dentistry（牙医学）	Meteorology（气象学）
Ecology（生态学）	Military science（军事科学）
Econometrics（经济计量学）	Nuclear material safeguards（核材料安全管理）
Education（教育学）	Ophthalmology（眼科学）
Election forecasting and projection（选举预测和策划）	Pharmaceutics（制药学）
Engineering（工程学）	Physics（物理学）
Epidemiology（流行病学）	Political science（政治学）
Finance（金融）	Psychology（心理学）
Fisheries research（水产渔业研究）	Psychophysics（心理物理学）
Gambling（博彩业）	Quality control（质量控制）
Genetics（遗传学）	Religious studies（宗教研究）
Geography（地理学）	Sociology（社会学）
Geology（地质学）	Survey sampling（抽样调查）
Historical research（历史研究）	Taxonomy（分类学）
Human genetics（人类遗传学）	Weather modification（气象改善）

资料来源：贾俊平、何晓群、金勇进：《统计学》，4 页，北京，中国人民大学出版社，2007。

当今世界，随着信息技术，特别是数据库技术的发展，社会各行业和领域收集、存储数据的能力有了很大的提升，同时也积累了大量的数据，这为统计学自身理论的进一步发展和在社会各领域中的更广泛应用提供了机遇。在知识经济和信息时代，统计学具有十分广阔的前景。

1.1.3　统计学的类型

统计学有两个分支，分别是**描述统计**（descriptive statistics）和**推断统计**（inferential statistics）。

小词典

描述统计是统计学的一个分支，主要指收集、分析和展示数据的方法。

日常生活中遇到的数据大多是杂乱无章的，描述统计的目的就是利用图形、表格和指标等形式展示数据，帮助读者理解数据要表达的含义。这些内容在后面的第2章、第3章、第4章会有详细介绍。

小词典

推断统计是统计学的一个分支，主要指根据收集到的样本对总体进行推断的方法。

描述统计方法能够实现一些基本目标，但是受到人力、物力和财力的影响，在大多数情况下，我们不能获得全部总体的资料，因此我们需要利用得到的部分样本信息来对总体进行推断，这就是推断统计。可见推断统计在实际生活中有重要的应用，这部分内容在本书第5章、第6章、第7章会为大家详细介绍。

知道吗 陈希孺（1934—2005），国际著名数理统计学家、中国科学院院士、《中国科学院研究生院学报》主编、中国科学院研究生院教授，出生于长沙市北湘江之滨。研究领域主要为线性模型、U统计量、参数估计与非参数密度、回归估计和判别等数理统计学若干分支。他长期在中国科学技术大学工作，影响并培养了不少数理统计学家。

1.2 一些基本概念

1.2.1 随机性和规律性

许多社会现象是随机的，带有不确定性。例如，买一注“双色球”福利彩票，能否中奖是不确定的；在耕好的土地中播下1 000颗种子，有多少会发芽也是不确定的。也有许多社会现象是有规律的，比如，人口密度高的地方犯罪率通常也比较高。

现实中，随机性与规律性并非完全对立，社会现象通常是随机性和规律性的有机结合，随机之中带有规律性。抛一枚质地均匀的硬币，可能出现正面朝上，也可能出现反面朝上，其结果是随机的。但是，随机之中又有规律，如果重复抛该硬币若干次，则硬币正面朝上出现的频率会随着重复次数的增加逐渐趋于0.5这个数值。图1—3记录了500次抛硬币试验中正面朝上出现频率的波动情况。在重复次数较少时，该频率波动剧烈；随着重复次数的增加，该频率波动的幅度在逐渐减小，并逐渐向 0.5 靠拢。

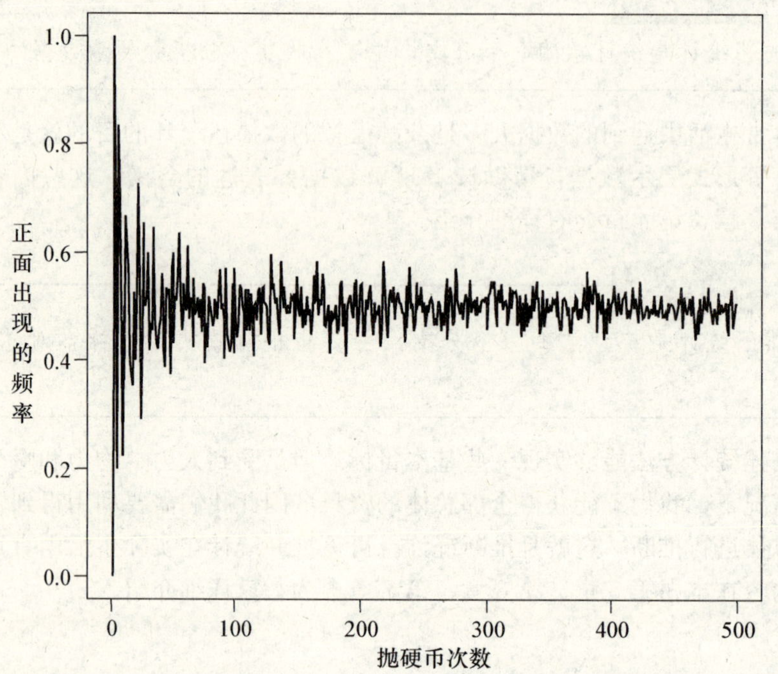

图 1—3 抛一枚质地均匀的硬币，正面朝上出现频率的变化趋势

类似的例子还有很多。你很难预测股价在某一天是上涨还是下跌，但是，作为国民经济的晴雨表，在经济向好的那些年份，股票价格指数总的趋势是上涨的。人的身高很难预先确定，受生活习惯、基因、体育锻炼等因素的影响，存在较大的个体差异，带有一定的随机性。但是，从总体来说，我国公民的平均身高却是非常稳定的，并随着生活水平的提高在逐渐增大。这都说明了随机之中又有规律，这种规律称为**统计规律**（statistical regularity）。

对统计数据进行分析，就是利用数据产生的随机性和统计规律进行推断和决策。例如，要比较甲、乙两所高中的英语教学水平，分别从两所学校随机抽取 30 名学生进行试卷测试。一般情况下，两个学校学生的成绩会有差异。这种差异，有可能来源于抽取到的学生水平不同，也有可能来源于两所高中英语教学水平的不同。在很多情况下，我们会面临不同背景的观测数据，需要研究这两组不同背景的数据是否来自于同一随机现象，即需要研究两组数据之间的差异是否大到超过随机性本身所能解释的程度，这种研究的理论是概率论。

1.2.2 概率和机会

概率是对机会的描述，度量了某件事情发生的可能性，其取值在 0 和 1 之间（也可能是0和1)。概率为0对应那些绝对不可能发生的事情，比如在标准大气压下，水加热到60℃就沸腾，这是不可能的。概率为1对应那些一定会发生的事情，比如在真空状态下，自由落体在经过t秒钟后，落下的距离s必定是$gt^2/2$。现实中，概率为0或1的事件都比较少，大部分事件发生的概率都介于0和1之间，为随机事件。这样的例子有：

(1) 随意掷一枚骰子，出现的点数为6；

(2) A，B两队进行一场足球比赛，比赛结果为平局；

(3) 在某交易日，上证指数以红盘报收；

(4) 某对新婚夫妇生下的是一名男孩；

(5) 某天出现雷雨天气。

对这些随机事件以概率的形式进行表述，可以为进一步的统计推断提供基础。

1.2.3 参数和统计量

统计学经常涉及参数和统计量的概念。为研究某一问题，需要对研究对象进行界定。在统计学中，将所要研究的全部个体（数据）的集合称为**总体**（population），其特征的一些概括性数字度量称为**参数**（parameter）。例如，某一地区的平均受教育年限、一批袋装牛奶的合格品率等。

作为总体特征概括性的数字度量，参数的种类可以有很多，但研究者通常关心的主要有以下几种：总体平均数（记为μ）、总体方差（记为σ^2）、总体比例（记为π）等。

现实中，研究对象的范围虽然容易（有时候也不容易）界定，但是要收集与这些研究对象相关特征相联系的全部数据却很困难，这涉及时间、人力、物力、财力等诸多因素。例如，想要知道全国的总人口数，若逐个进行统计，实施普查，则花费的时间和费用是惊人的，现阶段只能每十年进行一次人口普查。有时，对应的研究对象还可能是无限总体，即该总体所包括的元素是无限、不可数的，此时收集总体的全部数据根本不可行。例如，在科学试验中，每一个试验数据可以看做总体的一个元素，而试验可以无限地进行下去。为此，一个很自然的想法是我们不必去收集总体的全部数据，而是从总体中随机抽取一小部分元素形成**样本**（sample），根据样本提供的信息来推断总体的特征。比如，在我国每年进行一次1%人口调查；从出厂的某批次灯泡中随机抽出几个检测其寿命等。

与参数相对应，用来描述样本特征的概括性数字度量称为**统计量**（statistic）。统计量根据样本数据计算得出，是样本的函数。常用的统计量和参数类似，主要有样本平均数（记为$\bar{x}$）、样本方差（记为s^2）、样本比例（记为p）等。

统计学中的绝大多数问题都是研究如何根据统计量去推断参数的。例如，如何用样本平均数（$\bar{x}$）去估计总体平均数（μ），如何用样本方差（s^2）去估计总体方差（σ^2），如何用样本比例（p）去估计总体比例（π）等。图1—4形象地展示了这一过程。

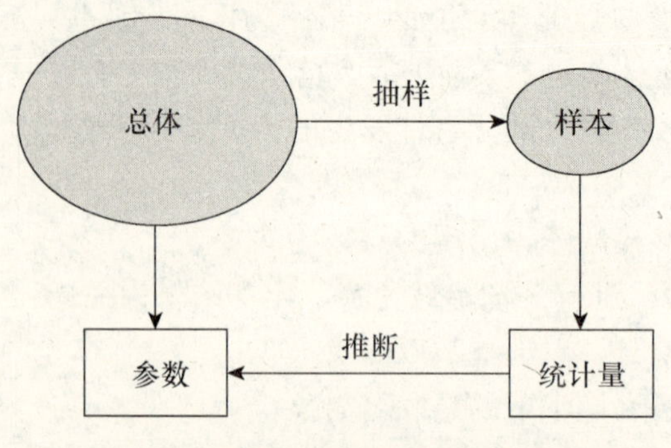

图 1—4　绝大多数统计问题的本质

1.2.4　变量

1. 变量与变量类型

变量与常量（也叫常数）相对，是说明随机现象某种特征的概念。例如，某所小学每天上课的人数是不同的，可能今天多几个，明天少几个，因为有些人生病请假，有些人逃学，还有些人因为其他原因没有来，上课的人数就是一个变量，但学校登记注册的学生人数则是常量，是一个固定的已知数字。

事实上，所有随机取值的数据都归属于某个变量，是变量的某次具体实现。数据可划分为定性数据和定量数据两类。类似地，变量也可区分为**定性变量**和**定量变量**。性别、受教育程度等都是定性变量，而商品销售额、职工工资等则都属于定量变量。统计学所面对的是变量之间的关系。

2. 变量之间的关系

事物是普遍联系的，作为随机现象某种特征的表达，变量之间同样存在着千丝万缕的联系。与区分数据的类型类似，这里同样需要区分不同变量类型之间的关系，因为研究不同变量类型之间的关系，对应着不同种类的统计模型。

按照变量所属类型的不同组合，可以将变量之间的关系区分为定性变量之间的关系、定量变量之间的关系和定性变量与定量变量之间的关系。

性别与文化程度是否相关，不同国家的人民对陌生人的态度倾向是否存在差异，居民家庭订阅报纸和开通网络宽带之间是否有联系等，这些都属于定性变量之间的关系。研究定性变量之间关系的统计模型与方法主要有列联分析、对数线性模型等。

广告投入是否会影响销售额，城镇居民人均收入对人均支出的影响有多大，复习时间和考试成绩之间存在必然联系吗，这些都是定量变量之间的关系。研究定量变量之间关系的统计模型与方法主要有线性回归、非线性回归等。

手机品牌和手机销售量之间的关系，是否违约和信用卡用户年龄、月收入之间的关系，上市公司所属行业与其八大基本财务指标之间的关系等，都可归为定性变量与定量变量之间的关系。研究此类关系的统计模型与方法主要有方差分析、logistic 回归、判别分析等。

在上述统计模型与方法中，有些是较为基础的内容，会在本书的相关章节予以介绍，比如列联分析、方差分析和回归分析；有些则属于更高层次的内容，需要参阅相关专业统计书籍。

1.3 统计与统计软件

随着科技的飞速发展和计算机的普及，原本显得枯燥、庞大的统计计算工作，如今大多可以通过统计软件由计算机完成，这为统计应用的普及提供了条件。

统计软件的种类很多，这里介绍常见的几种。

1. Excel

虽然严格说来，Excel并不是一款统计软件，但它自带了一些统计计算功能。在Excel中设计了种类十分齐全的统计函数，并且通过加载宏安装的数据分析功能，能够实现一些诸如方差分析、线性回归等简单的统计计算。Excel软件是当前应用最为广泛的数据分析软件，其普及性强，易操作。

2. SPSS

SPSS的全称是Statistical Product and Service Solutions，即统计产品与服务解决方案，是目前非常受欢迎的一款统计软件。SPSS囊括了各种成熟的统计方法与模型，并提供了各种数据准备与整理技术。

3. SAS

SAS系统的全称为Statistics Analysis System。在数据处理和统计分析领域，SAS系统是一款权威统计软件。SAS系统以编程为主，在编程操作时需要用户对所使用的统计方法有比较清楚的了解，非统计专业人员掌握起来比较困难。

4. S-plus

S-plus是由美国MathSoft公司开发的一款基于S语言的统计软件，是世界上公认的三大统计软件之一，主要用于数据挖掘、统计分析和统计作图。S-plus最大的特点在于它可以交互地从各方面发现数据中的信息，并很容易实现一种新的统计方法，兼容性好。

5. R

R是一款国际自由统计软件，由一群致力于推广统计应用的志愿者组织管理。R完全免费，其统计功能的实现源自不断加入的由各个研究方向的统计学家编写的程序包，是目前更新速度最快的软件。R同样需要编程，但与SPSS和SAS中的编程语言相比，R语言是彻底面向对象的统计编程语言，十分简洁、高效。R的官方网站是http://www.r-project.org，从这个网站上可以下载到各种程序包及相关资料。

6. Eviews

在时间序列数据的分析和处理上，Eveiws是一款非常专业的软件，擅长处理多种常用的计量经济模型。Eviews 通过建立序列间的统计关系式，实现预测和模拟等功能。该软件在科学数据分析与评价、金融分析、经济预测、销售预测和成本分析等领域应用广泛。

还有许多其他的统计软件，这里不一一列举。值得注意的是，统计软件的使用必须建立在熟悉相关统计理论与方法的基础上，否则容易误用。而学习统计软件的最好方式是在使用中学习，并多看帮助和说明。由于 Excel 是 Office 的常用软件，普及性较强，因此本书以 Excel 为例介绍各种统计方法在统计软件上的实现。

□ 本章小结

统计学是一门收集、整理和分析数据的科学，正因为如此，统计学和统计数据密不可分。本章第 1 节从现实中的统计数据出发，讲述了统计学和统计数据之间的关系。由于不同类型的统计数据对应不同的统计方法，因而，区分统计数据的类型非常重要。第 1 节从不同的角度对统计数据的类型进行了划分。

本章第 2 节是对统计学中一些基本概念的介绍，主要有随机性和规律性、概率和机会、参数和统计量、变量等。这里既有统计思想，如随机性和规律性的关系，也有统计术语，如参数、统计量、变量等。这些思想和术语贯穿全书。

现代统计应用与统计软件紧密相联，统计方法需要利用统计软件实现。本章第 3 节介绍了几款常用的统计软件。学习统计软件的最好方式是在使用中学习，并多看帮助和说明。

□ 习　题

1. 指出下面的数据中哪些是离散数据，哪些是连续数据：

(1) 气象局每隔 1 小时记录的风速；

(2) 股票市场每天抛售的股票数；

(3) 公务员的年收入。

2. 某部设备的可靠性是以其中某一个指定部件的寿命来度量的，为分析该设备的可靠性，试验了 200 部设备的部件，一直到它们失效为止，同时记录下它们的寿命。分析感兴趣的总体是什么，样本是什么，并指出数据类型。

3. 指出下面数据的类型：

(1) 体重；

(2) 民族；

(3) 空调销量；

(4) 购买商品时的支付方式（现金、信用卡）；

(5) 学生对某教学改革措施的态度（赞成、中立、反对）。

4. 一项调查表明，北京市大学生每学期在网上购物的平均花费是500元，他们选择在网上购物的主要原因是“价格实惠”，试问：

(1)“大学生在网上购物的原因”是分类型变量、顺序型变量还是数值型变量?

(2) 在这个问题中，总体参数是什么?

(3)“北京市大学生每学期在网上购物的平均花费是500元”是参数还是统计量?

5. 一家研究机构从IT从业者中随机抽取800人作为样本进行调查，其中70%的人月收入在5 000元以上，40%的人的消费支付方式是信用卡，试问：

(1) 月收入和消费支付方式分别属于哪种变量，分类型、顺序型还是数值型?

(2) 这一研究涉及的是截面数据还是时间序列数据?

6. 小方对下面这句话很不理解，“虽然现在很多统计问题可以通过统计软件来解决，但要时刻提防得到错误的结果”。用计算机得到的结果难道会有错吗？请你解答小方的疑问。

第 2 章 Chapter 2 数据的收集

现在是信息时代，随着网络的日益普及、多媒体技术的更新换代，人们周围充满着形形色色的数据信息。例如，股票行情、物价指数、外汇汇率、离婚率、房价、流行病等相关数据，以及国家统计局定期发布的各种宏观经济数据、海关发布的进出口贸易数据等。人们在进行决策时通常需要收集相关信息，例如高三学生在高考填报志愿时选择哪所高校，选择什么专业；股民投资选择哪类行业的股票，在什么价位买进，等等。我们所讲的统计学就是关于数据的科学，数据是统计分析的基础，数据质量的优劣直接影响着统计分析结果的准确性。

获取高质量的数据，是一项系统工程。其中涉及很多问题。例如，我们从哪里获得数据？谁向我们提供数据？如果需要调查，调查对象是谁？如何从众多的调查对象中抽样？怎样实施调查？对于需要通过试验方法获得的数据，我们如何更有效地设计试验以便获得更准确的数据？本章将为读者全面呈现获得数据的整个流程以及所涉及的方法。

2.1 数据来源

从统计数据本身的来源看，它最初都来源于直接的行政记录、调查或试验。但是，从使用者的角度看，数据来源主要有两种渠道：一是其他人的调查、试验或行政记录数据，这是数据的间接来源，我们称通过这种渠道获得的数据为第二手数据或间接数据；二是直接的调查和科学试验，这是数据的直接来源，我们称通过这种渠道获得的数据为第一手数据或直接数据。本节将从使用者的角度，对这两种获取数据的渠道分别予以介绍。

2.1.1 数据的间接来源

对于大多数使用者来说，亲自去做调查往往是不可能的也是不必要的。我们大多会使用其他人调查或者试验得到的数据，对与研究变量相关的原有信息进行重新加工、整理，使之成为我们进行统计分析可以使用的数据，我们把这些数据称为间接数据或第二手数据。

从收集的范围看，第二手数据可以取自系统外部，也可以取自系统内部。取自系统外部的主要渠道有统计部门和各级政府部门公布的有关资料，如定期发布的统计公报，定期出版的各类统计年鉴；各类经济信息中心、信息咨询机构、专业调查机构、各行业协会和联合会提供的市场信息和行业发展的数据情报；各类专业期刊、报纸、书籍提拱的文献资料；各种会议，如博览会、展销会、交易会及专业性、学术性研讨会上交流的有关资料；从互联网或图书馆查阅到的相关资料等。取自系统内部的资料，如果就经济活动而言，则主要包括业务资料，如与业务经营活动有关的各种单据、记录和凭证等；经营活动过程中的各种统计报表；各种财务、会计核算和分析资料等。随着互联网的发展，大量的电子版数据公布在各国政府部门和企业的网站上，充分利用搜索引擎，例如百度、谷歌等，我们可以获取所需要的各种数据，不仅可以节省收集数据的时间，而且可以省去数据录入的麻烦。

相对来说，这种第二手数据的收集比较容易，收集数据的成本低，花费的时间短。第二手数据的作用也非常广泛，除了可以用于分析所要研究的问题之外，这些资料还可以提供研究问题的背景信息，帮助研究者首先进行探索性分析，回答和检验某些疑问和假设，寻找研究问题的思路和途径，从而可以更好地定义问题。因此，收集第二手数据是研究者首先要考虑并采用的。分析问题也应该首先从对第二手数据的分析开始。

但是，第二手数据也有很大的局限性，研究者在使用第二手数据时要保持谨慎的态度。因为第二手数据并不是为研究者研究特定的问题而量身定做的，它在解决你所研究的问题方面可能是有欠缺的，如数据的相关性不强、口径不一致、数据时效性不强等。因此，在使用第二手数据前，对第二手数据进行评估是必要的。

对第二手数据进行评估需要考虑下面一些内容：

（1）数据是谁收集的？这主要是考虑数据收集者的实力和社会信誉度。例如，对于全国性的宏观经济数据，与某个专业性的调查机构相比，政府有关部门公布的数据可信度更高。

（2）是为什么目的而收集的？一般来说，为了某个群体的利益而收集的数据是值得怀疑的，这样的数据带有某种倾向性。在实际问题分析中，研究人员一般使用权威机构发布的数据。

（3）数据是怎样收集的？收集数据的方法有多种，采用不同方法收集到的数据，其解释力和说服力都是不同的。有些数据是任意抽选的，这样的数据解释力就差，而通过概率手段进行抽样得到的数据解释力就强。如果不了解收集数据所采用的方法，就很难对数据质量做出客观的评价。

（4）何时收集的？过时的数据，其说服力和解释力自然会打折扣，因为时代变化很大，过去的数据往往不能准确地描述现在的情况。

使用第二手数据，要注意数据的定义、统计口径和计算方法，避免数据的错用、误用和滥用。在引用第二手数据时，应注明数据的来源，以示对他人劳动成果的尊重并方便对数据的质量进行评估。

知道吗　常用收集统计数据网站：

（1）国家统计局网站 http://www. stats. gov. cn/。

（2）中国人民银行网站 http://www. pbc. gov. cn/。

（3）国家发展和改革委员会 http://www. sdpc. gov. cn/。

（4）经济合作与发展组织（OECD）http://www. oecd. org/。

（5）世界银行数据 http://data. worldbank. org/。

2.1.2　数据的直接来源

虽然第二手数据具有收集方便、数据收集快、收集成本低等特点，但对一个特定的问题而言，第二手资料的主要缺陷可能在于数据的相关性不足。若仅仅依靠第二手资料还不能回答研究所提出的问题，我们就需要获得第一手数据。数据的直接来源主要有两种渠道：一是调查或观察；二是试验。调查是取得社会经济数据的重要手段，其中包括政府统计部门进行的调查，如经济普查、人口普查，也有其他部门或机构为特定的目的而进行的调查，如市场调查等。试验则是取得自然科学数据的主要手段。我们把通过调查方法获得的数据称为调查数据，把通过试验方法得到的数据称为试验数据。

2.1.2.1　调查数据

调查数据的活动通常是对社会现象而言的，是获得社会经济数据的最主要手段，也是很多领域的专家分析研究社会问题的重要基础。调查数据包括国家机关统计部门完成统计调查所获得的数据，也包括企业机构为特定的需求所完成的调查获得的数据。数据通常取自有限总体，即总体所包含的个体单位有限。调查包括以下三种类型：普查、统计报表和抽样调查。

1. 普查

如果针对总体中的所有个体单位进行调查，则称这种调查为普查。**普查**（census）是为某一特定目的而专门组织的一次性全面调查。

普查数据具有信息全面、完整的特点，一般比较准确，规范化程度也比较高，可以为抽样调查或其他调查提供基础依据，特别是与抽样调查的数据资料相互验证，以便提高调查质量，确保调查精度在合理的范围之内。但是，普查适用的范围比较窄，只能调查一些最基本、最一般的现象。而且普查耗资巨大，一般需要政府组织实施。

小常识

我国的普查制度：每逢末尾数字为“0”的年份进行人口普查。

每逢“6”的年份进行农业普查。

每逢“3”和“8”的年份进行经济普查。

2. 统计报表

统计报表是按照国家有关法规的规定，自上而下统一布置、自下而上逐级提供基本统计数据的调查方式。它是直接获取数据的一种重要方式，在我国几十年的政府统计工作中，已形成了一套比较完备的统计报表制度，统计报表已成为国家和地方政府部门统计数据的主要来源。2012 年 2 月 20 日，“企业一套表联网直报系统”全面启动，全国 70 万家“三上”企业和房地产开发经营企业已经在统一的数据采集和处理平台上，通过互联网直接向国家统计局数据管理中心或国家认定的省级分中心报送数据，共享企业源头数据。

3. 抽样调查

《淮南子·说山川》：“以小明大，见一叶落而知岁之将暮；睹瓶中之冰，而知天下之寒。”这就是抽样的精髓，即从调查获取的小部分样本来推断总体。抽样调查是实际应用最广泛的一种调查方法，它只研究调查对象中的一部分单元，选中这些单元并不是因为对它们感兴趣，而是因为它们具有代表性。在讨论基本抽样方法之前，我们先来讨论抽样中的一些基本概念。

总体，又称为目标总体，是指所要研究对象的全体，它由研究对象中所有性质相同的个体组成，组成总体的每个个体称为总体单元。样本是总体的一部分，是我们按照某种方式从总体中抽取的、用以对总体做出某些结论或推断的那部分个体组成的集合。相应地，样本中的每个个体称为样本单元。例如，想了解北京市民对春节期间燃放烟花爆竹是支持、反对还是无所谓，就需要进行调查。目标总体是所有北京市民，调查目的是希望知道市民对这个问题的不同态度。显然，我们不可能去调查所有北京市民的想法，而只能够调查一部分，并根据这一部分的观点来了解北京市民的总体观点。在这个例子中，目标总体是北京市民，每一个北京市民是总体单元，被调查的每个北京市民称为样本单元，被调查的全部北京市民称为样本。

知道吗 莱斯利·基什（Leslie Kish，1910—2000）是一位匈牙利裔美国统计学家和抽样调查学家。他的主要工作是出版了《抽样调查》(1965) 一书，在书中总结和发展了当前抽样理论和调查设计。1940 年莱斯利·基什受雇于美国人口统计局，1942—1945 年他在美国陆军航空队担任气象学顾问。1947 年到密歇根大学，成为新创建的调查研究中心的一员，该中心后来成为了社会研究所（ISR）。莱斯利·基什于 1948 和 1952 年分别获得了数理统计硕士学位和社会学博士学位。

在抽样调查的过程中，我们通常面临的一个关键问题是如何抽选出一个合适的、具有较强代表性的样本。当然，好的样本都是相对而言的。相对包括两方面的含义：一方面是针对研究问题而言的。不同的研究问题，对样本的要求也会有所不同，对某一个研究问题而言不错的样本，对另一个研究问题而言，则可能是一个很糟糕的样本。另一方面，相对是针对调查费用与估计精度的关系而言的。一个好的样本应有最高的性价比，即在相同调查费用的条件下，数据的估计精度最高；在相同估计精度的条件下，花费的调查费用最少。

使用抽样收集数据的方式有许多种，可以将这些不同的方式分为两类：概率抽样和非概率抽样。**概率抽样**（probability sampling）也称随机抽样，是指遵循随机原则进行的抽样，总体中每个单位都有一定的机会被选入样本。**非概率抽样**（non-probability sampling）是相对于概率抽样而言的，指抽取样本时不是依据随机原则，而是根据研究目的对数据的要求，采用某种方式从总体中抽出部分单位并对其实施调查。非概率抽样的特点是操作简便、时效快、成本低，但由于非概率抽样不是依据随机原则抽选样本，样本统计量的分布是不确切的，因而无法使用样本的结果对总体相应的参数进行推断。非概率抽样比较适用于探索性研究，将调查的结果用于发现问题，为更深入的数量分析提供准备。而大多数的统计分析样本主要来自概率抽样，调查实践中经常采用的概率抽样有以下几种。

(1) 某商场床上用品展柜销售员小张，想要了解顾客对新款按摩枕的喜好程度，为此他想在商场进行一次调查活动，对来展柜的顾客进行调查。

(2) 北京统计局想要了解海淀区的人均收入状况。

以上两种情况应该采用概率抽样还是非概率抽样？

(1) 简单随机抽样。**简单随机抽样**（simple random sampling）是从总体中随机地、一个一个地抽取 n 个单元构成样本，在每次抽取时，所有待选单元入选样本的概率都是相等的，这 n 个被抽中的单元就构成了简单随机样本。简单随机样本也可以一次同时从总体中抽出，这时全部可能样本中的每一个样本被抽中的概率也需要相等。

简单随机抽样是一种最基本的抽样方法，是其他抽样方法的基础。这种方法最突出的特点是简单、直观，但在实际应用中也有一些局限，比如，根据这种方法抽出的单位比较分散，给实施调查增加了困难等。所以，在规模较大的调查中，很少直接采用简单随机抽样，一般是与其他抽样方法结合在一起使用。

（2）分层抽样。**分层抽样**（stratified sampling）是将总体单元按某种特征或某种规则划分为不同的层，然后从不同的层中独立、随机地抽取样本。分层抽样有许多优点，它保证了样本中包含具有各种特征的个体，样本的结构与总体的结构比较相近，从而可以提高样本的代表性；分层抽样在一定条件下为组织实施调查提供了方便；分层抽样既可以对总体参数进行估计，也可以对各层的目标量进行估计，等等。这些优点使分层抽样在实践中得到了广泛应用。

（3）系统抽样。将总体中所有单位按一定顺序排列，在规定的范围内随机抽取一个单位作为初始单位，然后按事先规定好的规则确定其他样本单位，这种抽样方法称为**系统抽样**（systematic sampling）。典型的系统抽样是先从数字 1～k 之间随机抽取一个数字，作为初始单元，以后依次取 $r+k$，$r+2k$，……单元，所以可以把系统抽样看成是将总体内的单元按顺序分成 k 群，用相同的概率抽取出一群的方法。

系统抽样在调查实践中有广泛的应用，其主要优点是操作简便。如果有辅助信息，对总体内的单元进行有组织的排列，就可以有效地提高估计的精度。

（4）整群抽样。将总体中的若干个单位合并为组，这样的组称为群。抽样时直接抽取群，然后对选中群中的所有单位实施调查，这样的抽样方法称为**整群抽样**（cluster sampling）。

与简单随机抽样相比，整群抽样的优点在于：首先，抽取样本时只需要每个群的名单，而不必具有总体中每个个体的名单，这大大减小了工作量。其次，由于群通常是由那些地理位置邻近，或隶属于同一系统的单元构成的，因此调查的地点相对集中，从而节省了调查费用，便于调查的实施。整群抽样的主要缺点是估计精度较低，因为同一群内的单元或多或少地有些相似，在样本量相同的条件下，整群抽样的抽样误差通常比较大。一般来说，要得到与简单随机抽样相同的精度，采用整群抽样需要较大的样本量。

（5）多阶段抽样。采用类似整群抽样的方法，首先抽取群，但并不是调查群内的所有单位，而是进行一步抽样，从选中的群中抽取出若干个单位进行调查。因为取得这些接受调查的单位需要两步，所以将这种抽样方法称为**二阶段抽样**（two stage sampling）。将这种方法推广，使抽样的阶段数增多，就称为多阶段抽样。多阶段抽样具有整群抽样的优点，它保证了样本单元分布相对集中，从而节约了调查费用。在较大规模的抽样调查中，多阶段抽样是经常采用的方法。

2.1.2.2　试验数据

收集数据的另一类方法是试验法，其基本原理是在特殊的环境中，控制一个或多个变量并测量试验的结果。如果说调查研究是被动的数据收集方式，我们只观察、记录或度量，那么试验则是主动产生数据的方式，做试验的人会主动介入，将某项处理施加于受试对象，来观察受试对象有何反应。试验数据是指在试验中控制试验对象而收集到的变量数据。试验是检验变量间因果关系的一种方法。在试验中，研究人员要控制某一指标的所有相关因素，操纵少数感兴趣的变量，然后观察试验的结果。

试验大多是对自然现象而言的。例如，化学家通过试验了解不同元素结合后产生的变化；农学家通过试验了解水分、温度对农作物产量的影响；医学家通过试验验证新药的疗效，等等。但试验作为收集数据的一种科学方法也被广泛运用于社会科学领域，目前在心理学、教育学、社会学、经济学、管理学等的研究中大量使用试验的方法获取所需要的数据。

知道吗　最初的试验例子发生在17世纪初，当时英国海军面临一种疾病的威胁，在海上长期航行的水手们皮肤上有青灰斑点，牙龈大量出血。英国海军部怀疑这是由于缺乏柑橘类水果导致的。当这个想法被提出时，恰好有四艘海军军舰正要离开英国本土做长期航行，为调查这种疾病是不是由于缺乏柑橘类水果而产生的，海军部安排其中一艘军舰上的水手每天喝柑橘汁，而其他三艘军舰上的水手则没有柑橘汁可喝。航行还未结束，没有喝柑橘汁的水手们便开始成批地生病，以至于不得不把每天喝柑橘汁的水手分配到这三艘军舰上以帮助这些军舰进港。尽管这项试验计划现在看来还可以改进，但该试验本身已成功地证实了海军部最初的想法。

1. 试验法的有关问题：试验组和对照组的选择

试验不仅是收集数据的一种方式，也是一种研究方法。试验法的基本逻辑是：有意识地改变某个变量（不妨设为X）的情况，看另一个变量（不妨设为Y）变化的情况。如果Y随着X的变化而变化，则说明X对Y有影响。

试验组和对照组的产生应遵循随机原则，即将试验单位随机地分配到试验组和对照组，这是我们进行试验设计的基本原则之一。此外，一个好的试验，试验组和对照组的产生不仅应该是随机的，而且应该是匹配的。所谓匹配，是指对受试对象的背景资料进行分析比较，将情况类似的每对单位随机地分配到试验组和对照组，这样可以消除受试对象的差异对试验结果造成的影响，提高试验结果的可信度。

2. 对人做试验时产生的问题

以人为对象的试验，目标是把人随机地安排到试验组和对照组，这是一项非常困难甚至不可能完成的任务。安排给一株玉米一块贫瘠的土壤要比安排给一个人低于常人的生活条件要容易得多。

(1) 人的问题。我们很容易理解，为什么研究人要比研究种玉米困难得多。最重要的一条是，人们都有自己的计划、思想和兴趣爱好，未必会服从科学家的研究安排。他们在满足研究条件、听从指挥和完成安排的任务等方面都存在很大的不确定性，这严重制约了我们的试验研究。

（2）心理学问题。在试验研究中，人们对被研究非常敏感，这使得他们过分注意自我，从而对他们的行为产生很多约束。1924—1933 年间，对西方电气公司的工人生产率的系列调查是一个很好的例子。在一次调查中，一组社会学家和公司人事部门的成员研究了各种照明程度对生产灯泡的工人生产率的影响。研究者提高照明度，发现产量增加。但奇怪的是，当他们降低照明度时，发现产量也增加。看来无论研究者做什么，工人的产量都会增加，这些工人更多地是对研究者的关注的反应，而不是对照明度的反应。后来，人们将这种工人对研究者的关注，而不是对预想中的控制产生反应的现象，称作 Hawthorne 效应。因此，在试验设计的过程中，我们需要保证试验组和对照组受到同样多的关注，尽量避免这种效应的产生。

（3）道德问题。道德问题使得对人和动物的试验复杂化。当某种道德上的困境和收集数据联系在一起时，试验者更容易陷入道德困境中。比如，使人们接受某种不可预知结果的药物治疗符合道德标准吗？如果受试对象遭受到出乎意料的副作用怎么办？考虑到副作用有可能会使一个人在检验和介绍新药时采取保守态度。

然而，从另一个方面来说，如果新的治疗方式是有益的，患有致命疾病的人应该等待多长时间去尝试一种新药？生命又能允许他们等待多久？对于只接受安慰剂的对照组来说，他们缺少了有益的治疗，结果又会怎样呢？在小儿麻痹症疫苗的试验中，对照组中得小儿麻痹症的人比试验组中多得多。如果对照组中的儿童也接受疫苗，那么我们完全可以相信会有多至 100 名的孩子不会得小儿麻痹症。

设想要检验一种有望治疗艾滋病的新药，如果该药是有效的，那么在对照组的人如果得不到新药就会有死亡的危险。然而，如果发现这种药有副作用而导致使用该药的人一年后有更高的死亡率，那么对照组则避免了使用这种致命的药。道德问题应该怎样处理？没有简单的答案可以给出，但道德问题必须时常考虑且不断重新考虑。

知道吗

地中海贫血

地中海贫血（Thalassemia）是一种遗传性的红血球异常，在美国得这种病的大多是黑人。它能导致剧痛以及许多并发症。美国国家健康研究所（National Institutes of Health）执行临床试验，用一种叫“羟基脲”的药来治疗地中海贫血。受试对象为 299 个成年病人，这些人在过去一年当中，都因为地中海贫血而至少有过三次剧痛的发作。

如果把羟基脲给所有 299 个受试对象服用，就会把药效和安慰剂效应及其他潜在变量的效应（例如自知是试验的受试对象所产生的效应）全部混杂在一起。因此，只有一半的受试对象服用羟基脲，而另一半服用的则是看起来和尝起来都像羟基脲的安慰剂。除了药的内容以外，所有受试对象的治疗过程完全一样（比如，检查时间的安排都一样），因此，潜在变量会对两组产生同样的影响。

两组受试对象在服药之前，各方面条件都相近。就跟抽样一样，在我们选择哪些受试对象服用羟基脲时，要避免偏差的最好方法就是，避开人为选择，完全随机决定。我们从所有受试对象中选出大小为152人的简单随机样本组成试验组，其余的147人组成对照组。图2—1大致描述了该试验设计的过程。

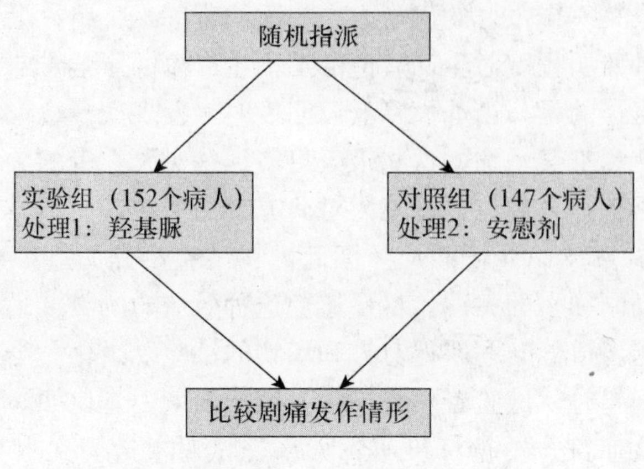

图2—1 试验设计过程

随机指派，一种处理分配一组人，通常情况下最好让各组人数接近。先把299个受试对象编上代码001～299，然后从随机数字表中读出3个一组的数字，直到选出152个受试对象来编入试验组，剩下的147个受试对象就是对照组。

试验比预定时间提早结束，因为试验组的剧痛发作次数比对照组少得多，这已经是令人信服的证据，证实羟基脲是地中海贫血的有效药物，对身受这种严重疾病之苦的人来说，这无疑是一个好消息。

2.2 数据误差

利用抽样方法收集感兴趣的数据，不可避免地会产生调查值与所研究总体真实值不一样的情形。例如中央电视台进行名为“你幸福吗?”的调查，结果显示只有45%的受访者感觉幸福。根据数据我们并不能得出在全国人民中，45%的人觉得自己幸福，55%的人觉得不幸福。这是因为从准备调查到进行调查再到最后结果的公布，每个环节都会产生误差。本节对数据误差问题展开讨论。

数据误差（data error）是指通过调查收集到的数据与研究对象真实值之间的差异，包括抽样误差和非抽样误差。

小词典

1. **抽样误差**（sampling error）：由于抽样的随机性引起的样本结果与总体真值之间的误差。

2. **非抽样误差**（non-sampling error）：除抽样误差之外的，由于其他原因引起的样本观察结果与总体真值之间的差异。

抽样误差是一种随机性误差，只存在于概率抽样中。非抽样误差则不同，无论是概率抽样、非概率抽样还是全面调查，都有可能产生非抽样误差。非抽样误差有很多种类型，包括抽样框误差、响应误差、未响应误差、调查员误差和测量误差等。关于非抽样误差的讨论也有很多，在后面涉及非抽样误差时我们只选择有代表性的两种类型——响应误差和未响应误差展开讨论。

2.2.1 抽样误差

2013 年初，赶集网针对新蓝领群体发布了《新蓝领职场薪情报告》（以下简称报告）。报告显示，2012 年全国新蓝领平均涨薪 6.2%，平均月工资达 2 906 元，其中上海、苏州、厦门、杭州、无锡五大城市新蓝领收入领跑全国。对于这个例子而言，如果再重新利用问卷进行调查并计算，则平均工资不会是 2 906 元，有可能比这个数值大，也有可能比这个数值小。

有人会问，如果每次调查的结果都不一样，那么利用调查数据进行总体特征的推断还有什么意义？首先，必须肯定的是这样做是有意义的。其次，我们解释一下为什么每次结果不同还有意义。在概率抽样中，我们依据随机原则抽取样本，可能抽中由这样一些单位组成的样本，也可能抽中由另外一些单位组成的样本。根据不同的样本，可以得到不同的观测结果。也就是说，只要采用概率抽样，抽样误差就不可避免。

正如上面的例子，为调查新蓝领群体的平均工资，随机抽出一个样本，样本是由不同的工人组成的，通过调查他们的工资可以计算出平均工资为 2 906 元。如果我们再抽取一个数量相同的样本，计算得到的平均工资或许是 2 800 元，还有可能是 3 100 元，也有可能是 2 950 元，不同样本可能得到不同的结果。但是我们知道，总体的真实结果只有一个，尽管这个真实结果我们并不知道，不过我们可以推测。虽然不同的样本会带来不同的结果，但这些不同的结果应该在总体真值的附近。如果我们不断增大样本量，则不同的结果也会向总体真值逼近。事实也正是如此，如果所调查工人的数量非常大，假设我们的样本由随机抽取的 1 000 名工人组成，经过多次抽样，得到多个不同样本的调查结果，就会发现这些结果的分布是有规律的。例如，如果平均工资的真实值为 2 900 元，σ=100 元，大部分的样本结果（如反复抽样中 95%的样本结果）会落在 2 893.8～2 906.2 元之间。以总体的真值 2 900 元为中心，有 95%的样本（100 个样本中，大约有 95 个样本）结果于误差 6.20 元以内的范围波动，也就是，2 900－6.20＝2 893.8，2 900＋6.20＝2 906.2。这个 6.20 元的误差是由于抽样的随机性带来的，我们把这种误差称为抽样误差。抽样误差的示意图如图 2—2 所示。

由此可以看出，抽样误差并不是针对某个具体样本的检测结果与总体真实结果的差异而言的，抽样误差描述的是所有样本可能的结果与总体真值之间的平均性差异。例如，在图 2—2 中，我们说全部样本中 95%的样本结果与真值之间的差异不超过 6.20

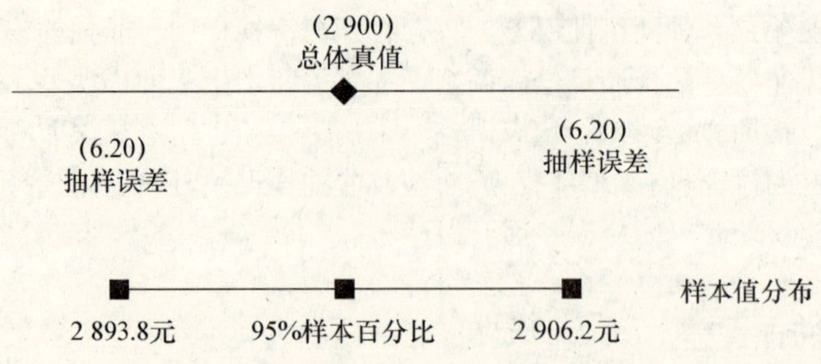

图 2—2 总体百分比和抽样误差示意图

元。读者可能会问："总体真值是不知道的，怎么可能知道有 95%的样本结果与真值的差异不超过 6.20 元呢？"确实，总体真值我们不知道，否则也就不用调查了。但是，通过样本我们可以计算出这个误差。本书第 6 章、第 7 章将介绍这方面的内容。

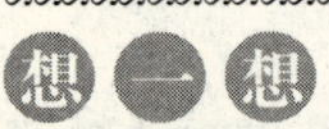

在上面的例子中计算的抽样误差，其大小受哪些因素的影响？

抽样误差的大小与多种因素有关，最明显的是样本量的大小。样本量越大，抽样误差越小。当样本量大到与总体单位相同时，抽样调查也就变成了普查，这时抽样误差便减小到零，因为已经不存在样本选择的随机性问题了，每个样本单元都接受了调查。抽样误差的大小还与总体的变异性有关。总体的变异性越大，各单位之间的差异越大，抽样误差也就越大，因为有可能抽中特别大或特别小的样本单位，从而使样本结果偏大或偏小；反之，总体的变异性越小，各单位之间越相似，抽样误差也就越小。如果所有单位完全一样，则调查一个就可以精确无误地推断总体，抽样误差也就不存在了。抽样误差可以告诉我们，样本值离总体的实际值可能有多远，因此，在公布任何一次抽样调查的结果时都应该说明抽样误差的大小。

2.2.2 未响应误差

未响应误差是指在进行调查过程中，有些个体没有被调查到或者被调查者没有提供信息所带来的误差。作为非抽样误差的一种，未响应误差是指由于种种原因，包含在样本中的一部分人未对调查做出反应或回答而造成的误差。在电话调查中，这可能是由于某一选定的电话号码拨打了多次也没有反应，或者接通后对方拒绝回答问题造成的。在邮寄问卷调查中，这可能是由于地址写错、受访者搬家，或者受访者虽然收到问卷却把问卷遗忘或丢失等造成的。在网络调查中，这可能是由于部分人对访问内容不感兴趣而没有回答问卷造成的。此外，不得不面对的现实是，拒绝参加所有形式调查的比例正在上升，人们越来越不愿意回答问题，因为他们怕泄露自己的个人信息，从而导致不必要的损失。

对于研究者来说，高拒访率是一个很大的问题，因为他们对于被选中但未被调查的人了解很少。是什么使人们有了不响应和响应的区别？相对于响应者来说，未响应者是富有还是贫穷？保守还是开放？有影响力还是缺乏影响力？如果他们响应的话，他们的回答会如何影响研究结果？在一项调查中，如果未响应所占比例很小，对最后结果的影响还不大。但是，如果未响应所占比例很大，则调查结果的说服力将大打折扣。

我们用一个最坏的假设情况说明未响应误差的影响可能有多大。假定我们计划调查 1 200 个人，却只有 1 000 人接受了调查，这意味着我们缺少 200 人的数据。在 1 000 个我们调查的响应者中，我们发现 600 人（或 60%）赞成某事物而其余人反对。如果我们假定另外 200 人也赞成，那么在 1 200 人中就有 800 人赞成，比例为 67%。但另一方面，如果我们假定另外 200 人反对，那么 1 200 人中只有 600 人赞成，比例为 50%。因此，仅仅由于未响应误差，观测样本中 60%的赞成比例有可能实际上只是 50%和 67%之间的一个随机数，这就可能对我们的研究结果造成很大的影响。

未响应误差有时是随机的，有时是系统性的。如果未响应的产生与调查的内容无关，例如，邮寄的问卷丢失，或调查时受访者正在生病无法接受调查，则未响应误差是随机的。在随机状态下，受访者如果回答，其结果可能高于平均值，也可能低于平均值，高低相互抵消，不会产生有偏估计。但当未响应的产生与调查内容有关时，就可能产生系统性误差。例如，调查收入时拒绝回答的通常是收入比较高的人群，仅仅用收入低的回答结果进行推算，偏差就不可避免。

当未响应误差是随机产生的时，通常可以通过增大样本量的方式解决。但当未响应误差是系统性误差时，将是一件非常令人头疼的事情。解决此问题的途径主要有两个：一个是预防，即在调查进行前做好各方面的准备工作，尽量把未响应降到最低程度；另一个是当未响应出现后，分析未响应产生的原因，采取一些补救措施。例如，可以在未响应单位中再抽取一个样本，实施更有力的调查，并以此作为未响应层的代表，与响应层的数据结合起来对总体进行估计，将未响应误差降到最低。

想一想

假如你是一名入户调查员，调查内容是居民收入状况。当你面对拒访情况时，你会采用什么方式，让受访者积极配合你回答问卷上面的问题？

2.2.3　响应误差

响应误差是指在调查过程中，由于问题的提问方式、问题所处的位置、访问员的影响或受访者自身的原因（诸如理解误差、记忆误差和有意识误差等）而使受访者在回答问题时产生的误差。即使所有的问题都有回答，我们所知道的也仅仅是调查时受访者告诉访问员的内容，而未必是他们实际上做的、感觉的或真实的想法。正如中央电视台所做的名为“你幸福吗?”的调查，由于人们对幸福的理解和定义有所不同，因此在回答中肯定有响应误差的存在，否则怎么会有受访者回答“我姓曾”。

在生活中，有很多人接受过访问调查，有的在购物中心，有的在电话中，有的通过邮件。不知你是否能记起这样的例子，当你试图缩短调查时间时，你可能会马马虎虎地回答而忽略了自己的真实想法。响应误差有很多种类型，我们在这里讨论部分情况。

1. 问题的措辞

调查中问题的措辞影响着人们的回答。例如，1992 年由 Roper 协会所做的调查发现，22%的响应者说他们怀疑大屠杀是否曾经发生过。经过对这一统计结果的最初反应之后，读者们开始把注意力转向问题本身：“在你看来，‘纳粹对犹太人的灭绝从未发生’是可能的还是不可能的?”这个题目包含了双重否定，这很可能使受访者感到困惑。两年后又做了新的调查。这一次，提问方式变成了：“在你看来，‘纳粹对犹太人的灭绝从未发生’可能吗？还是你确信它发生过?”这次，只有 1%的人认为大屠杀从未发生过，和最初的 22%存在显著性差异。

除了措辞的问题，我们还会经常遇到这样的问题：响应者是否一开始没有自己的观点而调查者通过选项的措辞给了响应者一个观点？在大屠杀问题上，可能的选项有两个，即认为这件事情从未发生过或确定它发生过。没有想过这个问题的人和对这个问题不发表意见的人就没有合适的答案去选择了。当持有中立观点的人也不得不选择两个答案中的一个时，中立的态度就没有代表了，同时这两种观点就有可能被夸大。

防止问题的选项产生倾向性答案的一种方法是，开始时只提出筛选性问题，并不给备选答案。将问题改为：“你对大屠杀是否发生过这个问题有什么看法吗”，对于那些回答“没有看法”的人就没有必要问下一个关于具体看法的问题了。一般来说，调查所用的问题应该和结果一起公布，否则我们将很难对那些测量人们态度的调查结果作出评价。

2. 问题所处的位置

调查中问题所处的位置也有可能影响结果，这就更增添了问卷设计的复杂性。在调查刚开始时，访问员和受访者之间还不能很好地沟通，受访者对于表达某些观点也许比较犹豫。随着调查的深入，受访者也许会感觉自在一些，因而有可能说话直率且减少了些套话。到调查结束时，受访者也许会感到疲惫或厌倦。如果受访者希望尽快结束这次调查，则比起调查中间的回答，最后的回答就有可能较短，较不准确。研究者试图通过如下方法来使受访者放松，即在开始时问较容易、不涉及个人的问题，而在关系融洽时问较难、涉及个人的问题，结束调查时的问题通常短且简单。

受访者有可能想在被问到的这一点和那一点上保持一致。如果他们在一个问题上支持某一观点，那么他们有可能认为应该在其他地方也维护此观点，尽管并没有要求他们这样做。通过一项调查，确定地表达自己的观点是对受访者不变的要求，调查者也试图通过把问题放在合适的位置使人们能更好地给出代表他们本意的观点。

3. 访问员的影响

受访者的答案可能会受到访问员身份、性别及访问员观点等因素的影响。调查设计者总是尽量使访问员和响应者在人口统计特征，比如年龄、性别、种族等方面类似。尤其对于敏感的问题，例如考试是否作弊、对其他群体的态度、伦理或法律行为、性生活等，在调查时双方最好能有共同语言。

4. 受访者的影响

首先，不同的受访者对调查问题的理解不同，每个人都按自己的理解回答问题，大家理解的标准不一致，由此造成理解误差。理解问题大多与受访者的心理活动有关，因此，心理学知识对于设计一份好的调查问卷会有所帮助。

其次，当调查的问题是关于一段时间内的现象或事实，需要被调查者回忆时，回忆的时间间隔越长，回忆的数据越不准确。因此，缩短调查所涉及的时间范围可以减小记忆误差。

最后，当调查的问题比较敏感，受访者不愿意回答但迫于各种压力又必须回答时，可能会给出一个不真实的答案。产生有意识误差的原因大致有两种：一种是调查问题涉及个人隐私，受访者不愿意回答；另一种是受利益驱动，告诉访问员一些有偏向性的答案。有意识误差是一种系统性偏差，它往往向某个方向倾斜。要减小回答中的有意识误差需要做多方面的努力，一方面，调查人员要做好受访者的思想工作，让他们打消顾虑；另一方面，调查人员要遵守职业道德，为受访者保密。

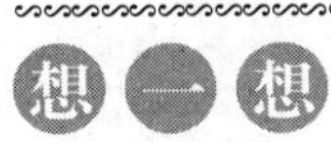

要了解本班同学在家里玩电脑游戏的时间，自行设计问题并根据学号随机抽选同学进行调查，根据调查数据分析中间存在哪些问题并如何改进。

2.3 数据文件

数据由一些变量和它们的观测值组成。在一项研究中，不论数据是通过调查方法获得的，还是通过试验方法获得的，通常都会以表格形式录入到计算机中，这样的一个数据表通常叫做数据阵或数据文件。数据文件的一般格式如表 2—1 所示。

表 2—1　原始数据文件的一般格式

样本单位	年龄（岁）	性别	问题 1	问题 2
1	20	女	可口可乐	知道
2	31	男	百事可乐	不知道
3	24	男	百事可乐	不知道
4	38	女	百事可乐	知道

续前表

样本单位	年龄（岁）	性别	问题1	问题2
5	19	男	可口可乐	不知道
6	22	女	可口可乐	知道
7	40	女	百事可乐	不知道
8	32	男	可口可乐	不知道

文件由行和列组成。一般行代表样本单位，每一行称为一个观测值，表中反映出接受调查的有8个人。列表示不同的变量，每一列为一个变量的不同观测值。表中第一列为样本编号，第二、第三列是背景变量，分别为受访者的年龄和性别，最后两列为调查的问题。这是可口可乐公司开展的一项关于市场占有份额的调查。第一个问题是："在可口可乐和百事可乐中，您更喜欢哪个？"第二个问题是："您知道最近新生产了一种脱糖的可口可乐吗？"

文件中所展现的是调查结果。为了方便数据的录入，也为了更好地整理、汇总和展示数据，我们可以把分类型数据和顺序型数据转化为数字。在表2—1中，我们可以采用以下的方式进行编码：男——1，女——0，可口可乐——1，百事可乐——0，知道——1，不知道——0。这样，数据又可以表2—2的形式展现。

表2—2　编码后数据文件的一般格式

样本单位	年龄（岁）	性别	问题1	问题2
1	20	0	1	1
2	31	1	0	0
3	24	1	0	0
4	38	0	0	1
5	19	1	1	0
6	22	0	1	1
7	40	0	0	0
8	32	1	1	0

像这样数据量小的文件，看起来还比较轻松。但大多数的调查，问题绝不止两个，样本量也绝不止8个。设想一个样本量为1 000，问题为50个的数据文件，仅读起来就已经相当困难，更不用说发现数据中的特征和规律了。为了更好地解读海量数据，我们必须使用统计方法，对数据进行简化和浓缩，以了解数据背后的事实和规律。

□ 本章小结

统计学作为研究数据的科学，始终要围绕数据说话，数据从哪里来，怎样获得质量更高的数据等。本章介绍了数据的收集过程。

根据数据的获得途径，可以将其分为间接数据和直接数据。我们把其他人的调查或试验，称为数据的间接来源，这类数据为间接数据；我们把直接的调查和科学试验，称为数据的直接来源，这类数据称为直接数据。根据是否可以控制有关因素，又可以将直接数据分为试验数据和调查数据。我们把通过调查方法获得的数据称为调查数据，把通过试验方法获得的数据称为试验数据。

调查可以分为三种类型：全面调查、统计报表和抽样调查。最典型的一种全面调查就是普查。对于统计报表，本章介绍了相关流程和最新动态。对于抽样调查方法，本章较为系统地介绍了抽样调查时常用的几种抽样方法，即简单随机抽样、分层抽样、系统抽样、整群抽样和多阶段抽样。试验作为收集数据的另一种比较常用的方式，它是通过在试验中控制试验对象来收集数据的。本章从试验法的有关问题入手，简要介绍了试验数据的产生过程。

收集数据时，很多因素可使数据产生错误并导致错误结论，这既包括抽样调查中必然出现的抽样误差，也包括可能出现在调查实践中应该避免的未响应误差和响应误差。本章从不同的误差类型展开讨论，系统地论述了误差的处理和防范。数据收集是否妥当，关系到后面分析和推断的结果是否合理。

最后，本章还介绍了计算机常用的数据形式，主要形式是由变量和观测值组成的方阵形式。

□ 习　题

1. 什么是第二手数据？使用第二手数据需要注意些什么？

2. 学校后勤集团希望了解学生对食堂饭菜的评价，计划在学校里抽取 10% 的学生作为样本。你将怎样安排抽样以保证随机性？在抽样中你有可能遇到哪些问题？这些问题可能对结论会产生什么影响？你打算怎样解决这些问题？

3. 一项抽样调查随机选择电话号码进行访问，这种抽样方法会漏掉所有没装电话的人。这是非抽样误差的来源还是抽样误差的来源？调查结果中宣布的误差界限，有没有把这种误差来源考虑进去？

4. 一所大学的统计系希望多吸引些学生来主修统计学课程。该系准备了两种宣传小册子，小册子 A 强调统计可以提供的激情，小册子 B 强调统计学家可以赚很多钱。到底哪一样比较吸引大一学生呢？现有一份问卷，可以度量学生主修统计学课程的意愿，而且还有 50 名大一新生共同参与这项研究。请你大概描述一下，怎样设计试验来分辨哪个小册子的效果比较好。

5. 解释什么是抽样误差？什么是非抽样误差？二者的区别是什么？

6. 解释什么是试验组？什么是对照组？

7. 在决定抽样误差大小时哪些因素是重要的？

8. 什么是数据文件？数据文件的行和列通常代表什么？

9. 在什么样的情形下你将（或曾经）不愿参加一项调查？你认为拒绝参加可能会导致怎样的后果？

10. 你看到一位同学站在活动中心前面，不时拦下其他同学来问问题。她说正在为一份课堂作业收集同学们的意见，说明为什么这种抽样方法一定是有偏的。

11. 你所在的大学想要收集同学们对目前上网资费的意见，但不可能去询问每一名同学。假如你是相关部门领导，设计一个抽样方案并列举出在抽样过程中可能遇到的问题。

第 3 章 Chapter 3 数据的描述 1——数据的直观显示

在数据收集过程结束之后，呈现在我们面前的往往是“枯燥”的统计数据。虽然我们可以直观地感受到数据的存在，但它们不会主动告诉我们任何想要的信息。为了让这些数据“说话”，揭示数据背后隐藏的秘密，我们必须采用一些方法对收集到的数据加以整理描述。目前在统计学中，常用的方法是通过统计表、统计图或者某些重要的统计量，将数据转化为可用的形式，从中提取我们想要的信息。正如我们看到的，现在的网络、报纸和杂志都排满了各种各样的图表，在当今社会能读懂统计表和统计图也是一种基本能力。本章为大家展现用统计表、统计图来描述统计数据的方法。

3.1 用统计表描述数据

3.1.1 统计表的构成

统计表是展示数据的一种基本工具。它通过表格的形式将得到的或整理的数据按照行、列两个方向有逻辑地排列起来。这样可以使得原本杂乱无章的数据更具可视性和条理性，让数据使用者简单清晰地理解数据的本质。

统计表能够清楚、有条理地显示统计数据的分布特征，是描述统计数据的重要工具。广义的统计表包括统计工作各个阶段中涉及的一切表格；狭义的统计表是指容纳和描述各种统计数据信息的表格。

统计表在描述统计数据时有其自身的特点。首先，统计表利用表格形式有条理地展示数据，能够清晰、简明地反映出数据的特征；其次，统计表便于对比和分析统计数据，有利于分析统计指标；再次，在统计分析报告中使用统计表，节省文字、减少篇幅，能够达到简明通俗、形象易懂的分析效果；最后，统计表还能汇总和积累统计资料，这也是进行统计分析的重要工具。

知道吗 在使用统计表分析社会问题的学者中，最具影响力的是英国约克大学的统计学家约翰·格朗特（John Graunt，1620—1674）。他于1662年出版了《关于死亡率的自然观察和政治观察》一书，书中分析了60年来伦敦居民死亡的原因与人口变动的关系，首次提出通过大量观察，可以发现新生儿性别比例具有稳定性和不同死因的比例等人口规律，并且第一次编制了“生命表”，对死亡率与人口寿命作了分析，从而引起了普遍的关注。他的研究成果对社会产生的影响表明了统计学发挥了作为国家管理工具的重要作用。

统计表的形式多种多样，根据获得数据的特点和使用者的要求，可以编制不同类型的统计表。统计表的基本结构内容如表3—1所示。

表3—1 **NBA常规赛火箭队部分球员场均技术统计** 单位：次←—表头

球员	助攻	抢断	盖帽	犯规
詹姆斯·哈登	5.9	1.9	0.4	2.3
钱德勒·帕森斯	3.6	1.1	0.4	2
林书豪	6.1	1.8	0.4	2.5
欧莫·阿西克	0.9	0.6	1.1	2.7
卡洛斯·德尔菲诺	2.1	1	0.1	1.7
帕特里克·帕特森	1.1	0.4	0.6	1.9

（列标题←—；行标题：左侧各球员；数据资料：表中数值）

说明：节选出部分重要数据。
资料来源：NBA数据库（http://nba.sports.sina.com.cn）。} 表外附加

统计表一般由四个主要部分构成，即表头、行标题、列标题和数据资料。其中，表头一般包括两项内容：标题和单位。标题，代表的是统计表格的名称，由于反映统计表所要表达的具体内容，因此表头位于统计表的正上方，居中对齐；单位，说明统计表中数据的具体单位，右对齐排列。行标题和列标题通常安排在统计表的第一列和第一行，它们主要用来说明行数据和列数据所表示的内容。统计表的主体部分是收集到的具体数据资料。

必要时可以在统计表下面补充表外附加。表外附加主要包括资料来源、指标的注释、填表单位、填表人员、填表时间和必要的文字说明等内容。

从国家统计局网站（http://www.stats.gov.cn/）上，找到2013年1月我国全社会客货运输量基本情况表，并指出其对应的统计表的四个部分。

3.1.2 统计表的类型

统计表的类型一般根据统计表的结构内容来划分。根据统计表行标题和列标题中变量指标的分类情况，统计表可分为简单表、分组表、复合表和交叉表四种类型。

1. 简单表

简单表是指行标题或列标题中的变量指标未经过任何分类，只是反映各变量的名称或按时间顺序的简单排列，也称一览表。表中数据按照行标题或列标题进行简单排列，如表 3—2 所示。

表 3—2　2011 年我国主要宏观经济运行指标

主要宏观经济指标	单位	数值
国内生产总值	亿元	472 881.6
就业人数	万人	76 420
居民消费价格指数	—	105.4
农村居民家庭人均纯收入	元	6 977.3
城镇居民家庭人均可支配收入	元	21 809.8

资料来源：中华人民共和国国家统计局：《中国统计年鉴（2012）》，北京，中国统计出版社，2012。

2. 分组表

分组表是指行标题或列标题中的变量指标按照一定标志进行了分类，也称简单分组表。它可以揭示出现象的不同类型的特征以及研究现象的内部结构，如表 3—3 所示。

表 3—3　2003—2011 年我国黄金和外汇储备

年份	黄金储备（万盎司）	外汇储备（亿美元）
2003	1 929	4 032.51
2004	1 929	6 099.32
2005	1 929	8 188.72
2006	1 929	10 663.4
2007	1 929	15 282.49
2008	1 929	19 460.3
2009	3 389	23 991.52
2010	3 389	28 473.38
2011	3 389	31 811.48

资料来源：中华人民共和国国家统计局：《中国统计年鉴（2012）》。

3. 复合表

复合表是指行标题或列标题中的变量指标按照两个或两个以上的标志层叠分类所形成的统计表，如表 3—4 所示。

表 3—4　　2006—2011 年主要年份国内生产总值及其构成　　单位：亿元

年份	国内生产总值	第一产业	第二产业			第三产业
				工　业	建筑业	
2006	216 314.4	24 040	103 719.5	91 310.94	12 408.61	88 554.88
2007	265 810.3	28 627	125 831.4	110 534.9	15 296.48	111 351.9
2008	314 045.4	33 702	149 003.4	130 260.2	18 743.2	131 340
2009	340 902.8	35 226	157 638.8	135 239.9	22 398.83	148 038
2010	401 512.8	40 533.6	187 383.2	160 722.2	26 660.98	173 596
2011	472 881.6	47 486.21	220 412.8	188 470.2	31 942.66	204 982.5

资料来源：中华人民共和国国家统计局：《中国统计年鉴（2012）》。

4. 交叉表

交叉表是指行标题和列标题中的变量指标同时采用分类的形式来表示，使得数据依据行变量或列变量的分类结果在交叉的单元格中显示，如表 3—5 所示。

表 3—5　　某项调查中被访问者受教育程度和性别分布的交叉表

受教育程度	性别		合计人数（人）	百分比（%）
	男	女		
小学及以下	100	140	240	8
初中	500	460	960	32
高中	600	630	1 230	41
大学及以上	260	310	570	19
合计	1 460	1 540	3 000	100

2006—2010 年平均每人生活消费能源为 211.8，233.8，240.8，254.8，258.3 千克标准煤。其中，煤炭分别消耗了 76.7，74.1，69.1，68.5，68.5 千克，电力消耗了 255.6，308.3，331.9，365.9，383.1 千瓦时。

根据上面的阅读材料，找出适合的图表，并编制统计表。

3.1.3　统计表的编制规则

由于统计表编制者的需求差异性和收集到数据的类型不同，统计表在展示数据的形式和功能上会有较大差异。尽管如此，一张好的统计表通常遵循“简练、美观、科学、实用”的指导原则。统计表的编制是否得当，同样影响着统计表使用者的解读正确与否。在利用收集整理的数据编制统计表时，我们应当遵循以下几条准则：

（1）表头一般位于统计表上方，表头标题用精简准确的语言描述统计表中数据所要表达的主要内容，标题基本要包括数据展现的时间、地点和主要内容。文章中的统计表，在表头位置应该标有序号，而且要与文中的引用说明相对应。

(2) 统计表的结构要简单，形式要美观，统计表的长宽要适当，应避免出现表格比例失衡的情况。统计表中的行标题和列标题要准确反映行数据和列数据所要反映的内容，而且表达要简洁。

(3) 统计表中的数据如果都采用同一计量单位，则需要在表的右上角的位置统一注明。例如表格中的数据都为工资收入，可在右上角注明“单位：元”。如果数据采用不同的计量单位，则可在表中变量指标名称后单独注明各自的单位名称。

(4) 在制作统计表时，统计表上下两条线一般采用加粗显示，表中其他线均采用细线显示，而且表的两端要开口，这样可使得统计表看起来清楚、美观。

(5) 统计表中的数据要对齐，有小数点时以小数点对齐，同时所有数据小数点的位数必须统一；对于没有数据的单元格，可用“—”表示，避免出现空白单元格。

(6) 统计表下方的表外附加项至少要包括表中数据的来源出处，以方便使用者了解统计表中数据的来源，以及使用数据的可靠程度。此外，根据需要可注明表中变量指标的解释和一些必要的文字说明等内容。

表3—6　　我国直辖市城镇居民家庭收支基本情况（2012年上半年）

地区	平均每人总收入（元）	平均每人可支配收入（元）
北京市	20 376	18 154
天津市	15 886	14 155
上海市	22 955	20 689
重庆市	12 679	11 760

根据表的编制准则，找出表3—6中有哪些不妥的地方？

3.1.4　数据的统计表描述

3.1.4.1　定性变量的统计表描述

定性变量包括分类型变量和顺序型变量两种类型。在整理和描述定性变量时，需要根据分类型变量和顺序型变量的取值进行统计分组，同时要计算落入每一组中的单元个数，也称为频数。

小词典

分类型变量（categorical variable）是将事物按照不同类别或者性质进行划分的变量，其任意获得的两个值可能相同也可能不同，但不能排序。

顺序型变量（ordinal variable）是指不仅能进行分类而且能对事物的不同类别进行排序的变量。

对于分类型变量，例如性别。将某项调查中 3 000 名受访者按性别分类（组）后，即可整理得到男性和女性的人数，从而得到每一类的频数、频率以及比例分布表，如表 3—7 所示。

表 3—7　**某项调查 3 000 名受访者按性别分组**

性别	频数（人）	频率	百分比例（%）
男	1 460	0.486 7	48.67
女	1 540	0.513 3	51.33

频数（frequencey）是指落在某一特定类别（或组）中的个数。对各类的频数与全部频数之和求比值，就可以得到频率或**比例**（proportion）。把各个类别及其相应的频数或频率全部列出，并用统计表的形式展现出来，即形成频数分布和频率分布。

对于顺序型变量，例如受教育程度。如果某项调查中 3 000 名受访者按照受教育程度高低可分为四大类，则除了可以得到每一类所对应的频数、比例分布表，还可以计算累积频数或频率分布表，如表 3—8 所示。

表 3—8　**受访者受教育程度累积分布表**

受教育程度	人数（人）	百分比（%）	向上累积		向下累积	
			频数（人）	频率（%）	频数（人）	频率（%）
小学及以下	240	8	240	8	3 000	100
初中	960	32	1 200	40	2 760	92
高中	1 230	41	2 430	81	1 800	60
大学及以上	570	19	3 000	100	570	19
合计	3 000	100				

累积的方法有两种，一是从顺序型变量取值的最小一方向最大一方累加，称为**向上累积**；二是从顺序型变量取值的最大一方向最小一方累加，称为**向下累积**。

累积频数是将顺序型变量各取值的观测频数逐级累加起来得到的频数。通过累积频数，可以很容易看出顺序型变量某一取值以下或某一取值以上的频数之和。

累积频率是将顺序型变量各取值所对应频数的百分比累加起来得到的百分比。通过累积频率，可以很容易看出顺序型变量某一取值以下或某一取值以上的频率之和。

3.1.4.2　定量变量的统计表描述

对于定量变量，其数据特征通常采用统计分组得到每一组所对应的频数、频率及比例分布表来进行描述。在整理数据时，先要进行统计分组，即根据统计分析的需要，将数据按照某种标准划分成不同的组别，然后再计算各组的频数、频率、累积频数和累积频率等。统计分组按照分组标志的不同可分为单变量分组和组距分组。

单变量分组是把每一变量取值都作为分组标志，这种方法适用于数据量较少时的离散型变量数据。例如某项调查中 100 名调查员的有效问卷数，如表 3—9 所示。

表 3—9　　100 名调查员调查的有效问卷数

95	101	103	105	107	108	110	111	114	115
115	116	116	121	122	122	124	124	125	125
125	126	126	128	128	131	131	132	133	133
134	134	135	135	135	136	136	136	137	138
139	139	140	140	142	142	142	143	143	144
144	144	145	145	145	145	147	147	147	148
152	153	153	153	154	154	154	154	155	155
155	155	156	156	159	160	161	163	163	163
163	165	166	166	166	167	171	171	171	174
175	177	178	179	180	182	182	188	191	196

对于有效调查问卷数量处于 130～150 份之间的调查员，根据其有效问卷数进行单变量分组，得到分组表，如表 3—10 所示。

表 3—10　　调查员调查的有效问卷数的单变量分组

问卷数	频数	问卷数	频数
131	2	139	2
132	1	140	2
133	2	142	3
134	2	143	2
135	3	144	3
136	3	145	4
137	1	147	3
138	1	148	1

组距分组是将全部变量取值按照一定的准则划分为若干个区间，并将这一区间值作为分组标志的方法。从表 3—10 可以发现，对于单变量分组统计表而言，单变量分组会使得分组过细，组数过多，不利于观察数据分布的特征和规律。在连续型变量或变量取值较多的情况下，无法采用这种分组方式，通常采用组距分组。

对表 3—9 中的 100 名调查员根据有效问卷数进行组距分组。首先确定组数。组数的确定与数据的特点以及多少有关，目的是反映数据分布的特征和规律。在实际操作中，根据数据自身特点和研究目的来确定组数，本例对表 3—9 利用一种常见的方法即经验公式来确定组数，最终确定为 11 组。

知道吗　很多同学都会问，组数该如何确定呢？这里给大家介绍一个经验公式来确定组数 n：

$$n=1+\frac{\lg N}{\lg 2}$$

式中，N 为数据个数，对结果四舍五入取整即可得到经验分组数。实际应用当中，需要根据数据的多少和特点，参考这一标准，灵活确定。

其次，确定各组的组距。组距是一组的上限与下限数值的差。当采用等距分组时，组距=(最大值－最小值)÷组数。本例中计算得到的组距约为 9.2。为了便于计算，取组距为 10。最后，根据分组结果整理频数分布表，得到的分组结果如表 3—11 所示。

表 3—11　　100 名调查员调查的有效问卷数的组距分组表

分组（份）	频数（人）	频率（%）
90～100	1	1
100～110	5	5
110～120	7	7
120～130	12	12
130～140	17	17
140～150	18	18
150～160	15	15
160～170	11	11
170～180	8	8
180～190	4	4
190～200	2	2
合计	100	100

对定量变量进行统计分组表描述时，一般应遵循“不重不漏”的原则，即每个数据只能被分到某一组，而且所有数据都要被分配。为了解决这个问题，对于组距分组，需要采用“组上限不在组内”的原则，也就是说，某一组的上限值在分组时不归入本组，而归入以其为下限的邻近组。例如在表 3—11 中，110 不归入 100～110 组，而归入 110～120 组。

3.2　用统计图描述数据

3.2.1　统计图

统计图（statistics chart）是展现数据资料的另外一种形式。利用图形能够形象、直观地展现数据。统计图包含大量的数据信息，可以帮助数据使用者直观地理解数据背后的信息。

根据描述统计变量的个数，统计图可以分为单变量统计图、双变量统计图和多变量统计图。根据统计图描述的统计变量性质和外形特征，统计图又可以分为条形图、饼图、环形图、累积分布图、直方图、折线图、茎叶图、箱线图、散点图等类型。

知道吗 Excel软件中，包含多种统计图，而且作图过程简单便捷，图形美观。具体包括柱形图、折线图、饼图、条形图、面积图、散点图、股价图、曲面图、圆环图、气泡图和雷达图。

制作统计图主要有两个目的：一是帮助研究者从数据中提取信息。统计图可以揭示统计数据的内部结构和依存关系，显示统计数据的发展趋势和分布状况，有利于进行统计分析与研究。二是把统计数据所包含的信息传递给使用者，把“枯燥”的统计数据转化为生动形象的图形信息。用统计图描述统计数据，具有鲜明醒目、富于表现、易于理解的特点。

统计图的出现已有200多年的历史。采用传统手工方式制作的统计图，缺乏精确性，且很难处理大量的数据信息。在计算机普及和功能强大的各种统计软件的带动下，制作一幅漂亮的统计图已不再是难事。本章附录将介绍如何使用Excel软件制作常用的统计图。

3.2.2 定性变量的图示

对定性变量进行图形描述，通常是先计算定性变量每一分类对应出现的频数或频率，然后通过条形图、饼图、累积频数分布图、环形图等加以描述。

知道吗 弗罗伦斯·南丁格尔（Florence Nightingale，1820—1910），英国护士和统计学家，出生于意大利一个来自英国上流社会的家庭。于1854年10月21日和38位护士到克里米亚野战医院工作，成为该院的护士长，被称为“克里米亚的天使”，又称“提灯天使”。南丁格尔被描述为“在统计的图形显示方法上，是一位真正的先驱”。她发展出极坐标图饼图的形式（或称为南丁格尔玫瑰图，相当于现代圆形直方图），以说明在她管理的野战医院内，病人死亡率在不同季节的变化。她使用极坐标图饼图，向不会阅读统计报告的国会议员，报告克里米亚战争的医疗条件。后来，南丁格尔对于印度的农村生活，做了全面的卫生统计研究，并在印度从事改善医疗和公共卫生服务。南丁格尔于1859年被选为英国皇家统计学会的第一位女成员，后来成为美国统计协会的名誉会员。

资料来源：维基百科，http://zh.wikipedia.org。

1. 条形图

条形图（bar graph）用宽度相同的条形高度或长短来表示频数的多少或频率的大小，可用于表现分类型变量和顺序型变量取值的频数或频率分布。条形图可以横置或纵置，纵置时也称为**柱形图**（histogram）。此外，根据图形描述的定性变量的个数，条形图有单式（见图 3—1）和复式（见图 3—2）等形式。

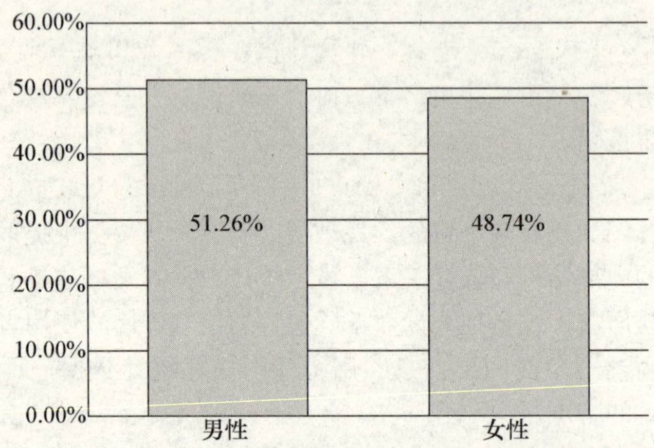

图 3—1　2011 年我国人口中的男女比例

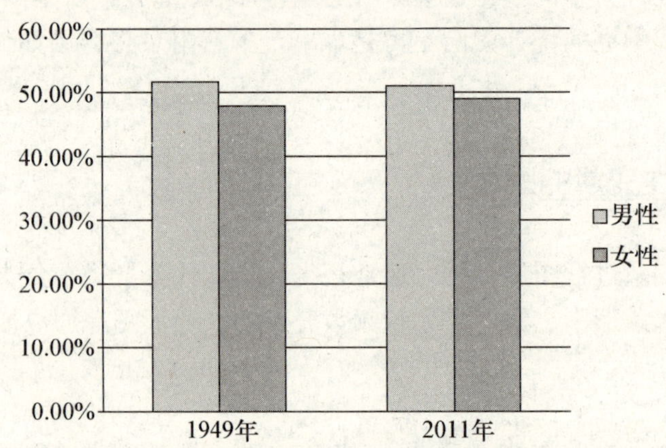

图 3—2　1949 年和 2011 年我国人口中的男女比例

从图 3—1 和图 3—2 中，我们可以看出在绘制条形图时，图形中条形的宽度、条形之间的距离要相等；各条形的排列应有一定的顺序，比如比较现象在时间上的变动时，条形应按时间顺序排列。

2. 饼图

饼图（pie chart）用圆形及圆内扇形的面积来表示数值的大小，可用于展示分类型变量和顺序型变量取值所对应的频数或频率分布。用饼图表示分类型变量的取值比较形象，能表示分类型变量中各组频数所占的比例，即相对大小；当直接用于展示每组的频数时，效果并没有采用比例表示好。因此，饼图在研究结构性问题时十分有用。但分类过多时，由于每个扇形的面积过小，饼图的效果也不是很好。在绘制饼图时，总体中各部分所占的百分比是用圆内的各个扇形面积占整个圆面积的比例来表示的，如图 3—3 所示。

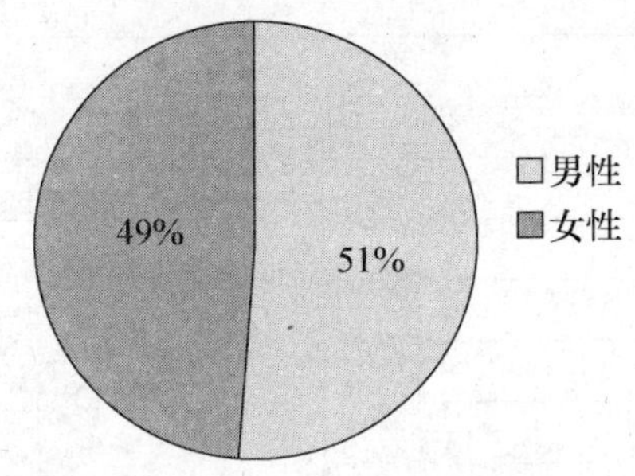

图 3—3 2011 年我国人口中的男女比例

3. 环形图

环形图（doughnut chart）与饼图类似，但又有所不同。环形图有利于我们对所关心的事物进行比较研究。环形图中间有一个“空洞”，总体或样本中的每一部分数据用环中的一段表示。饼图只能显示一个总体和样本各部分的比例关系，而环形图却可以同时显示多个总体或样本的数据特征，每一个总体或样本的数据系列为一个环，如图 3—4 所示。

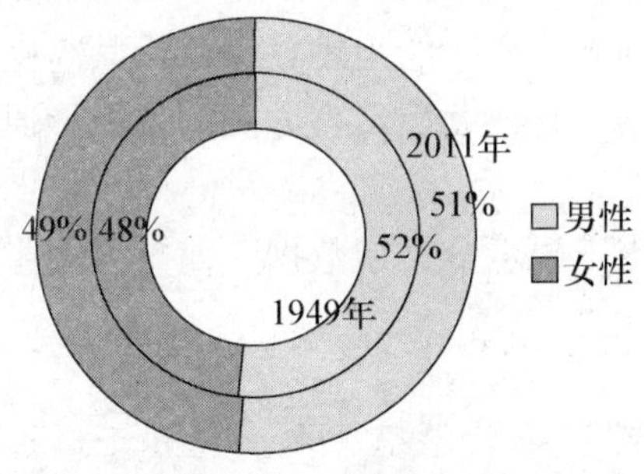

图 3—4 1949 年和 2011 年我国人口中的男女比例

3.2.3 定量变量的图示

定量变量也称为数值型变量，按照数据的取值类型，又可细分为连续型变量和离散型变量。对于定量变量的取值，可以采用直方图、折线图、箱线图来进行描述。

1. 直方图

直方图（histogram）是根据定量变量的取值范围来显示不同观测频数的统计图。常用于显示连续型变量在取值区间内的频数分布，用矩形的宽度和高度来表示频数的分布。在平面直角坐标系中，用横轴表示数据分组区间，用纵轴表示频数或频率，这样各组与相应的频数就形成了一个矩形，也就是直方图。在直方图中，若横轴上各分组区间相等，则矩形的高度即为各组的频数；若横轴上各组区间不相等，则矩形的高度为各组的频数密度，这样矩形的面积表示各组的频数。例如在前述调查中，100 名调查员调查的有效问卷数分组数据如表 3—11 所示，根据该表绘制出直方图，如图 3—5 所示。

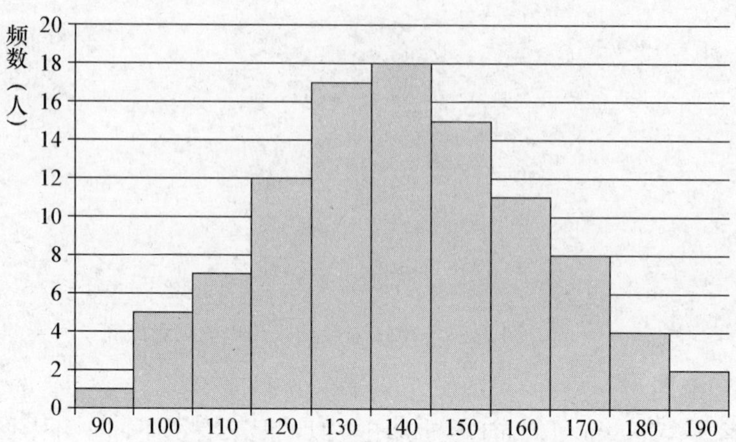

图 3—5 100 名调查员调查的有效问卷数的分布直方图

直方图与条形图有所不同，不同之处主要有：

（1）条形图是用条形的长度（横置时）表示各类别频数的多少，其宽度（表示类别）则是固定的；直方图是用面积表示各组频数的多少，矩形的高度表示每一组的频数或频数密度，宽度则表示各组的组距，因此，其高度与宽度均有意义。

（2）由于分组数据具有连续性，直方图的各矩形通常是连续排列的，而条形图则是分开排列的。

（3）条形图主要用于展示分类型数据，而直方图主要用于展示数值型数据。

知道吗 1985 年，英国统计学家卡尔·皮尔逊（Karl Pearson）在分析 1885—1886 年英格兰和威尔士地区的房地产估价数据时，第一次使用了直方图的概念，“到观测能被绘制成理论曲线为止，看起来是不能指望有什么结果的，然而直方图却显示了曲线末端的偏差数量”。

2. 折线图

折线图（line chart）也称频数多边形图，是在直方图的基础上，把直方图顶部的中点（即组中值）用直线连接起来形成的。折线图的两个终点要与横轴相交，具体的做法是将第一个矩形的顶部中点与左竖边中点（即该组频数一半的位置）连接到横轴，最后一个矩形的顶部中点与其右竖边中点连接到横轴。这样得到的折线与横轴所围成的面积与直方图的面积相等，从而使二者所表示的频数分布一致。例如根据表 3—11 中的资料绘制的折线图，如图 3—6 所示。

数据所分的组数越多，组距越小，这时所绘制的折线图就会越光滑，逐渐形成一条平滑的曲线，即频数分布曲线。分布曲线在统计学中有着十分广泛的应用，是描述

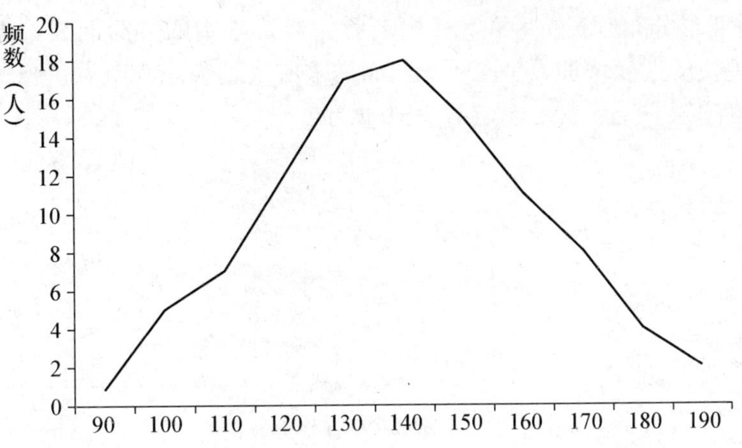

图 3—6　100 名调查员调查的有效问卷数的分布折线图

各种统计量和分布规律的有效方法。

常见的频数分布主要有正态分布、偏态分布、J 形分布、U 形分布等几种类型，下面我们对这些常见的分布曲线进行简单的介绍。

（1）正态分布是一种对称的钟形分布，图 3—5 中 100 名调查员按有效问卷分组的频数分布就近似为正态分布。实际生活中有很多现象服从这种分布，如农作物的单位面积产量、零件的公差、纤维强度等，其曲线如图 3—7 所示。

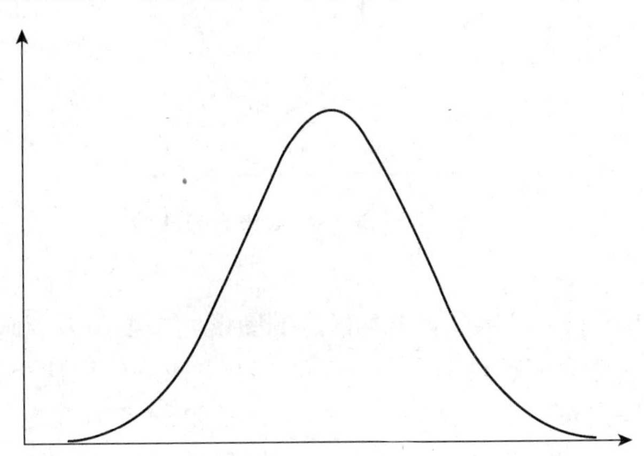

图 3—7　正态分布曲线

（2）偏态分布是相对于正态分布而言的，根据分布的偏斜倾向，又可细分为右偏（正偏）分布和左偏（负偏）分布两种情况，其曲线如图 3—8 所示。

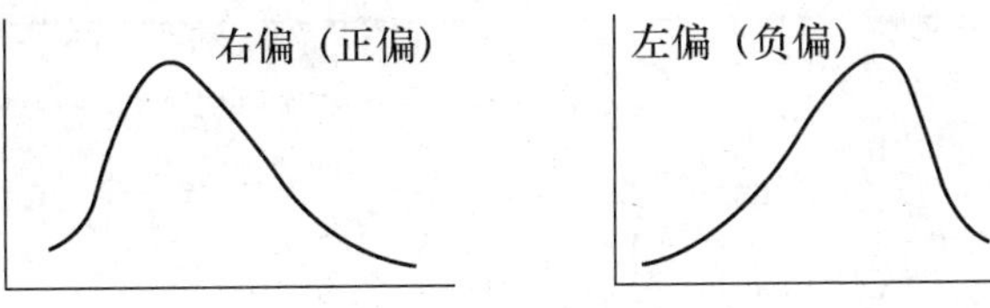

图 3—8　偏态分布曲线

（3）J 形分布有正 J 形和反 J 形两种。经济学中的供给曲线，随着价格的提高供给量以更快的速度增加，呈正 J 形，而需求曲线则表现为随着价格的提高需求量以较慢的速度递减，呈反 J 形，如图 3—9 所示。

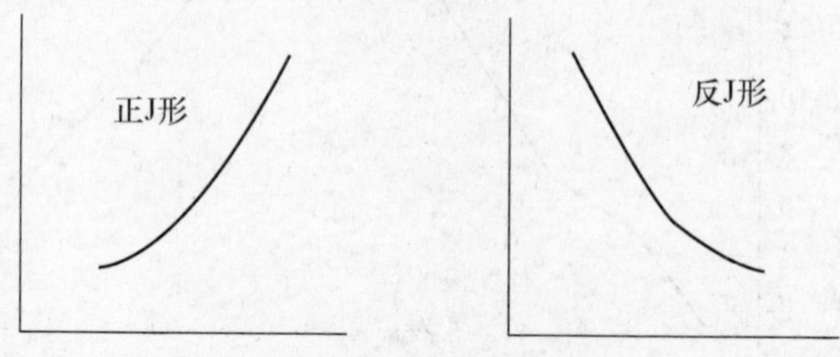

图 3—9　J 形分布曲线

（4）U 形分布的特征是两端的频数分布较多，中间较少。人的死亡率分布近似服从 U 形分布，如图 3—10 所示。

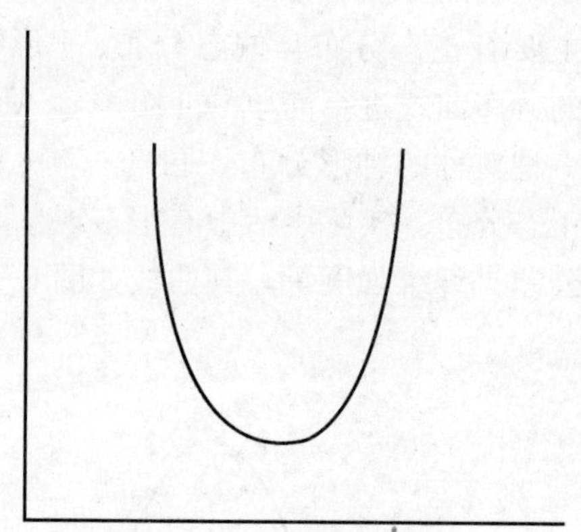

图 3—10　U 形分布曲线

3. 箱线图

箱线图（box plot）是含有丰富信息的图形，主要用来反映原始数据的分布特征，它由一组数据的最大值、最小值、中位数、上下四分位数这个五个特征数字组成。箱线图不能够反映出每一个原始数据的信息，却提供了简明有效的视图。对于多组数据，可以将各组数据的箱线图并列起来，从而进行分布特征的比较。例如，某班级有 22 名学生，其中男女生各 11 名，其外语成绩如表 3—12 所示。根据该数据绘制的按性别区分的男女生外语成绩箱线图如图 3—11 所示。

表 3—12　　22 名学生的外语成绩

性别	外语成绩										
	1	2	3	4	5	6	7	8	9	10	11
男	92	90	87	85	84	78	75	73	70	68	68
女	97	93	90	86	85	83	81	78	76	71	70

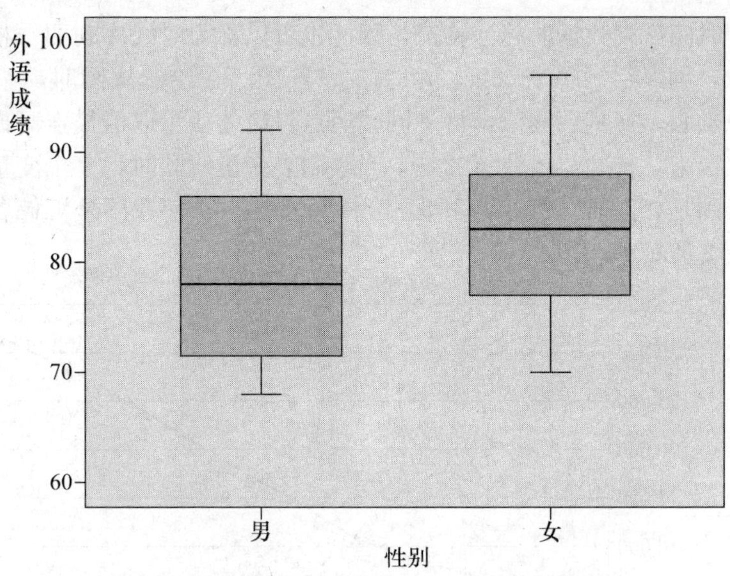

图 3—11　按性别区分的男女生外语成绩箱线图

想一想

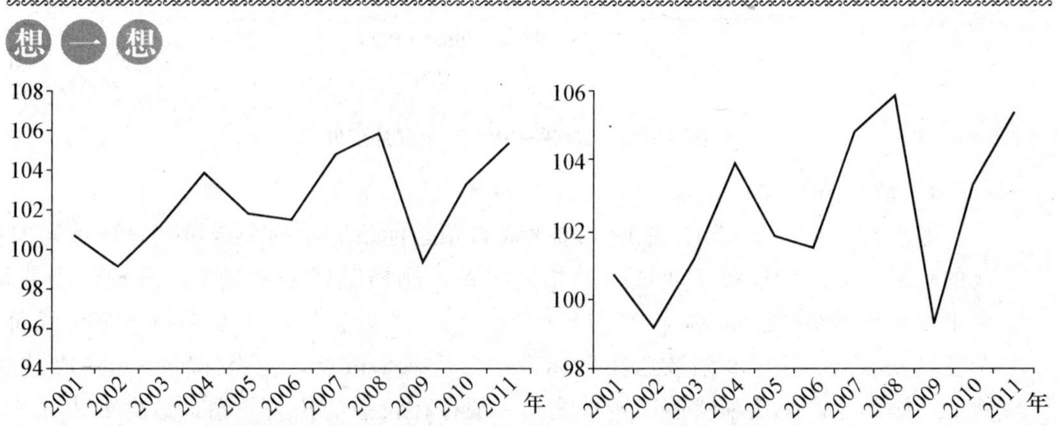

两个图同时反映了 2001—2011 年我国居民的消费者价格指数。但是，反映出来的波动程度不一样，这是为什么呢？

3.2.4　趋势的图示

以上介绍的是定性变量和定量变量的统计图，它们的特点是无论是对单变量数据的描述还是对多变量数据的对比，所描述的变量取值都可以看做在同一时间截面上的分布情况。

当我们需要考虑定量变量在不同时间截面上取值的分布特征或者两个定量变量的相关趋势时，就需要借助下面的统计图进行描述。

1.　线图

线图（line plot）在平面直角坐标系中主要用来描述定量变量取值随时间变化的

特征，即时间序列数据的趋势特征，因此也可以称为时间序列图。根据图中所描述的变量个数，可以绘制单变量线图和多变量线图。在绘制线图时，一般用横轴表示时间，用纵轴表示变量观测值，将不同时间点对应的变量取值描点画出，再用平滑曲线将其连接起来。特别需要注意的是，当绘制多变量线图时，多个变量取值所对应的时间间隔必须是相同的。例如，表 3—3 中 2003—2011 年我国外汇储备情况对应的线图如图 3—12 所示。

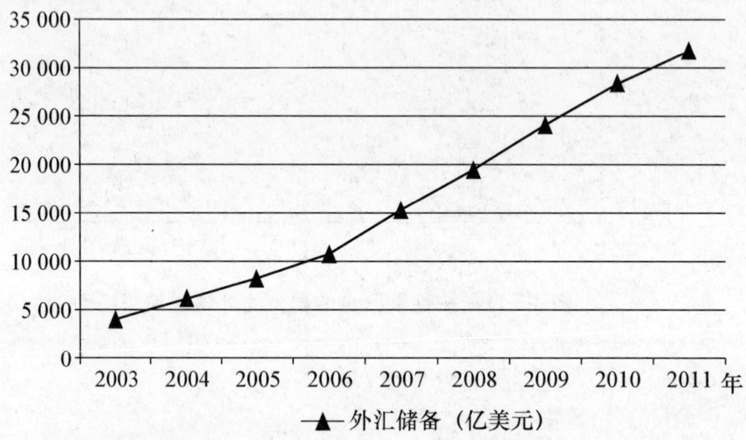

图 3—12　2003—2011 年我国外汇储备情况

2. 散点图

散点图（scatter plot）是用二维平面直角坐标系展示两个定量变量取值随时间变化的趋势，主要用来观察变量间的相关关系。用横轴代表变量 x，纵轴代表变量 y，两个变量的每组数据（x_i，y_i）在坐标系中用一个点表示，一般为同一时间截面上两个变量的取值。这样 n 组数据在坐标系中形成 n 个散点，与坐标轴一起构成散点图。例如，国内生产总值和货运周转量之间一般存在较强的相关关系，数据如表 3—12 所示。根据 1998—2007 年我国的国内生产总值和货运周转量数据绘制散点图，如图 3—13 所示。

表 3—13　国内生产总值和货运周转量数据

年份	国内生产总值（亿元）	货运周转量（亿吨公里）
1998	84 402.3	38 089
1999	89 677.1	40 568
2000	99 214.6	44 321
2001	109 655.2	47 710
2002	120 332.7	50 686
2003	135 822.8	53 859
2004	159 878.3	69 445

续前表

年份	国内生产总值（亿元）	货运周转量（亿吨公里）
2005	183 217.4	80 258
2006	211 923.5	88 840
2007	249 529.9	101 419

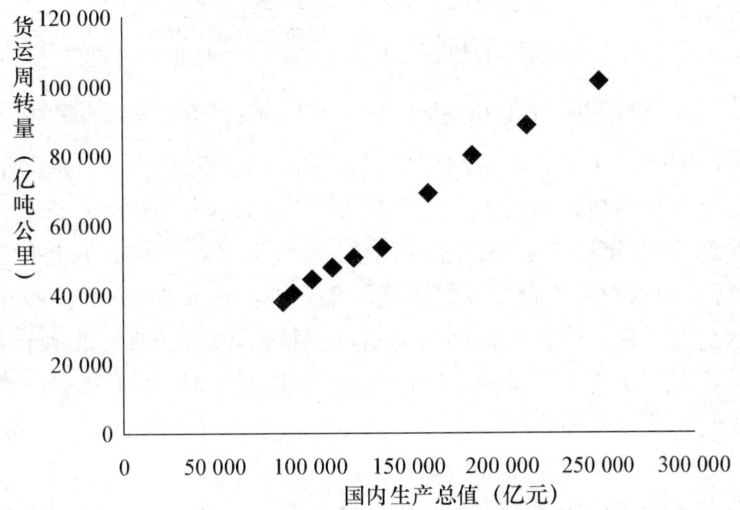

图 3—13　1998—2007 年国内生产总值和货运周转量散点图

3.2.5　如何制作好的统计图

在现代社会，计算机已经相当普及，制作漂亮的统计图不再是难事。上面介绍了常用的描述统计数据的统计图，借助常用统计软件很容易制作出上述各种统计图形。为了得到漂亮的图形，初学者往往会在图形的修饰上花费大量的时间和精力，但漂亮的统计图就一定是好的统计图吗？

我们制作统计图的目的是将枯燥的数字转化为生动的图形，精心设计的统计图可能有着漂亮的外观，但是如果不能够准确地表达数据所要传递的信息，或者画蛇添足，甚至还不如直接用统计表描述得清楚，这样的统计图肯定不能称为好的统计图。此外，任何一种形式的统计图都可能在揭示数据某方面特征的同时又掩盖了其他特征，制作出好的统计图，更多的是需要我们去平衡特征之间的取舍，这要求制图者必须清楚什么样的图才是好图。

这里以图 3—14 为例说明，该图采用立体图的形式描述了 1952 年、1978 年、2008 年按行业划分的社会消费品零售额的构成。该图外观精美，采用立体柱状代表不同年份，在同一柱体上用不同颜色表示结构，而且附带刻度网格线和具体数据。可见制图者定是花费了大量的心血，但图 3—14 并不能算是一幅好图，甚至不能称为一幅合格的统计图。

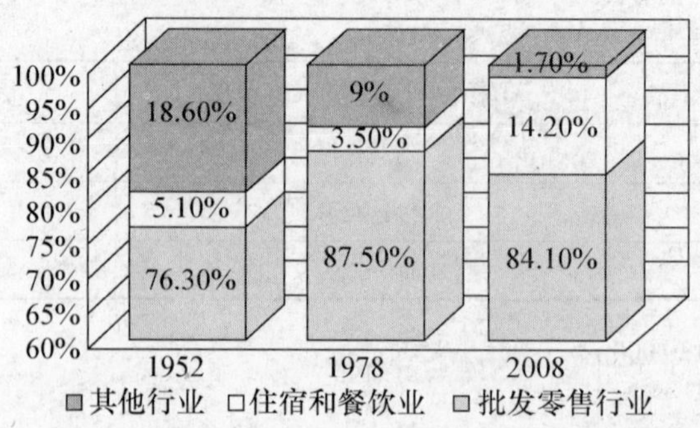

图 3—14　我国主要年份按行业划分的社会消费品零售额的构成

首先，图 3—14 尽管附带网格线，但采用三维立体形式，相比平面图形来说，如果不看图上标注的数值，我们很难根据图形准确得到结构发生变化的范围。其次，我们可以看到 1952 年批发零售行业的比重是 76.30%，但在图形上其面积却还没有当年"其他"行业的面积大。这主要是因为其他行业的比重在 2008 年极小。制图者为了在图中显示它的存在，将纵坐标轴的起始点调整为 60%，结果是比重小的部分得到了足够的展示，但却扭曲了各部分之间的比例关系，从而掩盖了数据的真相。仅从以上两方面，我们就可以判断出图 3—14 没有达到准确描述数据的目的，反而带来错觉，影响了我们对图形背后数据特征的认识。

我们在制作统计图时，应当避免一些不必要的修饰，过多的修饰可能会掩盖图形所要表达的信息。图形的视觉效果应当与所体现的事物特征一致，否则会歪曲数据，给人留下错误的印象。

看一看

爱德华·R·塔夫特（Edward R. Tufte）在其著作《定量信息的视觉展示》中，使用"图优性"（graphical excellency）来描述一个好图。"图优性"是指图形能够在最短的时间内，用最少的笔墨，在最小的空间里，给观众最多的信息。在他看来一个好图应具备以下基本特征：(1) 显示数据；(2) 注意力集中在图形的内容上，而不是制作程序上；(3) 避免歪曲事实；(4) 强调数据之间的比较；(5) 服务于一个明确的目的；(6) 有对图形的统计描述和文字说明。

此外，塔夫特还提出了鉴别图形好坏的五个标准：(1) 精心设计，有助于洞察问题的实质；(2) 使复杂的观点得到简明、确切、高效的阐述；(3) 能以最少的笔墨提供最多的信息；(4) 是多维的；(5) 表述数据的真实情况。

□ 本章小结

本章我们主要学习了如何使用统计表和统计图来描述数据的知识。

统计表是用于展示统计数据的基本工具，一般由四个主要部分组成，即表头、行标题、列标题和数据资料，必要时可在统计表的下方加上表外附加。

统计图是以图形形象地展示统计数据的一种形式。根据描述统计变量的个数，统计图可以分为单变量统计图、双变量统计图和多变量统计图；根据描述统计变量的性质和外形特征，统计图又可以分为条形图、饼图、环形图、累积分布图、直方图、折线图、茎叶图、箱线图、散点图等类型。

对于不同类型的数据，其整理与展示所能够采用的方法也有所不同。分类型变量主要通过频数、比例、百分比来构造统计频数、频率分布表进行描述，或者采用条形图、饼图等统计图进行描述。顺序型变量除了能够使用分类型变量的整理与显示方法之外，还可以采用累积频数分布表和累积频数分布图进行描述。定性变量一般先采用单变量分组或组距分组进行整理，然后再采用频数表、累积频数分布表进行描述。定量变量可以采用直方图、线图、箱线图、茎叶图、散点图等进行描述。

统计表和统计图对于描述数据有着文字无法比拟的效果。在使用中，必须清楚统计表的一般制作规则，以及判断统计图好坏的标准。

附　录

本章介绍了统计表和统计图，相信大家对这两种简洁、美观的数据展现形式已经有所了解。在Microsoft Word或Excel中能够方便快捷地制作统计表格，稍加修饰和改动后，就能制作出满足要求的统计表。本书采用Microsoft Office中的Excel 2007，选用这款软件的原因是现在的电脑都自带Microsoft Office软件。下面以本章内容为例，介绍如何使用Excel软件制作常见的统计图。

1. Excel制图基本界面

在打开一张Excel表后，表头有很多选项卡，在制图操作环节中，我们主要使用的是【插入】选项卡中的【图表】一栏，如图3—15所示，点击【图表】栏右下角展开键时，会出现所有常见图表的模板，如图3—16所示。我们可以看到，在Excel中可以制作柱形图、折线图、饼图、条形图、面积图、散点图、股价图、曲面图、圆形图、气泡图和雷达图。

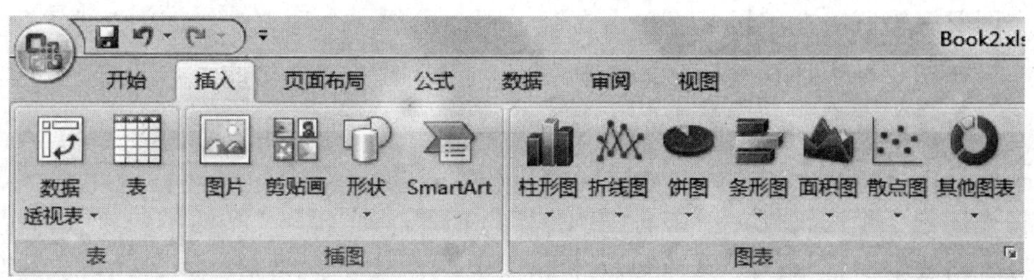

图3—15

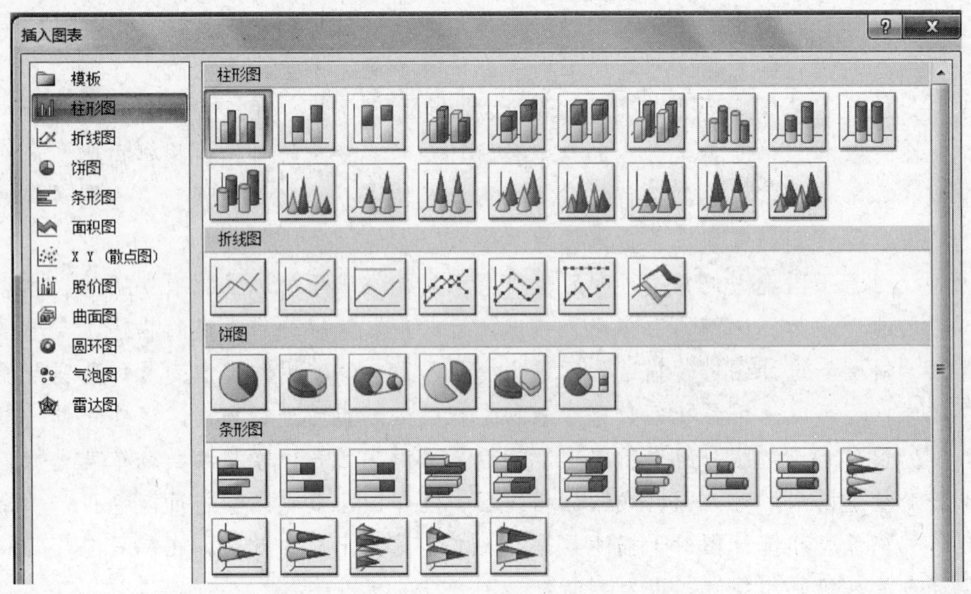

图 3—16

2. 利用 Excel 制作柱形图

在 Excel 中点击【插入】，在图表栏中选择【柱形图】选项，如图 3—17 所示。

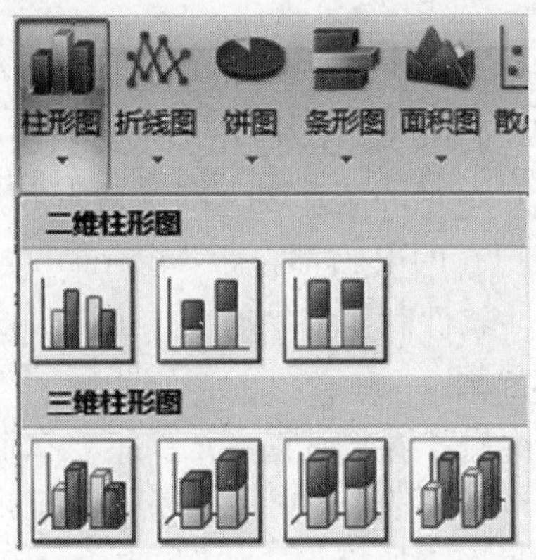

图 3—17

可以看到会弹出下拉列表，在【二维柱形图】中，选择第一个样图，则会生成一个图形编辑区。在编辑区内单击右键，则会出现一个列表框，如图 3—18 所示。

在列表框中选择【选择数据】选项，将弹出另一个对话框，如图 3—19 所示。

在【图表数据区域】内填入数据的范围，Excel 会自动生成图例项和水平轴标签。之后点击【确定】，就会生成柱形图。对生成的柱形图，可以根据需要调整的格式，将光标置于坐标轴处，单击右键调整坐标格式，如图 3—20 所示，就会弹出【设置坐标轴格式】对话框，在里面包含坐标轴选项、数字、填充、线条颜色、线型、阴影、三维格式和对齐方式等内容，读者可自行修改。

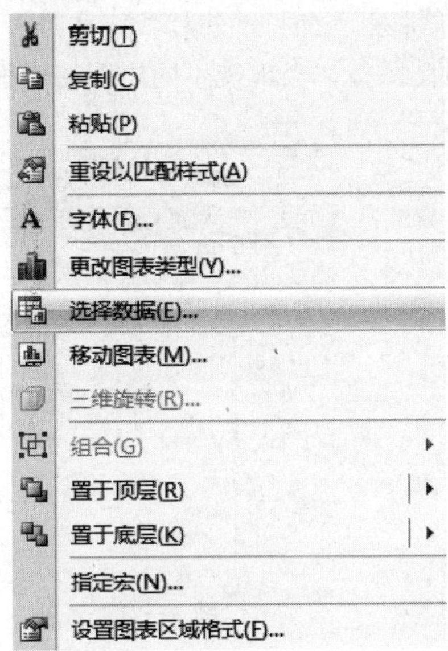

图 3—18

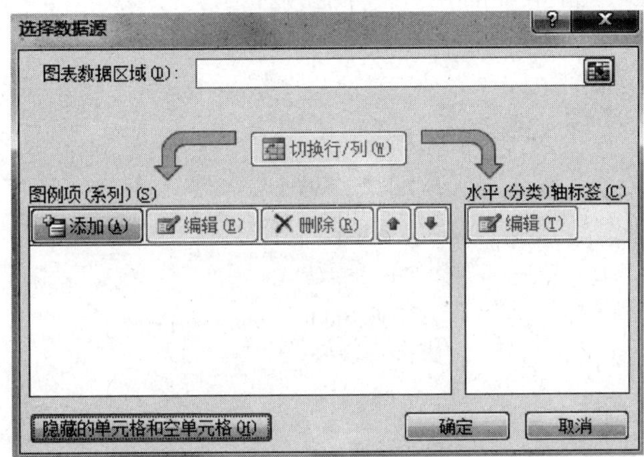

图 3—19

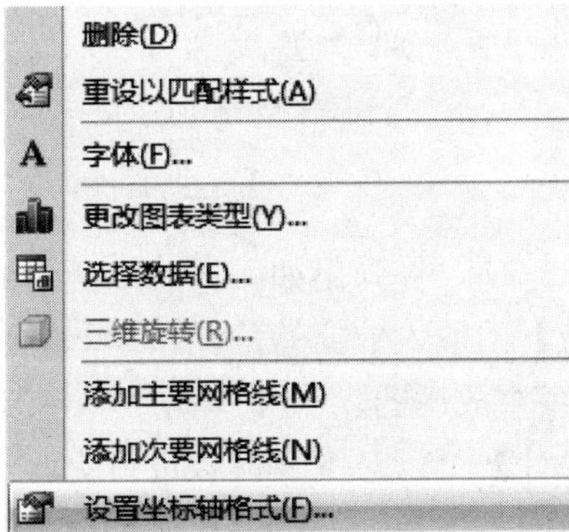

图 3—20

3. 利用 Excel 制作饼图

在图表栏中选择饼图图标，会出现不同饼图的模板，如图 3—21 所示。

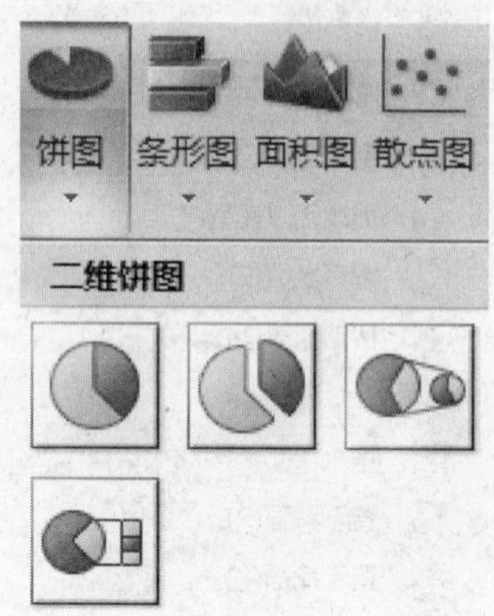

图 3—21

选择【二维饼图】中的第一个模板，之后就会生成图表制作的空白区域。在该区域内单击右键，会生成如图 3—22 所示的列表。

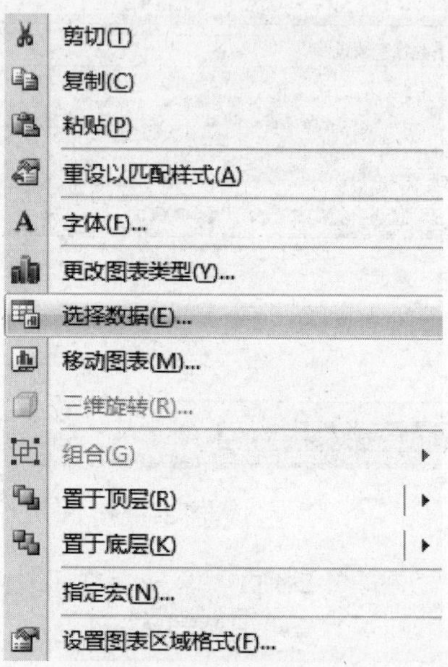

图 3—22

选择【选择数据】选项，将弹出如图 3—23 所示的对话框。

在【图表数据区域】内填入数据的范围，Excel 会自动生成图例项和水平轴标签。之后点击【确定】，就会生成饼图。

单击标签中的【设计】可以对图表模板进行更改，如图 3—24 所示。

单击【图表布局】的下拉指针，可以选择不同的模板，如图 3—25 所示。

单击第一个图像，就能改变成相应的饼图样式。

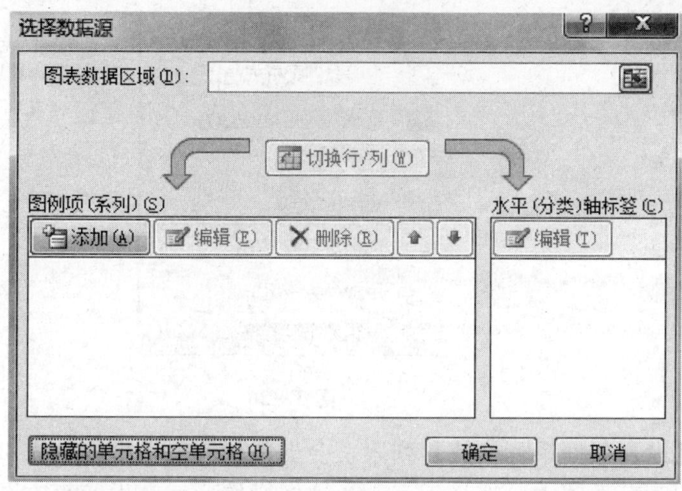

图 3—23

图 3—24

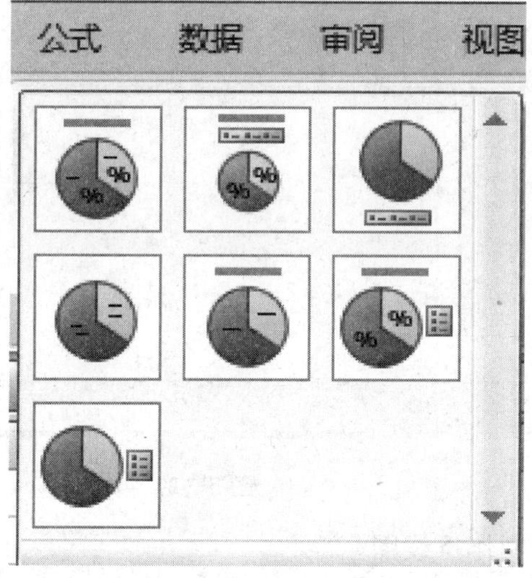

图 3—25

4. 利用 Excel 制作直方图

直方图的制作和柱形图类似，只不过在成图后要修改横轴坐标形式，在产生柱形图后，将光标置于坐标轴处单击右键，会出现列表，如图 3—26 所示。

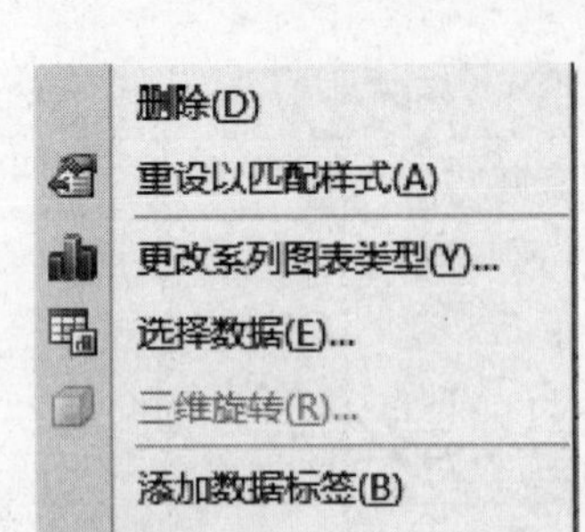

图 3—26

选择【设置数据系列格式】列表，会出现相应对话框，如图 3—27 所示，在对话框【分类间距】选项中，选择无间距。这样操作后就会生产直方图。

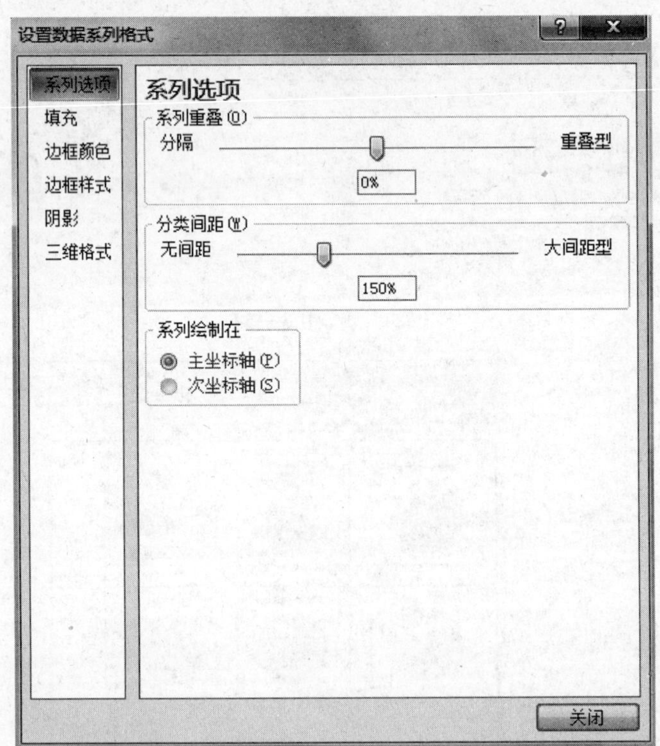

图 3—27

5. 利用 Excel 制作折线图

在图表栏中选择折线图图标，会出现不同的折线图模板，如图 3—28 所示。

选择【二维折线图】中的第一个模板之后就会生成图表制作的空白区域。在该区域内单击右键，会生成如图 3—29 所示的列表。

选择【选择数据】选项会弹出如图 3—30 所示的对话框。

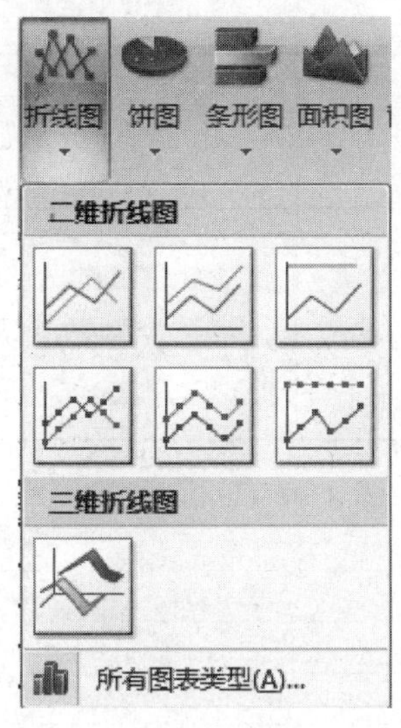

图 3—28

剪切(T)
复制(C)
粘贴(P)
重设以匹配样式(A)
字体(F)...
更改图表类型(Y)...
选择数据(E)...
移动图表(M)...
三维旋转(R)...
组合(G)
置于顶层(R)
置于底层(K)
指定宏(N)...
设置图表区域格式(F)...

图 3—29

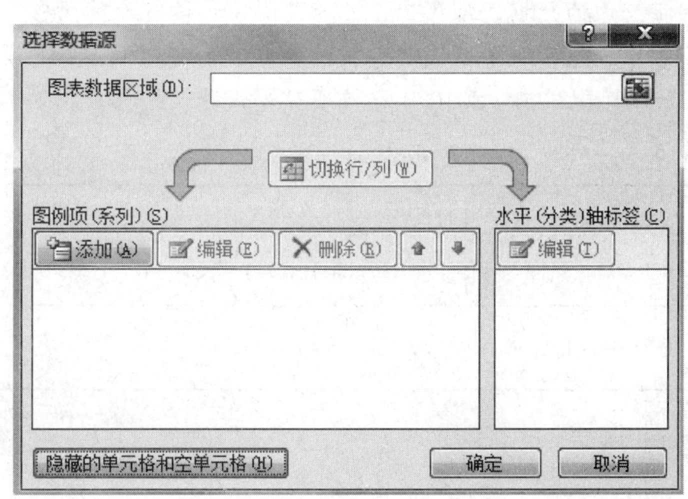

图 3—30

在【图表数据区域】内填入数据的范围，Excel 会自动生成图例项和水平轴标签。之后点击【确定】，就会生成折线图。

□ 习　题

1. 定性变量和定量变量的统计表描述方法分别有哪些？
2. 定性变量和定量变量的统计图描述方法分别有哪些？
3. 某班级 30 名学生的统计学成绩被分为四个等级：A 优；B 良；C 中；D 差。

结果如下：

B	C	B	A	B	D	B	C	C	B
C	D	B	C	A	B	B	C	B	A
B	A	B	B	D	C	C	B	C	A

（1）根据数据，计算分类频数，编制频数分布表；

（2）根据数据，制作直方图和饼图。

4. 甲、乙两班各有30名学生，统计学考试成绩如下：

考试成绩	人数	
	甲班	乙班
优	4	5
良	8	13
中	14	9
差	4	3

（1）根据表中的数据，制作甲、乙两班考试成绩分类的对比条形图；

（2）比较甲、乙两班考试成绩分布的特点。

5. 下表是我国2003—2010年在校研究生人数，根据数据制作折线图，并描述在校生人数的变化情况。

年份	2003	2004	2005	2006	2007	2008	2009	2010
研究生人数	650 802	819 896	978 610	1 104 653	1 195 047	1 283 046	1 404 179	1 538 414

6. 某商场6月份的营业额如下（单位：万元）：

26	35	37	36	37	45	46	34	33	46
20	43	38	50	34	38	47	29	25	51
39	42	32	29	35	37	44	36	38	21

（1）对数据进行分组，编制频数分布表；

（2）根据分组结果，制作直方图。

7. 我国主要年份的国内生产总值构成如下（单位：亿元）：

年份	第一产业	第二产业			第三产业
			工业	建筑业	
1978	1 027.5	1 745.2	1 607.0	138.2	872.5
1980	1 371.6	2 192.0	1 996.5	195.5	982.0
1985	2 564.4	3 866.6	3 448.7	417.9	2 585.0
1990	5 062.0	7 717.4	6 858.0	859.4	5 888.4
1995	12 135.8	28 679.5	24 950.6	3 728.8	19 978.5

续前表

年份	第一产业	第二产业			第三产业
			工业	建筑业	
2000	14 944.7	45 555.9	40 033.6	5 522.3	38 714.0
2005	22 420.0	87 364.6	77 230.8	10 133.8	73 432.9
2006	24 040.0	103 162.0	91 310.9	11 851.1	84 721.4
2007	28 095.0	121 381.3	107 367.2	14 014.1	100 053.5

(1) 根据数据，制作三次产业的线图；

(2) 根据数据，制作第二产业构成的线图。

8. 目前在报纸、杂志、网络等媒体中，经常利用形象化的图形反映社会现象，例如人口增长、GDP 增长、物价指数和粮食产量等，如下图。我们把这种图称作信息图。利用互联网资源查找相关含义，并设计制作我国消费者价格指数的信息图。

资料来源：新华社图表，北京。

第 4 章 数据的描述 2——重要的指标

Chapter 4

上一章我们利用统计表和统计图来描述数据，虽然图表能直观展现变量的分布特征，但不能将数据的内在规律量化。数据的内在规律表现为数据分布的特征，包括数据分布的集中趋势、离散趋势以及数据分布的形状等。要想深入了解数据的内在规律，必须借助于计算一些重要指标的值。本章将从上述三个方面对数据的分布特征进行刻画：通过众数、中位数、均值度量数据分布的集中趋势；通过方差、标准差、离散系数反映数据分布的离散程度；通过偏度系数、峰度系数反映数据分布的形状。

4.1 集中趋势的度量

集中趋势是指一组数据向某中心值靠拢的倾向，是描述数据分布的一项重要特征。集中趋势的测度实际是对一组数据的一般水平代表值或中心值的测度，通常我们用平均指标进行量化。根据描述数据的类型和研究问题的需要，可以构造不同种类的度量集中趋势的指标。度量集中趋势的指标主要有均值、中位数、众数。

4.1.1 均值

小词典

均值（mean）又称平均数，是一组数据大小相互抵消的结果，可以看做数据集的重心。

人们经常用均值代表一种现象或者一类问题的平均水平，反映事物的整体情况。

均值是最主要的反映集中趋势的指标，适用于定量变量的计算，一般用符号 $\overline{x}$ 表示。

在我们的日常生活中，到处都充斥着“平均”这个词，在搜索引擎中输入“平均”，铺天盖地的新闻随处可见。例如，《2013 年中国电脑健康调查报告》指出，我国电脑的平均开机时间为 48.7 秒，相比 2011 年同期加快了 7.3 秒；尽管经济环境低迷，但阿联酋航空公司连续 25 年盈利，平均上座率达 80%，等等。

1. 未加权的算术平均数

在日常生活中最常见的均值形式是算术平均数（arithmetic mean）。对于未经分组整理的原始数据，算术平均数的计算就是直接将一组数据的各个数值相加再除以数据个数，这称为简单算术平均数。设一组样本数据为 x_1，x_2，…，x_n，则算术平均数 $\overline{x}$ 的计算公式为：

$$\overline{x}=\frac{x_1+x_2+\cdots+x_n}{n}=\frac{\sum_{i=1}^{n}x_i}{n} \tag{4—1}$$

例 4—1

根据表 4—1 中给出的某高校统计学院 20 名学生的统计学期末考试成绩，计算其平均成绩。

表 4—1　某高校统计学院 20 名学生的统计学期末考试成绩　单位：分

学生编号	1	2	3	4	5	6	7	8	9	10	11	12	13	14	15	16	17	18	19	20
统计学成绩	53	94	91	72	76	53	100	82	100	88	94	66	57	51	63	92	83	97	64	55

解：根据表 4—1 中的数据，使用式（4—1）有

$$\overline{x}=\frac{x_1+x_2+\cdots+x_n}{n}=\frac{\sum_{i=1}^{n}x_i}{n}=\frac{1\ 531}{20}=76.55$$

所以，20 名学生的统计学期末考试平均成绩是 76.55 分。

试一试

找到本班同学上学期每门课程的期末成绩，并计算每门课程的平均成绩，看看你在平均成绩以上还是在平均成绩以下。

2. 加权的算术平均数

根据分组整理的数据计算算术平均数，就要以各组变量值出现的次数或频数为权

数计算加权的算术平均数。假设样本数据被分为 k 组，样本数据各组变量的代表值用 x_1，x_2，…，x_k 表示，各组变量值出现的频数用 f_1，f_2，…，f_k 表示，则算术平均数 $\bar{x}$ 的计算公式为：

$$\bar{x}=\frac{x_1f_1+x_2f_2+\cdots+x_kf_k}{f_1+f_2+\cdots+f_k}=\frac{\sum_{i=1}^{k}x_if_i}{\sum_{i=1}^{k}f_i} \tag{4—2}$$

如果是单变量分组，式（4—2）中的代表值就是各组的分组变量值；如果是组距分组，式（4—2）中的代表值就是各组的组中值。使用组中值作为代表值是假定各组数据在各组中出现的可能性相同，但实际情况与这一假定会有所偏差，这使得利用组距分组资料计算的平均数与实际的均值之间存在误差，平均数是实际均值的近似值。

加权算术平均数数值的大小会受到哪些因素的影响？

加权算术平均数数值的大小，不仅受各组变量值大小的影响，而且受各组变量值出现的频数即权数大小的影响。如果某一组的权数大，说明该组的数据较多，那么该组数据的大小对算术平均数的影响就大。实际上，我们将式（4—2）变换为下面的形式，更容易看出这一点。

$$\bar{x}=\frac{\sum_{i=1}^{k}x_if_i}{\sum_{i=1}^{k}f_i}=\sum_{i=1}^{k}x_i\frac{f_i}{\sum_{i=1}^{k}f_i} \tag{4—3}$$

由式（4—3）可以清楚地看出，加权算术平均数受各组变量值 x_i 和各组频率 $\frac{f_i}{\sum f_i}$ 大小的影响。频率越大，相应的变量值计入平均数的比重也越大，对平均数的影响就越大；反之，频率越小，相应的变量值计入平均数的比重也越小，对平均数的影响就越小。需要指出的是，当各组变量值出现的频数（f_i）或频率 $\frac{f_i}{\sum f_i}$ 相等时，权数的作用就消失了。此时，加权算术平均数就等于简单算术平均数。

算术平均数在统计学中具有重要的地位，它是进行统计分析和统计推断的基础。从统计思想上看，算术平均数是一组数据的重心，是消除了一些随机因素的影响或者数据误差相互抵消后的必然结果。

算术平均数具有下面一些重要的数学性质，这些数学性质在实际中有着广泛的应

用，同时也体现了算术平均数的统计思想。

性质 1　各变量值与其算术平均数的离差之和等于零，即

$$\sum_{i=1}^{n}(x_i-\overline{x})=0 \quad 或 \quad \sum_{i=1}^{k}(x_i-\overline{x})f_i=0$$

性质 2　各变量值与其算术平均数的离差平方和最小，即

$$\sum_{i=1}^{n}(x_i-\overline{x})^2 \text{为最小值} \quad 或 \quad \sum_{i=1}^{k}(x_i-\overline{x})^2 f_i \text{为最小值}$$

例 4—2

根据表 4—2 给出的某项调查中 30 名受访者的月收入水平分组数据，计算其平均收入水平。

表 4—2　　**某项调查中 30 名受访者的月收入水平分组数据**

收入水平分组（元）	组中值 x_i	被访者人数 f_i（人）	$x_i f_i$
1 000～2 000	1 500	3	4 500
2 000～3 000	2 500	7	17 500
3 000～4 000	3 500	13	45 500
4 000～5 000	4 500	5	22 500
5 000～6 000	5 500	2	11 000
合计	—	30	101 000

解：根据表 4—2 中的数据，使用式（4—3）有

$$\overline{x}=\frac{\sum_{i=1}^{5}x_i f_i}{\sum_{i=1}^{5}f_i}=\frac{101\,000}{30}\approx 3\,366.67(\text{元})$$

所以，30 名受访者的平均月收入水平是 3 366.67 元。

4.1.2　中位数

小词典

中位数（median）是将变量取值按大小顺序排列后，处于中间位置的变量值。

中位数把该变量的所有取值分成了数目相等的两组，一组的数值小于等于中位数，另一组大于等于中位数。中位数适用于对定量变量以及定性变量中顺序型变量取值的集中趋势的测度，但不适用于对定性变量中分类型变量取值的集中趋势的测度。

中位数一般用 M_e 表示。

1. 中位数的确定

变量的取值数据规模较小时，将数据按大小顺序排列。当数据个数 N 为奇数时，处在$\frac{N+1}{2}$位置上的变量取值即为该组数据的中位数；当数据个数 N 为偶数时，处在$\frac{N}{2}$和$\frac{N}{2}+1$位置上两个变量取值的简单算术平均数即为中位数。

$$M_e=\begin{cases}X_{\frac{N+1}{2}}, & \text{当 } N \text{ 为奇数时}\\ \frac{1}{2}\left(X_{\frac{N}{2}}+X_{\frac{N}{2}+1}\right), & \text{当 } N \text{ 为偶数时}\end{cases} \tag{4—4}$$

下面分析变量的取值数据规模较大的情况，首先，将数据按单变量分组或按组距分组，得到频数分布；其次，对频数分布做向上累积或向下累积，第$\frac{\sum f}{2}$（$\sum f$ 为偶数时）或$\frac{\sum f+1}{2}$（$\sum f$ 为奇数时）处变量取值所在的组为中位数组；最后，如果是单变量分组，则可以取该组标志值作为中位数，如果是组距分组，则中位数可以采用如下公式近似计算得到。

$$\text{下限公式：} M_e = L + \frac{\frac{\sum f}{2} - S_{m-1}}{f_m}\cdot i \tag{4—5}$$

$$\text{上限公式：} M_e = U - \frac{\frac{\sum f}{2} - S_{m+1}}{f_m}\cdot i \tag{4—6}$$

式中，L 是中位数组的下限；U 是中位数组的上限；S_{m-1} 是到中位数组前面一组为止的向上累积频数；S_{m+1} 则是到中位数组后面一组为止的向下累计频数；f_m 为中位数组的频数；i 为中位数组的组距。

例 4—3

根据表 4—2 给出的某项调查中 30 名受访者的月收入水平分组数据得到累积频数分布表（见表 4—3），计算其中位数。

表 4—3　30 名受访者的月收入水平累积频数分布表

收入水平分组（元）	组中值 x_i	受访者人数（人）	向上累积频数（人）	向下累积频数（人）
1 000～2 000	1 500	3	3	30
2 000～3 000	2 500	7	10	27
3 000～4 000	3 500	13	23	20

续前表

收入水平分组（元）	组中值 x_i	受访者人数（人）	向上累积频数（人）	向下累积频数（人）
4 000～5 000	4 500	5	28	7
5 000～6 000	5 500	2	30	2
合计	—	30	—	—

解：根据表 4—3 的内容，$\frac{\sum f}{2}=15$，对应的收入水平是 3 000～4 000 元，因此该组就是中位数组，有 $L=3\,000$，$U=4\,000$，$S_{m-1}=3+7=10$，$S_{m+1}=2+5=7$，$f_m=13$，$i=1\,000$。根据式（4—5）和式（4—6）计算可得

$$M_e=L+\frac{\frac{\sum f}{2}-S_{m-1}}{f_m}\cdot i=3\,000+\frac{15-10}{13}\times 1\,000\approx 3\,384.6(\text{元})$$

$$M_e=U-\frac{\frac{\sum f}{2}-S_{m+1}}{f_m}\cdot i=4\,000-\frac{15-7}{13}\times 1\,000\approx 3\,384.6(\text{元})$$

因此，30 名受访者的月收入水平的中位数是 3 384.6 元。

2. 根据统计图来寻找中位数

上一章讲到直方图，我们可以从图中来确定中位数吗？通常假定数据在中位数组呈均匀分布，这时可以利用直方图确定中位数。

如图 4—1 所示，全部 100 名调查员调查的有效问卷数的中位数对应的位置应当是 50.5，通过观察在 140～150 组之前的累积频数是 42，所以只需要在 140～150 之间找到第 8.5 位置上所对应的数。由于假设 140～150 间这 18 个数是均匀分布的，而这段区间的长是 10，因此区间上第 8.5 位置上的数应当是 $140+\frac{8.5}{18}\times 10\approx 144.7$，即中位数是 144.7。这一结果与实际情况有一些偏差，因为我们假定数据在 140～150 这个区间内是均匀的，而实际并非如此。

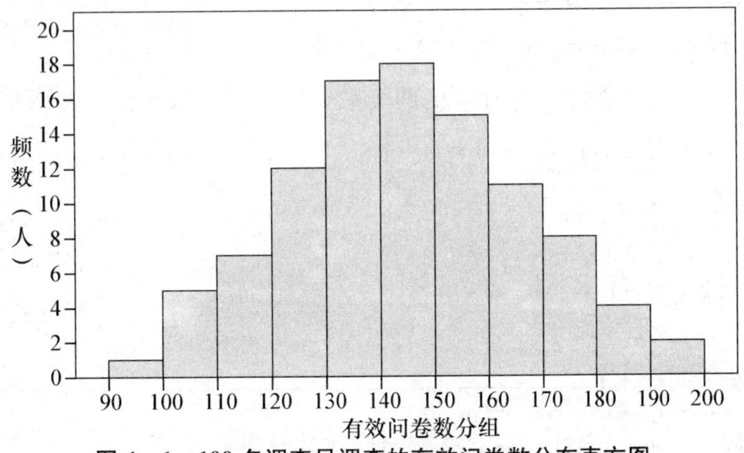

图 4—1　100 名调查员调查的有效问卷数分布直方图

看一看

中位数很好地代表了一组数据的中间位置，特别是当直方图显示的数据服从有偏分布时。中位数具有较好的稳健性，对极端值并不敏感，数据中一个极端值无论如何变化，中位数都不发生改变。由于中位数只是数据中间位置的代表取值，因此中位数并没有利用数据的所有信息，其对原始数据信息的代表性不如均值。

3. 四分位数

小词典

四分位数是指一组数据按大小排序后处于第 25 百分位和第 75 百分位位置上的值，也称四分位点。

通常所说的四分位数是指处在第 25 百分位位置上的数值（下四分位数）和处在第 75 百分位位置上的数值（上四分位数）。令下四分位数为 Q_L，上四分位数为 Q_U，其计算公式为：

$$Q_L = X_{\frac{n+1}{4}}, \quad Q_U = X_{\frac{3(n+1)}{4}} \tag{4—7}$$

当四分位数的位置不是整数时，按比例计算四分位数两侧的差值。

例 4—4

在某城镇随机抽取 9 个家庭，调查得到每个家庭的人均月收入数据（单位：元）分别是 2 450，1 950，1 820，1 860，2 060，1 900，2 280，2 040，2 700。要求：计算这 9 个家庭人均月收入水平的四分位数。

解：将数据按由小到大的顺序排列可得 1 820，1 860，1 900，1 950，2 040，2 060，2 280，2 450，2 700。

根据式（4—7）可得

$$Q_L = X_{\frac{n+1}{4}} = X_{2.5}, \quad Q_U = X_{\frac{3(n+1)}{4}} = X_{7.5}$$

由于 2.5 处于顺序为 2 和 3 的两个数中间，因此按比例分摊两端的差值，即

$$Q_L = X_{2.5} = 1\,860 + (1\,900 - 1\,860) \times 0.5 = 1\,880(\text{元})$$

同理 $Q_U = X_{7.5} = 2\,280 + (2\,450 - 2\,280) \times 0.5 = 2\,365$（元）

4.1.3 众数

小词典

众数（mode）是指一组数据中出现次数最多的变量值，用 M_o 表示。

众数主要用于度量分类型数据的集中趋势，当然也适用于对顺序型数据和定量数据集中趋势的测定。从变量分布的角度看，众数是具有明显集中趋势点的数值，一组数据分布的最高峰点所对应的变量值即为众数。如果数据的分布没有明显的集中趋势或最高峰点，众数就不存在；如果有多个高峰点，就有多个众数。因此，众数不具有唯一性。

1. 定性变量众数的确定

根据分类型变量和顺序型变量的不同取值得到频数分布。确定众数时，只需找出频数最大的变量取值。看一个简单的例子，某城镇 3 000 名受访者的受教育程度的频数分布如表 4—4 所示。通过观察频数分布表，我们可以直观地看到受教育程度为高中的频数最大，因此对于 3 000 名受访者的受教育程度来说，众数就是高中学历。

表 4—4　　3 000 名受访者的受教育程度的频数分布表

受教育程度	人数（人）	百分比（%）
小学及以下	240	8
初中	960	32
高中	1 230	41
大学及以上	570	19
合计	3 000	100

我们还可以直观地感觉到，对于定性变量的图形描述来说，条形图中最高的条形所对应的变量取值，或是饼图中面积最大的扇形所对应的变量取值，即为定性变量的众数。

2. 定量变量众数的确定

对于离散型变量，出现次数最多的变量取值即为众数。

例 4—5

根据表 4—5 中 35 名调查员调查的有效问卷数的单变量分组资料确定众数。

表 4—5　　35 名调查员调查的有效问卷数的单变量分组

问卷数（份）	频数	问卷数（份）	频数
131	2	139	2
132	1	140	2
133	2	142	3
134	2	143	2
135	3	144	3
136	3	145	4
137	1	147	3
138	1	148	1

解：如表 4—5 所示，问卷数为 145 份的人数是 4 人，高于其他所有问卷数对应的人数，因此 35 名调查员调查的有效问卷数的众数是 145 份。

对于连续型变量，首先根据组距分组得到频数分布。对于等距分组，对应频数最大的组为众数组；对于不等距分组，对应频数密度最大的组为众数组。设众数组的频数为 f_m，众数前一组的频数为 f_{m-1}，众数后一组的频数为 f_{m+1}。

如果假定数据在众数组是均匀分布的，则众数的确定原理可以用图 4—2 来表示，众数与其相邻两组的频数分布有如下关系：

$$\text{下限公式}: M_o \doteq L + \frac{f_m - f_{m-1}}{(f_m - f_{m-1}) + (f_m - f_{m+1})} \cdot i \tag{4—8}$$

$$\text{上限公式}: M_o \doteq U - \frac{f_m - f_{m+1}}{(f_m - f_{m-1}) + (f_m - f_{m+1})} \cdot i \tag{4—9}$$

式中，L 表示众数组的下限；U 表示众数组的上限；i 表示众数组的组距。式（4—8）、式（4—9）是假定数据分布具有明显的集中趋势，且众数组的频数在该组内均匀分布。若这些假定不成立，则采用这种方法近似确定的众数代表性会很差。

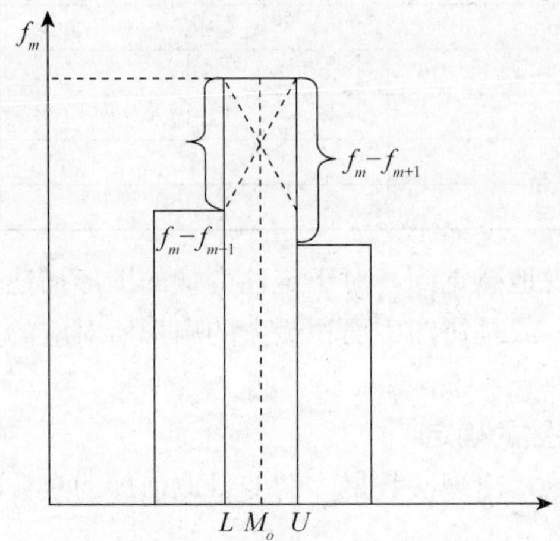

图 4—2 组距分组众数的近似确定原理

例 4—6

根据例 4—5 确定表 4—3 中 30 名受访者月收入水平的众数。

解：首先确定众数组是 3 000～4 000 元组，因此 $L=3\,000$，$U=4\,000$，$f_{m-1}=7$，$f_{m+1}=5$，$f_m=13$，$i=1\,000$。根据式（4—8）和式（4—9）计算可得

$$\begin{aligned} M_o &\doteq L + \frac{f_m - f_{m-1}}{(f_m - f_{m-1}) + (f_m - f_{m+1})} \cdot i \\ &= 3\,000 + \frac{13-7}{(13-7)+(13-5)} \times 1\,000 \approx 3\,428.6(\text{元}) \end{aligned}$$

$$\begin{aligned} M_o &\doteq U - \frac{f_m - f_{m+1}}{(f_m - f_{m-1}) + (f_m - f_{m+1})} \cdot i \\ &= 4\,000 - \frac{13-5}{(13-7)+(13-5)} \times 1\,000 \approx 3\,428.6(\text{元}) \end{aligned}$$

因此，30 名受访者的月收入水平的众数是 3 428.6 元。

从众数的确定方法可以看出，众数是根据众数所在组及相邻组内的频率分布信息来确定数据中心点位置的，因此，众数是一个位置代表值。其优点是不受数据中极端值的影响，不足是对原始数据的代表性不如均值，而且众数只有在数据量较大时才有意义，在数据量较少时不宜使用。

4.1.4　几何平均数

几何平均数（geometric mean）也称几何均值，是适用于特殊数据的一种平均数。在实践中，通常用来计算平均比率和平均速度。当所掌握的变量值本身是比率的形式，而且各比率的乘积等于总的比率时，就应采用几何平均法计算平均比率。几何平均数形式上是 n 个变量取值（比率）连乘积的 n 次方根，计算公式为：

$$M_G = \sqrt[n]{x_1 \times x_2 \times \cdots \times x_n} = \sqrt[n]{\prod_{i=1}^{n} x_i} \tag{4—10}$$

若对式（4—10）两边取对数，几何平均数也可看做算术平均数的一种变形：

$$\lg M_G = \frac{1}{n}(\lg x_1 + \lg x_2 + \cdots + \lg x_n) = \frac{\sum_{i=1}^{n} \lg x_i}{n} \tag{4—11}$$

例 4—7

某股票投资者长期持有一只股票，2005—2008 年每年的收益率分别是 5.6%，7.2%，28.5%，−15.6%。计算该股票投资者 4 年内的平均收益率。

解：根据股票每年的收益率可得到其 4 年的相对价格分别是 105.6%，107.2%，128.5%，84.4%。套用式（4—10）计算 4 年的平均相对价格：

$$M_G = \sqrt[n]{\prod_{i=1}^{n} x_i} = \sqrt[4]{105.6\% \times 107.2\% \times 128.5\% \times 84.4\%} \approx 105.26\%$$

因此，4 年的平均收益率是 105.26%−1=5.26%。

看一看

均值一般用于寻找定量数据的中心代表值。均值的优点在于它对变量的每一个取值都予以考虑，这样能充分利用原始信息。均值的缺点在于容易受到极端值的干扰。由于计算利用了每一个原始数据，因此只要任何一个数据值发生了变化，均值就会有所改变。对于偏态分布，均值的代表性较差。因此，当数据分布的偏斜程度很大时，可以考虑选择中位数或众数作为集中趋势的代表。

4.1.5 均值、中位数、众数的比较

均值、中位数、众数是描述数据集中趋势的主要指标，它们按照不同的方法来确定，具有不同的特点和适用场合。但是三者之间存在着一定的数量关系，这种数量关系取决于变量取值的频数分布状况。

从分布的角度看，均值是一组数据全部数值的平均数，中位数是处于一组数据中间位置上的数值，众数始终是一组数据分布的最高峰值。对于具有单峰分布的大多数数据而言，均值、中位数、众数存在以下关系：

（1）当变量取值的频数分布对称时，均值与众数、中位数三者完全相等，即 $\bar{x}=M_e=M_o$（见图 4—3）。

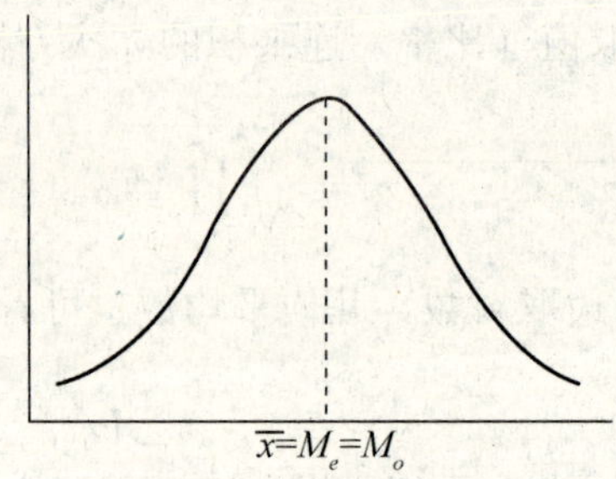

图 4—3　正态分布

（2）当变量取值的频数分布呈现右偏时，说明数据存在一些极大值，其必然拉动均值向极大值一方靠拢。由于众数和中位数不受极端值的影响，因此三者之间的关系为 $\bar{x}>M_e>M_o$（见图 4—4）。

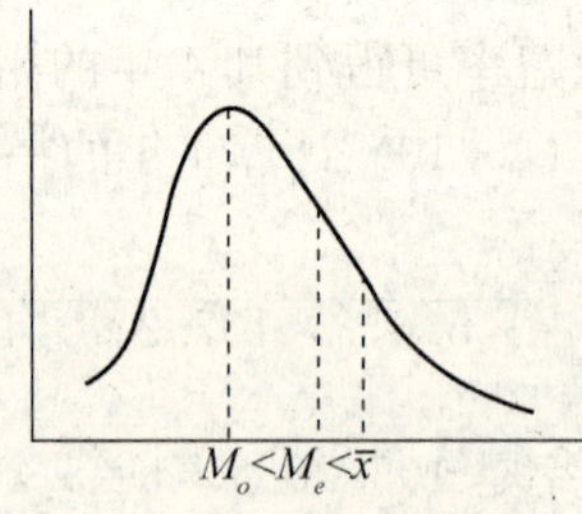

图 4—4　右偏分布

（3）当变量取值的频数分布呈现左偏时，说明数据存在极小值，其必然拉动均值向极小值一方靠拢。由于众数和中位数不受极端值的影响，因此三者之间的关系为 $\bar{x}<M_e<M_o$（见图 4—5）。

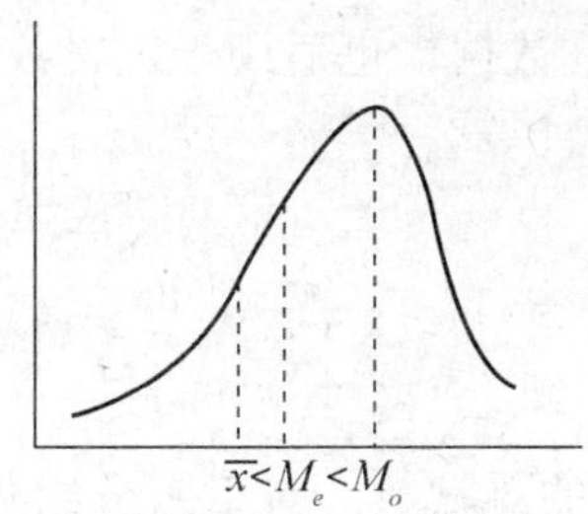

图 4—5　左偏分布

从上面的关系我们可以看出，当频数分布对称或近似对称时，以均值、中位数或众数来描述数据的集中趋势都比较理想；当频数呈偏态分布时，极端值会对均值产生较大影响，而对众数、中位数没有影响，此时，用众数、中位数来描述集中趋势比较好。

根据经验，在数据足够多且频数分布适度偏斜的情况下，均值、中位数与众数三者在数值上存在较为固定的关系。频数分布无论是左偏还是右偏，众数与中位数的距离约为算术平均数与中位数的距离的两倍，即

$$|M_e-M_o|=2|\bar{x}-M_e| \tag{4—12}$$

$$M_o=\bar{x}-3(\bar{x}-M_e)=3M_e-2\bar{x} \tag{4—13}$$

从上海证券交易所找出你感兴趣的股票，收集该只股票一个月的收盘价格，计算其中位数、众数和平均数，并比较大小。

4.2　离散趋势的度量

数据分布的离散趋势是描述数据分布的另一个重要特征。离散趋势反映了变量各个取值远离其中心值的程度，因此也称离中趋势。离散趋势从一个侧面说明了一组数据集中趋势度量值的代表程度。根据不同类型的数据和研究问题的需要，可以构造不同的指标来描述离散趋势。常用的测度离散程度的指标主要有异众比率、极差、四分位差、平均差、方差、标准差和离散系数等，通常也称变异指标。

4.2.1　异众比率

小词典

异众比率（variation ratio）是指一组数据中非众数（组）的频数占总频数的比例。

异众比率既适用于定性数据，也适用于定量数据，但主要用于测度分类型数据的离散趋势，用 V_r 表示。其计算公式为：

$$V_r=\frac{\sum f_i-f_m}{\sum f_i}=1-\frac{f_m}{\sum f_i} \tag{4—14}$$

式中，$\sum f_i$ 表示变量取值的总频数。对于未分组数据，f_m 表示众数的频数；对于分组数据，f_m 表示众数组的频数。

异众比率是衡量众数对一组数据代表性好坏的指标。异众比率越大，说明非众数组的频数占总频数的比重就越大，众数的代表性就越差；反之，异众比率越小，众数的代表性就越强。

例 4—8

根据表 4—4 中 3 000 名受访者受教育程度的频数分布，计算异众比率。

解： 受教育程度的众数是高中学历，根据式（4—14）计算可得

$$V_r=1-\frac{f_m}{\sum f_i}=1-\frac{1\ 230}{3\ 000}=59\%$$

这说明在全部 3 000 名受访者中，有 59%的受教育程度不属于高中学历，因此将高中学历作为全部被调查者受教育程度的代表，代表性并不强。

4.2.2 极差和四分位差

1. 极差

小词典

极差（range）是一组数据的最大值与最小值之差，也称全距。

极差主要用于度量顺序型数据和定量数据的离散趋势，用 R 表示。其计算公式为：

$$R=\max(x_i)-\min(x_i) \tag{4—15}$$

式中，$\max(x_i)$ 和 $\min(x_i)$ 分别表示一组数据的最大值和最小值。

例 4—9

根据表 4—5 中 35 名调查员调查的有效问卷数的单变量分组数据计算极差。

解： $R=\max(x_i)-\min(x_i)=148-131=17$（份）

极差是最容易计算的度量离散趋势的指标，但它容易受极端值的影响。35 名调查员调查的有效问卷数的极差是 17 份，但如果有一名调查员的有效问卷数变为 160

份，则极差增大为 29 份。由于极差只利用了一组数据两端的极值，不能反映出中间数据的分散情况，因此不能准确地描述出数据的离散趋势。

2. 四分位差

小词典

四分位差是上四分位数与下四分位数之差，又称为内距或四分间距（interquartile range），用 Q_d 表示。

四分位差的计算公式为：

$$Q_d = Q_U - Q_L \tag{4—16}$$

四分位差主要用于测度顺序型数据和定量数据的离散趋势，它弥补了极差容易受数据两端极值影响的缺陷。剔除数据中最小和最大的各 25%的数据，反映了中间 50%数据的离散趋势。数值越小，说明中间的数据越集中；数值越大，说明中间的数据越分散。此外，由于中位数处于数据的中间位置，因此，四分位差的大小在一定程度上能够说明中位数对一组数据的代表程度。例 4—9 中的四分位差是 144－135＝9（元）。

4.2.3　平均差、方差和标准差

1. 平均差

小词典

平均差（mean deviation）是一组数据与其均值离差绝对值的平均数，用 M_d 表示。

根据已知数据的不同，平均差有以下两种计算方法。

对于未分组数据，采用简单平均法，其计算公式为：

$$M_d = \frac{\sum_{i=1}^{n} |x_i - \bar{x}|}{n} \tag{4—17}$$

对于分组数据，采用加权平均法，其计算公式为：

$$M_d \doteq \frac{\sum_{i=1}^{k} |x_i - \bar{x}| f_i}{\sum_{i=1}^{k} f_i} \tag{4—18}$$

 **例 4—10**

根据表 4—2 给出的某项调查中 30 名受访者的月收入水平分组数据，计算其平

均差。

解：计算过程如表 4—6 所示。

表 4—6　　30 名受访者的月收入水平平均差计算表

收入水平分组（元）	组中值 x_i	被访者人数 f_i（人）	$\lvert x_i-\bar{x}\rvert$	$\lvert x_i-\bar{x}\rvert f_i$
1 000～2 000	1 500	3	1 866.67	5 600.01
2 000～3 000	2 500	7	866.67	6 066.69
3 000～4 000	3 500	13	133.33	1 733.29
4 000～5 000	4 500	5	1 133.33	5 666.65
5 000～6 000	5 500	2	2 133.33	4 266.67
合计	—	30	—	23 333.3

根据表 4—6 中的数据，利用式（4—18）有

$$M_d \doteq \frac{\sum_{i=1}^{k}\lvert x_i-\bar{x}\rvert f_i}{\sum_{i=1}^{k} f_i}=\frac{23\,333.3}{30}\approx 777.78(\text{元})$$

平均差计算简便，意义明确。由于平均差的计算利用了所有数据，因此它能够准确、全面地反映一组数值的离散趋势。平均差越强，数据的离散趋势越强；平均差越小，数据的离散趋势越弱。但是，由于平均差是用绝对值计算的，因此在实际应用中会受到限制。

2. 方差和标准差

小词典

方差（variance）是一组数据与其均值离差平方的算术平均数。**标准差**（standard deviation）是方差的平方根。

方差、标准差与平均差相同，也是根据全部数据计算的，能够准确地反映每个数据与其均值的平均差异程度。但方差、标准差通过取离差的平方来消除正负号的影响，这更便于数学上的处理。因此，方差、标准差是实际中应用最广泛的离散趋势度量指标。

知道吗　威廉·希利·戈塞（William Sealy Gosset，1876—1937）出生于英国肯特郡坎特伯雷市，是一位化学家、数学家与统计学家，小样本理论研究的先驱，以笔名“Student”著名。他的学术贡献主要有：第一，比较了平均误差与标准误差的两种计算方法；第二，研究了泊松分布在应用中的样本误差问题；第三，建立了相关系数的抽样分布；第四，导入了“学生”分布，即 t 分布。这些工作为“小样本理论”

奠定了基础；同时，也为以后的样本资料的统计分析与解释开辟了一条道路。由于戈塞开创的理论使统计学开始由大样本向小样本发展、由描述向推断发展，因此，有人把戈塞推崇为推断统计学的先驱者。

资料来源：百度百科。

根据总体数据 X_1，X_2，…，X_n计算的方差或标准差称为总体方差或标准差，根据样本数据 x_1，x_2，…，x_n计算的方差或标准差称为样本方差或标准差。记总体的方差为 σ^2，标准差为 σ。记样本的方差为 s^2，标准差为 s。

看一看

通常情况下，总体均值用 X 表示，总体方差用 σ^2 表示。样本均值用 x 表示，样本方差用 s^2 表示。本书后面的主要内容是用样本统计量对总体参数进行推断，所以在没有特殊说明的情况下，一般都用样本均值和样本方差来描述。

对于未分组的数据，方差和标准差的计算公式分别为：

$$\sigma^2=\frac{\sum_{i=1}^{N}(X_i-\overline{X})^2}{N},\quad \sigma=\sqrt{\frac{\sum_{i=1}^{N}(X_i-\overline{X})^2}{N}} \tag{4—19}$$

对于分组数据，方差和标准差的计算公式分别为：

$$\sigma^2=\frac{\sum_{i=1}^{K}(X_i-\overline{X})^2 f_i}{\sum_{i=1}^{K}f_i},\quad \sigma=\sqrt{\frac{\sum_{i=1}^{K}(X_i-\overline{X})^2 f_i}{\sum_{i=1}^{K}f_i}} \tag{4—20}$$

样本的方差、标准差与总体的方差、标准差在计算上有所差别。总体的方差和标准差在对各离差平方平均时是除以数据个数或总频数，而样本的方差和标准差在对各离差平方平均时是用样本数据个数或总频数减 1（称为自由度）去除总离差平方和。

设样本的方差为 s^2，标准差为 s。对于未分组的数据，方差和标准差的计算公式为：

$$s^2=\frac{\sum_{i=1}^{n}(x_i-\overline{x})^2}{n-1},\quad s=\sqrt{\frac{\sum_{i=1}^{n}(x_i-\overline{x})^2}{n-1}} \tag{4—21}$$

对于分组数据，方差和标准差的计算公式为：

$$s^2=\frac{\sum_{i=1}^{k}(x_i-\overline{x})^2 f_i}{\sum_{i=1}^{k}f_i-1},\quad s=\sqrt{\frac{\sum_{i=1}^{k}(x_i-\overline{x})^2 f_i}{\sum_{i=1}^{k}f_i-1}} \tag{4—22}$$

知道吗 自由度（degree of freedom）是指以样本的指标来估计总体的参数时，样本中独立或能自由取值的数据个数。式（4—21）和式（4—22）中，当样本数据个数为 n 时，样本均值 $\bar{x}$ 确定后，必有一个数据不能自由取值，最多能有 $n-1$ 个数据可以自由取值，因此这里样本方差和标准差的自由度是 $n-1$。

例 4—11

根据表 4—2 给出的某项调查中 30 名受访者的月收入水平分组数据，计算其方差和标准差。

解：方差和标准差的计算过程如表 4—7 所示。

表 4—7　　某项调查中 30 名受访者的月收入方差和标准差计算表

收入水平分组（元）	组中值 x_i	受访者人数 f_i（人）	$(x_i-\bar{x})^2$	$(x_i-\bar{x})^2 f_i$
1 000～2 000	1 500	3	3 484 457	10 453 371
2 000～3 000	2 500	7	751 116.9	5 257 818
3 000～4 000	3 500	13	17 776.89	231 099.6
4 000～5 000	4 500	5	1 284 437	6 422 184
5 000～6 000	5 500	2	4 551 097	9 102 194
合计	—	30	—	31 466 667

根据表 4—7 中的数据，利用式（4—22）有

$$方差\ s^2=\frac{\sum_{i=1}^{k}(x_i-\bar{x})^2 f_i}{\sum_{i=1}^{k}f_i-1}=\frac{31\,466\,667}{30-1}\approx 1\,085\,057$$

$$标准差\ s=\sqrt{1\,085\,057}\approx 1\,041.66(元)$$

方差和标准差是测度数据离散程度的最常用指标。标准差反映了一组数据与均值之间的平均距离，标准差越大，表明观测值越分散。方差所表达的信息与标准差相同，但由于方差的单位是原变量单位的平方，因此对其含义的解释比较困难。

想一想

平均差、方差和标准差有什么区别与联系？

4.2.4　离散系数

以上介绍的度量离散程度的指标反映的都是一组数据的绝对变异程度。这些指标

数值的大小，不仅取决于数据的变异程度，而且与变量的数据水平和计量单位有关。因此，不能直接用于对不同水平、不同计量单位现象的比较。为了解决这一问题，我们构造离散系数，先将反映数据绝对差异程度的指标转化为反映相对差异程度的指标，然后再进行对比。

小词典

离散系数（coefficient of variation）是一组数据的标准差与其均值的比值，又称变异系数，用 V_s 表示。

离散系数的计算公式为：

$$V_s=\frac{s}{\bar{x}} \tag{4—23}$$

离散系数主要用于比较不同样本数据的离散程度，其数值越大，说明数据的离散程度越大。

例 4—12

在对甲、乙两地居民个人收入的调查中，甲地的人均月收入是 6 520 元，标准差是 1 640 元；乙地的人均月收入是 5 800 元，标准差是 1 300 元。比较甲、乙两地人均月收入的差异程度。

解：由 $\bar{x}_{甲}=6\ 520$，$s_{甲}=1\ 640$，得

$$V_{s甲}=\frac{s_{甲}}{\bar{x}_{甲}}=\frac{1\ 640}{6\ 520}\approx 0.252$$

由 $\bar{x}_{乙}=5\ 800$，$s_{乙}=1\ 300$，得

$$V_{s乙}=\frac{s_{乙}}{\bar{x}_{乙}}=\frac{1\ 300}{5\ 800}\approx 0.224$$

由于 $V_{s甲}>V_{s乙}$，因此甲地的人均月收入差异程度大于乙地。

4.3　偏态与峰度的度量

集中趋势和离散趋势是数据分布的两个重要特征，但要全面了解数据分布的特点，还需要知道数据分布的形状是否对称、分布的偏斜程度以及分布的扁平程度等信息。偏态和峰度就是对这些分布特征的描述。偏态是对数据分布在偏移方向和程度上所做的进一步描述；峰度是对数据分布的扁平程度所做的描述。对偏斜程度的描述用偏态系数，对扁平程度的描述则用峰度系数。

4.3.1 矩

矩是物理学上用以表示力与力臂关系的术语，这个关系和统计学中变量与权数对平均数的关系在性质上很类似，所以统计学中也用矩来说明频数分布的性质。一般来说，变量 X 的样本观测值与 a 之差 k 次方的平均数称为变量 X 关于 a 的 k 阶矩，其公式表示为：

$$\frac{\sum_{i=1}^{n}(x_i-a)^k f_i}{\sum_{i=1}^{n}f_i} \tag{4—24}$$

当 $a=0$ 时，上式称为 k 阶原点矩，用字母 M 表示。

一阶原点矩 $M_1=\frac{\sum_{i=1}^{n}x_i f_i}{\sum_{i=1}^{n}f_i}$，即均值；

二阶原点矩 $M_2=\frac{\sum_{i=1}^{n}x_i{}^2 f_i}{\sum_{i=1}^{n}f_i}$，即平方的均值；

三阶原点矩 $M_3=\frac{\sum_{i=1}^{n}x_i{}^3 f_i}{\sum_{i=1}^{n}f_i}$；

依此类推。

当 $a=\overline{x}$ 时，上式称为 k 阶中心矩，用字母 m 表示。

一阶中心矩 $m_1=\frac{\sum_{i=1}^{n}(x_i-\overline{x})f_i}{\sum_{i=1}^{n}f_i}=0$；

二阶中心矩 $m_2=\frac{\sum_{i=1}^{n}(x_i-\overline{x})^2 f_i}{\sum_{i=1}^{n}f_i}$；

三阶中心距 $m_3=\frac{\sum_{i=1}^{n}(x_i-\overline{x})^3 f_i}{\sum_{i=1}^{n}f_i}$；

依此类推。

4.3.2　偏态

偏态（skewness）是对数据分布对称性的度量。从本章 4.1 节的内容中我们已经知道，频数分布有对称和偏态之分。在偏态分布中，又分为左偏和右偏。我们可以利用众数、中位数和算术平均数之间的关系来判断分布左偏还是右偏。但若要度量分布偏斜的程度，就需要计算偏态系数了。偏态系数采用矩进行计算，用 SK 表示。其计算公式为：

$$SK=\frac{m_3}{\sigma^3}=\frac{\sum_{i=1}^{n}(x_i-\overline{x})^3f_i}{\sigma^3\sum_{i=1}^{n}f_i} \tag{4—25}$$

由于三阶中心矩 m_3 含有计量单位，因此为消除计量单位的影响，就用 m_3 除以 σ^3，将其转化为相对数。SK 的绝对值越大，表示偏斜的程度越严重。实际中根据变量的样本数据计算偏态系数时，总体的 σ^3 往往未知，常常用样本 s^3 代替。当分布对称时，变量的三阶中心矩 m_3 正负相互抵消，因而 $SK=0$。当分布不对称时，m_3 正负离差不能抵消，若 $SK>0$，则表示正偏或右偏；若 $SK<0$，则表示负偏或左偏。图 4—6 中的中间虚线表示的是正态分布，其左侧的为右偏分布，右侧的为左偏分布。

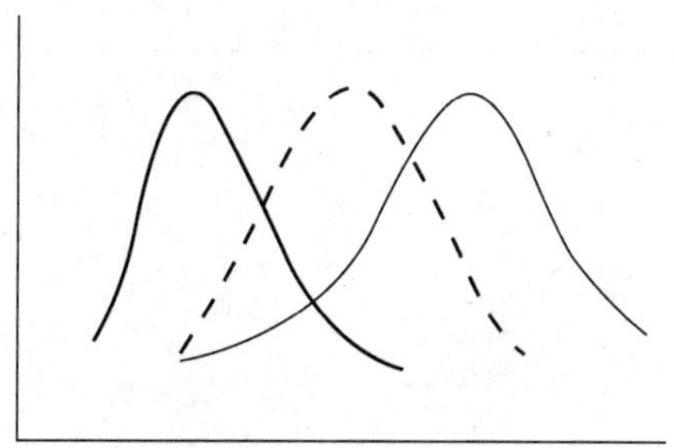

图 4—6　偏态分布图

例 4—13

根据表 4—2 给出的某项调查中 30 名受访者的月收入水平分组数据，计算收入分布的偏态系数。

解：偏态系数的计算过程如表 4—8 所示。

表 4—8　　某项调查中 30 名受访者的月收入分布的偏态系数计算表

收入水平分组（元）	组中值 x_i	受访者人数 f_i（人）	$(x_i-\overline{x})^3$	$(x_i-\overline{x})^3f_i$
1 000～2 000	1 500	3	−6 504 331 140.80	−19 512 993 422.41
2 000～3 000	2 500	7	−650 970 474.10	−4 556 793 318.72

续前表

收入水平分组（元）	组中值 x_i	受访者人数 f_i（人）	$(x_i-\overline{x})^3$	$(x_i-\overline{x})^3 f_i$
3 000～4 000	3 500	13	2 370 192.60	30 812 503.76
4 000～5 000	4 500	5	1 455 690 859.30	7 278 454 296.49
5 000～6 000	5 500	2	9 708 991 526.00	19 417 983 051.99
合计	—	30	—	2 657 463 111.11

根据表 4—8 中的数据，用例 4—10 计算出的样本 s 代替 σ，由式（4—25）可得

$$SK=\frac{\sum_{i=1}^{n}(x_i-\overline{x})^3 f_i}{s^3\sum_{i=1}^{n}f_i}=\frac{2\,657\,463\,111.11}{30\times(977.33)^3}\approx 0.095$$

偏态系数为正，因此 30 名受访者的月收入分布是右偏分布。

4.3.3 峰度

小词典

峰度（kurtosis）是指数据分布的集中程度或分布曲线的尖峭程度。要测度数据分布的尖峭程度，需要计算峰度系数，其用 K 表示。

峰度的计算公式为：

$$K=\frac{m_4}{\sigma^4}-3=\frac{\sum_{i=1}^{n}(x_i-\overline{x})^4 f_i}{\sigma^4\sum_{i=1}^{n}f_i}-3 \tag{4—26}$$

分布曲线的尖峭程度与偶数阶中心矩数值的大小有直接的关系。我们以 m_4 来度量分布曲线的尖峭程度。m_4 是个绝对数，含有计量单位，为消除计量单位的影响，将 m_4 除以 σ^4 得到无量纲的相对数。实际中根据变量的样本数据计算峰度时，由于总体的 σ^4 不知道，因此用样本 s^4 代替。

分布的集中程度或分布曲线的尖峭程度往往是相对正态分布而言的。在正态分布条件下，$K=0$。将各种不同分布的尖峭程度与正态分布进行比较：当 $K>0$ 时，表示分布的形状比正态分布更瘦更高，称为尖峰分布；当 $K<0$ 时，表示分布的形状比正态分布更扁平，称为平峰分布。图 4—7 中的虚线为正态分布，比正态分布尖峭的是尖峰分布，比正态分布扁平的是平峰分布。

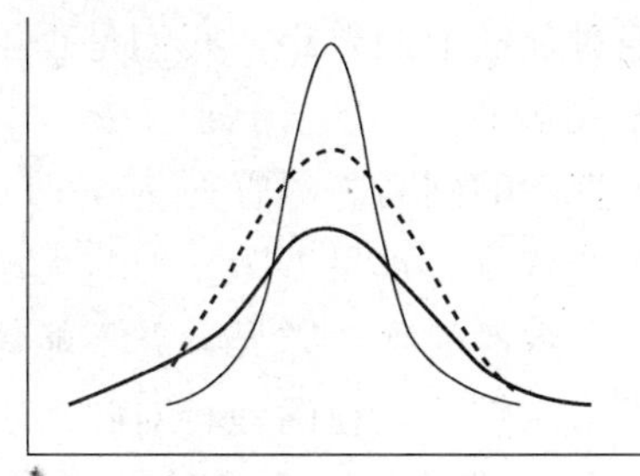

图 4—7　尖峰分布与平峰分布图

例 4—14

根据表 4—2 给出的某项调查中 30 名受访者的月收入水平分组数据，计算其分布的峰度系数。

解：峰度系数的计算过程如表 4—9 所示。

表 4—9　某项调查中 30 名受访者的月收入分布的峰度系数计算表

收入水平分组（元）	组中值 x_i	受访者人数 f_i（人）	$(x_i-\overline{x})^4$	$(x_i-\overline{x})^4 f_i$
1 000～2 000	1 500	3	12 141 439 810 602.7	36 424 319 431 808.0
2 000～3 000	2 500	7	564 176 580 790.82	3 949 236 065 535.71
3 000～4 000	3 500	13	316 017 778.96	4 108 231 126.52
4 000～5 000	4 500	5	1 649 778 121 567.11	8 248 890 607 835.55
5 000～6 000	5 500	2	20 712 482 892 155.3	41 424 965 784 310.5
合计	—	30		90 051 520 120 616.30

根据表 4—9 中的数据，用例 4—10 计算出的样本 s 代替 σ，由式（4—26）可得

$$K=\frac{\sum_{i=1}^{n}(x_i-\overline{x})^4 f_i}{s^4\sum_{i=1}^{n}f_i}-3=\frac{90\ 051\ 520\ 120\ 616.30}{30\times(977.33)^4}-3\approx 0.29$$

峰度系数为正，因此 30 名受访者的月收入分布是尖峰分布。

4.4　数据的标准化处理

不同变量的取值一般都有不同的均值和标准差。统计意义上，即便两个变量的取值同属于一个分布类型，当均值和标准差不同时，也不能将一个变量的取值与另一个变量的取值相比较。原因是均值和标准差的差异会导致变量取值分布形状的不同。

在例 4—11 中，在甲、乙两地的个人收入调查中，甲地的人均月收入是 6 520 元，标准差是 1 640 元；乙地的人均月收入是 5 800 元，标准差是 1 300 元。现甲地有一人的月收入是 5 000 元，乙地有一人的月收入是 4 600 元。为了表述方便，我们将他们

分别称为甲和乙。由于绝对数额上的差距，我们是否可以据此认为乙的相对个人收入水平低于甲的相对个人收入水平？

显然，我们不能做出直观的判断。尽管在例 4—11 中已经证明了甲地的人均月收入水平差距大于乙地的人均月收入水平差距，但这无法反映出两地某两个具体个人的情况。甲、乙两人的月收入数额的绝对差异，并不能体现他们在各自区域内收入水平所处位置的相对差异。为了比较两人在两地相对收入水平的高低，必须进行一定的变换处理，将具有不同均值和标准差的两个个体收入转化为具有相同标准的结果进行对比。

统计上，一般采用统计标准化处理，将具有不同量纲或是不同分布形状的数据转化为标准化得分，再进行比较。标准化的方法是将变量取值与其样本均值的差除以样本标准差，得到的值称为**标准化得分**（standard score），一般用 z 来表示，其计算公式为：

$$z_i=\frac{x_i-\bar{x}}{s} \tag{4—27}$$

标准化得分给出了一组数据中各数据的相对位置，具有均值为 0，标准差为 1 的特性。实际上，标准化处理只是对原始数据进行了线性变换，它并没有改变一个数据在该组数据中的相对位置，也没有改变数据分布的形状。标准化后的得分值只具有相对意义，没有绝对意义。

在例 4—12 中，甲的个人月收入标准化得分是 $z_{甲}=\frac{5\,000-6\,520}{1\,640}\approx-0.927$；乙的个人月收入标准化得分是 $z_{乙}=\frac{4\,600-5\,800}{1\,300}\approx-0.923$。将标准化得分用图形来表示，如图 4—8 所示。由于 $z_{乙}>z_{甲}$，通过标准化得分，虽然差距不是很明显，但结合图形我们可以判断出甲的个人收入水平距甲地收入均值的距离要大于乙的个人收入水平距乙地收入均值的距离，因此乙在乙地的相对个人收入水平高于甲在甲地的相对个人收入水平。

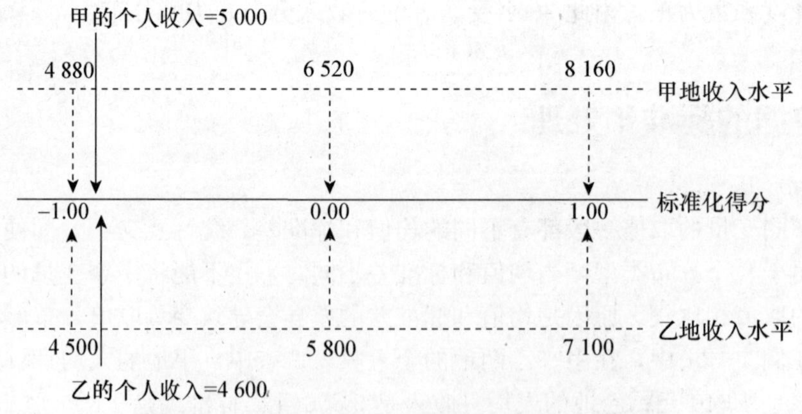

图 4—8　甲、乙两地个人收入标准化得分示意图

□ 本章小结

本章我们学习了描述数据分布特征的重要指标，包括对数据分布的集中趋势，离散趋势，以及数据分布形状等的描述。

描述数据集中趋势的主要指标有均值、中位数、众数。均值是最常用的测度数据集中趋势的代表值，主要适用于定量变量，但它对极端值的影响比较敏感。中位数适用于顺序型变量和定量变量，不适用于分类型变量。中位数对极端值不敏感，当数据分布不对称时，多用中位数来描述数据分布的集中趋势。如果均值与中位数大致相等，则选择均值来描述数据的集中趋势；如果差别较大，则选择中位数。众数多用于描述分类型变量的集中趋势，对极端值不敏感。

描述数据离散趋势的主要指标有异众比率、极差、四分位差、平均差、方差、标准差和变异系数。异众比率多用于描述分类型数据；极差是数据中最大值与最小值的差，但不能反映中间数据的分布情况；四分位差是上下四分位数的差值，反映了中间50％数据的离散趋势；平均差由于取绝对值，受运算法则的限制；方差和标准差是实际中应用最广泛的离散趋势测度指标，能够反映出每一数据与均值的平均差异；离散系数是描述数据离散趋势的相对值，能够适用于对不同总体或不同计量单位数据离散趋势的比较。

描述数据分布形状的指标主要是偏态系数和峰度系数。偏态系数主要用来描述数据分布与正态分布相比的偏斜程度；峰度系数主要用来描述数据分布与正态分布相比的尖峭程度。

附　录

打开 Excel，点击下图（见图 4—9）中的【fx】图标，在选择类别的下拉列表框（见图 4—10）中，点击【统计】（见图 4—11），选择需要的统计函数后点击【确定】。

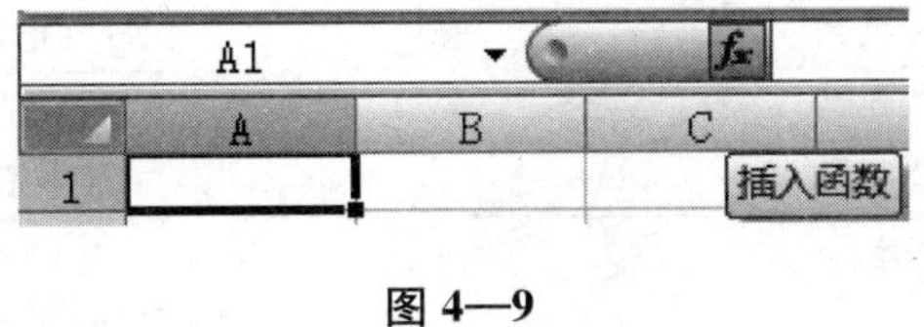

图 4—9

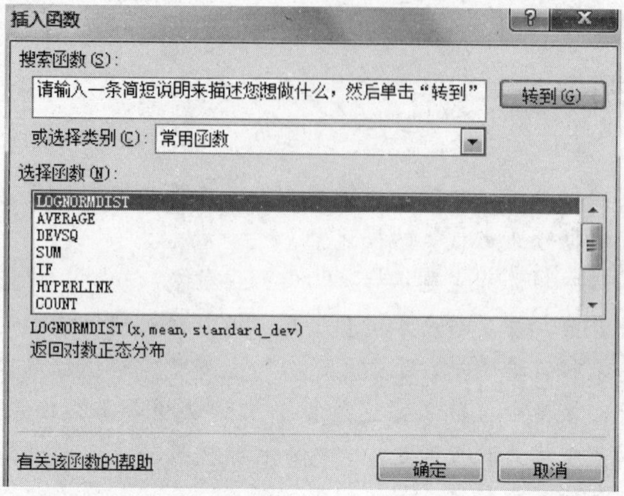

插入函数

搜索函数(S):

请输入一条简短说明来描述您想做什么，然后单击“转到” 转到(G)

或选择类别(C): 常用函数

选择函数(N):

LOGNORMDIST
AVERAGE
DEVSQ
SUM
IF
HYPERLINK
COUNT

LOGNORMDIST(x,mean,standard_dev)
返回对数正态分布

有关该函数的帮助 确定 取消

图 4—10

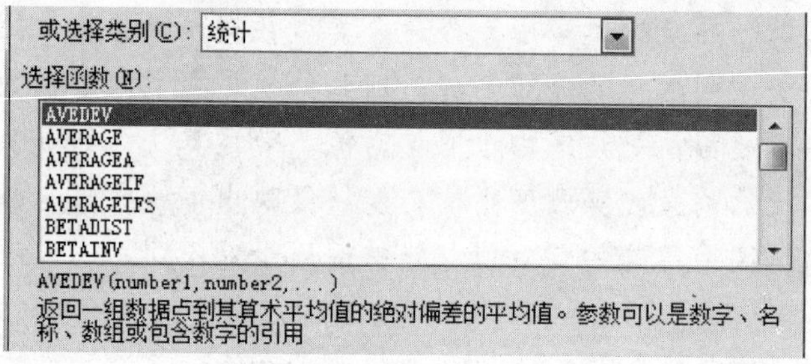

或选择类别(C): 统计

选择函数(N):

AVEDEV
AVERAGE
AVERAGEA
AVERAGEIF
AVERAGEIFS
BETADIST
BETAINV

AVEDEV(number1,number2,...)
返回一组数据点到其算术平均值的绝对偏差的平均值。参数可以是数字、名称、数组或包含数字的引用

图 4—11

常用函数公式如表 4—10 所示。

表 4—10 **常用函数**

指标	函数公式
均值	AVERAGE()
众数	MEDIAN()
中位数	MODE()
方差	VAR()
标准差	STDEV()
离散系数	STDEV()/AVERAGE()
偏态系数	SKEW()
峰度系数	KURT()

□习　题

1. 如何根据数据的均值、中位数与众数的关系来判断数据的分布特征？

2. 比较极差、平均差和标准差的特点，并说明为什么标准差是最常用的描述离散趋势的统计量，为什么要计算离散系数。

3. 对数据进行标准化处理的目的是什么？标准化分数有哪些用途？

4. 某家电卖场开展为期 3 个月的某种型号的空调促销活动，销售数据如下表所示，求 90 天的平均促销价。

促销时段（天）	平均促销价（元）	营业额（万元）
1～30	1 800	25
31～60	1 650	35
61～90	1 600	20

5. 某银行为缩短顾客到银行办理业务的等待时间，设计了两种排队方式，分别随机抽取 9 名顾客进行试验。排队方法甲 9 名顾客的平均等待时间是 7.2 分钟，标准差是 1.97 分钟。排队方法乙 9 名顾客的等待时间分别为（单位：分钟）：5.5，5.8，6.6，6.7，7.1，7.3，7.4，7.8，7.8。

（1）找出其中位数；

（2）计算排队方法乙等待时间的均值和标准差；

（3）如果让你选择一种排队方式，你会选择哪一种？说明理由。

6. 某手机卖场开展为期 4 个月的手机促销活动，其 120 天的手机销售分组数据如下表所示。

日销售量分组（部）	组中值 x_i	频数 f_i（天）	$x_i f_i$
140～150	145	4	580
150～160	155	9	1 395
160～170	165	16	2 640
170～180	175	27	4 725
180～190	185	20	3 700
190～200	195	17	3 315
200～210	205	10	2 050
210～220	215	8	1 720
220～230	225	4	900
230～240	235	5	1 175
合计	——	120	22 200

（1）计算销售数据的均值、中位数、众数；

（2）计算销售数据的方差、标准差及变异系数；

（3）计算销售数据的偏态系数和峰度系数。

7. 16 种不同零食每千克含有的热量如下（单位：卡）：110，236，164，430，

192，175，120，120，249，281，429，160，120，210，318，147。

（1）求出均值和中位数；用哪一个作为数据集中趋势的描述更合适？

（2）求出数据的标准差和变异系数。

8. 在一项关于大学生身体发育状况的调查中，男生的平均体重是65千克，标准差是8千克；女生的平均体重是55千克，标准差是5千克。问：是男生的体重差异大，还是女生的体重差异大？

9. 现有两套智力测评问卷，有10名被测者进行了两套问卷的测评，其得分如下：

测评问卷	1	2	3	4	5	6	7	8	9	10
A	20	23	24	18	17	16	25	24	21	19
B	31	39	39	29	28	31	40	30	31	30

（1）我们利用何种标准评价测评问卷的优劣？根据这种标准，哪一套测评问卷的效果更好？

（2）如果大量试验表明，测评问卷A的得分均值为20分，标准差是2分；测评问卷B的得分均值为35分，标准差是3分，哪个被测者的两次测验结果最不一致？哪个的最一致？

10. 对于金融投资来说，一项投资的预期收益率通常用其风险来衡量。预期收益率的变化范围越小，投资风险越小；反之，预期收益率的变化范围越大，投资风险越大。因此我们说高收益率往往伴随高风险。你认为用什么统计量来描述投资风险的大小合适？说出你的理由。

11. 在上海证券交易所中，找出你感兴趣的两只股票，收集出它们一个月的收盘价格，分别计算其中位数、众数、平均数、极差、四分位差、平均差、方差和标准差，并分析比较两只股票平均水平和离散水平的不同。

第 5 章 概率和概率分布

Chapter 5

德·梅勒是一名军人和语言学家，同时也是一名有经验的赌徒，他经常玩骰子和纸牌。1653 年，德·梅勒写信向当时法国最具声望的数学家帕斯卡请教一个赌资分配问题：假设两个赌博者（德·梅勒和他的一个朋友）每人出 30 枚金币，两人各自选取一个点数进行掷骰子，谁选择的点数首先被掷出 3 次，谁就赢得全部的赌注。在游戏进行了一会儿后，德·梅勒选择的点数“5”出现了两次而他朋友选择的点数“3”只出现了一次，这时德·梅勒因紧急事情必须离开，游戏不得不停止。他们该如何分配赌桌上 60 枚金币的赌注呢？德·梅勒及他的朋友都说出了他们各自的理由，并为此争论不休。帕斯卡对此也很感兴趣，又写信告诉了费马。这两位伟大的法国数学家开始了具有划时代意义的通信。由此，一个新的数学分支——概率论产生了。

概率和概率分布是概率论的基础知识，也是统计推断的理论基础。本章分三节来介绍，5.1 节介绍有关概率的问题；5.2 节介绍离散型随机变量的概率分布；5.3 节介绍连续型随机变量的概率分布。通过对本章的学习，你能找到一个公平的方案来分配赌桌上的 60 枚金币吗？

5.1 概率的问题

概率的问题贯穿于整个统计学课程中，有关概率的问题在日常生活中也经常出现。例如，抛一枚硬币正面朝上的概率是多少？明天降雨的概率是多少？连续三天是晴天的概率是多少？概率是与某事件发生的机会、可能性或确定程度有关的一个词。本节我们将从统计意义上对概率进行解释和分析。

5.1.1 事件

5.1.1.1 事件的定义

概率通常是指事件的概率。研究概率，要从研究事件开始。

事件（event）可以理解为每一个可能的结果，**随机事件**（random event）是可能出现也可能不出现的结果。例如，乘坐航班不发生事故；从扑克牌中抽出一张红心A；新生婴儿为男孩等。从广义上看，万事皆有可能，生活中的绝大多数事件都是随机事件。

不过也存在两种特例。一种是**不可能事件**（impossible event），是指一定不会出现的结果，比如掷一枚六面骰子一次的点数为9；另一种是**必然事件**（certain event），是指必然出现的结果，比如掷一枚六面骰子一次的点数小于7。

5.1.1.2 事件的关系

事件之间存在以下几种关系：事件的包含；事件的互斥；事件的并（或和）；事件的交（或积）；事件的差；事件的逆。下面以两个事件 A 与 B 为例来对事件的关系进行说明。

1. 事件的包含

事件的包含（include）：如果事件 A 发生意味着事件 B 必然发生，则称事件 B 包含事件 A，或事件 A 包含于事件 B，记作"$A\subset B$"或"$B\supset A$"。例如，事件 A 为"掷一枚六面骰子得到的点数小于3"，事件 B 为"掷一枚六面骰子得到的点数小于5"，则有 $A\subset B$。

2. 事件的互斥

事件的互斥（incompatible）是指事件 A 和事件 B 不可能同时发生。事件互斥的充要条件是两个事件没有公共点。例如，事件 A 是"掷一枚六面骰子得到的点数小于3"，事件 B 是"掷一枚六面骰子一次的点数大于5"，则有事件 A 和事件 B 互斥。

3. 事件的并

事件的并（或和）（or）是指事件 A 与事件 B 至少有一个发生的事件。它是由属于事件 A 或事件 B 的所有样本点组成的集合，记为"$A\cup B$"或"$A+B$"。例如，事件 A 是"掷一枚六面骰子得到的点数为1"，事件 B 是"掷一枚六面骰子得到的点数为2"，则事件 $A\cup B$ 为"骰子点数小于3"。

4. 事件的交

事件的交（或积）（and）是指事件 A 与事件 B 同时发生的事件。它是由属于事件 A 也属于事件 B 的公共样本点组成的集合，记为"$A\cap B$"（或"AB"）。例如，事件 A 是"掷一枚六面骰子得到的点数为奇数"，事件 B 是"掷一枚六面骰子得到的点数大于4"，则事件 $A\cap B$ 为"骰子点数为5"。

5. 事件的差

事件的差是指事件 A 发生但事件 B 不发生的事件。它是由属于事件 A 而不属于事件 B 的那些样本点组成的集合，记为 $A-B$。例如，事件 A 是"掷一枚六面骰子得到的点数为奇数"，事件 B 是"掷一枚六面骰子得到的点数不大于 4"，则事件 $A-B$ 为"骰子点数为 1 或 3"。

6. 事件的逆

事件的逆（inverse）是指若事件 B 与事件 A 组成了整个样本空间，且事件 B 与事件 A 互斥，则称事件 B 是事件 A 的逆事件。它是由样本空间中所有不属于事件 A 的样本点组成的集合，记为 $B=\overline{A}$。例如，事件 A 是"掷一枚六面骰子得到的点数为奇数"，事件 B 是"掷一枚六面骰子得到的点数为偶数"，则事件 B 是事件 A 的逆，有 $B=\overline{A}$。同时，事件 A 也是事件 B 的逆，也有 $A=\overline{B}$。

5.1.1.3　事件的性质

与四则运算的性质类似，事件的性质满足交换律、结合律和分配律。设 A，B 和 C 为三个事件。

> **小词典**
>
> 1. 交换律
>
> $A\cup B=B\cup A$
>
> $A\cap B=B\cap A$
>
> 2. 结合律
>
> $A\cup(B\cup C)=(A\cup B)\cup C$
>
> $A(BC)=(AB)C$
>
> 3. 分配律
>
> $A\cup(B\cap C)=(A\cup B)\cap(A\cup C)$
>
> $A\cap(B\cup C)=(A\cap B)\cup(A\cap C)$

5.1.2　概率

5.1.2.1　事件的概率

事件 A 的概率是对事件 A 出现可能性大小的一种度量，记为 $P(A)$。

概率的数学性质有非负性、规范性、可加性。

> **小词典**
>
> 1. 非负性
>
> 对任意事件 A，有 $0\leqslant P(A)\leqslant 1$。

2. 规范性

对必然事件 Ω，有 $P(\Omega)=1$；对不可能事件 $\varnothing$，有 $P(\varnothing)=0$。

3. 可加性

若事件 A 与 B 互斥，则有 $P(A\cup B)=P(A)+P(B)$。

推广到两两互斥的事件，则有 $P(A_1\cup A_2\cup\cdots\cup A_n)=P(A_1)+P(A_2)+\cdots+P(A_n)$。

不可能事件的概率为 0，必然事件的概率为 1。一般情况下，越接近概率值 0 的小概率事件越不可能发生，而越接近概率值 1 的随机事件则越可能发生。

5.1.2.2 概率的定义

概率思想的产生可追溯到多年以前。在《旧约全书》中就有关于掷骰子的记载，传说挪威和瑞典国王曾经通过掷一对骰子来决定一块有争议的土地所有权。到了 17 世纪，在法国数学家帕斯卡和费马对赌博中赔率的讨论过程中，产生了概率论。概率的定义主要有古典定义、统计定义和主观定义三种。

1. 概率的古典定义

如果某一随机试验的结果数量有限，并且在公平性对称性的原则下，每个结果出现的可能性相同，则**事件 A 发生的概率**为该事件所包含的基本事件个数 m 与样本空间中所包含的基本事件个数 n 的比值，记为：

$$P(A)=\frac{\text{事件}A\text{所包含的基本事件个数}}{\text{样本空间所包含的基本事件总数}}=\frac{m}{n} \tag{5—1}$$

假设事件 A 是“掷一枚六面骰子得到的点数为奇数”，则事件 A 包含的基本事件为骰子点数是 1，3，5，共 3 种情况，而基本事件总数为 6，则事件 A 的概率 $P(A)=\frac{3}{6}$。如果事件 A 是“从一副 52 张扑克牌中抽出的一张扑克牌为梅花”，由于一副扑克牌中有 13 张梅花，因此事件 A 包含的基本事件个数为 13，而基本事件总数为 52，则事件 A 的概率为 $P(A)=\frac{13}{52}$。

当每个结果出现的可能性不同时，古典定义不再适用。比如在一场赛马中，不是所有的马赢的概率都相同；在射击比赛中，不是所有的选手赢的概率都一样。这时，我们可以考虑使用概率的统计定义。

2. 概率的统计定义

设某试验可重复进行，若在相同条件下进行 n 次随机试验，事件 A 出现 m 次，则比值 m/n 称为**事件 A 发生的频率**。随着 n 的增大，该频率围绕某一常数 p 上下波动，且波动的幅度逐渐减小，趋于稳定，这个频率的稳定值即事件 A 的概率，记为：

$$P(A)=\frac{m}{n}=p \tag{5—2}$$

例如，设事件 A 为“抛一枚硬币正面朝上”，若进行大量的试验，发现总次数中有一半是正面朝上的，则事件 A 的概率为 1/2。再以出生婴儿的性别为例，每一次生育都会得到一个或多个婴儿，但生男生女的概率是否相同并不确定。根据大量的历史数据计算得到新生婴儿为女孩的频率是 0.49，这个频率是用新生女婴的人数除以所有婴儿的人数得到的。

在概率的统计定义中，概率是在基于大量观察值、一个大样本下的比率。事实上概率的准确值永远都得不到，我们只能用大量观察值计算概率，使概率的估计值无限接近于真实值。

3. 概率的主观定义

对一些无法重复出现的事件，利用相对频数来逼近概率是不可能的，此时事件的概率只能在主观层面上人为得到。例如，你想知道本学期统计学期末考试成绩为 90 分以上的概率，因为本学期的统计学只有一次期末考试，所以我们不能反复考试，再计算考试成绩在 90 分以上的次数；明天只有一天，是无法重复出现的，在明天还没到来之前，我们要确定明天下雨的概率，由于时光不能复返，此时只能根据掌握的信息进行估计和判断。

概率的主观定义叫做**主观概率**（subjective probability），是个人根据相关信息，对某事件发生可能性的一种估计和判断。在决策中，决策者不太可能拥有全部的信息来进行推断，大多数的决策都是在具有偶然不确定性因素的情况下做出的。决策者可以利用概率论的知识，用有限的资料来分析这些偶然性，降低决策风险。

5.1.2.3　概率的加法

1. 加法的特殊定理

两个互斥事件之和的概率，等于两个事件的概率之和。即若事件 A 与 B 互斥，有

$$P(A\cup B)=P(A)+P(B) \tag{5—3}$$

例如，如果一个家庭有三个小孩，要计算三个小孩中有两个或三个是女孩的概率。三个小孩中两个是女孩和三个都是女孩，这两个事件互斥，因此这两个事件之和的概率就等于两个事件的概率之和。假设三个小孩中两个是女孩的概率为 0.37，三个都是女孩的概率为 0.12，则有两个或三个是女孩的概率为 0.37+0.12=0.49。

若事件 A 与事件 B 互斥，且事件 A 与 B 的和组成了整个样本空间，即 $A\cup B=\Omega$。我们定义**事件 A 与 B 互为逆事件**，有 $P(A)+P(B)=P(A\cup B)=1$。这时也可以写成

$$P(A)+P(\overline{A})=1 \tag{5—4}$$

例如，如果明天下雨的概率是 0.4，则明天不下雨的概率就是 0.6；如果生女孩的概率是 0.49，则生男孩的概率就是 0.51。因为它们互为逆事件，概率之和等于 1。

推广到两两互斥的事件，则有

$$P(A_1 \cup A_2 \cup \cdots \cup A_n) = P(A_1) + P(A_2) + \cdots + P(A_n) \tag{5—5}$$

例如，如果一个家庭有三个孩子，要计算该家庭至少有一个女孩的概率，那么该事件是有一、二、三个女孩这三个两两互斥的事件之和，它的概率就等于这三个事件的概率之和。假设有一个女孩的概率是 0.38，有两个女孩的概率是 0.37，有三个女孩的概率是 0.12，则至少有一个女孩的概率就是 0.38+0.37+0.12=0.87。

2. 加法的一般定理

有的事件并不是互斥的，有可能同时发生。例如，事件 A 是“掷一枚六面骰子得到的点数为奇数”，事件 B 是“掷一枚六面骰子得到的点数大于 4”，事件 A 发生并不意味着事件 B 一定不发生，骰子点数为 5 是这两个事件的交集。由于这两个事件之间存在交集，因此在计算两个事件之和的概率时，要减去交集的概率，否则计算结果中就包含了两次交集的概率，存在重复计算。

在一般情况，两个事件之和的概率为：

$$P(A \cup B) = P(A) + P(B) - P(AB) \tag{5—6}$$

事实上，对于两个互斥事件而言，有 $P(AB) = P(\varnothing) = 0$，因此加法的特殊定理是式（5—6）的一个特例。

5.1.2.4 概率的乘法

1. 条件概率

在事件 B 已经发生的条件下，求事件 A 发生的概率，我们称这种概率为**事件 A 的条件概率**，记为 $P(A \mid B)$。

若 $P(A \mid B) = P(A)$，也就是在已知事件 B 发生的条件下，事件 A 发生的概率与事件 A 本身的概率相等，这意味着事件 B 的发生对于事件 A 没有影响。如果一个事件的发生与否并不影响另一个事件发生的概率，则称两个**事件独立**。例如，生第二个小孩是女孩和生第一个小孩是女孩相互独立；抛一枚硬币正面朝上和抛另一枚硬币正面朝下也相互独立。若 $P(A \mid B) = P(A)$，则事件 A 和事件 B 相互独立。

2. 乘法的特殊定理

两个独立事件之积的概率，等于两个事件的概率之积。即若事件 A 与 B 独立，则有

$$P(AB) = P(A)P(B) \tag{5—7}$$

例如，由于两次抛硬币的过程是独立的，且每次正面朝上的概率都是 1/2，因此抛两次硬币都是正面朝上的概率是两个事件之积的概率，即 1/2×1/2=1/4；掷一枚六面骰子，出现 4 点的概率是 1/6，则同时掷两个骰子都是 4 点的概率为 1/6×1/6=1/36。

推广到两两独立的事件，则有

$$P(A_1A_2\cdots A_n)=P(A_1)P(A_2)\cdots P(A_n) \tag{5—8}$$

例如，要计算抛三次硬币三次都正面朝上的概率，就是三个 1/2 的连乘积，为 1/8；要计算连生三个小孩都是女孩的概率，就是三个 0.49 的连乘积，约为 0.12。

3. 乘法的一般定理

如果两个事件不独立，则概率的计算是有条件的。一般情况下，一个事件的概率与该事件发生条件下另一个事件的条件概率的乘积是这两个事件同时发生的概率。两个事件之积的概率公式为：

$$\begin{aligned}&P(AB)=P(A)P(B|A)\\&P(AB)=P(B)P(A|B)\end{aligned} \tag{5—9}$$

例如，10 个球中有 4 个红球，假设进行不放回抽取，依次抽取两次，求两次都抽到红球的概率。第一次抽到红球的概率是 4/10，在第一次抽到红球后，剩下的 9 个球中还有 3 个红球，第二次又抽到红球的概率（条件概率）是 3/9，所以两次都抽到红球的概率为 4/10×3/9=2/15。

计算三个事件之积的概率可以此类推；事件 A 的概率，事件 A 发生下事件 B 的条件概率，事件 A 和 B 都发生下事件 C 的条件概率，这三个概率的乘积即三个事件同时发生的概率，计算公式为：

$$P(ABC)=P(A)P(B|A)P(C|AB) \tag{5—10}$$

例如，在上述例子中，如果要计算三次都抽到红球的概率，则是$\frac{4}{10}\times\frac{3}{9}\times\frac{2}{8}=\frac{1}{30}$。

5.1.2.5　全概率公式和贝叶斯公式

1. 全概率公式

设 n 个事件 A_1，A_2，…，A_n 两两互斥，且有 $A_1+A_2+\cdots+A_n=\Omega$，则说明 n 个事件两两互斥没有交集，且组成了整个样本空间，同时满足这两个条件的事件组称为一个**完备事件组**。若 $P(A_i)>0$（$i=1$，2，…，n），则对任意事件 B，有

$$P(B)=\sum_{i=1}^{n}P(B\mid A_i)P(A_i) \tag{5—11}$$

证明：

$$\begin{aligned}P(B)&=P(B\Omega)=P\Big(B\sum_{i=1}^{n}A_i\Big)=\sum_{i=1}^{n}P(BA_i)\\&=\sum_{i=1}^{n}P(B\mid A_i)P(A_i)\end{aligned}$$

全概率公式也可以从另一个角度来理解，把事件 A_1，A_2，…，A_n 看做引起事件 B 发生的所有可能原因，或引起事件 B 发生的所有可能情况，把各种原因（条件）下事件 B 的概率相加，即事件 B 的概率。在计算公式上，全概率公式类似于计算加权

平均值，各种条件概率 $P(B \mid A_i)$ 对应于变量取值，各种情况的概率 $P(A_i)$ 对应于权重，最终概率 $P(B)$ 对应于加权后的平均值。

例 5—1

某高校硕士研究生的招生包括在职硕士研究生、全日制专业型硕士研究生、全日制学术型硕士研究生三种类型。根据历年的录取人数和报考人数，可知这三种类型硕士研究生的录取率依次为 60%，55%，40%，已知今年招收三种类型硕士研究生的人数分别占总人数的 10%，40%，50%。如果一个考生参加了该高校的硕士研究生考试，求他被录取的概率。

解：令事件 A_1 表示“录取为在职硕士研究生”，事件 A_2 表示“录取为全日制专业型硕士研究生”，事件 A_3 表示“录取为全日制学术型硕士研究生”，事件 B 表示“被录取为硕士研究生”。根据全概率公式，有

$$\begin{aligned} P(B) &= \sum_{i=1}^{3} P(B \mid A_i)P(A_i) \\ &= 60\% \times 10\% + 55\% \times 40\% + 40\% \times 50\% \\ &= 48\% \end{aligned}$$

所以，该考生被录取的概率是 48%。

2. 贝叶斯公式

贝叶斯公式与全概率公式要解决的问题正好相反，它是在条件概率的基础上寻找事件发生的原因，或事件发生的条件。

同样设 n 个事件 A_1，A_2，…，A_n 两两互斥，并有 $A_1 + A_2 + \cdots + A_n = \Omega$。根据概率的乘法公式，对于任意 A_i，有 $P(A_iB) = P(B \mid A_i)P(A_i)$，也可写作

$$P(B|A_i) = \frac{P(A_iB)}{P(A_i)} \tag{5—12}$$

这是一般意义上计算条件概率的公式，即在知道事件 A_i 发生的概率时，计算事件 B 发生的概率。

同样，根据概率的乘法公式，也有 $P(A_iB) = P(A_i \mid B)P(B)$，则

$$P(A_i|B) = \frac{P(A_iB)}{P(B)} \tag{5—13}$$

上式就是**贝叶斯**（Bayes）**公式**，它是在事件 B 已发生的情况下，推导事件 B 在 A_i 情况下发生的概率。

又 $P(A_iB) = P(B \mid A_i)P(A_i)$，$P(B) = \sum_{i=1}^{n} P(B \mid A_i)P(A_i)$，代入式（5—13）得

$$P(A_i \mid B)=\frac{P(B \mid A_i)P(A_i)}{\sum_{i=1}^{n} P(B \mid A_i)P(A_i)} \tag{5—14}$$

事实上，事件 B 总是在某种情况下发生的，现在我们已知事件 B 发生了，未知的是事件 B 是在哪种情况下发生的，这时可以通过式（5—14）来计算。

例 5—2

某高校硕士研究生的招生包括在职硕士研究生、全日制专业型硕士研究生、全日制学术型硕士研究生三种类型。根据历年的录取人数和报考人数，可知这三种类型硕士研究生的录取率依次为 60%，55%，40%，已知今年招收三种类型硕士研究生的人数分别占总人数的 10%，40%，50%。如果一个考生参加了该高校的硕士研究生考试并被录取，求他被录取为在职硕士研究生、全日制专业型硕士研究生、全日制学术型硕士研究生的概率。

解：令事件 A_1 表示“录取为在职硕士研究生”，事件 A_2 表示“录取为全日制专业型硕士研究生”，事件 A_3 表示“录取为全日制学术型硕士研究生”，事件 B 表示“被录取为硕士研究生”。根据全概率公式，有 $P(B)=48\%$。

根据贝叶斯公式，有

$$P(A_1|B)=\frac{P(B|A_1)P(A_1)}{P(B)}=\frac{60\%\times 10\%}{48\%}=12.5\%$$

$$P(A_2|B)=\frac{P(B|A_2)P(A_2)}{P(B)}=\frac{55\%\times 40\%}{48\%}\approx 45.83\%$$

$$P(A_3|B)=\frac{P(B|A_3)P(A_3)}{P(B)}=\frac{40\%\times 50\%}{48\%}\approx 41.67\%$$

所以，考生被录取为在职硕士研究生的概率为 12.5%，为全日制专业型硕士研究生的概率约为 45.83%，为全日制学术型硕士研究生的概率约为 41.67%。

想一想

以下事件的概率是如何得到的？

（1）从一副扑克牌中抽一张得到红桃 K；

（2）某汽车公司预测它生产的新型汽车受市场的欢迎程度将达到 80%；

（3）明天郊游时下雨。

5.1.3　概率分布

概率分布（probability distribution）指的是随机变量的概率分布。研究概率分布，要从研究随机变量开始。

随机变量与随机事件对应。随机事件是一次试验的结果，随机变量则是试验结果的数值描述。例如，掷一枚骰子出现的点数，抛 100 枚硬币正面朝上的个数，灯泡的平均使用寿命。

随机变量一般用 X，Y，Z 等大写字母来表示。若随机变量的取值是离散的，则称为**离散型随机变量**（discrete random variable），简称离散变量；若随机变量的取值是连续的，则称为**连续型随机变量**（continuous random variable），简称连续变量。

离散变量是指随机变量 X 的取值为有限多个，或所有取值可逐个列举。例如，掷一枚骰子出现的点数必定是 1，2，3，4，5，6 中的某个数；抛 100 枚硬币正面朝上的个数必定是 0～100 之间的某个整数；出生婴儿的性别也是离散型随机变量，因为只有男性、女性两个取值。

连续变量是指随机变量 X 的取值有无穷多个，全体取值不能一一列举，可能的取值在数轴上连续。统计分析中涉及空间、时间等概念的随机变量一般都是连续型随机变量，比如距离、长度、重量、寿命等。

概率分布是指事件及其概率的联合关系，也即随机变量取值及其概率的联合关系。

对于离散变量，列出其所有可能的取值以及随机变量取这些值的概率，便构成了离散变量的概率分布。

对于连续变量，由于任意两个值之间都有其他的值存在，因此取某个特定值的概率均为 0，但可以计算取某段（区间）值的概率（或概率密度），相应地构成连续变量的概率分布。

接下来的两节，我们将分别讨论离散变量的概率分布和连续变量的概率分布。

5.2 离散变量的概率分布

为得到离散型随机变量 X 的概率分布，通常需要列出 X 的所有可能取值，以及 X 取这些值的概率。设 X 的所有可能取值有可列个，用下面的表 5—1 表示**离散型随机变量 X 的概率分布**为：

表 5—1　　离散型随机变量 X 的概率分布

$X=x_i$	x_1	x_2	…	x_n	…
$P(X=x_i)=p_i$	p_1	p_2	…	p_n	…

上述表格也可以简记为：$P(X=x_i)=p_i$（$i=1, 2, \cdots$）。离散型随机变量的概率分布具有以下性质：

(1) $0\leqslant p_i\leqslant 1, \quad i=1,2,\cdots;$　　(5—15)

(2) $\sum_{i} p_i = 1$。

随机变量的特征可用期望和方差来描述。期望描述随机变量取值的一种平均值，方差描述随机变量取值的离散程度。

对于离散型随机变量 X 而言，其期望值是各可能取值 x_i 及其概率 p_i 的乘积之和，本质上是以概率为权数的加权平均值，计算公式为：

$$E(X) = \sum_{i=1}^{n} x_i p_i \tag{5—16}$$

X 的方差为各可能取值 x_i 与期望值的离差平方和的期望，计算公式为：

$$V(X) = E[X - E(X)]^2 = \sum_{i=1}^{n} [x_i - E(X)]^2 p_i \tag{5—17}$$

常见的离散型随机变量的概率分布有如下几种类型：0—1 分布、二项分布、泊松分布以及超几何分布等。

5.2.1　0—1 分布

若离散型随机变量 X 只有两个可能的取值，并且其中一个赋值为 1，另一个赋值为 0，则 X 服从 **0—1 分布**（0—1 distribution）。

0—1 分布一般描述的是有两种取值的类型变量，如性别有男性和女性；硬币面朝向有正面朝上和反面朝上；民族有汉族和少数民族；态度有支持和反对；答案有正确和错误等。我们一般把关心的类型赋值为 1，把另一种类型赋值为 0。

设赋值为 1 的概率为 p $(0<p<1)$，则赋值为 0 的概率 $q=1-p$。对于服从 0—1 分布的离散型随机变量 X，有

$$E(X) = 1\times p + 0\times(1-p) = p \tag{5—18}$$

$$V(X) = (1-p)^2 p + (0-p)^2(1-p) = p(1-p) \tag{5—19}$$

例如，随机变量 X 为新生婴儿的性别，女孩赋值为 1，男孩赋值为 0。若取值为 1 的概率是 0.49，则取值为 0 的概率是 0.51。此时随机变量 X 服从 0—1 分布，其概率分布如表 5—2 所示。

表 5—2　　0—1 分布的概率分布表

$X=x_i$	1	0
$P(X=x_i)=p_i$	0.49	0.51

根据式（5—18）和式（5—19），可知期望和方差分别为：

$$E(X) = p = 0.49, V(X) = p(1-p) = 0.249\,9$$

5.2.2 二项分布

0—1分布是二项分布的基础，也是二项分布的一个特例。随机试验中某事件是否发生，试验的结果只有两个，这种只有两个可能结果的试验称为贝努利试验。把一个贝努利试验在完全相同的条件下独立地重复 n 次，称为 n 重贝努利试验。n 重贝努利试验应满足以下三个条件：(1) 每次试验的结果只有“是”和“否”两种对立的结果；(2) 每次试验中事件发生的概率相同；(3) 每次试验的结果是相互独立的。

设在一次贝努利试验中事件发生的概率为 p，则事件不发生的概率 $q=1-p$。我们以随机变量 X 表示 n 重贝努利试验中事件发生的次数，则 X 可能取的值为 0，1，…，n，X 取 k 值的概率为：

$$P(X=k)=C_n^k p^k q^{n-k}, \quad k=0,1,\cdots,n \tag{5—20}$$

称这个离散型随机变量 X 服从参数为 n，p 的**二项分布**（binomial distribution），记作

$$X \sim B(n,p) \tag{5—21}$$

二项分布是由贝努利（1654－1705）提出的，所以也叫做贝努利分布。“二项”的意思是“有两个值或两种类型”，比如新生婴儿可能是男孩或女孩，若是女孩的概率为 0.49，则是男孩的概率为 0.51，而在 100 个新生婴儿中，男孩（或女孩）的数量 X 是一个离散型随机变量，并且服从二项分布。

根据二项式定理，显然有

$$P(0 \leqslant X \leqslant n)=\sum_{k=0}^{n} C_n^k p^k q^{n-k}=1$$

$$P(0 \leqslant X \leqslant m)=\sum_{k=0}^{m} C_n^k p^k q^{n-k}$$

$$P(m \leqslant X \leqslant n)=\sum_{k=m}^{n} C_n^k p^k q^{n-k}$$

当 $n=1$ 时，二项分布即为 0—1 分布。

二项分布的期望和方差公式为：

$$E(X)=\sum_{k=0}^{n} kP(X=k)=\sum_{k=0}^{n} kC_n^k p^k q^{n-k}=np \tag{5—22}$$

$$V(X)=\sum_{k=0}^{n}(k-np)^2 P(X=k)=\sum_{k=0}^{n}(k-np)^2 C_n^k p^k q^{n-k}=np(1-p) \tag{5—23}$$

例如，设随机变量 X 为 10 个新生婴儿中女孩的人数，假设将新生婴儿为女孩赋值为 1，新生婴儿为男孩赋值为 0，并设事件 1 发生的概率是 0.49，则随机变量 X 服

从二项分布，即

$$X \sim B(10, 0.49)$$
$$P(X=k) = C_{10}^{k} \times 0.49^{k} \times 0.51^{10-k}, \quad k=0,1,\cdots,10$$

且随机变量 X 的概率分布如表 5—3 所示。

表 5—3　二项分布的概率分布表

$X=x_i$	0	1	2	3	4	5	6	7	8	9	10
$P(X=x_i)=p_i$	0.00	0.01	0.05	0.13	0.21	0.25	0.20	0.11	0.04	0.01	0.00

随机变量 X 的期望和方差为：

$$E(X) = np = 4.9, \quad V(X) = np(1-p) = 2.499$$

一般情况下，二项分布只在小样本（通常认为样本量小于 30）中使用。在大样本的情况下，二项分布的概率计算比较复杂，更好的办法是利用二项分布的正态近似 (normal approximation to the binominal distribution)。

5.2.3　泊松分布

二项分布 $B(n, p)$ 中，当试验次数 n 很大而概率 p 很小时，二项分布的计算比较复杂。此时可用泊松分布做近似运算，二项分布的极限形式即为泊松分布。

设随机变量 X 的取值为 0，1，2，…，若

$$P(X=k) = \frac{\lambda^k e^{-\lambda}}{k!}, \quad k=0,1,2,\cdots \tag{5—24}$$

则称随机变量 X 服从参数为 λ（$\lambda>0$）的**泊松分布**（Poisson distribution），并记泊松分布为 $P(\lambda)$。

泊松分布的期望和方差公式为：

$$E(X) = \sum_{k=0}^{\infty} kP(X=k) = \sum_{k=0}^{\infty} k\frac{\lambda^k e^{-\lambda}}{k!} = \lambda \tag{5—25}$$

$$V(X) = \sum_{k=0}^{\infty} (k-\lambda)^2 P(X=k) = \sum_{k=0}^{\infty} (k-\lambda)^2 \frac{\lambda^k e^{-\lambda}}{k!} = \lambda \tag{5—26}$$

泊松分布经常用来描述在单位时间、单位人群、单位空间内某罕见事件（通常发生的概率很小）发生的次数，可以用于质量控制或分析疵点错误。例如一大堆产品中次品的个数，一天中全国因交通意外死亡的人数。设参数 λ（$\lambda>0$）代表某结果出现次数的期望，在二项分布中，若试验总次数为 n，某结果每次出现的概率为 p，则当 n 很大 p 很小（一般 $p<0.1$）时，$\lambda=np$，二项分布的渐近分布就是泊松分布 $P(\lambda)$。

例如，若一大堆产品中次品个数的期望为 5，则次品个数 X 取值为 k 的概率为：

$$P(X=k)=\frac{\lambda^k e^{-\lambda}}{k!}=\frac{5^k e^{-5}}{k!}, \quad k=0,1,2,\cdots$$

其概率分布如表 5—4 所示。

表 5—4 泊松分布的概率分布表

$X=x_i$	0	1	2	3	4	5	6	7	8	9	…
$P(X=x_i)=p_i$	0.01	0.03	0.08	0.14	0.18	0.18	0.15	0.10	0.07	0.04	…

且有

$$E(X)=\lambda=5, \quad V(X)=\lambda=5$$

5.2.4 超几何分布

一般情况下，超几何分布用于分析样本较少时两个类型变量的取值个数。

设总体共包含两个类型 A 和 B（如红球和黑球，男性和女性），类型 A 的数量为 M_1，类型 B 的数量为 M_2，总体数量为 $M=M_1+M_2$，类型 A 的数量比例为 $p=\frac{M_1}{M}$。

在总体随机的 n 个样本单元中，设类型 A 的数量为随机变量 X，则 X 服从**超几何分布**（hypergeometric distribution），且

$$P(X=x)=\frac{C_{M_1}^{x}C_{M_2}^{n-x}}{C_M^n}, \quad x=0,1,2,\cdots,n;n<\min(M_1,M_2) \tag{5—27}$$

超几何分布随机变量的期望和方差为：

$$E(X)=\sum_{x=0}^{n}xP(X=x)=\sum_{x=0}^{n}x\frac{C_{M_1}^{x}C_{M_2}^{n-x}}{C_M^n}=n\frac{M_1}{M}=np \tag{5—28}$$

$$V(X)=\sum_{x=0}^{n}(x-np)^2P(X=x)=\sum_{x=0}^{n}(x-np)^2\frac{C_{M_1}^{x}C_{M_2}^{n-x}}{C_M^n}=n\frac{M_1M_2(M-n)}{M^2(M-1)} \tag{5—29}$$

当 M 较大且 n 较小时，有

$$V(X)=n\frac{M_1M_2(M-n)}{M^2(M-1)}\approx n\frac{M_1M_2}{M^2}=np(1-p) \tag{5—30}$$

例如，1 000 个球中有 400 个红球和 600 个黑球，红球被抽中的概率为 0.4。从中随机抽出 10 个球，设抽中红球的个数为 X，则 X 是一个随机变量，且服从超几何分布。根据超几何分布的性质有

$$P(X=x)=\frac{C_{400}^{x}C_{600}^{10-x}}{C_{1\,000}^{10}}, \quad x=0,1,2,\cdots,10$$

$$E(X)=np=4$$

$$V(X) \approx np(1-p) = 2.4$$

在本例中，采用不放回随机抽取，红球个数服从超几何分布。若进行独立重复抽取试验，也即放回随机抽取，则红球个数服从二项分布。当总体个数很大而样本量较小时，超几何分布与二项分布是近似的。

知道吗　泊松分布是统计中一种常见的离散型概率分布，也称泊松小数法则（Poisson law of small numbers），意思是特定事件发生的概率 p 非常小。1937 年，法国数学家西莫恩·德尼·泊松（Siméon Denis Poisson）研究被马踢死（小概率事件）的骑兵人数时，以概率的形式描述得到了“泊松分布”，并在 1938 年公开发表。

5.3　连续变量的概率分布

连续型随机变量可以取整个实数轴（$-\infty$，$+\infty$）或其上某一区间的任意一个值。因为在任意两个取值之间都有其他的值，取某个特定值的概率均为 0，所以不能列出所有可能的值及其对应的概率，这点与离散型随机变量有所不同。

对于连续型随机变量，通常研究的是它在某一段区间取值的概率，并用概率密度函数和分布函数的形式来描述。

设 X 为一连续型随机变量，x 为任意实数，随机变量 X 的**概率密度函数**（probability density function）为 $f(x)$，它必须满足两个条件：

(1) $f(x) \geqslant 0$；　(5—31)；

(2) $\int_{-\infty}^{+\infty} f(x)\mathrm{d}x = 1$ 。

由概率的非负性可知概率密度函数 $f(x)$ 也是非负的；由于概率之和必定为 1，所以对概率密度函数 $f(x)$ 的积分值为 1。但特别需要注意的是，概率密度函数 $f(x)$ 的值并不是概率值。

概率密度函数曲线如图 5—1 所示。横坐标为变量取值 x，纵坐标为概率密度值 $f(x)$。$f(x)$ 由其非负性始终在 x 轴上方，并且与横坐标所围的总面积为 1。概率密度函数曲线可以看做直方图的平滑曲线，直方图的纵坐标为各段取值的频数（或频率），各段的比例之和为 1。

对于任意实数 x_1，x_2（$x_1 < x_2$），随机变量 X 在 x_1 到 x_2 之间取值的概率等于概率密度函数从 x_1 到 x_2 的积分值。即

$$P(x_1 \leqslant X \leqslant x_2) = \int_{x_1}^{x_2} f(x)\mathrm{d}x \tag{5—32}$$

连续型随机变量的期望和方差可以通过概率密度函数来计算，计算公式如下：

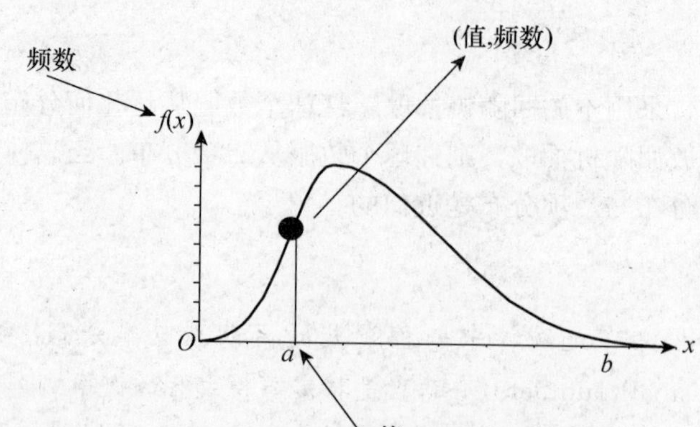

图 5—1 概率密度函数曲线

$$E(X)=\int_{-\infty}^{+\infty}xf(x)\mathrm{d}x=\mu \tag{5—33}$$

$$V(X)=E[X-E(X)]^2=\int_{-\infty}^{+\infty}(x-\mu)^2f(x)\mathrm{d}x=\sigma^2 \tag{5—34}$$

连续型随机变量 X 的概率也可以用分布函数 $F(x)$ 来描述，分布函数的定义为：

$$F(x)=P(X\leqslant x)=\int_{-\infty}^{x}f(t)\mathrm{d}t,\quad x\in(-\infty,+\infty) \tag{5—35}$$

且分布函数满足 $F(-\infty)=0$，$F(+\infty)=1$。

根据分布函数 $F(x)$ 的定义，$P(x_1\leqslant X\leqslant x_2)$ 也可以写成

$$\begin{aligned}P(x_1\leqslant X\leqslant x_2)&=\int_{x_1}^{x_2}f(x)\mathrm{d}x=\int_{-\infty}^{x_2}f(x)\mathrm{d}x-\int_{-\infty}^{x_1}f(x)\mathrm{d}x\\&=F(x_2)-F(x_1)\end{aligned} \tag{5—36}$$

常见的连续型随机变量的概率分布有如下几种类型：均匀分布、指数分布、正态分布、t 分布、卡方分布以及 F 分布等。正态分布是连续型随机变量的重点分布，t 分布、卡方分布和 F 分布都是从正态分布中衍生出来的。

5.3.1 均匀分布

若连续型随机变量 X 的概率密度值为常数，即 $f(x)$ 是一个常数，则随机变量 X 服从**均匀分布**（uniform distribution）。

设随机变量 X 的取值范围是 $[a,b]$，根据密度函数的定义 $\int_{-\infty}^{+\infty}f(x)\mathrm{d}x=\int_a^b f(x)\mathrm{d}x=1$ 可得随机变量 X 的概率密度函数为：

$$f(x)=\begin{cases}\dfrac{1}{b-a}, & a\leqslant x\leqslant b\\0, & x<a \text{ 或 } x>b\end{cases} \tag{5—37}$$

若随机变量 X 满足上式，则称 X 服从区间 $[a, b]$ 上的均匀分布，分布函数为：

$$F(x)=\int_{-\infty}^{x} f(t)\mathrm{d}t=\begin{cases}0, & x<a \\ \dfrac{x-a}{b-a}, & a\leqslant x\leqslant b \\ 1, & x>b\end{cases} \tag{5—38}$$

均匀分布的期望和方差为：

$$E(X)=\int_{-\infty}^{+\infty} xf(x)\mathrm{d}x=\int_{a}^{b} x\frac{1}{b-a}\mathrm{d}x=\frac{a+b}{2} \tag{5—39}$$

$$V(X)=\int_{-\infty}^{+\infty}(x-\mu)^{2}f(x)\mathrm{d}x=\int_{a}^{b}\left(x-\frac{a+b}{2}\right)^{2}\frac{1}{b-a}\mathrm{d}x=\frac{(b-a)^{2}}{12} \tag{5—40}$$

5.3.2　指数分布

指数分布可以用来表示独立随机事件发生的时间间隔，比如旅客进机场的时间间隔、百度百科新条目出现的时间间隔、电子元件的使用寿命等。

如果随机变量 X 的概率密度函数为：

$$f(x)=\begin{cases}\lambda \mathrm{e}^{-\lambda x}, & x>0 \\ 0, & x\leqslant 0\end{cases} \tag{5—41}$$

式中，$\lambda>0$ 为常数，则称随机变量 X 服从参数为 λ 的**指数分布**（exponent distribution），记为 $X\sim E(\lambda)$，此时随机变量 X 的分布函数为：

$$F(x)=\int_{-\infty}^{x} f(t)\mathrm{d}t=\begin{cases}0, & x\leqslant 0 \\ 1-\mathrm{e}^{-\lambda x}, & x>0\end{cases} \tag{5—42}$$

若 $X\sim E(\lambda)$，则随机变量 X 的期望和方差为：

$$E(X)=\int_{-\infty}^{+\infty} xf(x)\mathrm{d}x=\int_{0}^{+\infty} x\lambda \mathrm{e}^{-\lambda x}\mathrm{d}x=\frac{1}{\lambda} \tag{5—43}$$

$$V(X)=\int_{-\infty}^{+\infty}(x-\mu)^{2}f(x)\mathrm{d}x=\int_{0}^{+\infty}\left(x-\frac{1}{\lambda}\right)^{2}\lambda \mathrm{e}^{-\lambda x}\mathrm{d}x=\frac{1}{\lambda^{2}} \tag{5—44}$$

5.3.3　正态分布

正态分布是描述连续型随机变量最重要的分布，取名正态是由于它的广泛适用性和一般性，不服从正态分布的情况称为非正态分布。为纪念正态分布的创立者——数学家高斯（Gauss），正态分布也叫高斯分布；又因为正态分布的概率密度曲线的形状非常像钟楼上的钟，所以也叫钟形分布。

若随机变量 X 服从**正态分布**（normal distribution），则其概率密度函数为：

$$f(x)=\frac{1}{\sqrt{2\pi}\sigma}\exp\left[-\frac{(x-\mu)^2}{2\sigma^2}\right] \tag{5—45}$$

分布函数为：

$$F(x)=\int_{-\infty}^{x} f(t)\mathrm{d}t=\int_{-\infty}^{x}\frac{1}{\sqrt{2\pi}\sigma}\exp\left[-\frac{(x-\mu)^2}{2\sigma^2}\right]\mathrm{d}t \tag{5—46}$$

式中，μ 为均值；σ 为标准差；$\pi=3.1415\,9$。

若随机变量 X 服从期望为 μ，方差为 σ^2 的正态分布，可记作

$$X\sim N(\mu,\sigma^2) \tag{5—47}$$

只要有均值 μ 与标准差 σ，就可以构成一个正态分布。因此，对应一对均值和标准差就有一个正态分布，并且

$$E(X)=\int_{-\infty}^{+\infty} xf(x)\mathrm{d}x=\int_{-\infty}^{+\infty} x\frac{1}{\sqrt{2\pi}\sigma}\exp\left[-\frac{(x-\mu)^2}{2\sigma^2}\right]\mathrm{d}x=\mu \tag{5—48}$$

$$\begin{aligned}V(X)&=\int_{-\infty}^{+\infty}(x-\mu)^2 f(x)\mathrm{d}x=\int_{-\infty}^{+\infty}(x-\mu)^2\frac{1}{\sqrt{2\pi}\sigma}\exp\left[-\frac{(x-\mu)^2}{2\sigma^2}\right]\mathrm{d}x\\&=\sigma^2\end{aligned} \tag{5—49}$$

正态分布的概率密度函数曲线如图 5—2 所示，其形状非常像一座钟。它有如下特征：

（1）每一对 μ 与 σ 都可以形成一条曲线，这意味着正态曲线可以看做一族曲线，在绘制曲线时需要并且只需要 μ 与 σ。

（2）曲线为钟形，而且对称。期望 μ 为变量取值的中间点和对称点。方差 σ^2 反映了变量的离散程度，σ^2 越小曲线越尖峭，σ^2 越大曲线越扁平。

（3）在正态分布中，变量的均值、中位数和众数都是相等的。

（4）概率密度值在对称点 μ 取到最大值，越往两边取值越小，直至无限趋近于 0，在理论上与 x 轴永不相交。

（5）正态分布随机变量的大部分取值在中间点 μ 附近，取极大值和极小值的个数都较少。实际上几乎所有的数值都位于均值加减 3 个标准差的范围内，也就是说范围近似为 6σ。

（6）曲线下的总面积为 1。曲线从对称点往右或往左的面积都是 0.5。

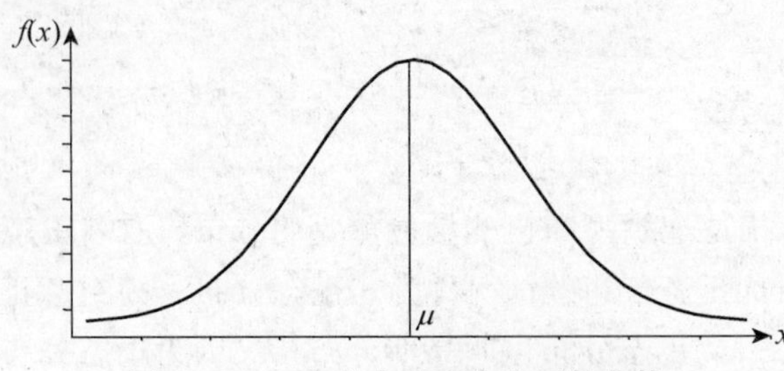

图 5—2 正态分布概率密度函数曲线

正态分布在整个统计学中占有极其重要的地位，其重要性主要体现在：

(1) 实际生活中的很多现象都服从或近似服从正态分布。一般而言，变量取中间值的占大多数，取值特别大或特别小的占少数，例如身高和体重。在数学意义上的测量误差通常也服从正态分布。

(2) 正态分布还能作为很多离散型随机变量分布的近似。比如，当试验次数 n 较大时，二项分布近似于正态分布，而泊松分布和超几何分布在很多情况下也近似于正态分布。

(3) 很多分布都是从正态分布中衍生出来的，例如卡方分布、t 分布、F 分布等。在进行统计分析时，还通常要求或事先假定数据服从正态分布。

(4) 最重要的是满足一条非常优良的性质，即不管总体的特征如何，选自总体的大样本均值都服从或近似服从正态分布，这也叫做中心极限定理，它构成了经典统计推断的基础。

由于每一对 μ 与 σ^2 都可以形成一条正态曲线，为了得到更加具有一般意义的正态分布，我们可以采取标准化处理，把所有不同的均值为 μ，方差为 σ^2 的正态分布都转化为均值为 0，方差为 1 的正态分布。进行标准化处理的方法就是线性变换。

设 $X \sim N(\mu, \sigma^2)$，**标准化处理**为：

$$Z=\frac{X-\mu}{\sigma} \tag{5—50}$$

则

$$E(Z)=E\left(\frac{X-\mu}{\sigma}\right)=\frac{\mu-\mu}{\sigma}=0$$

$$V(Z)=V\left(\frac{X-\mu}{\sigma}\right)=\frac{\sigma^2}{\sigma^2}=1$$

这样便得到了服从标准正态分布的 Z 变量，且

$$Z \sim N(0,1) \tag{5—51}$$

此时，随机变量 Z 的概率密度函数和分布函数为：

$$f(z)=\frac{1}{\sqrt{2\pi}}\exp\left(-\frac{z^2}{2}\right) \tag{5—52}$$

$$F(z)=\int_{-\infty}^{z}\frac{1}{\sqrt{2\pi}}\exp\left(-\frac{t^2}{2}\right)\mathrm{d}t \tag{5—53}$$

由于标准正态分布的概率密度函数和分布函数是唯一的，因此为了方便统一，概率密度函数 $f(z)$ 一般用 $\varphi(z)$ 表示，分布函数 $F(z)$ 一般用 $\Phi(z)$ 表示。

对于一般的正态分布变量，有

$$P(a \leqslant X \leqslant b)=P\left(\frac{a-\mu}{\sigma} \leqslant \frac{X-\mu}{\sigma} \leqslant \frac{b-\mu}{\sigma}\right)$$

$$= P\left(\frac{a-\mu}{\sigma} \leqslant Z \leqslant \frac{b-\mu}{\sigma}\right)$$

$$= \Phi\left(\frac{b-\mu}{\sigma}\right) - \Phi\left(\frac{a-\mu}{\sigma}\right) \qquad (5—54)$$

一般的正态分布取决于均值和标准差，每一个不同的正态分布在计算概率时都是不同的，计算非常复杂。把一般的正态分布转化为标准正态分布后，概率是唯一确定的，统计学家已把各种概率值制作成了一张标准正态分布表，我们只需查表就能得到相应的结果。

先标准化处理为 $Z=\frac{X-\mu}{\sigma}$，可使用标准正态分布表的事项有

（1）查标准正态分布表即可得概率 $\Phi(z)$。其中 $\Phi(-\infty)=0$，$\Phi(0)=0.5$，$\Phi(+\infty)=1$。

（2）对于负的 z，可由 $\Phi(z)=1-\Phi(-z)$ 得到。

（3）$P(a \leqslant z \leqslant b)=\Phi(b)-\Phi(a)$。

（4）$P(|z| \leqslant a)=2\Phi(a)-1$。

标准正态分布表对于计算各种概率值是非常有用的。对于服从标准正态分布的变量 Z，有 95%的值在 -1.96 到 1.96 之间，又因为曲线是对称的，所以有 2.5%的值小于 -1.96，同样有 2.5%的值大于 1.96。从概率的层面解释，变量 Z 取值在 -1.96 到 1.96 之间的概率为 0.95，取值小于 -1.96（或大于 1.96）的概率为 0.025。

还能根据标准正态分布表计算取某些特殊值及比它更极端的 Z 值的概率。例如，$z=2.34$，查标准正态分布表得到，z 大于等于 2.34 的概率是 0.009 6，即 10 000 个观察值中只有 96 个 z 值大于等于 2.34，这个概率很小，几乎不可能发生。

例 5—3

设 $X \sim N(0, 1)$，求解以下概率：(1) $P(X<2)$；(2) $P(|X|<2)$；(3) $P(X>1.5)$；(4) $P(1.5<X<2)$。

解：(1) $P(X<2)=\Phi(2)=0.977\,2$；

(2) $P(|X|<2)=2\Phi(2)-1=2\times 0.9772-1=0.954\,4$；

(3) $P(X>1.5)=1-\Phi(1.5)=1-0.933\,2=0.066\,8$；

(4) $P(1.5<X<2)=\Phi(2)-\Phi(1.5)=0.977\,2-0.933\,2=0.044$。

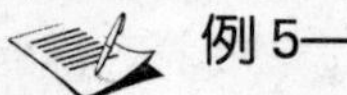

例 5—4

设 $X \sim N(6, 4)$，求解以下概率：(1) $P(|X|<10)$；(2) $P(9<X<10)$。

解：对随机变量 X 进行标准化处理：

$$Z=\frac{X-\mu}{\sigma}=\frac{X-6}{2} \sim N(0,1)$$

(1) $P(|X|<10)=P\left(|Z|<\frac{10-6}{2}\right)=2\Phi(2)-1=0.9544$；

(2) $P(9<X<10)=P\left(\frac{9-6}{2}<Z<\frac{10-6}{2}\right)=\Phi(2)-\Phi(1.5)=0.044$。

知道吗　约翰·卡尔·弗里德里希·高斯（1777—1855），德国著名数学家、物理学家、天文学家。高斯是近代数学的奠基者之一，在历史上影响之大，可以和阿基米德、牛顿、欧拉并列，有“数学王子”之称。高斯 18 岁时发现了质数分布定理和最小二乘法。通过对足够多的测量数据的处理，可以得到一个新的概率性质的测量结果。正态分布的概念是由德国数学家和天文学家德莫佛（Moivre）于 1733 年首次提出的，但由于高斯率先将其应用于天文学研究，因此正态分布又叫高斯分布。高斯的这项工作对后世的影响极大，他使正态分布同时有了“高斯分布”之名。后世之所以多将最小二乘法的发明权归于高斯，也是出于这一工作。高斯的肖像和正态分布的密度曲线曾被印在 1989—2001 年流通的 10 马克德国纸币上。

5.3.4　正态分布衍生的几个重要分布

服从正态分布的随机变量经过一定转换得到的新随机变量会服从不同形式的分布。卡方分布、t 分布和 F 分布这三个统计学中重要的分布，都是从正态分布中衍生出来的。

对这三种分布，我们重点讨论提出的历史背景、在统计学中的重要意义、与正态分布的关系，以及相应的分布特征。这三种分布的概率密度函数都很复杂，本书不予给出，有兴趣的读者可参考数学推导更为严谨的专业数理统计书籍。

5.3.4.1　卡方分布

卡方（χ^2）分布是用希腊字母 χ 来命名的，常应用于拟合优度检验中。几个独立的正态分布随机变量的平方和，经一定转换便能得到卡方分布，卡方变量总是非负的。

设 n 个随机变量 X_1，X_2，…，X_n 相互独立，且都服从标准正态分布 $N(0, 1)$，则它们的平方和服从**自由度为 n 的卡方分布**。记作

$$\chi^2 = \sum_{i=1}^{n} X_i^2 \sim \chi^2(n) \qquad (5—55)$$

卡方分布与自由度 n 有关，是一族分布而不是一个单独的分布。自由度是统计学中的一个重要概念，可以理解为独立变量的个数。

卡方分布的期望和方差为：

$$E(\chi^2)=n,\ \ V(\chi^2)=2n \tag{5—56}$$

卡方分布还具有可加性，即若 $\chi_1^2 \sim \chi^2(n_1)$，$\chi_2^2 \sim \chi^2(n_2)$，且 χ_1^2 与 χ_2^2 独立，则

$$\chi_1^2+\chi_2^2 \sim \chi^2(n_1+n_2) \tag{5—57}$$

可加性可以从另一个方面理解，若 χ_1^2，χ_2^2 分别是 n_1，n_2 个独立的标准正态分布随机变量的平方和，且 χ_1^2 与 χ_2^2 独立，则 $\chi_1^2+\chi_2^2$ 是 n_1+n_2 个独立的标准正态分布随机变量的平方和，且 $\chi_1^2+\chi_2^2$ 服从自由度为 n_1+n_2 的卡方分布。

知道吗　早在1900年以前，数学家在误差分析的线性模型中就发现了残差平方和服从卡方分布。后来，K. 皮尔逊在其创造的拟合优度检验中构造出了一个服从卡方分布的统计量，所以他的拟合优度检验也称为“卡方拟合优度检验”。但他忽略了卡方分布的自由度，这被后来的费希尔（Fisher）所纠正。假设检验或显著性检验的先驱就是拟合优度检验，而拟合优度检验用的就是卡方统计量，可见卡方分布是非常重要的。

5.3.4.2　*t* 分布

设随机变量 X 服从标准正态分布，即 $X \sim N(0,1)$，随机变量 Y 服从自由度为 n 的卡方分布，即 $Y \sim \chi^2(n)$，且 X 与 Y 独立，则随机变量 $t=\frac{X}{\sqrt{Y/n}}$ 服从**自由度为 n 的 t 分布**，记为：

$$t=\frac{X}{\sqrt{Y/n}} \sim t(n) \tag{5—58}$$

与卡方分布一样，t 分布有自由度，在这里 t 分布的自由度就是分母中服从卡方分布的随机变量的自由度。不同自由度下的 t 分布是不同的，自由度的确定与样本量及未知参数等因素有关，有时并不容易得到。t 分布在图形上与正态分布相似，但适用于小样本。t 分布的自由度越大，则 t 分布的密度曲线就越接近标准正态分布曲线。当自由度大于 30 时，就很难看出 t 分布与标准正态分布的差别了；当自由度大于 50 时，两者几乎完全相同。

当 $n \geqslant 2$ 时，t 分布的期望为：

$$E(t)=0 \tag{5—59}$$

当 $n \geqslant 3$ 时，t 分布的方差为：

$$V(t)=\frac{n}{n-2} \tag{5—60}$$

当 n 较大时，$V(t)=\frac{n}{n-2} \approx 1$，这也印证了当自由度 n 较大时，t 分布与标准正

态分布非常相似。

关于 t 分布，还有一种较为复杂的情况。设 n 个随机变量 X_1，X_2，…，X_n 相互独立，且均服从正态分布 $N(\mu, \sigma^2)$，得到 $\overline{X}=\frac{1}{n}\sum_{i=1}^{n}X_i$，$S^2=\frac{1}{n-1}\sum_{i=1}^{n}(X_i-\overline{X})^2$，则随机变量 $\frac{\overline{X}-\mu}{S/\sqrt{n}}$ 服从自由度为 $n-1$ 的 t 分布，记为：

$$\frac{\overline{X}-\mu}{S/\sqrt{n}}\sim t(n-1) \tag{5—61}$$

知道吗　1900 年，在爱尔兰都柏林一家啤酒厂工作的化学家威廉·戈塞，对概率分布产生了兴趣，并决定利用实际数据检验正态分布是否总是对的。于是，他以收集几千个犯人的身高和左手中指长度开始了他的探索。威廉·戈塞根据这两个数据集（身高和手指长度），制作了两个直方图，他发现两个直方图的形状非常接近，但是与正态分布却有所不同，于是他将这个新的分布叫做 t 分布（t distribution）。由于他的雇主不愿意让员工发表文章，害怕他们将酿造啤酒的秘方泄露出去，因此在发表这个结果时他署了一个假名叫做“学生”，因此 t 分布也叫做学生分布（Student's t）。后来，伟大的统计学家费希尔对 t 分布曲线导出了相应的数学函数。现代统计学从描述走向推断的两大标志之一就是小样本理论的提出，而小样本理论开创于 t 分布，可见 t 分布非常重要。

5.3.4.3　*F* 分布

F 分布是用统计学家费希尔的首个字母来命名的，常应用于方差分析中。两个卡方分布随机变量的比值，经一定变换便能得到 F 分布。F 分布需要有一对自由度（比值中分子、分母各有一个自由度）。F 变量总是非负的。

设随机变量 X 和 Y 分别服从自由度为 m 和 n 的卡方分布，且 X 与 Y 独立，则随机变量 $F=\frac{X/m}{Y/n}$ 服从**自由度为 (m, n) 的 F 分布**，记为：

$$F=\frac{X/m}{Y/n}\sim F(m,n) \tag{5—62}$$

F 分布有两个自由度，第一自由度即为分子卡方分布的自由度，第二自由度即为分母卡方分布的自由度。

当 $n>2$ 时，F 分布的期望为：

$$E(F)=\frac{n}{n-2} \tag{5—63}$$

当 $n>4$ 时，F 分布的方差为：

$$V(F)=\frac{2n^2(m+n-2)}{m(n-2)(n-4)} \tag{5—64}$$

知道吗 费希尔在“作物收成变动研究 2”中提出了方差分析（analysis of variance），用于比较不同类型的作物品种和肥料品种的产量差异；在“作物收成变动研究 4”中，又提出了协方差分析（analysis of covariance），这是一种因素分解的方法，效应可以测量。方差分析是一种非常重要的显著性检验方法，而方差分析的核心就是 F 分布，F 分布也是统计学中非常重要的一种分布。

本章小结

概率及概率分布的知识是推断统计的理论基础。本章介绍了概率及概率分布的相关问题，为学习参数估计和假设检验提供基础知识。5.1 讨论了概率的有关问题，包括事件和概率在统计意义上的定义和性质、概率的运算法则（包括加法、乘法、全概率公式和贝叶斯公式等），以及随机变量概率分布的概念。5.2 节讨论了离散变量的概率分布，重点介绍了 0—1 分布、二项分布、泊松分布、超几何分布。5.3 节讨论了连续变量的概率分布，重点介绍了均匀分布、正态分布，以及由正态分布衍生出的卡方分布、t 分布和 F 分布。

习　题

1. 如何理解“明天下雨的概率是 70%”？

2. 某技术小组有 12 人，他们的性别和职称如下所示。

序号	1	2	3	4	5	6	7	8	9	10	11	12
性别	男	男	男	女	男	男	女	男	女	女	男	男
职称	工程师	技术员	技术员	技术员	技术员	工程师	工程师	技术员	技术员	工程师	技术员	技术员

现要产生一名幸运者，试求这位幸运者分别是以下几种可能的概率：(1) 女性；(2) 工程师；(3) 女工程师；(4) 女性或工程师。

3. 过去 6 个月，在向某公司申请系统分析员职位的 100 名申请者中，40 人有工作经验（W），30 人有专业证书（C），其中 20 人既有工作经验又有专业证书，问：

(1) 随机选择一名申请者，其拥有工作经验或专业证书的概率是多少？

(2) 随机选择一名申请者，其拥有工作经验或专业证书但并非二者都有的概率是多少？

(3) 随机选择一名申请者，在已知其具有工作经验的情况下其拥有专业证书的条件概率是多少？

4. 说明二项分布和泊松分布的关系。

5. 离散变量的均匀分布与连续变量的均匀分布有什么异同？

6. 五道单项选择题（四选一），假设蒙题回答中选择任意一个选项作为答案答对的概率是一样的，则全对的概率是多少？至少答对三道题的概率是多少？

7. 某人在每天上班途中都要经过3个设有红绿灯的十字路口。设每个路口遇到红灯的事件是相互独立的，且红灯持续24秒而绿灯持续36秒。试求他途中遇到红灯的次数的概率分布及其期望值和方差、标准差。

8. 设产品中次品个数服从泊松分布，且期望为10，则次品个数为多少的概率最大？

9. 商场某销售区域有6种商品。假如每小时内每种商品需要12分钟的咨询服务，而且每种商品是否需要咨询服务相互独立。求：(1) 在同一时刻需要咨询服务的商品种数最可能是多少？(2) 若该销售区域仅配有2名服务员，则因服务员不足而不能提供咨询服务的概率是多少？

10. 设 X_1，X_2，…，X_7 表示从标准正态分布中抽取的一个容量为7的样本，试确定常数 a，使得 $P(\sum_{i=1}^{7} X_i^2 \leqslant a) = 0.9$。

第 6 章 Chapter 6 参数估计

某空调厂家推出新空调产品之后，想了解消费者对新产品的满意度，为制定新产品市场策略提供依据。该商家委托某调查公司对销售区域的消费者展开调查，调查公司随机抽取了 5 个主要城市的 2 000 名消费者进行调查，调查数据显示 70%的被调查者能接受新产品，40%的被调查者对新产品非常满意。调查公司在提交给商家的调查报告中写道，在销售区域内 70%的消费者可以接受新产品，40%的消费者对新产品非常满意。那么调查公司的这一调查结果可信吗？

6.1 抽样分布

6.1.1 抽样的基本概念

有句谚语说："你不必吃完整头牛，才知道肉是老的。"厂家想要了解消费者对新产品的满意度，最直接的方法是在全国范围内对该产品的所有消费者进行调查。但是，全面调查的成本很高，而且花费的时间较长。因此调查公司随机抽取了 5 个主要城市的 2 000 名消费者进行调查，以这些被调查者的行为来推断全国消费者的行为。

在抽样问题中，我们把研究对象的全体称为总体，总体的数量特征就是总体参数。比如引例中，全国范围内该产品的所有消费者是总体，消费者对该产品的满意度是总体参数。

为了解总体的情况，我们将从总体中随机抽取的 n 个个体称为样本，样本的数量特征就是统计量，它与总体参数相对应。比如引例中，随机抽取的 2 000 名消费者是样本，样本数据显示的满意度是统计量。统计量是关于样本数据的函数，它不依赖于任何未知参数，利用调查数据，就能直接计算得到统计量的值，样本均值和样本方差是最常见的统计量。

6.1.2　样本均值的抽样分布

在抽样调查中，样本是随机的，根据样本得到的统计量也是随机的。统计量的取值是不确定的，事实上统计量也是一个随机变量，而统计量的分布就是**抽样分布**(sampling distribution)。在这里，我们讨论最重要的统计量——样本均值的抽样分布。

设总体 X 服从正态分布 $N(\mu,\ \sigma^2)$，x_1，x_2，…，x_n 为 n 个相互独立且与总体同分布的随机样本，则样本均值 $\bar{x}=\frac{1}{n}\sum_{i=1}^{n}x_i$ 服从期望为 μ，方差为 σ^2/n 的正态分布，记为：

$$\bar{X}\sim N(\mu,\ \sigma^2/n) \tag{6—1}$$

上面的结果表明，样本均值的期望与总体均值相同，而方差则为总体方差的 $1/n$。

6.1.3　中心极限定理

在实际应用中，总体的分布并不一定是正态分布，此时样本均值的抽样分布不确定。值得庆幸的是，当样本量 n 比较大时，统计学家经过严谨的数学推导，证明了一条非常重要并且性质优良的定理——中心极限定理。在统计学中，经常把证明分布的极限为正态分布的定理称为**中心极限定理**（central-limit theorem)。该定理告诉我们，不论总体服从怎样的分布，只要样本量 n 足够大，样本均值就近似服从正态分布。

设总体 X 的分布未知，但已知均值为 μ，方差为 σ^2（有限)，抽取得到一个容量为 n 的样本，当 n 足够大（通常要求 $n\geqslant 30$）时，样本均值 $\bar{x}=\frac{1}{n}\sum_{i=1}^{n}x_i$ 近似服从期望为 μ，方差为 σ^2/n 的正态分布。

知道吗　中心极限定理研究的是在适当的条件下随机变量的部分和的分布收敛于正态分布的问题。早在 18 世纪初，德莫佛就证明了二项分布的极限分布为正态分布，也称为“二项分布的正态近似”，德莫佛—拉普拉斯极限定理是概率论历史上的第一个中心极限定理。现在叙述的中心极限定理，更多的是指在 19 世纪 20 年代由林德伯格和勒维所证明的林德伯格—勒维中心极限定理，在任意分布的总体中抽取样本，样本均值的极限分布都为正态分布。

6.2 点估计

参数估计的方法分为点估计和区间估计两种。引例中，我们想通过样本数据来估计总体的满意度水平就是点估计问题，如果想通过样本数据来估计总体满意度水平的范围就是区间估计问题。本节介绍点估计方法和点估计优劣的评价标准。

6.2.1 点估计

点估计（point estimation）就是直接以样本统计量的某个取值作为总体参数的估计值。点估计给出一个具体数字，用起来方便直接。在统计中经常使用的点估计量有：用样本均值 $\bar{x}$ 直接估计总体均值 μ，用样本比例 p 直接估计总体比例 π，用样本方差 $s^2=\frac{\sum_{i}^{n}(x_i-\bar{x})^2}{n-1}$ 直接估计总体方差 σ^2 等。

例 6—1

已知某种灯泡的寿命 $X\sim N(\mu,\sigma^2)$，其中 μ 和 σ^2 都是未知的。现随机抽取 10 只灯泡，测得寿命（单位：小时）分别为 1 502，1 453，1 567，1 510，1 500，1 468，1 582，1 534，1 450，1 504，试估计 μ 和 σ^2。

解：因为 μ 是全部灯泡的平均寿命，$\bar{x}$ 为样本平均寿命，根据点估计的思想，用 $\bar{x}$ 估计 μ，用 s^2 估计 σ^2。由于

$$\bar{x}=\frac{1}{n}\sum_{i=1}^{n}x_i=1\,507$$

$$s^2=\frac{\sum_{i=1}^{n}(x_i-\bar{x})^2}{n-1}=1\,970.222$$

所以，μ 和 σ^2 的估计值分别为 1 507 小时和 1 970.222 小时^2。

6.2.2 点估计优劣的评价标准

对于同一总体参数，用不同的点估计方法求出的估计量可能不同，用同样的方法也可能得到不同的估计量，也就是说，同一参数可能有多种估计量，而且原则上讲，其中的任何一个统计量都可以作为未知参数的估计。哪一个估计量最好呢？这就涉及估计量的评价问题。

评价估计量的优劣有三个标准：无偏性、有效性、一致性。

1. 无偏性

设 θ 为总体的未知参数，$\hat{\theta}$ 是 θ 的一个估计，那么 $\hat{\theta}$ 是一个统计量，对于不同的样本，$\hat{\theta}$ 将取不同的值。**无偏性**（unbiasedness）是 $\hat{\theta}$ 的期望等于未知参数 θ，即

$$E(\hat{\theta})=\theta$$

无偏性指的是用估计量 $\hat{\theta}$ 去估计总体参数 θ,有时候可能偏高，有时候可能偏低，但是估计量的均值等于总体参数的真值。

例 6—2

设 x_1，x_2，…，x_n 为从均值为 μ 的总体中抽取的样本，请判断 μ 的如下估计量是否具有无偏性：$\hat{\mu}_1=x_1$，$\hat{\mu}_2=\frac{x_1+x_2}{2}$，$\hat{\mu}_3=\frac{x_1+x_2+x_{n-1}+x_n}{4}$，$\hat{\mu}_4=2x_1$，$\hat{\mu}_5=\frac{x_1+x_2}{3}$。

解：由于 $E(X_i)=\mu$，因此

$$E(\hat{\mu}_1)=E(x_1)=\mu$$

$$E(\hat{\mu}_2)=E\left(\frac{x_1+x_2}{2}\right)=\frac{1}{2}E(x_1)+\frac{1}{2}E(x_2)=\frac{1}{2}\mu+\frac{1}{2}\mu=\mu$$

$$E(\hat{\mu}_3)=E\left(\frac{x_1+x_2+x_{n-1}+x_n}{4}\right)$$

$$=\frac{1}{4}[E(x_1)+E(x_2)+E(x_{n-1})+E(x_n)]=\mu$$

综上，$\hat{\mu}_1$，$\hat{\mu}_2$，$\hat{\mu}_3$ 都是 μ 的无偏估计。然而

$$E(\hat{\mu}_4)=2E(x_1)=2\mu$$

$$E(\hat{\mu}_5)=\frac{1}{3}E(x_1+x_2)=\frac{2}{3}\mu$$

因而，$\hat{\mu}_4$，$\hat{\mu}_5$ 都不是 μ 的无偏估计。

2. 有效性

无偏性对估计量而言是很基本的要求。由例 6—2 可知，对于一个未知参数，它的无偏估计可能不止一个。那么，如何进一步比较它们的优劣呢？一个很自然的想法是，优良的估计量方差应该比较小，因为只有方差比较小的估计量才能得到比较稳定的估计值。

设 $\hat{\theta}_1$ 和 $\hat{\theta}_2$ 均为参数 θ 的无偏估计，如果有

$$V(\hat{\theta}_1)<V(\hat{\theta}_2) \tag{6—2}$$

则称 $\hat{\theta}_1$ 比 $\hat{\theta}_2$ 有效。

当 $\hat{\theta}$ 是所有无偏估计中方差最小的那个时，称 $\hat{\theta}$ 为**最小方差无偏估计**（minimum-variance unbiased estimator，MVUE）。

3. 一致性

设 $\hat{\theta}$ 是 θ 的一个估计量，若 $\hat{\theta}$ 依概率收敛于 θ，即对任意的 $\varepsilon>0$

$$\lim_{n\to\infty}P(|\hat{\theta}-\theta|<\varepsilon)=1 \tag{6—3}$$

则称 $\hat{\theta}$ 是 θ 的**一致估计**（consensus estimates）。

若估计量 $\hat{\theta}$ 满足一致性，则当样本量 n 不断增大时，$\hat{\theta}$ 能够越来越接近 θ。这很容易理解，随着样本量 n 的增大，样本所包含的信息量也越来越多，得到的估计也就越来越准确。

评价估计量优劣的标准有哪些？在实际中，是否存在完全符合上述标准的统计量？在实际中，是否存在同时符合上述两个或三个标准的估计量？

6.3 区间估计

上节介绍的点估计虽然很直观，使用起来也很方便，但其只提供了总体参数的一个近似值，却没有反映这种近似的精确度。同时，由于总体参数本身是未知的，因此无从知道这种点估计的误差大小。因此，我们希望估计出一个总体参数所在的范围，并希望知道这个范围以多大的概率包含参数真值，这就是参数的区间估计问题。

区间估计的思想是选择一个被认为很可能包含总体参数的区间，该区间通常以点估计为中心，通过加减抽样误差得到区间的上限和下限。总的来说，区间估计给出一个区间，说起来留有余地，不像点估计那么绝对。

设 θ 为总体的一个未知参数，x_1，x_2，…，x_n 是来自该总体的一个样本，对给定的 α（$0<\alpha<1$），确定两个统计量 $\hat{\theta}_L$ 和 $\hat{\theta}_U$，若有

$$P(\hat{\theta}_L\leqslant\theta\leqslant\hat{\theta}_U)=1-\alpha \tag{6—4}$$

成立，则称$[\hat{\theta}_L,\ \hat{\theta}_U]$为 θ 的置信度为 $1-\alpha$ 的**置信区间**（confidence interval），其中，$\hat{\theta}_L$ 称为置信下限，$\hat{\theta}_U$ 称为置信上限。α 为**显著性水平**（significance level），一般取较小的值，如 0.05，0.01 等。$1-\alpha$ 为**置信度**（confidence coefficient），表示区间估计的可靠性，其值越接近 1 越好。

区间长度 $\hat{\theta}_U-\hat{\theta}_L$ 则表示估计的范围，即估计的精度。区间长度越短越好，区间长度越短表示估计的精度越高。但置信度越高，区间长度也越长，置信度和精度是一对矛盾。一般情况下，我们总是在保证置信度的前提下尽可能地提高精度。因此区间估计的问题就是在给定 α 值的情况下利用样本 x_1，x_2，…，x_n 去求两个估计量 $\hat{\theta}_L$ 和 $\hat{\theta}_U$ 的问题。

知道吗　耶日·内曼（Jerzy Neyman，1897—1981）出生于比萨拉比亚德（Benderey），美籍波兰裔统计学家，曾因在区间估计和假设检验等方面的诸多贡献而获得美国国家科学奖。在 20 世纪 20 年代，他为波兰政府完成了一套复杂的分层抽样方案，从而获得了世界级声望。内曼奠定了现代统计学的基础，并在农业、细菌学、生物学、宇宙学、军事科学等许多领域做出了杰出贡献。关于内曼的更多介绍，详见 http://www-gap.dcs.st-and.ac.uk/~history/Mathematicians/Neyman.html。

6.4　一个总体参数的区间估计

先来看一个总体参数的区间估计。研究一个总体时，所关心的参数主要有总体均值 μ 和总体比例 π。本节介绍如何用样本统计量来构造一个总体参数的置信区间。

6.4.1　正态分布总体

1. 正态总体，σ^2 已知

当总体服从正态分布且 σ^2 已知时，样本均值 $\bar{x}$ 的抽样分布均为正态分布，其数学期望为总体均值 μ，方差为 σ^2/n。对 $\bar{x}$ 进行标准化以后得到的随机变量将服从标准正态分布，即

$$z=\frac{\bar{x}-\mu}{\sigma/\sqrt{n}}\sim N(0,1) \tag{6—5}$$

从而总体均值 μ 在 $1-\alpha$ 置信度下的置信区间为：

$$\left[\bar{x}-z_{1-\alpha/2}\frac{\sigma}{\sqrt{n}},\bar{x}+z_{1-\alpha/2}\frac{\sigma}{\sqrt{n}}\right] \tag{6—6}$$

式中，临界值 $z_{1-\alpha/2}$ 可以通过查标准正态分布表得到。

例 6—3

从某超市的货架上随机抽取 9 包 0.5 千克装的白糖，实测其重量（单位：千克）分别为：0.497，0.506，0.518，0.524，0.488，0.510，0.510，0.515，0.512。从长期的实践中知道，该品牌的白糖重量服从正态分布 $N(\mu,\ \sigma^2)$。已知 $\sigma^2=0.01^2$，求 μ 的 95%置信区间。

解：经计算，$\bar{x}=0.508\,9$，对于显著性水平 $\alpha=0.05$，查标准正态分布表，可得 $z_{0.975}=1.96$，于是由式（6—6）可得 μ 的 95%置信区间为：

$$\left[0.5089-1.96\times\frac{0.01}{\sqrt{9}},0.5089+1.96\times\frac{0.01}{\sqrt{9}}\right]=[0.5024,0.5154]$$

2. 正态总体，σ^2 未知

在总体方差未知时，虽然可以用样本方差 s^2 代替 σ^2 来构建总体均值的置信区间，但此时，样本均值经标准化得到的随机变量服从自由度为 $n-1$ 的 t 分布，即

$$t=\frac{\bar{x}-\mu}{s/\sqrt{n}}\sim t(n-1) \qquad (6—7)$$

根据 t 分布建立的总体均值 μ 在 $1-\alpha$ 置信度下的置信区间为：

$$\left[\bar{x}-t_{1-\alpha/2}(n-1)\frac{s}{\sqrt{n}},\bar{x}+t_{1-\alpha/2}(n-1)\frac{s}{\sqrt{n}}\right] \qquad (6—8)$$

式中，临界值 $t_{1-\alpha/2}(n-1)$ 可通过查 t 分布表（自由度为 $n-1$）得到。

例 6—4

在例 6—3 中，若 σ^2 未知，求 μ 的 95%置信区间。

解：已知 $n=9$，$\bar{x}=0.5089$，直接计算可得

$$s^2=0.1184\times10^{-3}$$

对于显著性水平 $\alpha=0.05$，查自由度为 8 的 t 分布表可得 $t_{0.975}(8)=2.306$。从而由式（6—8），μ 的 95%置信区间为：

$$\left[0.5089-2.306\times\sqrt{\frac{0.1184\times10^{-3}}{8}},0.5089+2.306\times\sqrt{\frac{0.1184\times10^{-3}}{8}}\right]$$
$$=[0.5005,0.5173]$$

从上述两个例子可以看出，由于在例 6—4 中总体方差信息未知，因此计算出的置信区间长度比在例 6—3 中计算出的置信区间长度要宽。我们可以从另一个角度来看待这两个例子计算出的区间长度的差，这两个长度之差可以视为在参数估计中由于缺乏总体有关信息而付出的代价。

6.4.2 非正态分布总体

当总体是非正态分布总体时，在数学上可以证明，只要样本量 n 足够大，无论总体是否服从正态分布，样本均值 $\bar{x}$ 的抽样分布均近似为正态分布，其数学期望为总体均值 μ，方差为 σ^2/n，其中 σ^2 为总体方差。对 $\bar{x}$ 进行标准化以后得到的随机变量服从标准正态分布，即

$$z=\frac{\bar{x}-\mu}{\sigma/\sqrt{n}}\sim N(0,1) \qquad (6—9)$$

从而总体均值 μ 在 $1-\alpha$ 置信度下的置信区间为：

$$\left[\bar{x}-z_{1-\alpha/2}\frac{\sigma}{\sqrt{n}},\bar{x}+z_{1-\alpha/2}\frac{\sigma}{\sqrt{n}}\right] \tag{6—10}$$

式中，临界值 $z_{1-\alpha/2}$ 可以通过查标准正态分布表得到。

如果总体的方差未知，则式（6—10）中的 σ 可用样本标准差 s 代替，此时总体均值 μ 的置信区间变为：

$$\left[\bar{x}-z_{1-\alpha/2}\frac{s}{\sqrt{n}},\bar{x}+z_{1-\alpha/2}\frac{s}{\sqrt{n}}\right] \tag{6—11}$$

例 6—5

从某校随机抽取 100 名男生，测得平均身高为 170 厘米，标准差为 7.5 厘米。试求该校男生平均身高的 95%置信区间。

解：由于为大样本，且总体方差未知，又 $n=100$，$\bar{x}=170$，$s=7.5$，$1-\alpha=0.95$，查表得 $z_{1-\alpha/2}=1.96$，代入式（6—11），有

$$\bar{x}\pm z_{1-\alpha/2}\frac{s}{\sqrt{n}}=170\pm 1.96\times\frac{7.5}{\sqrt{100}}=170\pm 1.47$$

因此，该校男生平均身高的 95%置信区间为 168.53～171.47 厘米。

6.4.3　比例的估计

对总体比例进行区间估计，一般只考虑大样本情形（$np\geqslant 5$，$n(1-p)\geqslant 5$），比例 p 的抽样分布可用正态分布近似。p 的数学期望为 $E(p)=\pi$，p 的方差为 $V(p)=\frac{\pi(1-\pi)}{n}$。样本比例经标准化得到的随机变量服从标准正态分布，即

$$Z=\frac{p-\pi}{\sqrt{\frac{\pi(1-\pi)}{n}}}\sim N(0,1) \tag{6—12}$$

从而总体比例 π 在 $1-\alpha$ 置信度下的置信区间为：

$$\left[p-z_{1-\alpha/2}\sqrt{\frac{\pi(1-\pi)}{n}},p+z_{1-\alpha/2}\sqrt{\frac{\pi(1-\pi)}{n}}\right] \tag{6—13}$$

在用式（6—13）计算总体比例 π 的置信区间时，π 值应该是已知的。但实际中 π 值正是要估计的。解决的办法有两种：一种是用样本比例 p 来代替 π，因为 p 一般是 π 的好估计量。这时，总体比例的置信区间可表示为：

$$\left[p-z_{1-\alpha/2}\sqrt{\frac{p(1-p)}{n}},p+z_{1-\alpha/2}\sqrt{\frac{p(1-p)}{n}}\right] \tag{6—14}$$

另一种是较为保守的方法，当 $\pi=1-\pi=0.5$ 时，$\pi(1-\pi)$ 达到最大值。所以用 0.5 作为 π 的估计值求出的将是最宽的置信区间，即

$$\left[p-z_{1-\alpha/2}\sqrt{\frac{0.25}{n}},p+z_{1-\alpha/2}\sqrt{\frac{0.25}{n}}\right] \tag{6—15}$$

当 $0.3\leqslant p\leqslant 0.7$ 时，由这两种方法得到的结果很接近。

例 6—6

从某社区抽取一个由 200 个家庭组成的样本，发现其中有 36%的家庭拥有电脑。试问：在 99%的置信度下，该社区拥有电脑的家庭所占比例的置信区间是多少？

解：若采用式（6—14）计算，得到的置信区间为：

$$\begin{aligned}&\left[p-z_{1-\alpha/2}\sqrt{p(1-p)/n},p+z_{1-\alpha/2}\sqrt{p(1-p)/n}\right]\\&=0.36\pm 2.58\times\sqrt{\frac{(0.36)\times(0.64)}{200}}\\&=0.36\pm 0.09\\&=[0.27,0.45]\end{aligned}$$

而如果采用式（6—15）计算，则得到如下置信区间：

$$\begin{aligned}&\left[p-z_{1-\alpha/2}\sqrt{0.25/n},p+z_{1-\alpha/2}\sqrt{0.25/n}\right]\\&=0.36\pm 2.58\times\sqrt{\frac{(0.5)\times(0.5)}{200}}\\&=0.36\pm 0.09\\&=[0.27,0.45]\end{aligned}$$

因此，该社区拥有电脑的家庭所占比例的 99%置信区间是［27%，45%］。

想一想

在对总体均值进行区间估计时，什么情形下使用 z 统计量，什么情形下使用 t 统计量？

6.5 两个总体参数的区间估计

两个正态总体参数的区间估计通常用于对两个总体的比较，主要有两个总体的均值之差和两个总体的比例之差等。对于两个总体均值之差的区间估计，还应区分独立样本和匹配样本两种情形。

6.5.1　独立样本

独立样本指的是两个样本从两个总体中独立抽取，一个样本中的个体与另一个样本中的个体相互独立。

假设有两个总体，它们的均值分别为 μ_1 和 μ_2，方差分别为 σ_1^2 和 σ_2^2，现分别从这两个总体中独立地抽取大小为 n_1 和 n_2 的两个样本。在大样本情形下，无论两个总体是否服从正态分布，两个样本均值之差的抽样分布近似服从期望为 $\mu_1-\mu_2$，方差为 $\frac{\sigma_1^2}{n_1}+\frac{\sigma_2^2}{n_2}$ 的正态分布，即

$$\overline{x}_1-\overline{x}_2\sim N\left(\mu_1-\mu_2,\frac{\sigma_1^2}{n_1}+\frac{\sigma_2^2}{n_2}\right)$$

对 $\overline{x}_1-\overline{x}_2$ 进行标准化，则有

$$z=\frac{(\overline{x}_1-\overline{x}_2)-(\mu_1-\mu_2)}{\sqrt{\frac{\sigma_1^2}{n_1}+\frac{\sigma_2^2}{n_2}}}\sim N(0,1) \tag{6—16}$$

从而当两个总体的方差 σ_1^2，σ_2^2 已知时，由 $P(|Z|\leqslant z_{1-\alpha/2})=1-\alpha$，可构造 $\mu_1-\mu_2$ 在 $1-\alpha$ 置信度下的置信区间：

$$\left[(\overline{x}_1-\overline{x}_2)-z_{1-\alpha/2}\sqrt{\frac{\sigma_1^2}{n_1}+\frac{\sigma_2^2}{n_2}},(\overline{x}_1-\overline{x}_2)+z_{1-\alpha/2}\sqrt{\frac{\sigma_1^2}{n_1}+\frac{\sigma_2^2}{n_2}}\right] \tag{6—17}$$

当两个总体的方差 σ_1^2，σ_2^2 未知时，可用两个样本方差来代替，此时，置信区间变为：

$$\left[(\overline{x}_1-\overline{x}_2)-z_{1-\alpha/2}\sqrt{\frac{s_1^2}{n_1}+\frac{s_2^2}{n_2}},(\overline{x}_1-\overline{x}_2)+z_{1-\alpha/2}\sqrt{\frac{s_1^2}{n_1}+\frac{s_2^2}{n_2}}\right] \tag{6—18}$$

6.5.2　匹配样本

与独立样本不同，匹配样本指的是一个样本中的数据与另一个样本中的数据对应。例如，指定 20 名学生采用试卷 A 进行测试，然后再让这 20 名学生采用试卷 B 进行测试，这样得到的两套试卷下的学生成绩就是匹配数据。而对于 A，B 两套试卷，如果都采用随机从全班抽取 20 名学生的方式选取考生，则有可能 20 名成绩较好的学生都分到了试卷 A，而 20 名成绩较差的学生都分到了试卷 B，测试结果尽管表明试卷 A 的平均得分比试卷 B 高出 10 分，但却难以分清到底是试卷的不同还是抽取的学生不一样导致了得分的差别。采用匹配样本，则能较好地避免上述问题出现。

在大样本条件下，使用匹配样本进行估计时，两个总体均值之差 $\mu_d=\mu_1-\mu_2$ 的

$1-\alpha$ 置信度下的置信区间为：

$$\left[\bar{d}-z_{1-\alpha/2}\frac{\sigma_d}{\sqrt{n}},\bar{d}+z_{1-\alpha/2}\frac{\sigma_d}{\sqrt{n}}\right] \tag{6—19}$$

式中，d 表示两个匹配样本数据的差值；$\bar{d}$ 表示各差值的均值；σ_d 表示各差值的标准差。

如果 σ_d 未知，则可用样本数据 s_d 来代替。如果是小样本，若两个总体配对的观察值之差服从正态分布，则 $\mu_d=\mu_1-\mu_2$ 的 $1-\alpha$ 置信区间为：

$$\left[\bar{d}-t_{1-\alpha/2}\frac{s_d}{\sqrt{n}},\bar{d}+t_{1-\alpha/2}\frac{s_d}{\sqrt{n}}\right] \tag{6—20}$$

例 6—7

某机构对随机抽取的 10 名小学生采用 A，B 两套试卷测智力，结果如表 6—1 所示。试建立这两套试卷平均得分之差的 95％置信区间。

表 6—1　　10 名小学生两套试卷的得分

学生编号	试卷 A	试卷 B	差值 d
1	91	89	2
2	77	67	10
3	86	87	−1
4	80	69	11
5	76	79	−3
6	86	82	4
7	92	86	6
8	84	82	2
9	79	75	4
10	90	84	6

解：将每位学生试卷 A 的得分与试卷 B 的得分相减，得到差值 d 列。又

$$\bar{d}=\frac{1}{n_d}\sum_{i=1}^{n_d}d_i=4.1$$

$$s_d=\sqrt{\frac{1}{n_d-1}\sum_{i=1}^{n_d}(d_i-\bar{d})^2}=4.41$$

由于样本量较小，因此采用 t 分布。查 t 分布表可知 $t_{0.975}(9)=2.262$，由式（6—20）可得这两套试卷平均得分之差的 95％置信区间为：

$$\left[4.1-2.262\times\frac{4.41}{\sqrt{10}},4.1+2.262\times\frac{4.41}{\sqrt{10}}\right]$$

$$=[4.1-3.15,4.1+3.15]=[0.95,7.25]$$

6.5.3　比例之差的估计

有时候，我们常常需要对两个总体的比例进行比较。例如，对两个车间生产的同种产品比较其一级品率，对某电视节目的收视率进行城乡对比等。

由样本比例的抽样分布可知，两个样本比例之差 p_1-p_2 的抽样分布服从正态分布，将 p_1-p_2 进行标准化，则有

$$z=\frac{(p_1-p_2)-(\pi_1-\pi_2)}{\sqrt{\frac{\pi_1(1-\pi_1)}{n_1}+\frac{\pi_2(1-\pi_2)}{n_2}}}\sim N(0,1) \tag{6—21}$$

通常 π_1 和 π_2 是未知的，可以用样本比例 p_1 和 p_2 来代替。从而由式（6—21），两个总体比例之差 $\pi_1-\pi_2$ 在 $1-\alpha$ 置信度下的置信区间可构建为：

$$(p_1-p_2)\pm z_{1-\alpha/2}\sqrt{\frac{p_1(1-p_1)}{n_1}+\frac{p_2(1-p_2)}{n_2}} \tag{6—22}$$

例 6—8

H 公司委托一家市场调查公司对旗下产品进行调查，并对该公司产品在两个地区的市场占有率进行比较。调查公司从这两个地区分别随机调查了 1 000 人，其中使用过 H 公司产品的被调查者所占的比例分别为 30%和 22%。试求这两个地区 H 公司产品市场占有率之差的 95%置信区间。

解：$n_1=n_2=1\,000$，$p_1=30\%$，$p_2=22\%$，故 $1-p_1=70\%$，$1-p_2=78\%$，查表可得，$z_{1-\alpha/2}=z_{0.975}=1.96$。将这些数值代入式（6—22）可得

$$\begin{aligned}&(30\%-22\%)\pm 1.96\times\sqrt{\frac{30\%\times 70\%}{1\,000}+\frac{22\%\times 78\%}{1\,000}}\\&=8\%\pm 1.96\times 1.95\%\\&=8\%\pm 3.83\%\\&=[4.17\%,11.83\%]\end{aligned}$$

从而两个地区产品市场占有率之差的 95%置信区间为[4.17%，11.83%]。

6.6　样本量

6.6.1　确定样本量的一般问题

前面所讲的区间估计问题，都是已知样本量，在给定置信度 $1-\alpha$ 的水平下估计出总体参数的置信区间。但在实际问题中，样本量并不是给定的，需要自己设计调查

方案来确定。

在区间估计中，衡量估计区间优劣的标准是置信度和精度（即估计区间的长度）。现以正态总体均值的置信区间为例来说明。在 $1-\alpha$ 的置信度下，总体均值 μ 的置信区间为 $\bar{x}\pm z_{1-\alpha/2}\frac{\sigma}{\sqrt{n}}$，其区间长度为 $2z_{1-\alpha/2}\frac{\sigma}{\sqrt{n}}$。置信区间长度的一半称为允许误差，表示在一定的置信度下，用样本均值去估计总体均值时所允许的最大绝对误差，用符号 Δ 表示。允许误差 Δ、可靠性系数 $z_{1-\alpha/2}$、总体标准差和样本量之间存在如下关系：

$$\Delta=z_{1-\alpha/2}\frac{\sigma}{\sqrt{n}} \tag{6—23}$$

由式（6—23）有

$$n=\frac{z_{1-\alpha/2}^{2}\sigma^{2}}{\Delta^{2}} \tag{6—24}$$

由式（6—24）可知，影响样本量的因素主要有：

（1）可靠性系数。所需要的样本量与可靠性系数成正比，可靠性要求越高，需要的样本量越大。

（2）总体方差。所需要的样本量与总体方差成正比。这个比较容易理解，如果目标总体离散程度较大，就需要抽取较大的样本。

（3）允许误差。所需要的样本量与允许误差成反比，允许的误差越大，需要的样本量就越小；反之，需要的样本量越大。

实际工作中，样本量的选取还受费用的影响。在总体方差固定的情况下，要使区间估计的可靠性和精度都提高，必须增大样本量。但是样本量增大带来的直接问题是调查成本的增加，因而在确定样本量时需要权衡各种因素。

最后需要注意的是，在实际问题中，样本量计算出来的结果可能带有小数，这时，合适的做法是将忽略掉小数的整数部分加 1 作为最终样本量。

6.6.2 一般问题的具体化

本小节讨论不考虑费用因素时样本量的确定问题，区分估计总体均值和估计总体比例两种情况介绍。

6.6.2.1 估计总体均值

1. 单个总体情形

单个总体情形，估计总体均值，样本量的确定可直接参照式（6—23）。若总体方差 σ^2 未知，则可采用经验值代替。

例 6—9

设某市家庭的月均收入服从正态分布，标准差为 1 000 元。现要对该市家庭的月均收入进行估计，若置信度为 95%，允许的估计误差在 100 元以内，问：样本量应定为多少？

解：由题意，$\sigma=1\,000$ 元，$\Delta=100$ 元，$\alpha=1-0.95=0.05$，查表得 $z_{0.975}=1.96$，将它们代入式（6—24）中得

$$n=\frac{z_{1-\alpha/2}^2\sigma^2}{\Delta^2}=\frac{1.96^2\times 1\,000^2}{100^2}=384.16\approx 385$$

因此，所需的样本量应为 385 户。

2. 两个总体情形

在估计两个总体均值之差时，样本量的确定方法与单个总体的情形类似。对于给定的允许误差和置信度，估计两个总体均值之差所需的样本量为：

$$n_1=n_2=\frac{z_{1-\alpha/2}^2(\sigma_1^2+\sigma_2^2)}{\Delta^2} \tag{6—25}$$

式中，n_1 和 n_2 为从两个总体中抽取的样本量；σ_1^2 和 σ_2^2 为两个总体的方差。

 例 6—10

假定两个总体的标准差分别为 $\sigma_1=12$，$\sigma_2=15$。若允许误差范围不超过 5，相应的置信度为 95%。假定 $n_1=n_2$，估计两个总体均值之差 $\mu_1-\mu_2$ 时所需的样本量为多大？

解：由式（6—25）可得

$$n_1=n_2=\frac{z_{1-\alpha/2}^2(\sigma_1^2+\sigma_2^2)}{\Delta^2}=\frac{1.96^2\times(12^2+15^2)}{5^2}=56.7\approx 57$$

因此，所需的样本量 $n_1=57$，$n_2=57$。

6.6.2.2　估计总体比例

1. 单个总体情形

与估计总体均值时确定样本量的方法类似，单个总体情形，估计总体比例允许误差 Δ 的表达式为：

$$\Delta=z_{1-\alpha/2}\sqrt{\frac{\pi(1-\pi)}{n}} \tag{6—26}$$

整理可得样本量的确定公式：

$$n=\frac{z_{1-\alpha/2}^2\pi(1-\pi)}{\Delta^2} \tag{6—27}$$

在上式中，置信度、允许误差都是事先确定的，如果知道 π 的具体数值，就可以利用式（6—27）计算所需的样本量。然而，实际应用中，π 的值通常未知，这时有

两个选择：其一，可以用 π 的经验值代替；其二，可将 π 取为 0.5，从而得到做最保守估计时所需要的样本量。

例 6—11

已知某地区私家车的拥有比例为 0.5，如果要求在 95％的置信度下保证这一比例的允许估计误差不超过 3％，试问样本量应定为多少？

解：据题意，$\Delta=0.03$，$\pi=0.5$，$\alpha=0.05$，查表可得 $z_{0.975}=1.96$，由式（6—27）得

$$n=\frac{z_{1-\alpha/2}^{2}\pi(1-\pi)}{\Delta^{2}}=\frac{1.96^{2}\times0.5\times0.5}{(0.03)^{2}}=1\,067.11\approx1\,068$$

因此，样本量应定义 1 068。

2. 两个总体情形

在给定允许误差、置信度的条件下，估计两个总体比例之差所需要的样本量为：

$$n_1=n_2=\frac{z_{1-\alpha/2}^{2}\left[\pi_1(1-\pi_1)+\pi_2(1-\pi_2)\right]}{\Delta^{2}} \tag{6—28}$$

式中，n_1 和 n_2 为从两个总体中抽取的样本量；π_1 和 π_2 为两个总体的比例。

例 6—12

假定 $n_1=n_2$，允许误差 $\Delta=0.05$，相应的置信度为 95％，估计两个总体比例之差 $\pi_1-\pi_2$ 时所需的样本量为多大？

解：由式（6—28）可得

$$n_1=n_2=\frac{z_{1-\alpha/2}^{2}\left[\pi_1(1-\pi_1)+\pi_2(1-\pi_2)\right]}{\Delta^{2}}=\frac{1.96^{2}\times(0.25+0.25)}{0.05^{2}}=768.3\approx769$$

因此，所需的样本量 n_1 和 n_2 各为 769。

想一想

在实际应用中，影响样本量的因素主要有哪些？如何平衡费用和精度？

□ 本章小结

推断统计研究的是如何利用样本数据对总体的数量特征做出具有一定可靠程度的估计和判断。本章介绍抽样分布以及参数估计的基本原理和方法，包括点估计、区间估计、确定样本量。

统计量贯穿统计推断始末。本章首先介绍了抽样的基本概念和统计量的分布。点估计的方法有很多种，本章重点介绍了其基本方法。判断点估计优劣的标准主要有无偏性、有效性和一致性。区间估计建立在点估计的基础上，对一个总体参数的区间估计，本章分正态分布总体和非正态分布总体两种情形对总体均值的区间估计进行了介绍，同时介绍了总体比例的估计；对于两个总体参数的区间估计，本章分独立样本和匹配样本两种情况对总体均值的区间估计进行了介绍，并介绍了两总体比例之差的估计问题。

在构建估计区间时，通常假定样本量是给定的。但实际中样本量需要我们自己来确定。本章在最后一节首先给出了在一般情况下确定样本量需要考虑的因素，然后又给出了估计总体均值和总体比例两种情形下样本量的计算公式。

附　录

这里重点介绍如何使用 Excel 对总体参数进行区间估计。我们以例 6—4 的计算为例，详细说明利用 Excel 进行区间估计的具体操作步骤。

1. 建立工作表

首先在各个单元格中输入如图 6—1 所示的内容。单元格 A2:A10 为样本数据，也就是从某超市随机抽取的白糖重量。单元格 B2:B11 为计算过程中要用到的样本个数、样本均值、样本标准差以及最终结果的名称。单元格 C2:C11 为对应的计算公式，其中置信水平由用户直接输入。

	A	B	C
1	白糖重量		
2	0.497	样本个数	COUNT（A2:A10）
3	0.506	样本均值	AVERAGE（A2:A10）
4	0.518	样本标准差	STDEV（A2:A10）
5	0.524	置信水平	0.95
6	0.488	抽样标准误差	样本标准差/SQRT(样本个数)
7	0.51	自由度	样本个数-1
8	0.51	t值	TINV（（1-置信水平），自由度）
9	0.515	置信区间上界	样本均值+t值*样本标准差
10	0.512	置信区间下界	样本均值-t值*样本标准差
11		置信区间长度	置信区间上界-置信区间下界

图 6—1

2. 统计量的计算

继续在上面构造的工作表中进行统计量的计算，计算结果放入单元格 D2:D11。D 列使用的公式同 C 列，比如 D2 "＝COUNT（A2:A10）"。需要特别注意的是在 D 列单元格中，使用 Excel 公式计算时必须在英文输入法状态下。具体结果如图 6—2 所示。

	A	B	C	D
1	白糖重量			
2	0.497	样本个数	COUNT（A2:A10）	9
3	0.506	样本均值	AVERAGE（A2:A10）	0.508888889
4	0.518	样本标准差	STDEV（A2:A10）	0.010879389
5	0.524	置信水平	0.95	0.95
6	0.488	抽样标准误差	样本标准差/SQRT(样本个数)	0.003626463
7	0.51	自由度	样本个数-1	8
8	0.51	t值	TINV（（1-置信水平），自由度）	2.306004133
9	0.515	置信区间上界	样本均值+t值*样本标准差	0.517251528
10	0.512	置信区间下界	样本均值-t值*样本标准差	0.50052625
11		置信区间长度	置信区间上界-置信区间下界	0.016725278

图 6—2

由图 6—2 可以得出，该品牌白糖重量的 95％置信区间为[0.500 5，0.517 3]。在总体方差已知的情况下，可使用函数“CONFIDENCE NORM”进行区间估计，使用方法与本例类似。

□ 习 题

1. 统计量为什么不能含任何未知参数?

2. 写出下列随机试验的样本空间：

(1) 抛一枚硬币的朝向；

(2) 掷一枚骰子的点数；

(3) 任意 5 个人中男孩的人数；

(4) 记录某次考试成绩的平均分数。

3. 某材料强度标准差长期以来稳定在 1.19，现抽取了一个大小为 100 的样本，测得样本均值 $\bar{x}=6.35$，试在 95％的置信度下，求该材料强度均值 μ 的置信区间。

4. 某大学为了解学生每天上网的时间，从全校 11 000 名在校全日制大学生中采取不重复抽样方法随机抽取 36 人，调查他们每天上网的时间，得到下面的数据（单位：小时）：

6.3	4.1	6.2	7.8	7.3	4.9	5.4	4.5	6.2
10.4	8.0	5.4	8.6	6.4	5.8	7.5	5.7	6.3
8.1	6.9	6.2	5.1	8.3	7.2	3.6	4.8	8.5
8.7	5.4	6.2	6.9	8.5	6.4	5.5	6.6	7.5

5. 设某连锁店两个分店的月营业额分别服从 $N(\mu_i, \sigma^2)$ $(i=1, 2)$。现从第一家分店中抽取一个大小为 40 的样本，求得月平均营业额 $\bar{x}_1=22\,653$ 万元，样本的标准差 $s_1=64.8$ 万元；从第二家分店中抽取大小为 30 的样本，求得月平均营业额 $\bar{x}_2=12\,291$万元，样本的标准差 $s_2=62.2$ 万元。试求 $\mu_1-\mu_2$ 的 95％置信区间。

6. 从两个总体中各抽取一个 $n_1=n_2=300$ 的独立随机样本，两个总体的样本比例分别为 40%和 30%，试构造两个总体比例之差 $\pi_1-\pi_2$ 的 95%置信区间。

7. 设大学生中男生身高（单位：cm）的总体 $X\sim N(\mu, 16)$，若要使其平均身高的 95%置信区间长度小于 1.2，问：至少应抽取多少名学生？

8. 某冷藏库需要通过抽样来检测库存的一批鹅蛋是否变质。根据以往资料，鹅蛋的变质率有 3 种，分别为 53%，49%和 48%，问：在允许误差不超过 3%，置信度为 95%的情况下应抽取多少鹅蛋进行检测？

第 7 章 假设检验

Chapter 7

在超市购物时，经常会看到饮料包装上“净含量 500ml”之类的标签，也许你亲自测量之后会发现测量结果并不等于 500ml，这是否说明商家产品不合格？这只是一个小例子，其实生活中经常碰到这样一种情况：我们完全不知道研究总体的某些数量特征或其变化情况，需要运用样本信息来推断总体特征的某个参数。随之而来的一个问题是：假设的总体特征参数值能否或者能在多大程度上反映现实总体参数的真实情况？解决这类问题，需要用到本章介绍的假设检验。假设检验也称显著性检验，是抽样中应用非常广泛的一种统计推断方法，本章将对其进行详细介绍。

7.1 假设检验基本问题

7.1.1 假设检验的基本原理

在上述引例中，产品标签显示该饮料的净含量为 500ml，但如果我们测量一些饮料发现平均净含量为 499.8ml，那么标签上的承诺是否可信？这就是一个假设检验问题。**假设检验**（hypothesis testing）首先对总体的参数提出假设，然后根据抽样分布原理利用样本实际数据计算相关统计量的取值，最后以此来检验事先提出的假设是否合理，实质上也就是通过判断样本信息与原假设是否有显著性差异来确定原假设的可信度大小。

假设检验和参数估计都属于统计推断，二者的共同之处是通过样本数据对总体的特征进行推断，不同之处是参数估计以大概率为标准推断总体参数的取值以及范围，而假设检验是以小概率原理为标准对针对总体参数的假设进行判断。假设检验运用小概率原理的反证法思想。主要表现在：

（1）主要理论依据是“小概率事件在一次试验中不可能发生”的思想。小概率是指在一次试验中，一个几乎不可能发生事件的发生概率。在原假设成立的前提下，如果在一次抽样中小概率事件就发生了，则认为原假设不正确；反之，如果小概率事件没有发生，则我们没有理由否定原假设。

（2）采用的逻辑推理方法是反证法。要检验某个假设是否成立，首先假定这个假设是正确的，然后根据样本的数据信息计算统计量的值，进而判断根据假设成立得到的结果是否合理，最后确定对原假设的态度是接受还是拒绝。

7.1.2　假设检验的步骤

根据假设检验的基本原理，假设检验的实施步骤可以归纳为以下几步：

（1）根据实际问题建立合适的假设。假设包括两种：一种是**原假设**（null hypothesis），用 H_0 表示；另一种是**备择假设**（alternative hypothesis），用 H_1 表示。假设检验中，一般将待检验的假设作为原假设（也称零假设），将其对立面作为备择假设。比如在引例中，饮料总体净含量的均值为 500ml 即为原假设，而它的对立面即该饮料净含量的均值不等于 500ml 为备择假设。该假设可以表达为：H_0：$\mu=500$ml；H_1：$\mu\neq500$ml。

知道吗　零假设与备择假设并不一定完全对称。假设的设定有三种形式，即双侧检验、左侧检验、右侧检验。下面以均值检验为例：

- 双侧检验：H_0：$\mu=\mu_0$；H_1：$\mu\neq\mu_0$。
- 左侧检验：H_0：$\mu=\mu_0$；H_1：$\mu<\mu_0$（或者 H_0：$\mu\geqslant\mu_0$；H_1：$\mu<\mu_0$）。
- 右侧检验：H_0：$\mu=\mu_0$；H_1：$\mu>\mu_0$（或者 H_0：$\mu\leqslant\mu_0$；H_1：$\mu>\mu_0$）。

（2）确定**检验统计量**（test statistics）。检验统计量也称样本统计量。不同的检验统计量具有不同的分布，具体服从什么样的分布由许多因素决定，如统计量的构造形式、大样本还是小样本、总体方差是否已知等。我们首先要根据抽样分布确定该统计量的具体分布情况，然后依据样本的数据信息计算该检验统计量的实际值。

知道吗　检验统计量可根据研究的具体问题来确定。对于原假设是否合理的判断，实质上是判断样本检验统计量的数值是否在一定概率下的范围内。不同的检验统计量具有不同的分布形式，因此要根据检验的问题选择正确合适的检验统计量，并识别其分布。一般来说，检验统计量的构造形式为：

$$\text{检验统计量}=\frac{\text{样本统计量}-\text{被假设参数}}{\text{分布标准差}}$$

（3）设定**显著性水平**（significance level）α 并确定临界值。由于假设检验根据样本统计量的概率分布对原假设作出取舍判断，判断本身会犯一定的错误，显著性水平 α 就是 H_0 为真却被拒绝的概率，它也是假设检验统计思想中所指的小概率，它的大小要根据问题本身及研究要求的精度确定。在原假设成立的条件下，给定了显著性水平 α，就可由统计量的概率分布确定其临界值，临界值将统计量的所有可能取值区间分为两个互不相交的部分，即原假设的拒绝域和接受域。

（4）将检验统计量的实际值与临界值进行比较，做出是否拒绝原假设的决策。如果样本统计量的值落入拒绝域中，我们就拒绝原假设；如果样本统计量的值落在拒绝域外，我们就不能拒绝原假设，必要时需做进一步的检验。

小词典

假设检验中，使原假设不能被拒绝的统计量所在的区域称为检验的接受域；反之，则称为检验拒绝域。这两个区域是互补的关系，它们之间的分界点即临界值。

需要说明的是，对于不同形式的假设检验，H_0 的接受域和拒绝域是不同的。双侧检验的接受域为检验统计量分布曲线上两临界值之间的区域，而拒绝域分别位于两端；左侧检验的拒绝域位于接受域的左侧；右侧检验的拒绝域位于接受域的右侧，具体如图 7—1 所示。

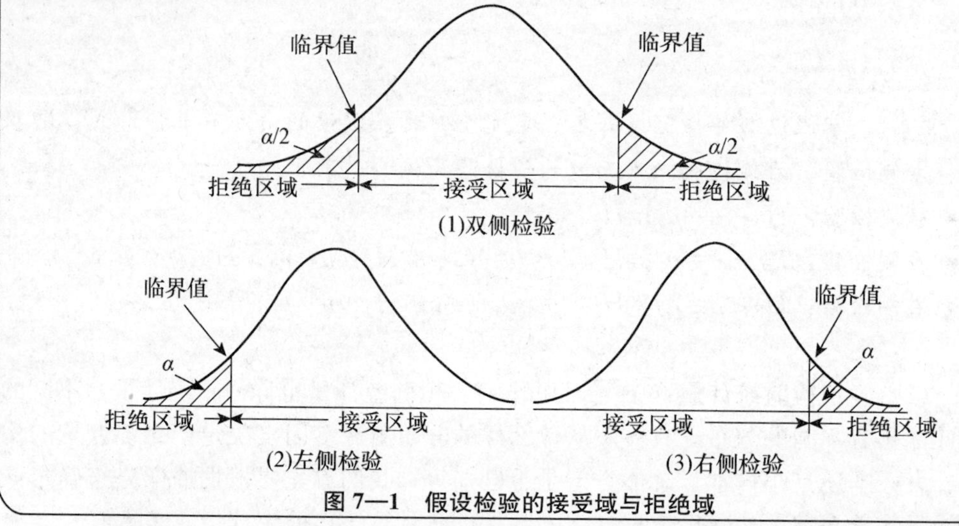

图 7—1 假设检验的接受域与拒绝域

7.1.3 关于 p 值

传统的假设检验首先设定显著性水平 α，然后计算拒绝域，如果统计量的值落入拒绝域就拒绝原假设。这种检验方法存在一定的缺陷，这里 α 只给出了检验结论可靠性的大致范围，无法给出某一样本观测结果与原假设不一致的精确程度。

相比之下，现代统计检验中常用的检验统计量 p 值则较好地弥补了这个缺陷，它能够反映出某一样本观测结果与原假设不一致的精确程度，也就是观察到的实际数据与原假设不一致的概率值，这样就提供了更多的信息。在假设检验中，p 值是在零假设正确的条件下，检验统计量取样本统计量或沿备择假设方向趋于更极端值的概率。此时 p 值就代表了显著性水平，可以直接使用 p 值进行假设检验的决策。如果 p 值很小，则说明这种样本观测结果出现的可能性很小，有理由拒绝原假设。p 值越小，拒绝原假设的理由就越充分。

作为检验统计量，p 值受到下列因素的影响：样本数据与原假设之间的差异、样本量的大小、被假设参数的总体分布。利用 p 值进行假设检验的准则是：将 p 值与事先确定的检验显著性水平 α 进行比较，若 p 值小于 α，说明小概率事件发生，则拒绝原假设；若 p 值大于 α，说明小概率事件没有发生，则不能拒绝原假设。

7.1.4　两类错误

假设检验的统计思想是"小概率原理"，但小概率事件并不是不会发生，只是发生的概率很小而已。因此，进行假设检验时难免会犯两类错误：一类是原假设正确却被拒绝，称为"第Ⅰ类错误"，也称弃真错误；另一类是原假设不正确却没有被拒绝，称为"第Ⅱ类错误"，也称取伪错误。具体见表 7—1。

表 7—1　　对原假设的取舍与假设本身真伪的关系

对原假设 H_0 真伪的判断	真实情况	
	H_0 成立（为真）	H_0 不成立（为伪）
不拒绝 H_0	决策正确	第Ⅱ类错误
拒绝 H_0	第Ⅰ类错误	决策正确

在假设检验中，犯第Ⅰ类错误的概率记为 α，即前面提到的显著性水平，犯第Ⅱ类错误的概率记为 β。α 越大，就越有可能犯第Ⅰ类错误，即越有可能拒绝真实的原假设。β 越大，就越有可能犯第Ⅱ类错误，即越有可能接受非真的原假设。自然，我们希望犯这两类错误的概率都尽可能地小，但在固定的样本量下，减小 α 会引起 β 增大，减小 β 会引起 α 增大。这就像在区间估计中，如果想增强估计的可靠性，就会使区间变宽而精度降低；如果想提高精度，就要求估计区间变窄，会导致估计的可靠性减弱。

当然，使 α 和 β 同时变小的办法也有，就是增大样本量。但是样本量也不可能没有限制，否则抽样调查便失去了意义。因此，在假设检验中，需要对两类错误进行控制。由于原假设常常是明确的，而备择假设往往是模糊的，在实际生活中，含义清晰问题的检验结果更容易被人们理解接受，因此，在一般情况下，第Ⅰ类错误是控制两类错误中的重点。在假设检验中有不成文的准则：首先控制犯弃真错误的概率（α）。假设检验中以 α 为显著性水平也体现了这一准则。

7.1.5　假设的建立问题

前面已提及原假设与备择假设的确立问题，需要注意的是，它们不是随意确定的，而是根据需要研究问题的具体背景确定的。一般采取“原假设处于被保护地位”的原则，即将没有充分理由便不能拒绝的命题作为原假设，将其对立面作为备择假设。在双侧检验中，这一原则相对来说比较容易实施，只要将结论比较清晰确定的假设作为原假设，将其对立面作为备择假设即可，比如在引例提出的饮料含量问题，很明显属于双侧检验，应以饮料总体的净含量均值为 500ml 作为原假设。

这里需要特别提及的是单侧检验中假设的建立问题，单侧检验也需要根据不同的情况采取不同的假设建立方法。在没有其他特殊背景的情况下，一般将原有的、固有的、经验的命题作为原假设，将想要证明成立的命题作为备择假设。所谓“原有的”是指原有的理论、原有的看法、原有的状况，或者是那些历史的、经验的、在此之前被大多数人认可和接受的东西。这些东西在没有充分证据证明其错误时，总被假定是正确的，处于原假设被保护的位置。而那些新的、可能的、猜测的则处于备择假设的位置，这样做可以有效减小犯第Ⅰ类错误的概率。设想一下，如果我们完全认可原有的东西，就没有必要去进行检验了，正是因为我们对原有的东西产生了怀疑才去调查的，希望能够用事实推翻原有的观念，得出新的结论。比如，设某市 A 区医务人员认为该区 15 岁青少年的平均身高高于 B 区，为了验证这一结论，对两地区青少年进行身高抽测。按照常规经验，同一市内两个区由于自然、地理等各方面条件基本相同，15 岁青少年的平均身高应该无显著差异，进行验证是因为对这个经验结论持怀疑态度，想要证明 A 区青少年的平均身高高于 B 区，因此对于这个问题，设立的原假设应是 H_0：A 区青少年平均身高等于 B 区青少年平均身高，而备择假设是 H_1：A 区青少年平均身高高于 B 区青少年平均身高。

由于推翻原假设需要检验统计量落入拒绝域，因此在一次试验中原假设是具有优势的。根据小概率原理，备择假设在一次试验中不容易发生，但一旦发生，我们就有充足的理由推翻原假设，这意味着一个新结论的诞生。但是没有拒绝原假设，并不意味着备择假设就是错误的，只能说明还没有足够的证据表明原假设不成立。这与法庭上对被告定罪类似，总是先假定被告无罪（原假设），然后看这些证据是否能证明被告有罪（备择假设）。如果证据不充分，我们不能说被告清白，只能说根据目前的证据还无法认定被告有罪。如果证据充分，我们可以得到被告有罪的定论。当然上述只是一般原则，具体操作时还需要考虑两类错误产生后果的严重程度，根据现实情况斟酌。此外，也可以结合统计量的取值情况和问题背景来判断假设的设定。

想一想

- 假设检验的思想中存在哪些辩证思想？
- 现代统计中经常使用的 p 值与传统假设检验有哪些联系与不同？
- 假设检验时发生的两类错误之间有什么关系？

知道吗 阿道夫·凯特勒（Adolphe Quetelet）1796 年 2 月 22 日出生于比利时甘特，1874 年 2 月 17 日逝于比利时布鲁塞尔。他是 19 世纪比利时的通才，既是统计学家，又是数学家和天文学家。他从统计学角度出发，认为人的成长会依从一套既定的法则。所以，我们可以透过统计数字，去推算一个人的发展。他发明了身高体重指数来推算一个人的健康状况。

资料来源：维基百科。

7.2 一个总体参数的假设检验

本节主要讨论一个总体参数的检验，包括总体均值、总体方差和总体比例的假设检验，涉及的检验统计量主要有三个：z 统计量、t 统计量和 χ^2 统计量。前两个统计量主要用于总体均值、总体比例的假设检验，χ^2 统计量主要用于总体方差的假设检验。本节需特别注意的是，没有一个“放之四海而皆准”的检验统计量，总体标准差（方差）是否已知、样本量的大小、检验参数的不同都会影响统计量的选取。

7.2.1 总体均值的假设检验

当总体均值 μ_x 未知时，需检验 μ_x 是否等于某一假设的值 μ_0，设 H_0：$\mu_x=\mu_0$；H_1：$\mu_x\neq\mu_0$（或 H_1：$\mu_x>\mu_0$；H_1：$\mu_x<\mu_0$）。检验上述假设，可根据检验统计量的分布和样本量的大小，分别采用 z 检验统计量和 t 检验统计量。

7.2.1.1 大样本

当样本量很大时，根据中心极限定理，无论总体是否服从正态分布，样本均值 $\overline{x}$ 的抽样分布都近似服从 $N\left(\mu_0, \dfrac{\sigma^2}{n}\right)$（其中 σ^2 为总体方差），此时统计量 $z=\dfrac{\overline{x}-\mu_0}{\sigma/\sqrt{n}}$ 服从标准正态分布，即

$$z=\frac{\overline{x}-\mu_0}{\sigma/\sqrt{n}}\sim N(0,1) \tag{7—1}$$

根据检验统计量计算公式计算检验统计量样本值 z。当显著性水平为 α 时，通过查 z 分布表可得到临界值。决策准则如下：

（1）双侧检验：如果 $|z|\geqslant z_{1-\alpha/2}$，则拒绝原假设；反之，则不能拒绝原假设。

（2）左侧检验：如果 $z<-z_{1-\alpha}$，则拒绝原假设；反之，则不能拒绝原假设。

（3）右侧检验：如果 $z>z_{1-\alpha}$，则拒绝原假设；反之，则不能拒绝原假设。

例 7—1

某车间用一台包装机包装袋装成品食盐，袋装食盐的净重服从某未知分布。当机器正常运作时，净重的均值为 0.5 公斤，标准差为 0.01 公斤。某日开工后要检验包装机是否正常运作，随机抽取了 40 袋食盐，称得净重如下（单位：公斤）：

0.490　0.493　0.499　0.507　0.491　0.502　0.505　0.500　0.505　0.491
0.500　0.503　0.502　0.494　0.500　0.503　0.493　0.498　0.488　0.496
0.506　0.496　0.493　0.501　0.501　0.497　0.497　0.500　0.504　0.499
0.501　0.497　0.508　0.493　0.500　0.502　0.500　0.495　0.504　0.503

问：机器是否处于正常运作状态？（$\alpha=0.05$。）

解：根据假设检验的步骤，首先建立原假设与备择假设：

$$H_0: \mu=\mu_0=0.5$$
$$H_1: \mu\neq\mu_0$$

其次，确定统计量。虽然总体分布未知，但根据中心极限定理，样本均值 $\bar{x}$ 服从 $N\left(\mu, \frac{\sigma^2}{n}\right)$，故使用统计量 $z=\frac{\bar{x}-\mu_0}{\sigma/\sqrt{n}}$。

再次，确定拒绝域，由于是双侧检验，查表可知 $z_{1-\alpha/2}=1.96$，故拒绝域为 $(-\infty, -1.96]\cup[1.96, +\infty)$。

根据式（7—1）和已知信息可得检验统计量的样本观测值：

$$\bar{x}=0.4989，\mu_0=0.5，\sigma=0.01，n=40，\alpha=0.05$$
$$z=\frac{|\bar{x}-\mu_0|}{\sigma/\sqrt{n}}=\frac{|0.4989-0.5|}{0.01/\sqrt{40}}\approx 0.695701<z_{1-\alpha/2}=1.96$$

因此，不能拒绝原假设 H_0，即不能认为包装机器运作不正常。

7.2.1.2　小样本

1. 正态总体，σ^2 已知

在小样本情况下（一般情况下，样本量小于 30），当总体服从正态分布且 σ^2 已知时，对样本均值进行假设检验仍可以采用统计量 $z=\frac{\bar{x}-\mu_0}{\sigma/\sqrt{n}}$。这种情况的背景通常是有历史数据，根据经验、专业知识或常识判断数据的分布不会有显著变化。由于此时的检验方法与大样本情况相同，因此这里不再赘述。

例 7—2

某灯具厂生产一种白炽灯泡，根据长期观察，得知该灯泡的使用寿命服从正态分布，平均使用时间为 1 500 小时，标准差为 10 小时。现准备采用新技术延长灯泡寿命，引用该生产技术后抽检了 16 只灯泡进行试验，测得的使用寿命分别为（单位：小时）：

1 533　1 514　1 502　1 497　1 502　1 503　1 504　1 497
1 518　1 500　1 494　1 514　1 513　1 500　1 518　1 513

试在 0.05 的显著性水平下判断该新技术是否显著延长了灯泡的使用寿命。

解：显然，本题为右侧检验，首先建立原假设与备择假设：

$H_0: \mu=1\ 500$

$H_1: \mu>1\ 500$

使用统计量 $z=\frac{\bar{x}-\mu_0}{\sigma/\sqrt{n}}$，由题中样本数据及已知条件得

$\bar{x}=1\ 507.625$，$\mu_0=1\ 500$，$\sigma=10$，$\alpha=0.05$，$z_{1-\alpha}=1.645$

$$z=\frac{\bar{x}-\mu_0}{\sigma/\sqrt{n}}=\frac{1\ 507.625-1\ 500}{10/\sqrt{16}}=3.04>1.645$$

因此，拒绝原假设 H_0，即认为该新技术显著延长了灯泡的使用寿命。

2. 正态总体，σ^2 未知

在小样本且总体方差未知的情况下，检验统计量 $z=\frac{\bar{x}-\mu_0}{\sigma/\sqrt{n}}$就不再适用了。设样本取自一个方差 σ^2 未知的正态总体，则检验统计量 $t=\frac{\bar{x}-\mu_0}{\hat{\sigma}/\sqrt{n}}$服从自由度为 $(n-1)$ 的 t 分布。由于 σ^2 未知，一般用样本标准差 s 来代替总体标准差 σ，即

$$t=\frac{\bar{x}-\mu_0}{s/\sqrt{n}}\sim t(n-1) \qquad (7—2)$$

根据检验统计量计算公式计算检验统计量样本值 t，当显著性水平为 α 时，通过查 t 分布表可得到临界值，决策准则如下：

(1) 双侧检验：当 $|t|>t_{\alpha/2}(n-1)$时，拒绝原假设；反之，不拒绝原假设。

(2) 左侧检验：当 $t<-t_{\alpha}(n-1)$时，拒绝原假设；反之，不拒绝原假设。

(3) 右侧检验：当 $t>t_{\alpha}(n-1)$时，拒绝原假设；反之，不拒绝原假设。

例 7—3（续例 7—1）

某车间用一台包装机包装袋装成品食盐，袋装食盐的净重服从正态分布。当机器运作正常时，净重的均值为 0.5 公斤，方差未知。现抽取的样本量为 10，检测数据如下（单位：公斤）：

0.490　0.493　0.499　0.507　0.491　0.502　0.505　0.500　0.505　0.491

试检验机器是否处于正常运作状态。($\alpha=0.05$。)

解：首先建立原假设与备择假设：

$H_0: \mu=\mu_0=0.5$

$H_1: \mu\neq\mu_0$

根据已知，我们使用统计量 $t=\frac{\overline{x}-\mu_0}{s/\sqrt{n}}$，由题中样本数据及查表得

$$\overline{x}=0.4983,\ \mu_0=0.5,\ s\approx 0.00655,\ \alpha=0.05,\ t_{\alpha/2}(9)=2.26$$

$$|t|=\frac{|\overline{x}-\mu_0|}{s/\sqrt{n}}=\frac{|0.4983-0.5|}{0.00655/\sqrt{10}}\approx 0.821<t_{\alpha/2}(9)=2.26$$

因此，不能拒绝原假设 H_0，即不能认为包装机器运作不正常。

7.2.2 正态总体方差的假设检验

方差是一个衡量变量离散程度和稳定性的重要参数，它在工业过程控制等领域应用非常广泛。比如，当一种产品的某项指标波动幅度很大时，可以通过方差检验来发现工艺流程中的问题。对总体方差的检验一般都建立在总体服从或者近似服从正态分布的条件下，该检验方法称为 χ^2 检验法。方差假设检验的原假设和备择假设有如下形式：

（1）双侧检验：H_0：$\sigma^2=\sigma_0^2$；H_1：$\sigma^2\neq\sigma_0^2$。

（2）左侧检验：H_0：$\sigma^2=\sigma_0^2$；H_1：$\sigma^2<\sigma_0^2$（或者 H_0：$\sigma^2\geqslant\sigma_0^2$；$H_1$：$\sigma^2<\sigma_0^2$）。

（3）右侧检验：H_0：$\sigma^2=\sigma_0^2$；H_1：$\sigma^2>\sigma_0^2$（或者 H_0：$\sigma^2\leqslant\sigma_0^2$；$H_1$：$\sigma^2>\sigma_0^2$）。

检验统计量服从自由度为 $n-1$ 的 χ^2 分布，即

$$\chi^2=\frac{(n-1)s^2}{\sigma_0^2}\sim\chi^2(n-1) \tag{7—3}$$

式中，s^2 为样本方差；σ_0^2 为待检验的假设方差。

根据检验统计量计算公式计算检验统计量值对于给定的显著性水平 α，通过查 χ^2 分布表可得临界值。决策准则如下：

（1）双侧检验：首先确定临界值 $\chi^2_{1-\alpha/2}(n-1)$ 和 $\chi^2_{\alpha/2}(n-1)$，当 $\chi^2<\chi^2_{1-\alpha/2}(n-1)$ 或者 $\chi^2>\chi^2_{\alpha/2}(n-1)$ 时，拒绝原假设；反之，不拒绝原假设。

（2）左侧检验：确定临界值 $\chi^2_{1-\alpha}(n-1)$，当 $\chi^2<\chi^2_{1-\alpha}(n-1)$ 时，拒绝原假设；反之，不拒绝原假设。

（3）右侧检验：确定临界值 $\chi^2_{\alpha}(n-1)$，当 $\chi^2>\chi^2_{\alpha}(n-1)$ 时，拒绝原假设；反之，不拒绝原假设。

小词典

样本方差 $s^2=\frac{1}{n-1}\sum(x_i-\overline{x})^2$，所以 $\sum(x_i-\overline{x})^2=(n-1)s^2$。在总体方差 σ_0^2 已知的情况下，根据前面的抽样分布可以证明，$\frac{\sum(x_i-\overline{x})^2}{\sigma_0^2}$ 服从自由度为 $n-1$ 的 χ^2 分布。

例7—4

根据某饮料厂长期生产资料可知，该厂饮料灌装线灌装的饮料净含量服从正态分布，且方差为0.20。某天该厂进行生产线检查，从灌装线上随机抽取20瓶饮料，测得样本方差为0.35。试判断该条灌装线的波动与平时有无显著性差异。(α=0.05。)

解：本题为双侧检验，首先建立原假设与备择假设：

H_0：$\sigma^2=0.20$

H_1：$\sigma^2\neq 0.20$

根据条件已知，$s^2=0.35$，$\sigma_0^2=0.20$，$\alpha=0.05$。

查χ^2分布表，得到临界值：

$$\chi^2_{0.975}(19)=8.91,\chi^2_{0.025}(19)=32.85$$

通过样本数据，计算统计量：

$$\chi^2=\frac{(n-1)s^2}{\sigma_0^2}=\frac{(20-1)\times 0.35}{0.20}=33.25$$

由于$\chi^2=33.25>\chi^2_{\alpha/2}$ $(n-1)$ $=32.85$，因此拒绝原假设，即认为该条灌装线的波动与平时有显著性差异。

7.2.3　总体比例的假设检验

如果某事件有两种结果，则总体服从二项分布。当样本取自二项总体且样本量n足够大并满足$\begin{cases}np>5\\n(1-p)>5\end{cases}$时，比例$p$的抽样分布可用正态分布近似。$p$的数学期望为$E(p)=\pi$，$p$的方差为$V(p)=\dfrac{\pi(1-\pi)}{n}$，样本比例经正态标准化后得到的随机变量服从标准正态分布，即

$$z=\frac{p-\pi}{\sqrt{\dfrac{\pi(1-\pi)}{n}}}\sim N(0,1) \qquad (7—4)$$

要检验未知的总体比例π是否等于某一假设值p_0时，设H_0：$\pi=p_0$；H_1：$\pi\neq p_0$（或H_1：$\pi>p_0$；H_1：$\pi<p_0$），则检验统计量$z=\dfrac{p-p_0}{\sqrt{\pi(1-\pi)/n}}$近似服从正态分布。由于$\pi$的值未知，我们使用样本比例$p$来代替$\pi$，因此检验统计量调整为：

$$z=\frac{p-p_0}{\sqrt{\dfrac{p(1-p)}{n}}}\sim N(0,1) \qquad (7—5)$$

式中，p_0为待检验的总体比例。

判断是否拒绝原假设的规则与前面均值检验的原则相同。

例 7—5

某研究机构估计某市居民家庭的电脑拥有率为 75%。现从该市随机抽查了 200 个家庭，其中 157 个家庭拥有电脑。问：该机构估计的该市居民家庭电脑拥有率是否可信？($\alpha=0.05$。)

解：首先根据题意建立原假设与备择假设：

H_0：$\pi=0.75$

H_1：$\pi\neq0.75$（$p_0=0.75$）

由样本信息可以得到 $p=\frac{157}{200}=0.785$，由于样本量为 $n=200$，属于大样本，因此可以采用 z 检验法。给定 $\alpha=0.05$，查正态分布表得到 $z_{1-\alpha/2}=1.96$。检验统计量

$$|z|=\frac{|p-p_0|}{\sqrt{\frac{p(1-p)}{n}}}=\frac{|0.785-0.75|}{\sqrt{\frac{0.785\times(1-0.785)}{200}}}\approx1.205$$

因为 $|z|=1.205<z_{1-\alpha/2}=1.96$，所以不能拒绝原假设，即认为该研究机构估计的该市居民家庭电脑拥有率是可信的。

7.3 两个总体参数的假设检验

在实际生活中，人们经常需要比较两个总体的参数是否存在显著差异。对于这类问题，可以利用两个总体参数的假设检验来解决。

两个总体参数的检验同样包括总体均值、总体方差和总体比例的假设检验，但涉及的检验统计量主要有三个：z 统计量、t 统计量和 F 统计量。前两个统计量主要用于均值、比例的假设检验，F 统计量主要用于方差的假设检验。与一个总体参数的假设检验类似，根据前提条件不同、检验目标不同，可以依据图 7—2 来选择两总体参数假设检验的统计量。

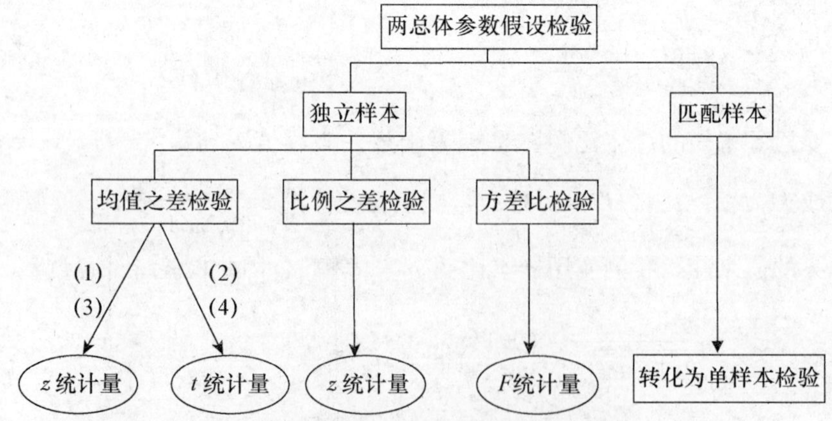

图 7—2 两样本假设检验统计量的选取示意图

说明：(1) σ_1^2，σ_2^2 已知；(2) σ_1^2，σ_2^2 未知，但 $\sigma_1^2=\sigma_2^2=\sigma^2$；(3) σ_1^2，σ_2^2 未知，样本量充分大；(4) σ_1^2，σ_2^2 未知，小样本。

7.3.1　独立样本均值的假设检验

两独立样本均值检验的原假设及备择假设可概括为以下情形：

$$\text{原假设：}\begin{cases}\mu_1=\mu_2\\ \mu_1<\mu_2\\ \mu_1>\mu_2\end{cases}\quad\text{或}\quad\begin{cases}\mu_1-\mu_2=0\\ \mu_1-\mu_2<0\\ \mu_1-\mu_2>0\end{cases}$$

$$\text{备择假设：}\begin{cases}\mu_1\neq\mu_2\\ \mu_1\geqslant\mu_2\\ \mu_1\leqslant\mu_2\end{cases}\quad\text{或}\quad\begin{cases}\mu_1-\mu_2\neq 0\\ \mu_1-\mu_2\geqslant 0\\ \mu_1-\mu_2\leqslant 0\end{cases}$$

基于这个假设，分别讨论各种情形下的检验过程。

1. $\sigma_1^2>\sigma_2^2$ 已知（z 检验法）

当总体方差已知时，构造 z 统计量：

$$z=\frac{(\overline{x}_1-\overline{x}_2)-(\mu_1-\mu_2)}{\sqrt{\dfrac{\sigma_1^2}{n_1}+\dfrac{\sigma_2^2}{n_2}}}\sim N(0,1) \tag{7—6}$$

式中，$\overline{x}_1$，$\overline{x}_2$ 分别为两个总体的样本均值；μ_1，μ_2 分别为两个总体的总体均值；σ_1^2，σ_2^2 分别为两个总体的方差；n_1，n_2 分别为两个总体的样本量。

计算检验统计量，公式为：$z=\dfrac{\overline{x}_1-\overline{x}_2}{\sqrt{\dfrac{\sigma_1^2}{n_1}+\dfrac{\sigma_2^2}{n_2}}}$。

可以看出，检验两个总体均值是否相等的问题转化成了检验两个总体均值之差是否为零的问题，检验判别方法与一个总体均值的假设检验基本相同，当显著性水平为 α 时，通过查正态分布表，可知临界值。决策准则如下：

(1) 双侧检验时，如果 $|z|\geqslant z_{1-\alpha/2}$，则拒绝原假设，即两个总体的均值存在显著差异；反之，则不能拒绝原假设，即两总体均值不存在显著差异。

(2) 左侧检验时，如果 $z<-z_{1-\alpha}$，则拒绝原假设；反之，则不能拒绝原假设。

(3) 右侧检验时，如果 $z>z_{1-\alpha}$，则拒绝原假设；反之，则不能拒绝原假设。

例 7—6

为比较甲、乙两种降血糖药物的药效，将 20 名病情相仿的患者分成两组，每组 10 人，设服药后药效维持的时间分别服从正态分布 $N(\mu_1, 4.0)$ 和 $N(\mu_2, 5.3)$，检测数据如下（单位：小时）：

甲：11.44　5.98　8.48　9.09　9.58　11.42　12.98　11.87　7.88　9.68

乙：11.89　15.39　13.82　9.37　9.12　11.70　11.85　6.45　10.90　14.12

问：两种降血糖药物的药效持续时间有无显著差异？（$\alpha=0.05$。）

解：本题中 σ_1^2，σ_2^2 已知，且两组样本是独立的，建立原假设与备择假设：

H_0：$\mu_1=\mu_2$ 或 H_0：$\mu_1-\mu_2=0$

H_1：$\mu_1\neq\mu_2$ 或 H_1：$\mu_1-\mu_2\neq 0$

由于总体方差已知，因此选用 z 统计量，由题中样本数据及已知条件可知

$$n_1=10,\ n_2=10,\ \bar{x}_1=9.84,\ \bar{x}_2=11.46,\ \sigma_1^2=4.0,\ \sigma_2^2=5.3,\ \alpha=0.05$$

计算得到检验统计量：

$$z=\frac{\bar{x}_1-\bar{x}_2}{\sqrt{\dfrac{\sigma_1^2}{n_1}+\dfrac{\sigma_2^2}{n_2}}}=\frac{9.84-11.46}{\sqrt{\dfrac{4.0}{10}+\dfrac{5.3}{10}}}\approx -1.680$$

由于 $|z|\approx 1.680<z_{0.975}=1.96$，因此不能拒绝原假设，即认为在显著性水平 $\alpha=0.05$ 的条件下，药物甲与药物乙药效持续时间的均值之间无显著差异。

2. $\boldsymbol{\sigma_1^2}$，$\boldsymbol{\sigma_2^2}$ 未知，但 $\boldsymbol{\sigma_1^2=\sigma_2^2=\sigma^2}$（$t$ 检验法）

当总体方差未知时，构造 t 统计量，有

$$t=\frac{(\bar{x}_1-\bar{x}_2)-(\mu_1-\mu_2)}{\sqrt{\left(\dfrac{1}{n_1}+\dfrac{1}{n_2}\right)\left[\dfrac{(n_1-1)s_1^2+(n_2-1)s_2^2}{n_1+n_2-2}\right]}}\sim t(n_1+n_2-2) \tag{7—7}$$

式中，$\bar{x}_1$，$\bar{x}_2$ 分别为两个总体的样本均值；μ_1，μ_2 分别为两个总体的总体均值；s_1^2，s_2^2 分别为两个总体的样本方差；n_1，n_2 分别为两个总体的样本量。

计算检验统计量的值，计算公式为：

$$t=\frac{\bar{x}_1-\bar{x}_2}{\sqrt{\left(\dfrac{1}{n_1}+\dfrac{1}{n_2}\right)\left[\dfrac{(n_1-1)s_1^2+(n_2-1)s_2^2}{n_1+n_2-2}\right]}}$$

当显著性水平为 α 时，通过查 t 分布表可知临界值。决策准则如下：

（1）双侧检验：如果 $|t|\leqslant -t_{\alpha/2}(n_1+n_2-2)$，则拒绝原假设，即两个总体的均值存在显著差异；反之，则不能拒绝原假设，即两总体均值不存在显著差异。

（2）左侧检验：如果 $t<-t_\alpha(n_1+n_2-2)$，则拒绝原假设；反之，则不能拒绝原假设。

（3）右侧检验：如果 $t>t_\alpha(n_1+n_2-2)$，则拒绝原假设；反之，则不能拒绝原假设。

小词典

当 σ_1^2，σ_2^2 未知，但 $\sigma_1^2=\sigma_2^2=\sigma^2$ 时，首先根据抽样分布以及中心极限定理可知

$$\bar{x}_1-\bar{x}_2\sim N\left(\mu_1-\mu_2,\ \left(\frac{1}{n_1}+\frac{1}{n_2}\right)\sigma^2\right)$$

其次，由于

$$\frac{1}{\sigma^2}\sum(x_{1i}-\overline{x}_1)^2\sim\chi^2(n_1-1)$$

$$\frac{1}{\sigma^2}\sum(x_{2i}-\overline{x}_2)^2\sim\chi^2(n_2-1)$$

所以，$\frac{1}{\sigma^2}\left[\sum(x_{1i}-\overline{x}_1)^2+\sum(x_{2i}-\overline{x}_2)^2\right]\sim\chi^2(n_1+n_2-2)$

记 $\sum(x_{1i}-\overline{x}_1)^2=(n_1-1)s_1{}^2$，$\sum(x_{2i}-\overline{x}_2)^2=(n_2-1)s_2{}^2$，根据第 5 章 t 分布的定义可知

$$\frac{(\overline{x}_1-\overline{x}_2)-(\mu_1-\mu_2)}{\sqrt{\left(\frac{1}{n_1}+\frac{1}{n_2}\right)\left[\frac{(n_1-1)s_1^2+(n_2-1)s_2^2}{n_1+n_2-2}\right]}}\sim t(n_1+n_2-2)$$

例 7—7

若已知 A，B 两种降血压药药效维持的时间服从正态分布 $N(\mu_A,\sigma^2)$ 和 $N(\mu_B,\sigma^2)$，其中 σ^2 具体值未知，检测数据如下：

A：7.31　7.24　8.30　9.42　9.10　6.87　8.27　7.57　7.13　8.40

B：7.58　6.81　7.51　6.77　7.77　9.27　6.32　7.88　6.48　8.17

问：在显著性水平 $\alpha=0.05$ 下，这两种降血压药物的药效持续时间有无显著差异？

解：本题中 σ_A^2，σ_B^2 未知，但 $\sigma_A^2=\sigma_B^2=\sigma^2$，且两组样本独立。建立原假设与备择假设：

$$H_0：\mu_1=\mu_2 \text{ 或 } H_0：\mu_1-\mu_2=0$$

$$H_1：\mu_1\neq\mu_2 \text{ 或 } H_1：\mu_1-\mu_2\neq0$$

由于总体方差未知，所以选用 t 统计量，由题中样本数据：

$n_A=10$，$n_B=10$，$\overline{x}_A=7.961$，$\overline{x}_B=7.456$，$s_A^2=0.756$，$s_B^2=0.803$，$\alpha=0.05$

计算得到检验统计量值：

$$t=\frac{\overline{x}_A-\overline{x}_B}{\sqrt{\left(\frac{1}{n_A}+\frac{1}{n_B}\right)\left[\frac{(n_A-1)s_A^2+(n_B-1)s_B^2}{n_A+n_B-2}\right]}}$$

$$=\frac{7.961-7.456}{\sqrt{\left(\frac{1}{10}+\frac{1}{10}\right)\left[\frac{(10-1)\times0.756+(10-1)\times0.803}{10+10-2}\right]}}\approx1.279$$

由于 $t=1.279\leqslant t_{0.025}(18)=2.1$，因此不能拒绝原假设，即在显著性水平 $\alpha=0.05$ 条件下，药物 A 与药物 B 药效持续时间的均值之间无显著差异。

3. σ_1^2，σ_2^2 未知，样本量充分大（z 检验法）

当总体方差未知但样本量充分大时，根据中心极限定理，仍可以使用 z 统计量，

但要用样本标准差来代替总体标准差，即

$$z=\frac{(\bar{x}_1-\bar{x}_2)-(\mu_1-\mu_2)}{\sqrt{\frac{s_1^2}{n_1}+\frac{s_2^2}{n_2}}}\sim N(0,1) \tag{7—8}$$

式中，$\bar{x}_1$，$\bar{x}_2$ 分别为两个总体的样本均值；μ_1，μ_2 分别为两个总体的总体均值；s_1^2，s_2^2 分别为两个总体的样本方差；n_1，n_2 分别为两个总体的样本量。

计算检验统计量的值，其计算的基本公式为：

$$z=\frac{\bar{x}_1-\bar{x}_2}{\sqrt{\frac{s_1^2}{n_1}+\frac{s_2^2}{n_2}}}$$

当显著性水平为 α 时，通过查 z 分布表，可知临界值。决策准则如下：

(1) 双侧检验：如果 $|z|\geqslant z_{1-\alpha/2}$，则拒绝原假设，即两个总体的均值存在显著差异；反之，则不能拒绝原假设，即两总体均值不存在显著差异。

(2) 左侧检验：如果 $z<-z_\alpha$，则拒绝原假设；反之，则不能拒绝原假设。

(3) 右侧检验：如果 $z>z_\alpha$，则拒绝原假设；反之，则不能拒绝原假设。

4. σ_1^2，σ_2^2 未知，小样本（t 检验）

当总体方差未知，样本为小样本时，我们采用近似方法，使用 t 统计量，有

$$t=\frac{(\bar{x}_1-\bar{x}_2)-(\mu_1-\mu_2)}{\sqrt{\frac{s_1^2}{n_1}+\frac{s_2^2}{n_2}}}\sim t(l) \tag{7—9}$$

式中，$\bar{x}_1$，$\bar{x}_2$ 分别为两个总体的样本均值；μ_1，μ_2 分别为两个总体的总体均值；s_1^2，s_2^2 分别为两个总体的样本方差；n_1，n_2 分别为两个总体的样本量；l 为自由度。

计算检验统计量的值，其计算的基本公式为：

$$t=\frac{\bar{x}_1-\bar{x}_2}{\sqrt{\frac{s_1^2}{n_1}+\frac{s_2^2}{n_2}}}$$

当显著性水平为 α 时，通过查 t 分布表，可知临界值。决策准则如下：

(1) 双侧检验：如果 $|t|\geqslant t_{\alpha/2}(l)$，则拒绝原假设，即两个总体的均值存在显著差异；反之，则不能拒绝原假设，即两总体均值不存在显著差异。

(2) 左侧检验：如果 $t<-t_\alpha(l)$，则拒绝原假设；反之，则不能拒绝原假设。

(3) 右侧检验：如果 $t>t_\alpha(l)$，则拒绝原假设；反之，则不能拒绝原假设。

小词典

当 n_1，n_2 并不是很大时，$t=\frac{\bar{x}_1-\bar{x}_2}{s\sqrt{\left(\frac{1}{n_1}+\frac{1}{n_2}\right)}}$ 既不服从 $N(0,1)$，也不服从 t 分布。但有研究表明，它与自由度为 l 的 t 分布很接近，其中 l 由下面的公式来确定：

$$l=\frac{\left(\frac{s_1^2}{n_1}+\frac{s_2^2}{n_2}\right)^2}{\frac{s_1^4}{n_1^2(n_1-1)}+\frac{s_2^4}{n_2^2(n_2-1)}}$$

根据上式计算出来的 l 一般不是整数，可以取与 l 最接近的整数代替。因此，式（7—9）中取的是近似的 t 分布。

7.3.2　两独立样本方差的假设检验

两独立样本方差的假设检验用于检验两总体的某项指标波动幅度（即方差）是否相等，采用 F 检验，此类假设检验的原假设与备择假设为：

$$原假设:H_0:\begin{cases}\sigma_1^2=\sigma_2^2\\ \sigma_1^2<\sigma_2^2\\ \sigma_1^2>\sigma_2^2\end{cases}\quad 或\quad \begin{cases}\sigma_1^2/\sigma_2^2=1\\ \sigma_1^2/\sigma_2^2<1\\ \sigma_1^2/\sigma_2^2>1\end{cases}$$

$$备择假设:H_1:\begin{cases}\sigma_1^2\neq\sigma_2^2\\ \sigma_1^2\geqslant\sigma_2^2\\ \sigma_1^2\leqslant\sigma_2^2\end{cases}\quad 或\quad \begin{cases}\sigma_1^2/\sigma_2^2\neq1\\ \sigma_1^2/\sigma_2^2\geqslant1\\ \sigma_1^2/\sigma_2^2\leqslant1\end{cases}$$

检验两个总体方差是否相等，选用 F 统计量：

$$F=\frac{s_1^2/\sigma_1^2}{s_2^2/\sigma_2^2}\sim F(n_1-1,n_2-1) \tag{7—10}$$

式中，σ_1^2，σ_2^2 分别为两个总体的方差；s_1^2，s_2^2 分别为两个总体的样本方差；n_1，n_2 分别为两个总体的样本量。

根据样本数据计算检验统计量的值，其计算的基本公式为：

$$F_0=\frac{s_1^2}{s_2^2}$$

设定显著性水平 α 后，将 F_0 与临界值相比较，根据比较结果进行决策：

（1）双侧检验：若 $F_0>F_{\alpha/2}(n_1-1,\ n_2-1)$ 或者 $F_0<F_{1-\alpha/2}(n_1-1,\ n_2-1)$，则拒绝原假设，即两个总体的方差存在显著差异；反之，则不能拒绝原假设，即两总体方差不存在显著差异。

（2）左侧检验：若 $F_0<F_{1-\alpha}(n_1-1,\ n_2-1)$，则拒绝原假设；反之，则不能拒绝原假设。

（3）右侧检验：若 $F_0>F_{\alpha}(n_1-1,\ n_2-1)$，则拒绝原假设；反之，则不能拒绝原假设。

例 7—8（续例 7—7）

样本保持不变，问：在显著性水平 $\alpha=0.05$ 下，这两种降压药物药效持续时间的方差有无显著差异？

解：本题中两组样本试验是独立的，由题意，原假设与备择假设为：

$$H_0: \sigma_1^2=\sigma_2^2 \text{ 或 } H_0: \sigma_1^2/\sigma_2^2=1$$

$$H_1: \sigma_1^2\neq\sigma_2^2 \text{ 或 } H_1: \sigma_1^2/\sigma_2^2\neq1$$

由题中样本数据及已知条件：

$$n_1=10,\ n_2=10,\ s_1^2=0.756,\ s_2^2=0.803,\ \alpha=0.05$$

计算得到检验统计量：

$$F_0=\frac{s_1^2}{s_2^2}=\frac{0.756}{0.803}\approx0.941$$

由于 $F_{0.975}(9, 9)=0.248\,4<F_0<F_{0.025}(9, 9)=4.026$，因此不能拒绝原假设，即在显著性水平 $\alpha=0.05$ 的条件下，认为药物 A 与药物 B 药效持续时间的方差之间无显著差异。

7.3.3 两匹配样本的假设检验

前面介绍的两个总体参数的假设检验中均假定两样本来自独立的两个总体，但在很多情况下要讨论的两个样本之间存在对比匹配的关系。这种情形的典型例子就是对减肥药效果的检验，通常对被测人员服药前的体重和服药后的体重进行比较检验，这个过程中就存在样本的前后匹配问题，类似这种情况就需要采用匹配样本的检验方法。匹配样本的检验方法主要用于检验两个相关样本是否来自于具有相同均值的正态总体，即推断两匹配总体的均值是否存在显著差异。

匹配样本检验的思想是在于对试验前后样本的差值情况进行检验，如果两匹配总体的均值之间不存在显著差异，则匹配样本之差的均值应该与零不存在显著差异。下面以两组匹配样本 x_1，x_2 为例进行说明。

设两组匹配样本的试验值为 x_{1i}，x_{2i}（$i=1, 2, \cdots, n$），分别来自两个匹配总体 X_1 和 X_2，假设两匹配总体均值为 μ_1 和 μ_2，现要检验两匹配总体均值之间是否存在显著差异。在这里，我们假设两匹配样本的均值分别为 $\bar{x}_1$ 和 $\bar{x}_2$。

首先建立原假设与备择假设：

$$H_0: \mu_2-\mu_1=0$$

$$H_1: \mu_2-\mu_1\neq0$$

对两匹配总体进行差值处理，得到新总体 X_c：$X_{ci}=X_{2i}-X_{1i}$，设其均值为 μ_c。则原问题转化为 X_c 的均值检验问题，原假设与备择假设转化为：

H_0'：$\mu_c=0$

H_1'：$\mu_c\neq0$

显然，对两匹配样本进行差值处理后得到的 x_c：$x_{ci}=x_{2i}-x_{1i}$（$i=1，2，\cdots，n$）是来自 X_c 的一个样本，接下来的分析与一个总体参数的均值检验基本相同，这里不再赘述。

例 7—9

分别检测 10 名癌症患者化疗前后 1ml 尿样中的尿蛋白含量，得到的数据如下（单位：mg/ml）：

病人编号	1	2	3	4	5	6	7	8	9	10
化疗前	13.3	11.7	9.8	6.4	22.0	3.1	3.7	5.3	11.8	17.4
化疗后	31.2	30.8	8.2	11.6	42.6	6.8	19.8	16.0	22.5	30.2

试在 $\alpha=0.01$ 的显著性水平下分析化疗对病人的尿蛋白含量是否有显著影响。

解：根据题意，首先确定原假设与备择假设：

H_0：$\mu_1-\mu_2=0$

H_1：$\mu_1-\mu_2\neq0$

对原始数据进行差值处理，得到两匹配样本的差值数据 x_c：$x_{ci}=x_{1i}-x_{2i}$（$i=1，2，\cdots，n$）：

x_c　17.9　19.1　−1.6　5.2　20.6　3.7　16.1　10.7　10.7　12.8

则问题转化为 x_c 的均值检验问题，原假设与备择假设转化为：

H_0'：$\mu_c=0$

H_1'：$\mu_c\neq0$

根据差值数据及其他已知条件可以得到 $\bar{x}_c=11.52$，$s_c=7.286$。

采用 t 检验统计量：

$$t=\frac{\bar{x}_c-0}{s/\sqrt{n}}=\frac{11.52-0}{7.286/\sqrt{10}}\approx5.00$$

由条件可知 $\alpha=0.01$，$n=10$，得到 $t_{\alpha/2}(10-1)=3.2498$。

显然，$5.00>3.2498$，因此拒绝原假设，即认为化疗前后的尿蛋白含量均值不等，化疗对病人的尿蛋白含量有显著影响。

7.3.4　两独立样本比例之差的假设检验

对两总体比例之差的假设检验主要有两种情况：一是检验两总体比例是否相等，即二者之差是否为零；二是检验两总体比例之差是否等于一个不为零的常数。

7.3.4.1 检验两总体比例是否相等

检验两总体比例是否相等，等价于检验两总体比例之差是否为零，因此该类检验的原假设与备择假设为：

H_0：$\pi_1=\pi_2$ 或 $\pi_1-\pi_2=0$

H_1：$\pi_1\neq\pi_2$ 或 $\pi_1-\pi_2\neq0$

检验统计量为：

$$z=\frac{(p_1-p_2)-(\pi_1-\pi_2)}{\sqrt{\dfrac{\pi_1(1-\pi_1)}{n_1}+\dfrac{\pi_2(1-\pi_2)}{n_2}}}\sim N(0,\ 1) \tag{7—11}$$

根据经验，一般要求 $np\geqslant5$ 时才能使用 z 统计量。由于现实中真正的总体比例 π_1 和 π_2 往往是未知的，因此需要进行估计。由于原假设中假设 $\pi_1=\pi_2$ 相当于假设两总体比例相等，故可以将两样本的结果联系起来得到一个公共比例来近似替代真实值，即

$$\bar{p}=\frac{x_1+x_2}{n_1+n_2} \tag{7—12}$$

式中，x_1 和 x_2 分别是两样本中具有某种特征的单位个数；n_1 和 n_2 分别表示两样本量。因此，检验统计量就转换为：

$$z=\frac{(p_1-p_2)-0}{\sqrt{\dfrac{\bar{p}(1-\bar{p})}{n_1}+\dfrac{\bar{p}(1-\bar{p})}{n_2}}}=\frac{(p_1-p_2)}{\sqrt{\bar{p}(1-\bar{p})\left(\dfrac{1}{n_1}+\dfrac{1}{n_2}\right)}} \tag{7—13}$$

式中，$\bar{p}=\dfrac{x_1+x_2}{n_1+n_2}$。接下来的判断规则与前面讲述的 z 检验相同。

例 7—10

现要比较甲、乙两小区的电脑普及情况，某调查公司通过抽样调查得到下列数据：在甲小区被调查的 160 户居民中有 80 户拥有电脑；在乙小区被调查的 180 户居民中有 93 户拥有电脑。此外，该调查公司在每个小区的抽样比都小于 5%。在 $\alpha=0.01$ 的显著性水平下，可以判定两个小区的电脑普及率不同吗？

解：首先建立原假设与备择假设：

H_0：$\pi_1-\pi_2=0$

H_1：$\pi_1-\pi_2\neq0$

根据已知条件得到

$$p_1=\frac{80}{160}=0.50,\ p_2=\frac{93}{180}\approx 0.517$$

$$\bar{p}=\frac{x_1+x_2}{n_1+n_2}=\frac{80+93}{160+180}\approx 0.509$$

检验统计量为：

$$|z|=\frac{|p_1-p_2|}{\sqrt{\bar{p}(1-\bar{p})\left(\frac{1}{n_1}+\frac{1}{n_2}\right)}}=\frac{|0.50-0.517|}{\sqrt{0.509\times(1-0.509)\times\left(\frac{1}{160}+\frac{1}{180}\right)}}\approx 0.313$$

当 $\alpha=0.01$ 时，临界值为 $z_{1-\alpha/2}=2.58$，显然 $|z|<z_{1-\alpha/2}$，因此不能拒绝原假设，即不能拒绝两个小区的电脑普及率相同的假设。

7.3.4.2　检验两个总体比例之差为非零常数

检验两总体比例之差为一非零常数，则原假设与备择假设为：

H_0：$\pi_1-\pi_2=d_0$

H_1：$\pi_1-\pi_2\neq d_0$ （$d_0\neq 0$）

检验统计量为：

$$z=\frac{(p_1-p_2)-d_0}{\sqrt{\frac{\pi_1(1-\pi_1)}{n_1}+\frac{\pi_2(1-\pi_2)}{n_2}}}\sim N(0,1) \qquad (7—14)$$

由于现实中真正的总体比例 p_1 和 p_2 往往未知，因此在这样的情况下需要用样本数据来近似替代真实值，此时检验统计量调整为：

$$z=\frac{(p_1-p_2)-d_0}{\sqrt{\frac{p_1(1-p_1)}{n_1}+\frac{p_2(1-p_2)}{n_2}}}$$

例 7—11

某厂质检人员认为该厂 A 车间生产的产品优质品率比 B 车间高 5%，现从 A 车间和 B 车间分别抽取两个独立随机样本进行检验，很到如下数据：从 A 车间抽检的 150 个产品中有 120 个优质品，从 B 车间抽检的 150 个产品中有 115 个优质品。问：根据这些数据，能否相信质检人员的说法？（$\alpha=0.05$。）

解：首先建立原假设与备择假设：

H_0：$\pi_A-\pi_B\leqslant 0.05$

H_1：$\pi_A-\pi_B>0.05$

根据已知条件得到

$$p_A=\frac{120}{150}=0.80,\quad p_B=\frac{115}{150}\approx 0.767$$

$$z=\frac{(p_A-p_B)-d_0}{\sqrt{\frac{p_A(1-p_A)}{n_A}+\frac{p_B(1-p_B)}{n_B}}}$$

$$=\frac{(0.80-0.767)-0.05}{\sqrt{\frac{0.80\times(1-0.80)}{150}+\frac{0.767\times(1-0.767)}{150}}}=-0.358$$

本题为右侧检验，当 $\alpha=0.05$ 时，临界值为 $z_{1-\alpha}=1.645$，显然 $z<z_{1-\alpha}$，因此不能拒绝原假设，即不能支持该厂质检人员的说法。

□ 本章小结

本章主要介绍了假设检验问题，主要内容由 3 小节组成。7.1 节对假设检验的基本问题进行阐述，从生活中常见的例子入手描述了假设检验的基本原理和思想，给出了一般情况下进行假设检验的步骤，并结合现代统计的发展详述了一个重要的统计量——p 值，介绍了如何设立原假设与备择假设的问题；7.2 节介绍了关于一个总体参数假设检验的问题，对样本、总体的不同情况进行区分，分别讨论了均值的假设检验、方差的假设检验和比例的假设检验；7.3 节讲述了当检验样本分别来自两个总体时的情况，讨论了不同前提条件下两独立样本均值、方差的假设检验，同时讨论了匹配样本均值和总体比例的假设检验问题。本章在讲解理论过程中给出了实际案例，附录还给出了相关的计算机软件实现过程。

附　录

1. 一个总体参数的假设检验

我们以例 7—1 的计算为例，详细说明利用 Excel 进行一个总体参数假设检验的具体操作步骤。

（1）输入数据。在 A2:A41 中输入食盐的净重数据，在 A1 中输入该列数据的列标志“x”。然后选定 A1:A41，单击菜单【公式】→【定义名称】，在弹出的对话框中点击【确定】，将该区域命名为“x”。

（2）计算 z 统计量的样本观测值。在任一空单元格输入 C2 的公式，如在 D2 中输入“=(average(x)−0.5)/(0.01/sqrt(count(x)))”，然后按 Enter 键，结果为图 7—3 中 D2 的值。

（3）计算临界值。在任一空单元格输入 C3 的公式，如在 D3 中输入“=normsinv(1−0.05/2)”，然后按 Enter 键，结果为图 7—3 中 D3 的值。

	A	B	C	D
1	x			
2	0.49	计算z统计量的样本观测值	(average(x)-0.5)/(0.01/sqrt(count(x)))	-0.67989
3	0.493	计算临界值	normsinv(1-α/2)	1.959964
4	0.499			
5	0.507			
6	0.491			
7	0.502			
8	0.505			
42				

图 7—3

（4）根据上述结果做出判断。

2. 两总体样本均值的假设检验

我们以例 7—7 的计算为例，详细说明利用 Excel 进行两个总体参数假设检验的具体操作步骤。

（1）输入数据。如图 7—4 即示，在 A，B 两列分别输入 A，B 两种降血压药物药效持续的时间，第一行是列标志。

（2）使用分析工具进行计算。点击菜单【数据】→【数据分析】，在弹出的如图 7—5 所示的对话框中选择【*t* 检验：双样本等方差假设】，点击【确定】，可得到如图 7—6 所示的对话框，分布依次填入数据区域，点击【确定】。即可得到如图 7—7 所示的结果。

	A	B
1	A	B
2	7.31	7.58
3	7.24	6.81
4	8.3	7.51
5	9.42	6.77
6	9.1	7.77
7	6.87	9.27
8	8.27	6.32
9	7.57	7.88
10	7.13	6.48
11	8.4	8.17

图 7—4

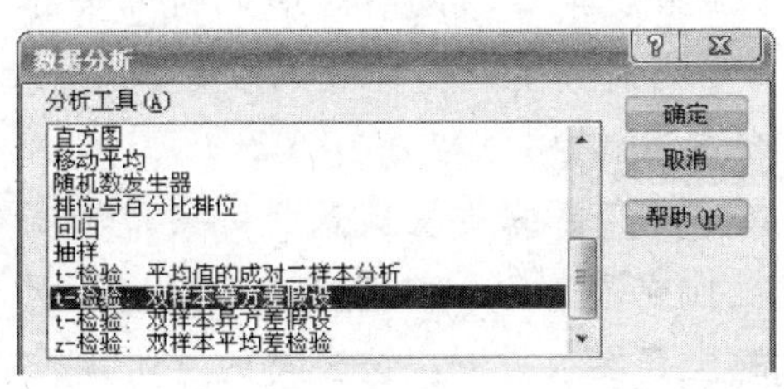

图 7—5

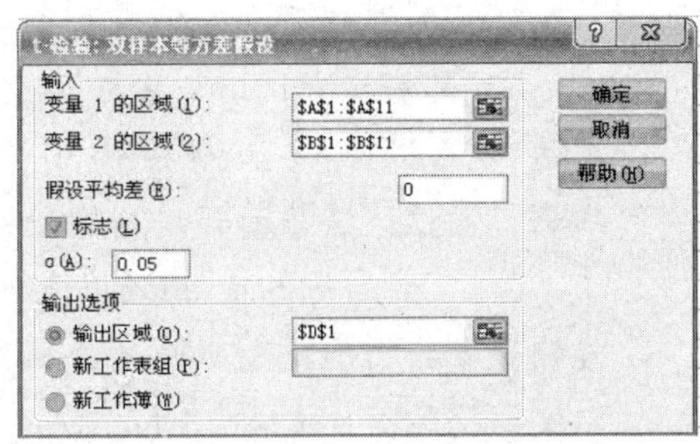

图 7—6

D	E	F
t-检验：双样本等方差假设		
	A	B
平均	7.961	7.456
方差	0.756276667	0.803115556
观测值	10	10
合并方差	0.779696111	
假设平均差	0	
df	18	
t Stat	1.278832593	
P(T<=t) 单尾	0.108599167	
t 单尾临界	1.734063592	
P(T<=t) 双尾	0.217198334	
t 双尾临界	2.100922037	

图 7—7

（3）根据上述结果做出判断。

□习　题

1. 比较现代统计中经常应用的 p 值与传统假设检验的联系与不同。

2. 试阐述第 6 章讲到的置信区间与本章假设检验之间的区别与联系。

3. 根据经验，托福考试的分数服从方差为 100 的正态分布。某市托福考试培训中心在其招生广告中宣传，参加该中心培训的考生平均成绩在 580 分以上。一调查机构随机抽取了在该中心进行培训的 20 名考生进行调查，得到他们的分数分别为：

551　554　645　730　558　562　630　624　616　568

613　594　612　559　656　429　615　704　490　634

试在 $\alpha=0.05$ 的显著性水平下，检验该培训中心的宣传广告是否可信。

4. 近年资料表明，大学男生的人均月生活费服从均值为 1 000 元，标准差为 150 元的正态分布。由于该校地处偏僻，故校领导认为该校男生的人均月生活费低于总体的平均水平。现从该校随机抽取 20 名男生，并询问他们的月生活费，得到的数据为：

1 200　940　950　1 300　930　1 100　850　830　740　650

850　760　1 100　1 150　700　660　1 250　900　800　850

试检验该校领导的推断是否可信。（取 $\alpha=0.05$。）

5. 某资格考试培训中心在招生宣传海报中声称，该中心培训的考生的考试通过率达 90%以上。现随机抽取 30 名该中心培训的考生，发现考试后有 28 名考生通过该项资格考试。请推断该培训中心海报宣传的可信性。（取 $\alpha=0.02$。）

6. 某公司宣称有 90%以上的消费者对其产品的质量满意。一家市场调查公司受托调查该公司的此项声明是否属实。随机抽样调查 500 位消费者，对该公司产品质量表示满意的有 458 人。问：在 $\alpha=0.05$ 的显著性水平下，该公司的声明是否属实？

7. 某人口学家估计 A 省男女出生比例为 6:4，现对该省 400 个新生婴儿的抽样调查结果显示，250 名为男婴，150 名为女婴。问：取 $\alpha=0.02$，该人口学家的看法是否可信？

8. 已知甲、乙两班学生的数学成绩分别服从正态分布 $N(\mu_1, 28)$ 和 $N(\mu_2, 27)$，为比较甲、乙两班学生的数学成绩，现分别从两班抽取 10 名学生，登记他们的数学成绩，具体数据为：

甲班：81　76　90　79　91　78　84　89　76　83

乙班：79　84　77　92　82　77　87　83　78　86

问：在 $\alpha=0.05$ 的显著性水平下，两个班的数学成绩有无显著差异？

9. 要比较 A，B 两种型号的步枪射程是否相同。由于目前对二者射程的分布情况不清楚，因此试验者增加了试验样本量，分别用两种型号的步枪射出 100 发子弹。经过试验、测量，得到 A 型号步枪的平均射程为 $\bar{x}_A=831.5$，标准差为 $s_A=63$；B 型号步枪的平均射程为 $\bar{x}_B=826.5$，标准差为 $s_B=64.5$。请以 $\alpha=0.02$ 为显著性水平，推断两种型号的步枪射程有无显著差异。

10. 要分析比较两小镇居民的月消费支出变异情况。根据经验，居民的消费支出大致服从正态分布，但目前并不知道这两个小镇消费支出分布的参数情况。现从两小镇分别随机抽取 20 户居民并调查其月消费支出情况，得出下列数据：

甲	1 020	980	1 200	1 030	970	960	880	1 030	1 090	930
	985	990	1 010	1 060	960	1 060	930	1 025	1 125	1 040
乙	1 090	1 070	1 080	1 030	850	1 220	1 360	1 100	1 200	950
	850	950	1 115	1 010	1 100	1 170	1 020	1 035	955	1 005

问：在 $\alpha=0.05$ 的显著性水平下，这两个小镇的居民的消费支出变异有无显著差异？

11. 我国居民的高血压患病率大幅上升，据称我国 18 岁及以上居民的高血压患病率为 18.8%。现要比较两省的高血压患病比例，通过抽样调查得到下列数据：在 A 省被调查的 200 人中有 38 人患有不同程度的高血压；在 B 省被调查的 180 人中有 36 人患病。在 $\alpha=0.01$ 的显著性水平下，分析两省的高血压患病比例是否有显著差异。

12. 某减肥健身俱乐部在其宣传海报中声称，参加该俱乐部某项减肥计划的人在一周内平均减重 10 千克以上。为了验证广告的可信度，调查人员随机抽取了 10 人进行试验，并在其参加训练一周后对其进行体重跟踪测量，得到如下数据（单位：千克）：

训练前：91　100　105.5　103.5　117　99　96.5　107.5　105　116

训练后：83.5　89.5　97.5　91.5　101　89　88　100.5　100　109.5

试在 $\alpha=0.05$ 的显著性水平下，检验该健身俱乐部的广告是否属实。

第 8 章

列联分析

Chapter 8

1912 年 4 月 15 日，豪华巨轮泰坦尼克号与冰山相撞沉没。1985 年，泰坦尼克号的沉船遗骸被发现。1997 年，美国导演詹姆斯·卡梅隆将泰坦尼克号的航海传奇演化为令人荡气回肠的爱情故事，拍成电影《泰坦尼克号》。2012 年 10 月 16 日，沉船遗物以 1.89 亿美元出售。据记载，当时船上有 1 316 名乘客和 892 名船员，共2 208 人，事故发生后幸存 718 人。2 208 人中，按性别划分，男性 1 738 人，女性 470 人；按年龄划分，成年人 2 099 人，儿童 109 人；按所在舱位划分，一等舱 325 人，二等舱 285 人，三等舱 706 人，船员舱 892 人。在幸存的 718 人中，按性别划分，男性 374 人，女性 344 人；按年龄划分，成年人 661 人，儿童 57 人；按所在舱位划分，一等舱 203 人，二等舱 118 人，三等舱 178 人，船员舱 219 人。

以上都是定性数据，数据是枯燥的，但讲述的问题是鲜活的。死亡与性别是否有关？与年龄是否有关？与所在舱位是否有关？对这类定性数据进行描述和分析，通常需要采用列联表的方式，也就是列联分析。通过对本章的学习，可以掌握对定性数据的分析方法。

8.1 定性数据与列联表

8.1.1 定性数据

在第 1 章中提出统计数据的类型有分类型数据、顺序型数据和数值型数据，分类型数据和顺序型数据都属于定性数据，其共同特征是调查结果虽然用数值表现，但不同数值描述的是调查对象的不同特征。例如，研究青少年家庭状况与其行为之间的关系，青少年家庭状况是一个分类型数据，可以分为“完整家庭”和“离异家庭”，如调查结果为“1”表示被调查者来自完整家庭，调查结果为“2”表示被调查者来自离异家庭。青少年行为也可以分为两类：“犯罪”和“未犯罪”，分别用“1”和“2”表示。对这类问题进行分析，是在对数据进行汇总的基础上进行的，例如样本中有多少青少年来自完整家庭和离异家庭，有多少犯罪或未犯罪。又如，我们关心原料质量与原料产地之间是否存在关系，原料的质量是顺序型数据，可以分为“一等品”、“二等品”、“三等品”等；原料的产地是分类型数据，可以分为“甲地区”、“乙地区”等。在对这些数据进行统计分析时，也要先按上述方法对原始数据进行处理，处理通常采用列联表的方式，故把这种分析称为列联分析。

由第 1 章的讨论我们还知道，数值型数据可以转化为定性数据。例如“收入”是一个数值型数据，但可以按照一定的标准把收入不同的被调查者分为不同的类型，如“高收入群”、“较高收入群”、“中等收入群”等。研究文化程度与收入之间的关系，也可以采用列联分析的方法。

8.1.2 列联表的构造

列联表（contingency table）是由两个以上的变量进行交叉分类形成的频数分布表。例如一个集团公司在四个不同的区域设有分公司，该集团公司欲进行一项改革，此项改革可能涉及各分公司的利益，故采用抽样调查方法，从四个分公司共抽取 420 个样本，了解职工对此项改革的看法，调查结果如表 8—1 所示。

表 8—1 关于改革方案的调查结果 单位：人

	第一分公司	第二分公司	第三分公司	第四分公司	合计
赞成	68	75	57	79	279
反对	32	45	33	31	141
合计	100	120	90	110	420

表中的行是态度，这里划分为两类：赞成和反对；表中的列是分公司，这里划分为四类，即四个分公司。因此，表 8—1 是一个 2×4 列联表。表中的每个数据都反映态度和公司两方面的信息。由于列联表中的每个变量都可以有两个或两个以上的类别，因此列联表会有多种形式。不妨将横向变量（行）的划分类别视为 R，纵向变量（列）的划分类别视为 C，我们把每一个具体的列联表称为 $R\times C$ 列联表，如把表 8—1 称为 2×4 列联表。

8.1.3 列联表的分布

列联表的分布可以从两方面看，一是观察值的分布，二是期望值的分布。

先看观察值的分布。表 8—1 就是一个最简单的观察值的分布，表中的最右边显示了态度变量的总数，如赞成改革方案的共有 279 人，反对改革方案的共有 141 人，它们称为行边缘频数；表中的最下边显示了单位变量的总数，如四个分公司接受调查的人数分别为 100，120，90，110 人，它们称为列边缘频数。这样，列联表所反映的就是在变量 X 条件下变量 Y 的分布，或是在变量 Y 条件下变量 X 的分布，因此又把列联表中的观察值分布称为条件分布，每个具体的观察值就是条件频数。例如，第一分公司赞成改革方案的职工 68 人就是一个条件频数。条件频数反映了数据的分布，但不适合进行对比。例如，第四分公司赞成该方案的有 79 人，第三分公司有 57 人，但仅有这一信息还不能说第四分公司比第三分公司更赞成该方案，因为第四分公司接受调查的人数比第三分公司多，它们对比的基数不同。为了能在相同的基数上比较，让列联表中的数据提供更多的信息，可以计算相应的百分比。表 8—2 就是一个包含百分比的列联表。

表 8—2　　包含百分比的 2×4 列联表

	第一分公司	第二分公司	第三分公司	第四分公司	合计
赞成该方案（人）	68	75	57	79	279
行百分数（%）	24.4	26.9	20.4	28.3	66.4
列百分数（%）	68.0	62.5	63.3	71.8	—
总百分数（%）	16.2	17.8	13.6	18.8	—
反对该方案（人）	32	45	33	31	141
行百分数（%）	22.7	31.9	23.4	22.0	33.6
列百分数（%）	32.0	37.5	36.7	28.2	—
总百分数（%）	7.6	10.7	7.9	7.4	—
合计（人）	100	120	90	110	420
%	23.8	28.6	21.4	26.2	100.0

表中主栏的每个单元中都有四个数据，各数据的含义分别为：条件频数、行百分数、列百分数、总百分数。如第一个单元（即第一分公司赞成该方案）中，第一个数字 68 为观察值频数；第二个数字 24.4 为行百分数，即 68/279＝24.4%；第三个数字 68.0 为列百分数，即 68/100＝68%；第四个数字为总百分数，即 68/420＝16.2%。在最右边和最下边的合计栏中各有两行数据，第一行是边缘频数，第二行是边缘频数的百分数。如最右边的 66.4%＝279/420，最下边的 23.8%＝100/420。包含百分数的列联表能使我们对变量联合分布的关系看得更清楚一些。

但是，仅仅根据这样的表，还难以展开深入的分析，为此我们引入期望分布的概念。

什么是期望分布呢？以前例为例。我们已知在全部 420 个样本中，赞成改革方案的有 279 个，占到总数的 66.4%，即从总体上看，有 2/3 的调查对象对改革方案表示赞同。但我们希望进一步了解各分公司对这项改革方案的看法是否存在差异。如果各分公司对这项改革方案的看法相同，那么对第一分公司来说，赞成该方案的人数应当为 0.664×100＝66 人，第二分公司赞成的人数应当为 0.664×120＝80 人，这 66 人和 80 人就是本例中的期望值。由此可以计算出期望值的分布，如表 8—3 所示。

表 8—3　**期望值分布表**　单位：人

	第一分公司	第二分公司	第三分公司	第四分公司
赞成改革方案期望值	0.664 × 100 = 66	0.664 × 120 = 80	0.664 × 90 = 60	0.664 × 110 = 73
反对改革方案期望值	0.336 × 100 = 34	0.336 × 120 = 40	0.336 × 90 = 30	0.336 × 110 = 37

将表 8—1 和表 8—3 结合起来，便可得到观察值和期望值频数对比分布表，如表 8—4 所示。

表 8—4　**观察值和期望值频数对比分布表**

	第一分公司	第二分公司	第三分公司	第四分公司
赞成改革方案				
观察值	68	75	57	79
期望值	66	80	60	73
反对改革方案				
观察值	32	45	33	31
期望值	34	40	30	37

如果各分公司对改革方案的看法相同，即各分公司赞成改革方案的比例相同，就应有 $\pi_1=\pi_2=\pi_3=\pi_4=0.664$（$\pi_i$ 为第 i 分公司赞成改革方案的百分比），那么在表 8—4 中，观察值和期望值就应当非常接近。对于 $\pi_1=\pi_2=\pi_3=\pi_4=0.664$ 的假设，可以采用 χ^2 分布（chi-square distribution）进行检验。本章主要讨论如何用 χ^2 进行拟合优度检验和独立性检验，后面将会详细讲解，这里需要指出的是，利用观察值的有关信息计算期望值的分布是进行 χ^2 检验的第一步。由于检验的具体内容不同，计算期望值的方法会有所不同，表 8—4 中关于观察值和期望值的内容展示了进行 χ^2 检验的一般构造。

8.2　拟合优度检验

8.2.1　χ^2 统计量

χ^2 统计量可以用于变量间的拟合优度检验和独立性检验，也可用于测定两个定性变量之间的相关程度。令 f_o 表示观察值频数（observed frequency），f_e 表示期望值频数（expected　frequency），则 χ^2 统计量可以写为：

$$\chi^2=\sum\frac{(f_o-f_e)^2}{f_e} \tag{8—1}$$

由式（8—1）可以看出计算 χ^2 统计量的步骤：

（1）用观察值 f_o 减去期望值 f_e；

（2）将 f_o-f_e 平方；

（3）将 $(f_o-f_e)^2$ 除以 f_e；

（4）将步骤（3）得到的结果加总。

现根据表 8—4，将 χ^2 统计量的计算过程通过表 8—5 展示。

表 8—5　　χ^2 计算表

f_o	f_e	步骤一 (f_o-f_e)	步骤二 $(f_o-f_e)^2$	步骤三 $(f_o-f_e)^2/f_e$
68	66	2	4	0.060 6
75	80	−5	25	0.312 5
57	60	−3	9	0.150 0
79	73	6	36	0.493 2
32	34	−2	4	0.117 6
45	40	5	25	0.625 0
33	30	3	9	0.300 0
31	37	−6	36	0.973 0 3.031 9
步骤四　$\chi^2=\sum\frac{(f_o-f_e)^2}{f_e}=3.0319$				

知道吗　χ^2 统计量有这样几个特征：

● $\chi^2\geqslant 0$，因为它是对平方值汇总的结果。

● χ^2 值的大小与 $R\times C$ 的大小有关。$R\times C$ 越大，在不改变分布的情况下，χ^2 值越大，因此，χ^2 统计量的分布与自由度有关。

● χ^2 统计量描述了观察值与期望值的接近程度。f_o-f_e的绝对值越大，计算出的 χ^2 值也越大。χ^2 检验通过对 χ^2 统计量的计算结果与 χ^2 分布中临界值的比较做出是否拒绝原假设的判断。

χ^2 分布与自由度有密切关系。在不同自由度下，χ^2 分布不同。图 8—1 显示了自由度分别为 1，5，10 的 χ^2 分布曲线。从图 8—1 可以看出，自由度越小，分布就越向左侧倾斜。随着自由度的增大，χ^2 分布的偏斜程度趋于缓解，逐渐显露出对称性，χ^2 分布趋近于对称的正态分布。

运用 χ^2 分布进行假设检验，需要确定 χ^2 分布的自由度。根据前面列联表的知识，χ^2 分布自由度的计算公式可以写为：

$$\begin{aligned}自由度&=(行数-1)\times(列数-1)\\&=(R-1)\times(C-1)\end{aligned}\tag{8—2}$$

为什么自由度的计算采用式（8—2）的形式呢？如本书前面所言，自由度是可以

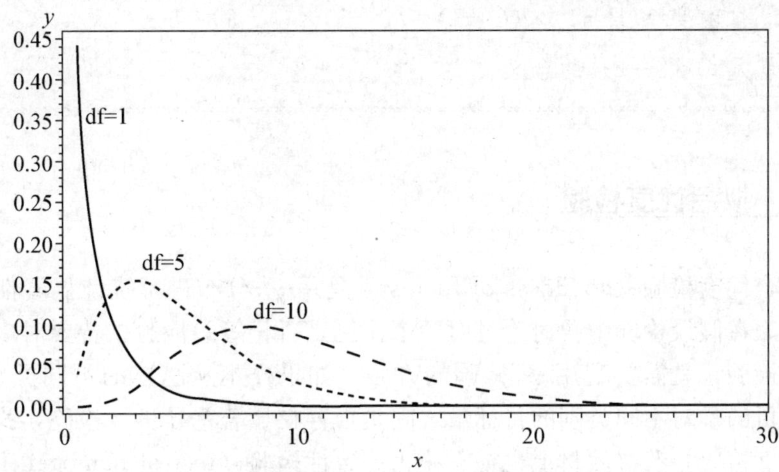

图 8—1 自由度分别为 1，5，10 的 χ^2 分布曲线

自由取值的数据的个数。

假如现在我们有一个 3×4 的列联表，如表 8—6 所示。

表 8—6 自由度计算说明表

	C1	C2	C3	C4	合计
R1	√	√	√	*	RT_1
R2	√	√	√	*	RT_2
R3	*	*	*	O	RT_3
合计	CT_1	CT_2	CT_3	CT_4	

√表示可以自由取值的数据；*和 O 表示不能自由取值的数据。

表 8—6 中，RT_1，RT_2 和 RT_3 分别表示行的合计，CT_1，CT_2，CT_3 和 CT_4 分别表示列的合计。首先看列联表中的第一行，在行合计 RT_1 已经确定的情况下，这一行可以自由取值的数据只有 3 个（假定取前 3 个），用“√”表示，最后一个无法自由取值，用“*”表示；类似地，在第二行中，在行合计 RT_2 已经确定的情况下，这一行可以自由取值的数据也只有 3 个，因此第四个不能自由取值的数据也用“*”表示。在第三行中，第一个数据（R3，C1）不能自由取值，因为在列合计 CT_1 已经确定的情况下，第一列的前两个数据已经自由取了值，同理，第三行中的第二和第三个数据也不能自由取值，因此这一行的前三个数据均用“*”表示。第三行的第四个数据也是不能自由取值的，用“O”表示，因为不论从行或列来看，它前面的数据均是无法自由取值的“*”（意味该值已经确定），在行、列合计确定的情况下，这个值也就无法自由选取。

表 8—6 是一个 3×4 的列联表，自由度的个数为 6，即

自由度$=(R-1)\times(C-1)=(3-1)\times(4-1)=6$

这就是式（8—2）的含义。

8.2.2 拟合优度检验

拟合优度检验（goodness of fit test）是用 χ^2 分布进行统计显著性检验的重要内容之一。在假设检验中曾讨论过对两个比例是否相等的检验。若要对多个比例是否相等进行检验，就需要利用 χ^2 检验的方法。如果样本从总体的不同类别中分别抽取，研究的目的是对不同类别的目标量之间是否存在显著差异进行检验，我们就把它称为拟合优度检验，有些教材上也把它称为一致性检验（test of homogeneity）。前面所述的某公司下属四个分公司对改革方案的态度就是拟合优度检验的例子。如果四个分公司对改革方案的态度一样，那么四个分公司赞成改革方案的比例应当是一致的，都等于 66.4%。反之，如果这些比例不一致，则表明不同的分公司对改革的态度存在显著的差异，其原因或许是改革方案给各分公司的利益带来了不同的影响。现在我们把前面的例子作为一个假设检验问题提出。

例 8—1

某集团公司欲进行一项改革，从所属的四个分公司中随机抽取了 420 名职工，了解他们对改革方案的态度，得到的数据如表 8—1 所示。以 $\alpha=0.1$ 的显著性水平检验四个分公司对改革方案的态度是否存在差异。

解：如果不存在差异，则四个分公司赞成改革方案的比例应该是一致的，因此原假设和备择假设分别为：

H_0：$\pi_1=\pi_2=\pi_3=\pi_4=0.664$　　赞成比例一致

H_1：π_1，π_2，π_3，π_4 不全相等　　赞成比例不一致

由式（8—1）得

$$\chi^2=\sum\frac{(f_o-f_e)^2}{f_e}=3.0319$$

这个结果我们已在表 8—5 中求出。

根据式（8—2）计算自由度：

自由度$=(R-1)\times(C-1)=(2-1)\times(4-1)=3$

因为 $\alpha=0.1$，查表可知 $\chi^2_{0.1}(3)=6.251$，于是便得到如图 8—2 所示的结果。

由于 $\chi^2<\chi^2_\alpha$，故不能拒绝原假设，即认为四个分公司对改革方案的赞成比例是一致的，表明调查数据中的差异是由抽样的随机性造成的。

拟合优度检验的另外一种情况是利用样本数据检验总体比例是否等于某个数值。我们看下面的例子。

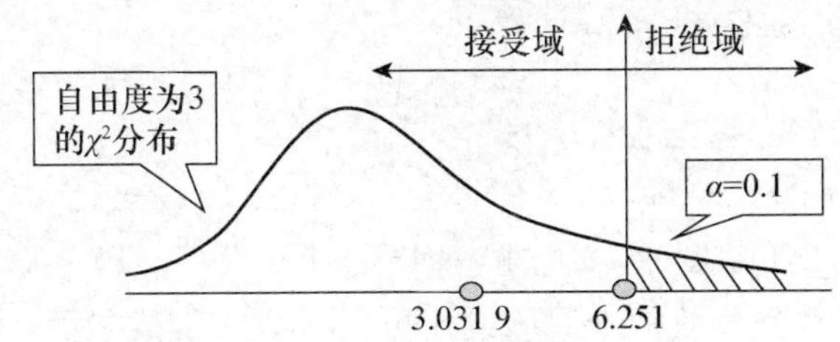

图 8—2 χ^2 假设检验示意图

例 8—2

为了提高市场占有率，某行业两个最主要的公司 A 和 B 同时开展了广告宣传。在开始广告宣传战之前，A 公司的市场占有率为 45%，B 公司的市场占有率为 40%，其他公司的市场占有率为 15%。为了解广告战之后 A，B 和其他公司的市场占有率是否发生变化，随机抽取 200 名消费者，其中 102 人表示准备购买 A 公司产品，82 人表示准备购买 B 公司产品，另外 16 人表示准备购买其他公司产品。以 $\alpha=0.05$ 的显著性水平检验广告战前后各公司的市场占有率是否发生了变化。

解：如果仅仅比较 A，B 两家公司市场占有率的变化，则可以采用上一章介绍的两个总体比例之差的 z 检验方法，但此时公司这个变量涉及三个类别，所以应采用拟合优度的 χ^2 检验。

为检验广告战之后各公司市场占有率的变化，把广告战之前各公司的市场占有率设为原假设。

H_0：$\pi_1=0.45$，$\pi_2=0.4$，$\pi_3=0.15$

H_1：原假设的等式中至少有一个不成立

如果广告战之后各公司产品的市场占有率没有发生变化，即如果原假设仍然成立，则在 200 个被调查者中，喜欢各个公司产品人数的期望值应当为：

$f_{e1}=200\times0.45=90$

$f_{e2}=200\times0.40=80$

$f_{e3}=200\times0.15=30$

一般来说，各类别期望值的计算可以采用：

$$f_{ei}=n\times\pi_i \tag{8—3}$$

观察值、期望值及有关计算结果如表 8—7 所示。

表 8—7 观察值、期望值及有关计算结果

公司	观察频数 f_o	期望频数 f_e	f_o-f_e	$\frac{(f_o-f_e)^2}{f_e}$
A	102	90	12	1.6
B	82	80	2	0.05
其他	16	30	−14	6.53
合计	200	200	—	8.18

由式（8—1）计算出 χ^2 为：

$$\chi^2=\sum\frac{(f_o-f_e)^2}{f_e}=8.18$$

当 $\alpha=0.05$，自由度 $=(R-1)\times(C-1)=(2-1)\times(3-1)=2$ 时，$\chi^2_{0.05,2}=5.99147$，$\chi^2>\chi^2_{0.05,2}$，故拒绝原假设。可以认为广告战之后，各公司产品市场占有率发生了显著变化。

知道吗　用 Excel 可以计算 p 值，操作步骤为：

第 1 步：将观察值输入一列，将期望值输入一列；

第 2 步：选择【插入】下拉菜单；

第 3 步：选择【函数】选项（更简便的方法是，由第 2 步从界面直接选【f_x】）；

第 4 步：在函数分类中选【统计】，在函数名中选【CHITEST】，点击【确定】；

第 5 步：在对话框【Actual _ range】输入观察数据区域，例 8—2 中为 A2:A4；在对话框【Expected _ range】输入期望数据区域，例 8—2 中为 B2:B4；

在例 8—2 中得到的 p 值为 0.016 711。由于 $p<\alpha$，因此拒绝原假设。计算结果如表 8—8 所示。

表 8—8　**p 值计算表**

观察值	期望值
102	90
82	80
16	30
0.016 711 4	

8.3　独立性检验

在生活中有时会遇到判断两个定类变量之间是否存在联系的问题。例如，原料的质量是否与生产地有关；对父母的孝敬程度是否与孩子的性别有关等。在这种情况下可以使用 χ^2 检验判断两组或多组资料是否相互关联。如果不相互关联，就称为独立。我们把这类问题的处理称为独立性检验（test of independence）。

例 8—3

一种原料来自三个不同的地区，原料质量被分成三个不同等级。从这批原料中随机抽取 500 份进行检查，结果如表 8—9 所示。检验各个地区和原料质量之间是否存在依赖关系。

表 8—9　　原料抽样的结果

	一级	二级	三级	合计
甲地区	52	64	24	140
乙地区	60	59	52	171
丙地区	50	65	74	189
合计	162	188	150	500

解：根据题意，原假设与备择假设为：

H_0：地区和原料等级之间独立（不存在依赖关系）

H_1：地区和原料等级之间不独立（存在依赖关系）

本题的关键是计算期望值。在第一行，甲地区的合计为 140，用$\frac{140}{500}$作为甲地区原料比例的估计值。在第一列，一级原料的合计为 162，用$\frac{162}{500}$作为一级原料比例的估计值。如果地区和原料等级之间独立，我们可以用下面的式（8—4）估计第一个单元（甲地区，一级）中的期望比例。

设 A＝“样本单位来自甲地区”，B＝“样本单位属于一级原料”。根据独立性的概率乘法公式有：

$$P(\text{第一单元})=P(A\cdot B)=P(A)\times P(B)$$
$$=\left(\frac{140}{500}\right)\times\left(\frac{162}{500}\right)=0.090\,72 \tag{8—4}$$

第一个单元中的期望比例为 0.090 72，其相应的频数期望值为：

$$0.090\,72\times 500=45.36$$

一般，可以采用下式计算任何一个单元中频数的期望值：

$$f_e=\frac{RT}{n}\times\frac{CT}{n}\times n=\frac{RT\times CT}{n} \tag{8—5}$$

式中，f_e 为给定单元中频数的期望值；RT 为给定单元所在行的合计；CT 为给定单元所在列的合计；n 为观察值的总个数即样本容量。

由表 8—9 和式（8—5），将计算过程列入表 8—10。

表 8—10　　3×3 列联表期望值计算过程

行	列	f_o	f_e	f_o-f_e	$(f_o-f_e)^2$	$(f_o-f_e)^2/f_e$
1	1	52	45.36	6.64	44.09	0.97
1	2	64	52.64	11.36	129.05	2.45
1	3	24	42.00	−18	324	7.71
2	1	60	55.40	4.60	21.16	0.38

续前表

行	列	f_o	f_e	f_o-f_e	$(f_o-f_e)^2$	$(f_o-f_e)^2/f_e$
2	2	59	64.30	−5.3	28.09	0.44
2	3	52	51.30	0.7	0.49	0.01
3	1	50	61.24	−11.24	126.34	2.06
3	2	65	71.06	−6.06	36.72	0.52
3	3	74	56.70	17.30	299.29	5.28 19.82

$$\chi^2=\sum\frac{(f_o-f_e)^2}{f_e}=19.82$$

χ^2 的自由度为 $(R-1)\times(C-1)=4$。取 $\alpha=0.05$，查 χ^2 分布分位数表知 $\chi^2_{0.05}(4)=9.488$。因为 $\chi^2>\chi^2_{0.05}(4)$，故拒绝 H_0，接受 H_1，即认为地区和原料等级之间存在依赖关系，原料的质量受地区的影响。

想一想

一致性检验和独立性检验的联系和区别都有哪些？

不论是在列联表的形式上，还是在计算 χ^2 的公式上，两种检验都相同，所以也有人对其并不进行严格的区分，笼统地把它们称为 χ^2 检验。但是，两种检验还是有区别的。下面我们结合上述例题来说明区别的主要表现：

(1) 两种检验抽取样本的方法或对观察值进行测定的方法有所不同。如果抽取样本是在各类别中分别进行的，如例 8—1 从各分公司中分别抽取职工，或者抽取出样本后，依照各类别分别计算其比例，如例 8—2 分别计算 A 公司、B 公司和其他公司的市场占有率，则属于拟合优度检验；如果抽取样本时并未事先分类，抽取样本后根据研究内容把入选单位按两变量进行分类，形成列联表的形式，如例 8—3，则是独立性检验。

(2) 两种检验假设的内容也有差异。例如，对于拟合优度检验，原假设通常是假设各类别总体比例等于某个期望概率，如例 8—1 和例 8—2；而在独立性检验中，原假设则假设两个变量之间相互独立，如例 8—3。计算期望频数时，在拟合优度检验中是利用原假设中的期望概率，用观察频数乘以期望概率，直接得到期望频数，如例 8—1 和例 8—2；如果是独立性检验，则假设两个变量的分类是独立的，因而两个水平的联合概率是两个单独概率的乘积，期望频数按式（8—5）计算，如例 8—3。

8.4 列联表中的相关测量

前面讨论了利用 χ^2 分布对两个定类变量之间的相关性进行统计检验。如果变量相互独立，则说明它们之间没有联系；反之，则认为它们之间存在联系。接下来的问题是，如果变量之间存在联系，它们之间的相关程度有多大？本节主要讨论这个问题。

对两个变量之间相关程度的测定，主要用相关系数表示。正如前面所言，列联表中的变量通常是类别变量，它们所表现的是研究对象的不同品质类别。所以，可以把这种定类数据之间的相关称为品质相关，常用的品质相关系数主要有 φ 相关系数、列联相关系数和 V 相关系数。

8.4.1　φ 相关系数

φ 系数是最常用的一种描述 2×2 列联表数据相关程度的指标。它的计算公式为：

$$\varphi=\sqrt{\chi^2/n} \tag{8—6}$$

式中，χ^2 为按式（8—1）计算出的 χ^2 值；n 为列联表中的总频数，也即样本量。φ 系数适用于 2×2 列联表是因为对于 2×2 列联表中的数据计算出的 φ 系数可以控制在 0～1 的范围内。下面的表 8—11 是一个简化的 2×2 列联表。

表 8—11　　2×2 列联表

因素 Y	因素 X		合计
	x_1	x_2	
y_1	a	b	$a+b$
y_2	c	d	$c+d$
合计	$a+c$	$b+d$	

表 8—11 中，a，b，c，d 为条件频数。由上节内容知，当变量 X，Y 相互独立、不存在相关关系时，频数间应有这样的关系：$\frac{a}{a+c}=\frac{b}{b+d}$，即 $ad=bc$。

因此，差值 $ad-bc$ 的大小可以反映变量之间相关程度的高低。差值越大，说明两个变量的关联程度越高。φ 系数就是以差值 $ad-bc$ 为基础来实现对两个变量相关程度的测定的。

由式（8—5）知，在 2×2 列联表中，每个单元中频数的期望值为：

$$e_{11}=\frac{(a+b)(a+c)}{n},\quad e_{21}=\frac{(a+c)(c+d)}{n}$$

$$e_{12}=\frac{(a+b)(b+d)}{n},\quad e_{22}=\frac{(b+d)(c+d)}{n}$$

由式（8—1）得

$$\begin{aligned}\chi^2&=\frac{(a-e_{11})^2}{e_{11}}+\frac{(b-e_{12})^2}{e_{12}}+\frac{(c-e_{21})^2}{e_{21}}+\frac{(d-e_{22})^2}{e_{22}}\\&=\frac{n(ad-bc)^2}{(a+b)(c+d)(a+c)(b+d)}\end{aligned}$$

将此结果代入式（8—6），得到

$$\varphi=\sqrt{\frac{\chi^2}{n}}=\frac{ad-bc}{\sqrt{(a+b)(c+d)(a+c)(b+d)}} \tag{8—7}$$

当 $ad=bc$ 时，变量 X，Y 之间相互独立，这时 $\varphi=0$。若 $b=0$，$c=0$，由式（8—7）计算得 $\varphi=1$，这是 X 与 Y 完全相关的一种情况。同样，若 $a=0$，$d=0$，由式（8—7）计算得 $\varphi=-1$，这是 X 与 Y 完全相关的另一种情况。由于在列联表中变量的位置可以任意变换，因此 φ 的符号在这里没有什么实际意义，其绝对值 $|\varphi|=1$ 只表明 X 与 Y 完全相关。由上述讨论可知，当 $|\varphi|=1$ 时，表 8—11 某个方向上对角线的值必全为零，如表 8—12、表 8—13 所示。

表 8—12　　完全相关时的 2×2 列联表

Y	X	
	x_1	x_2
y_1	a	0
y_2	0	d

表 8—13　　完全相关时的另一种 2×2 列联表

Y	X	
	x_1	x_2
y_1	0	b
y_2	c	0

表中所表达的含义非常清楚。例如，一个变量表示性别（男、女），另一个变量表示态度（赞成、反对）。$|\varphi|=1$ 说明男性全部赞成，女性全部反对，或男性全部反对，女性全部赞成。现实中这种情况十分罕见，实际上 φ 系数的取值范围是在 0～1 之间，且 φ 的绝对值越大，说明变量 X 与 Y 的相关程度越高。

但是，当 $R\times C$ 列联表中的行数 R 或列数 C 大于 2 时，φ 系数将随着 R 或 C 的变大而增大，且 φ 值没有上限。这时再用 φ 系数测定两个变量的相关程度就不够清晰了，可以采用列联相关系数来反映。

知道吗　卡尔·皮尔逊（Karl Pearson，1857—1936），生卒于伦敦，被公认为统计学之父。他于 1880 年提出的相关系数，现在已广泛应用于各个领域。为了推广统计学在生物学中的应用，卡尔·皮尔逊、高尔顿（Galton）以及韦尔登（Weldon）于 1901 年创立了统计的元老期刊 *Biometrika*。

8.4.2　列联相关系数

列联相关系数又称列联系数（coefficient of contingency），简称 C 系数，主要用

于 $R\times C$ 大于 2×2 的列联表情况。C 系数的计算公式为：

$$C=\sqrt{\frac{\chi^2}{\chi^2+n}} \tag{8—8}$$

当列联表中的两个变量相互独立时，系数 $C=0$，但它不可能大于 1，这一点从式（8—8）中也可以看出。C 系数的特点是，其可能取的最大值依赖于列联表的行数和列数，且随着 R 和 C 的增大而增大。例如，当两个变量完全相关时，对于 2×2 的列联表，$C=0.707\,1$；对于 3×3 的列联表，$C=0.816\,5$；对于 4×4 的列联表，$C=0.87$。因此，根据不同行数和列数计算的列联系数不便于比较，除非两个列联表中的行数和列数一致，这是列联系数的局限性。但由于其计算简便，且对总体的分布没有任何要求，因此列联系数仍不失为一种适应性较强的测度值。

8.4.3　V 相关系数

除了以上系数，格拉默（Gramer）还提出了 V 相关系数。V 相关系数的计算公式为：

$$V=\sqrt{\frac{\chi^2}{n\times\min[(R-1),(C-1)]}} \tag{8—9}$$

它的计算也是以 χ^2 值为基础的。式中的 $\min[(R-1),(C-1)]$ 表示取 $(R-1)$，$(C-1)$ 中较小的一个。当两个变量相互独立时，$V=0$；当两个变量完全相关时，$V=1$。所以 V 的取值在 0～1 之间。如果列联表中行或者列有一个为 2 维，即 $\min[(R-1),(C-1)]=1$，则 V 值等于 φ 值。

8.4.4　数值分析

根据例 8—3 中的数据，分别计算 φ 系数、C 系数和 V 系数。在例 8—3 中，我们对原料的等级和产地之间的关系进行了独立性检验。结果表明，原料的等级和产地之间存在相关关系。我们提出的问题是，这种相关程度有多高？能否对此给出数量化描述？

由前面已知，计算出 $\chi^2=19.82$，列联表的总频数 $n=500$。这是 3×3 的列联表，$\min[(R-1),(C-1)]=3-1=2$。于是

$$\varphi=\sqrt{\frac{\chi^2}{n}}=\sqrt{\frac{19.82}{500}}=0.199$$

$$C=\sqrt{\frac{\chi^2}{\chi^2+n}}=\sqrt{\frac{19.82}{19.82+500}}=0.195$$

$$V=\sqrt{\frac{\chi^2}{n\times\min[(R-1),\ (C-1)]}}=\sqrt{\frac{19.82}{500\times2}}=0.141$$

对于 φ 而言，当 $R>2$，$C>2$ 时，φ 值有可能突破 1，相比之下，例 8—3 中的 $\varphi=0.199$ 不大。

对于 C 而言，其值必然小于 φ 值。本例中是 3×3 列联表，C 的最大可能值是 0.816 5。相对而言，本例中的 $C=0.195$ 也并不大。

对于 V 而言，$V=0.141$ 更小。综合起来可以认为，虽然检验表明原料和产地存在一定关系，但这种关系的密切程度却不太高。这意味着除了产地之外，还有其他因素对产品的质量有重要影响。

上面的例子还说明，对于同一个数据，系数 φ，C，V 的取值不同。同样，对于不同的列联表，由于行数和列数的差异也会影响系数值，因此，在对不同列联表变量之间的相关程度进行比较时，不同列联表中行与行、列与列的个数要相同，并且要采用同一种系数，这样的系数值才具有可比性。

8.5 列联分析中需注意的问题

8.5.1 条件百分表的方向

一般来说，在列联表中变量的位置是任意的。也就是说，既可以将变量 X 放在列的位置，也可以将其放在行的位置。如果变量 X 与 Y 存在因果关系，令 X 为自变量（原因），Y 为因变量（结果），那么一般的做法是把自变量 X 放在列的位置，条件百分表也多按自变量的方向计算，因为这样便于更好地表现原因对结果的影响。如表 8—14 所示的一个 2×2 列联表。

表 8—14　　职业背景与工作价值取向

价值取向 Y	职业 X	
	制造业	服务业
物质报酬	105	45
%	72	56
人情关系	40	35
%	28	44
合计	145	80
%	100	100

表中数据显示，总共调查了 225 人，其中制造业 145 人，服务业 80 人。在制造业被调查者中，以物质报酬为价值取向的有 105 人，占该群体的 72%；以人情关系为价值取向的有 40 人，占该群体的 28%。在服务业被调查者中，以物质报酬为价值取向的有 45 人，占该群体的 56%；以人情关系为价值取向的有 35 人，占该群体的

44%。数据表明，与制造业相比，服务业就业人员更注重人情关系。人们的职业背景不同，工作的价值取向有可能不同。

但是，也有例外。如果因变量在样本中的分布不能代表其在总体中的分布，例如为了满足分析的需要，抽样时扩大了因变量某项内容的样本量，这时仍以自变量的方向计算百分表就会歪曲实际情况。例如，社会学家欲研究家庭状况（自变量）对青少年犯罪（因变量）的影响。该地区有未犯罪的青少年 10 000 名，犯罪的青少年 150 名。如果从未犯罪青少年中抽取 1%即 100 名进行研究，则用相同比例从犯罪青少年中抽取的样本量仅为 1.5 人。显然，这样少的数量无法满足对比研究的需要。因此，对犯罪青少年的抽样比要扩大，譬如扩大到 1/2，即抽取 75 人。假定从两个样本调查所获得的数据如表 8—15 所示。

表 8—15　　家庭状况与青少年犯罪

青少年行为	家庭状况		合计
	完整家庭	离异家庭	
犯罪	38	37	75
未犯罪	92	8	100
合计	130	45	175

表 8—15 是调查结果的条件分布。由表 8—15 可以计算其条件百分表，如表 8—16 所示。

表 8—16　　家庭状况与青少年犯罪百分表（自变量方向）

青少年行为	家庭状况	
	完整家庭	离异家庭
犯罪（%）	29	82
未犯罪（%）	71	18
合计（人）	130	45

由表 8—16 中得到的数据显示，在完整家庭接受调查的 130 人中，犯罪青少年所占的比例是 29%，这个比例高达近 1/3，非常令人吃惊。其实，这个比例是被歪曲的，因为抽样时扩大了对犯罪青少年抽取的数量。如果把计算百分表的方向变换一下，改为按因变量方向计算，则得到表 8—17。

表 8—17　　家庭状况与青少年犯罪百分表（因变量方向）

家庭状况	青少年行为	
	犯罪（%）	未犯罪（%）
完整家庭	51	92
离异家庭	49	8
合计（人）	75	100

从表中可以看出，在完整家庭中未犯罪青少年的比例为 92%，而在离异家庭中这个比例仅为 8%。完整家庭青少年的未犯罪率远远高于离异家庭。家庭状况对青少年行为的影响得到了比较真实的反映。

8.5.2 χ^2 分布的期望值准则

用 χ^2 分布进行独立性检验，要求样本容量必须足够大，特别是每个单元中的期望频数（理论频数）不能过小，否则应用 χ^2 检验可能会得出错误的结论。对于小单元内的次数通常有两项准则：

一是如果只有两个单元，每个单元的期望频数必须大于等于 5。在表 8—18 中有两个类别：患过肝炎和未患过肝炎。样本量足够大，每个单元的期望频数 $f_e>5$，因此可以使用 χ^2 检验。

表 8—18　　说明表　　单位：人

以往病史	f_o	f_e
未患过肝炎	532	531
患过肝炎	4	5

二是如果有两个以上的单元，其中 20%的单元期望频数 f_e 小于 5，则不能应用 χ^2 检验。根据这个准则，利用表 8—19 中的数据可以计算 χ^2，因为 6 个单元中只有 1 个单元的期望频数小于 5。而表 8—20 中的数据不能应用 χ^2 统计量，因为 7 个单元中有 3 个单元的期望频数小于 5。

表 8—19　　说明表

类别	f_o	f_e
A	28	26
B	49	47
C	18	23
D	6	4
E	92	88
F	20	25
合计	213	213

表 8—20　　说明表

类别	f_o	f_e
A	30	32
B	110	113
C	86	87
D	23	24
E	5	2
F	5	4
G	4	1
合计	263	263

可以用表 8—20 中的数据作为例子来说明第二个准则。仔细观察会发现，表 8—

20 中的 f_o 与 f_e 非常接近，最大的差别只有 3，应当说期望值与观察值拟合得很好，它们之间并无显著区别。然而用 $\alpha=0.05$ 的 χ^2 统计量进行检验，则会得到

$$\chi^2=14.01,\ \chi^2_{0.05}(6)=12.592$$

从而 $\chi^2>\chi^2_{0.05}(6)$，结果拒绝原假设 H_0，结论是期望值与观察值之间存在显著差异。看来结论并不符合逻辑。如果将这个例子中的某些类别合并，使得 $f_e>5$，麻烦就会消除。例如，将表 8—20 中的类别 E，F，G 合并，合并后的 $f_o=5+5+4=14$，$f_e=2+4+1=7$，虽然此时 f_o 与 f_e 之间的差别扩大到 7，但通过计算会发现，合并以后有

$$\chi^2=7.26,\ \chi^2_{0.05}(4)=9.448$$

从而 $\chi^2<\chi^2_{0.05}(4)$，结果是不能拒绝 H_0，认为期望值与观察值之间不存在显著差异。自然，这是一个更合乎逻辑的结论。

由此可知，如果期望频数 f_e 过小，$\frac{(f_o-f_e)^2}{f_e}$ 将会不适当地增大，造成对 χ^2 的高估，从而产生拒绝 H_0 的错误结论。处理的方法是将较小的 f_e 合并，这样便可得到合理的结论。

□ 本章小结

列联分析主要用于对定性数据的统计分析。列联表是由两个及两个以上变量进行交叉分类形成的频数分布表。列联表的分布包括两个方面：一是观察值的分布；二是期望值的分布。

利用观察值的有关信息计算期望值的分布是进行列联表 χ^2 检验的第一步。χ^2 统计量常用于列联表中变量之间相关性的检验，尤其适用于两个定类变量之间相关性的检验。χ^2 检验有不同的类型，它既可以用于检验列联表中变量之间是否存在显著差异，又可以用于检验变量之间是否独立，即拟合优度检验和独立性检验两种。二者在表面上看是相同的，实质上却存在区别。

列联表定性变量之间的相关属于品质相关，对这种相关性的测量可以采用 φ 系数、列联相关系数（C 系数）和 V 相关系数，三者的计算结果不尽相同。列联表的行数和列数也会影响系数值。

附　录

结合下面的实例，我们介绍使用 Excel 对定性数据做 χ^2 独立性检验的具体操作过程。

在一次顾客满意度调查中调查了 100 位顾客对某商场的满意程度。调查要求顾客

对商场按照满意程度进行 1～5 分量表打分，并收集顾客的收入作为基本信息。统计信息得到 75 名顾客的打分不是中间值 3。将这 75 位顾客作为最后分析的对象，根据月收入是否高于 10 000 元将顾客分为低收入（income＝1）和高收入（income＝2）两类。打分为 1～2 分的顾客对商场不够满意（attitude＝1），打分为 4～5 分的顾客对商场满意（attitude＝2），数据信息如表 8—21 所示。

表 8—21　　满意度调查数据

income	attitude	income	attitude	income	attitude	income	attitude	income	attitude
1	1	1	1	1	1	1	1	1	1
1	1	1	1	1	1	1	1	1	1
1	1	1	1	1	1	1	1	1	1
1	2	1	1	1	1	1	1	1	1
1	1	1	1	1	2	1	1	1	1
1	1	1	1	1	1	1	1	1	1
1	1	1	2	2	2	1	1	1	1
1	1	1	1	2	1	1	2	1	1
1	1	1	2	2	2	1	2	1	1
1	1	1	1	2	2	1	2	1	2
1	1	1	1	2	2	1	1	1	1
1	1	1	1	2	1	2	2	2	2
1	1	1	1	2	2	2	2	2	1
1	1	1	1	2	1	2	1	2	1
2	1	2	2	2	2	2	2	2	2

（1）输入数据。如图 8—3 所示，在 A，B 两列分别输入 income，attitude 的 75 组数据，第一行是列标志。

	A	B
1	income	attitude
2	1	1
3	1	1
4	1	1
5	1	2
6	1	1
7	1	1
8	1	1
9	1	1
10	1	1
11	1	1
12	1	1
13	1	1
14	1	1
15	1	1
16	2	1
17	1	1
18	1	1
77		

图 8—3

（2）使用数据透视表，制作“观察次数”表。选中 A1：B76，点击菜单【插入】→【数据透视表】，然后在“行标签”中拖入“income”，“列标签”中拖入“attitude”，“$\sum$ 数值”中拖入“计数项：income”，点击【确定】，即可得到如图 8—4 所示的结果。把图 8—4 中的数据拷出，制成如图 8—5 所示的表。

G	H	I	J
计数项:income	列标签		
行标签	1	2	总计
1	48	8	56
2	7	12	19
总计	55	20	75

图 8—4

	C	D	E	F
1	观察次数			
2		不够满意	满意	总计
3	低收入	48	8	56
4	高收入	7	12	19
5	总计	55	20	75

图 8—5

（3）制作“期望次数”表，在 D10 中输入“＝D5 ＊ F3/F5”，在 E10 中输入“＝E5 ＊ F3/F5”，在 D11 中输入“＝D5 ＊ F4/F5”，在 E11 中输入“＝E5 ＊ F4/F5”，按 Enter 键，得到如图 8—6 所示的表。

	C	D	E	F
8	期望次数			
9		不够满意	满意	总计
10	低收入	41.06667	14.93333	56
11	高收入	13.93333	5.066667	19
12	总计	55	20	75

图 8—6

（4）计算 χ^2 值。点击菜单【公式】→【插入函数】，如图 8—7 所示，选择“统计”选项，在“选择函数”列表中选择 CHITEST 选项，点击【确定】。在弹出的对话框中输入适当值，如图 8—8 所示，点击【确定】。

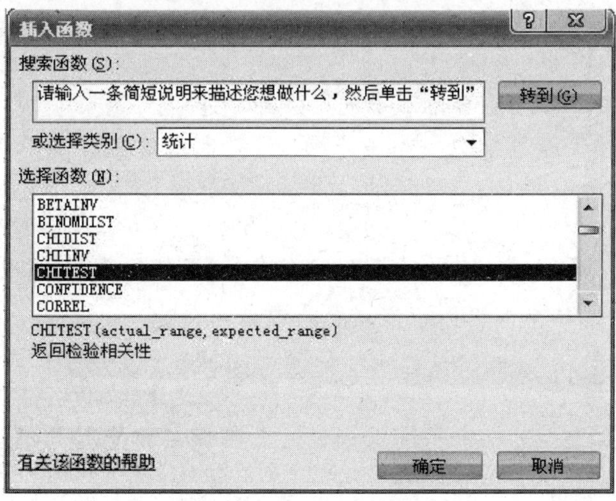

图 8—7

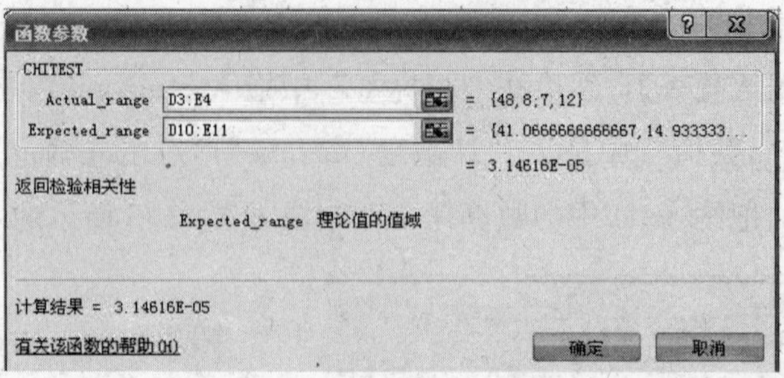

函数参数
CHITEST
Actual_range D3:E4 = {48,8;7,12}
Expected_range D10:E11 = {41.0666666666667,14.933333...
= 3.14616E-05
返回检验相关性
Expected_range 理论值的值域
计算结果 = 3.14616E-05
有关该函数的帮助(H) 确定 取消

图 8—8

(5) 根据上述结果做出判断。根据图 8—8 可知 χ^2 值为 3.14616×10^{-5}，小于 0.05，应该拒绝原假设，说明收入水平不同的顾客对商场的满意度不同。

□ 习 题

1. 欲研究不同收入的群体对某种特定商品是否有相同的购买习惯，市场研究人员调查了四个不同收入组的消费者共 527 人，购买习惯分为：经常购买、不购买、有时购买。调查结果如下：

	低收入组	偏低收入组	偏高收入组	高收入组
经常购买	25	40	47	46
不购买	69	51	74	57
有时购买	36	26	19	37

(1) 提出假设；
(2) 计算 χ^2 值；
(3) 以 $\alpha=0.1$ 的显著性水平进行检验。

2. 从总体中随机抽取一个 $n=200$ 的样本，调查后按不同属性归类，得到如下结果：

$$n_1=28, n_2=56, n_3=48, n_4=36, n_5=32$$

各类别在总体中的比例，依据经验数据分别是

$$\pi_1=0.1, \pi_2=0.2, \pi_3=0.3, \pi_4=0.2, \pi_5=0.2$$

以 $\alpha=0.1$ 的显著性水平进行检验，说明现在的情况与经验数据相比是否发生了变化（用 p 值）。

3. 某报社关心其读者的阅读习惯是否与自身的文化程度有关，随机调查了 254 名读者，得到的数据如下：

阅读习惯	大学及以上	大学和大专	高中	高中以下
早上看	6	13	14	17
中午看	12	16	8	8
晚上看	38	40	11	6
有空看	21	22	9	13

以 0.05 的显著性水平，检验读者的阅读习惯是否与文化程度有关。

4. 教学改革后学生有了更多的选课自由，但学院领导在课程安排上也面临新的问题。例如，MBA 学生所选课程学年之间的变化很大，去年很多人选会计课，而今年则很多人选市场营销课。由于事先无法确定各门课程有多少学生选，因此无法有效地进行教学资源的配备。有人提出学生所选课程与其本科所学专业有关。为此，学院领导对学生本科所学专业和 MBA 三门课程的选修情况做了统计，得到如下结果：

本科专业	MBA 所选课程		
	会计	统计	市场营销
专业一	31	13	16
专业二	8	16	7
专业三	12	10	17
其他专业	10	5	7

（1）以 0.05 的显著性水平，检验学生本科所学专业是否影响其读 MBA 期间所选的课程；

（2）计算 p 值。

5. 计算第 1 题中的 φ 系数、C 系数和 V 系数。

第 9 章 方差分析

Chapter 9

某汽车零部件生产厂共有四个车间，该厂管理人员想要知道，不同车间生产的零部件长度是否存在显著差异。用统计语言来描述这个问题，可将每个车间生产的零部件看做一个总体，该厂生产的所有汽车零部件来自四个不同的总体，四个总体相应的总体均值分别为 μ_1，μ_2，μ_3 和 μ_4，则问题为 μ_1，μ_2，μ_3 和 μ_4 是否存在显著差异。根据第 7 章介绍的假设检验方法，研究不同总体的均值是否相等，我们可以使用 z 检验法或 t 检验法，但这种方法一次只能研究两个总体的异同情况。如果采用假设检验方法来研究四个总体的均值是否相等，则需要做 6 次假设检验，原假设分别为 H_{10}：$\mu_1=\mu_2$；H_{20}：$\mu_1=\mu_3$；H_{30}：$\mu_1=\mu_4$；H_{40}：$\mu_2=\mu_3$；H_{50}：$\mu_2=\mu_4$ 和 H_{60}：$\mu_3=\mu_4$，其中 H_{i0} 表示第 i 次检验的原假设。

显然，这样的两两比较不仅使得操作十分烦琐，而且使得犯第Ⅰ类错误的概率增大，大大降低了检验的可靠性。以上述问题为例，每次检验两个总体则共需进行 6 次不同的检验，假设 $\alpha=0.05$，即每次检验犯第Ⅰ类错误的概率都是 0.05，因为 6 次检验是相互独立的，所以连续做 6 次检验后犯第Ⅰ类错误的概率为 $1-(1-\alpha)^6=0.265$，相应地置信水平会降低到 $0.95^6=0.735$。由此可见，随着被检验总体个数的增加，偶然因素的影响可能增大。对于类似问题，假设检验不再是有效的分析方法。本章的方差分析可以很好地解决上述问题，它同时考虑所有的样本，减小了累积错误的概率，从而降低了拒绝真实原假设的可能性。

9.1 基本问题

方差分析（analysis of variance，ANOVA）是从 20 世纪 20 年代发展起来的一种统计方法，它是由英国统计学家费希尔在进行试验设计时为了解释试验数据而首先引入的。从形式上看，方差分析主要用于比较多个总体的均值是否相等，但本质上它研究的是多个变量之间的关系。在研究一个（或多个）分类型自变量与一个数值型因变量之间的关系时，方差分析是主要的分析方法之一。

9.1.1 方差分析的概念

方差分析通过检验各个总体的均值是否相等来判断分类型自变量对数值型因变量的影响是否显著。例如，医学界研究几种药物对某种疾病的疗效，农业研究中研究土壤、肥料、日照时间等因素对某种农作物产量的影响，研究不同饲料对牲畜体重增长的影响，以及不同行业对顾客满意度的影响等，都可以使用方差分析。与假设检验相比，方差分析不仅可以提高检验的效率，而且由于将所有的样本信息结合在一起提高了分析的可靠性。

为更好地理解方差分析的含义，下面通过一个例子来说明方差分析的有关概念及方差分析所要解决的问题。

例9—1

某饮料生产企业研制出一种新型饮料。饮料的颜色共有四种，分别为橙色、粉色、绿色和无色透明。除了颜色之外，这四种饮料的营养含量、味道、价格、包装等都相同。现从地理位置相似、经营规模相仿的五家超市收集了同一时期该饮料的销售情况，如表9—1所示。试分析饮料的颜色是否对销售量有显著影响。

表9—1　不同颜色的饮料在五家超市的销售情况　单位：箱

超市	颜色			
	无色透明	粉色	橙色	绿色
1	26.5	31.2	27.9	30.8
2	28.7	28.3	25.1	29.6
3	25.1	30.8	28.5	32.4
4	29.1	27.9	24.2	31.7
5	27.2	29.6	26.5	32.8

我们可以通过分析四种颜色之间的销售量是否有显著差异，即检验这四种颜色饮料销售量的均值是否相等，来判断颜色对销售量是否有显著影响。如果它们的均值相等，即四种不同颜色饮料之间的销售量没有显著差异，就意味着颜色对销售量没有显著影响；反之，如果它们的均值不全相等，则意味着颜色对销售量有显著影响。

在方差分析中，我们把考虑其是否有影响作用的对象称为**因素**或**因子**（factor），因素的不同表现称为**水平**（level）或**处理**（treatment），每个因子水平下得到的样本数据称为观测值。在例9—1中，要分析颜色对销售量是否有显著影响，这里的“颜色”是要检验的对象，它称为“因素”或“因子”；无色透明、粉色、橙色和绿色是“颜色”这一因素的具体表现，称为“水平”或“处理”；在每个颜色下得到的样本数据（销售量）称为观测值。由于这里只涉及一个因素，因此称为单因素四水平的试验。因素的每个水平都可以看做一个总体，如无色透明、粉色、橙色、绿色可以看做四个总体，上面的数据可以看做从这四个总体中抽取的样本数据。

9.1.2 方差分析的思想

1. 两类误差

方差分析研究分类型自变量对数值型因变量的影响。之所以叫方差分析，是因为虽然感兴趣的是均值，但在判断均值之间是否有差异时使用的是方差这个统计量。这个名字还表示，它通过分析数据误差来源判断不同总体的均值是否相等，进而分析自变量对因变量是否有显著影响。

从误差来源的角度说，方差分析涉及这样两类误差：随机误差和系统误差。**随机误差**（random error）是指在因素的同一水平（同一总体）下样本各观测值之间的差异。**系统误差**（systemic error）是指在因素的不同水平（不同总体）下样本各观测值之间的差异。例 9—1 中，同一种颜色的饮料，在不同超市的销售量是不同的，这种差异可以看做随机因素的影响，或者说是由于抽样的随机性造成的，即随机误差。同一家超市，不同颜色饮料的销售量不同，这种差异可能是由于抽样的随机性造成的，也可能是由于颜色造成的，由颜色造成的误差是由系统性因素造成的，即系统误差。

从总误差分解的角度来说，方差分析又涉及两类误差：组内误差和组间误差。组内误差是取自水平内部的数据误差。组间误差是来自不同水平之间的数据误差。例 9—1 中，从销售无色透明饮料的所有超市中抽取 5 家超市，这 5 家超市销售量之间的误差就是组内误差，它反映了一个总体内部数据的离散程度。四种颜色销售量之间的误差则是组间误差，它反映了取自不同总体的样本之间数据的离散程度，既可能是由于抽样本身形成的随机误差，也可能是由于颜色本身这一系统性因素造成的系统误差。显然，根据我们的试验设定，组内误差只包括随机误差；而组间误差既包括随机误差，又包括系统误差。

在方差分析中，我们通常所说的数据误差分解是从第二个角度来讲的。如果我们用平方和表示数据的误差，那么反映全部数据误差大小的平方和称为**总平方和**（sum of squares for total），记为 SST；反映组内误差大小的平方和称为**组内平方和**，也称**误差平方和或残差平方和**（sum of squared for errors），记为 SSE；反映组间误差大小的平方和称为组间平方和，也称**因素平方和**（sum of squared among groups），记为 SSA。数据误差分解过程如图 9—1 所示。

2. 误差分析

对应于前面讲的两类误差，我们引入两类方差。组间误差、组内误差经过平均后得到的数值分别称为组间均方、组内均方。如果因素（自变量）对因变量没有影响，那么在组间误差中只包含随机误差，而没有系统误差，这时组间均方与组内均方的比值就会接近 1；反之，如果组间误差中除包含随机误差之外，还包含系统误差，这时

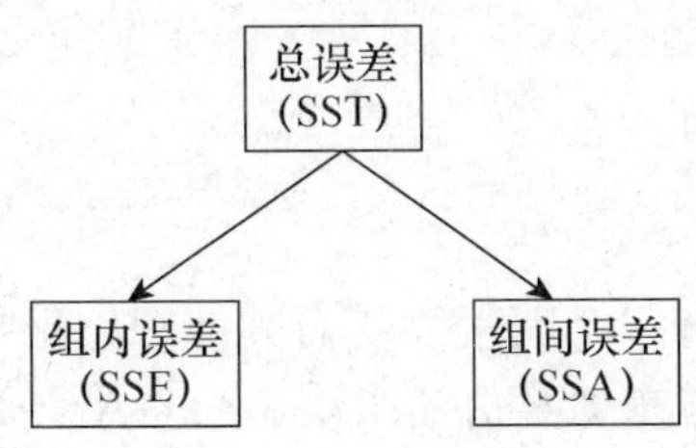

图 9—1　误差分解示意图

组间均方就会大于组内均方，二者的比值就会大于 1。当比值大至某种程度时，就认为因素的不同水平之间存在着显著差异，也就是自变量对因变量有显著影响。

9.1.3　方差分析中的假定

在现实生活中，方差分析有着广泛的应用，需要注意的是，使用方差分析有三个假定的前提条件。

（1）每个总体都服从正态分布。该假定要求，对于因素的每个水平，其观测值是来自正态总体的样本。如例 9—1，需假定每种颜色饮料的销售量都服从正态分布。

（2）每个总体的方差相等。该假定要求，各观测数据是从具有相同方差的总体中抽取的。如例 9—1，需假定四种颜色饮料销售量的方差相同。

（3）观测值彼此独立。如例 9—1，需假定每个超市的销售量都与其他超市的销售量独立。

在上述三个假定条件下，判断颜色对销售量是否有显著影响，实际上就是检验具有相同方差的四个正态总体的均值是否相等。如果不能拒绝原假设 H_0：$\mu_1=\mu_2=\mu_3=\mu_4$，则不能拒绝四种颜色饮料销售量的均值都相等，不存在系统误差，这意味着每个样本都来自均值为 μ，方差为 σ^2 的正态总体，颜色对销售量没有影响。如果拒绝原假设，则 μ_i（$i=1$，2，3，4）不全相等，也就是说，至少有一个总体的均值与其他总体的均值显著不同，存在系统误差，这意味着四个样本并非来自同一正态总体，颜色对销售量有影响。

知道吗　罗纳德·艾尔默·费希尔（1890—1962），英国统计学家、演化生物学家与遗传学家，是现代统计学与现代演化论的奠基者之一。他被誉为“几乎独自建立现代统计科学的天才”和“达尔文最伟大的继承者”。费希尔建立了以生物统计为基础的遗传学，提出了统计学中的方差分析。他还提出了最大似然估计法，并发展了充分统计量、辅助统计、Fisher 线性判别等统计概念。

资料来源：百度百科，http://baike.baidu.com/view/6706309.htm? fromId=486342&redirected=seachword。

9.2 单因素方差分析

如果一项试验中只有一个因素改变而其他因素保持不变，则考察这一可变因素对总体影响的分析称为**单因素方差分析**（one-way ANOVA），这里的单因素一般是分类型变量，而因变量是数值型变量且满足上一节提出的三个假定条件。

9.2.1 数据结构

我们首先了解一下单因素方差分析的数据结构。进行单因素方差分析时，我们所要求的数据结构如表 9—2 所示。

表 9—2 单因素方差分析的数据结构

样本观测（j）	因子（A_i）			
	A_1	A_2	…	A_r
1	x_{11}	x_{21}	…	x_{r1}
2	x_{12}	x_{22}	…	x_{r2}
⋮	⋮	⋮		⋮
m	x_{1m}	x_{2m}	…	x_{rm}

如果要考虑一个因素 A 的 r 个不同水平对考察对象的影响，根据上一节方差分析的思想，我们可以将每个水平下考察的指标看做一个总体。表 9—2 中，x_{ij}（$i=1, 2, \cdots, r$；$j=1, 2, \cdots, m$）表示样本试验值，A_i（$i=1, 2, \cdots, r$）表示因素 A 的各个水平，一共有 r 个水平，每个水平下有 m 个观测值，因此，总样本量 $n=rm$。例如，x_{11} 表示第 1 个水平下的第 1 个样本观测值，x_{rm} 表示第 r 个水平下的第 m 个样本观测值。需要说明的是，各个水平下的样本量可以相等也可以不相等，各个水平下的样本量是否相等不影响单因素方差分析的步骤和结果。

9.2.2 分析步骤

要检验自变量因素 A 对因变量的影响作用是否显著，就是要检验因素 A 各个水平下因变量的均值是否相等，这和假设检验的思路有相似之处，在此将单因素方差分析的步骤归纳为 5 步。

1. 提出假设，即设立原假设与备择假设

从上面的分析中可以看出，原假设应为：

H_0：$\mu_1=\mu_2=\cdots=\mu_i=\cdots=\mu_r$　　各因子水平下因变量的均值相等（因子的影响作用不显著）

H_1：$\mu_i(i=1, 2, \cdots, r)$不全相等　　各因子水平下因变量的均值不全相等（因子的影响作用显著）

式中，μ_i 为因素第 i 个水平下的总体均值。

2. 构造检验统计量及确定分布

9.1 节已经介绍了误差分析这一概念，从这个角度来考察因素（因子）的影响作用，实际上就是分析误差的来源情况，即比较组间方差和组内方差之间的差异。如果因素对因变量的影响作用不显著，则各因素水平的内部因变量差异与所有因素水平下的因变量差异应该相差不大；如果各因素水平内部因变量的差异与所有因素水平下的因变量差异较大，则不能排除该因素的影响作用。那么差异达到多大，才能够拒绝原假设，认为该因素的影响作用显著呢？要确定这种差异，需要构造一个统计量。

前面我们用平方和表示数据的误差，反映全部数据误差大小的平方和称为总平方和，记为 SST；反映组间误差大小的平方和称为组间平方和，也称因素平方和，记为 SSA；反映组内误差大小的平方和称为组内平方和，也称误差平方和或残差平方和，记为 SSE。用公式表示为：

$$SST = \sum_{i=1}^{r}\sum_{j=1}^{m}(x_{ij} - \overline{\overline{x}})^2 \tag{9—1}$$

$$SSA = \sum_{i=1}^{r}\sum_{j=1}^{m}(\overline{x}_i - \overline{\overline{x}})^2 \tag{9—2}$$

$$SSE = \sum_{i=1}^{r}\sum_{j=1}^{m}(x_{ij} - \overline{x}_i)^2 \tag{9—3}$$

式中，$\overline{x}_i = \dfrac{1}{m}\sum_{j=1}^{m}x_{ij}$ 表示因素第 i 个水平下的样本均值；$\overline{\overline{x}} = \dfrac{1}{rm}\sum_{i=1}^{r}\sum_{j=1}^{m}x_{ij}$ 表示所有样本的均值。

看一看

$$\begin{aligned}SST &= \sum_{i=1}^{r}\sum_{j=1}^{m}(x_{ij} - \overline{\overline{x}})^2 \\ &= \sum_{i=1}^{r}\sum_{j=1}^{m}(x_{ij} - \overline{x}_i + \overline{x}_i - \overline{\overline{x}})^2 \\ &= \sum_{i=1}^{r}\sum_{j=1}^{m}(x_{ij} - \overline{x}_i)^2 + \sum_{i=1}^{r}\sum_{j=1}^{m}(\overline{x}_i - \overline{\overline{x}})^2 + 2\sum_{i=1}^{r}\sum_{j=1}^{m}(x_{ij} - \overline{x}_i)(\overline{x}_i - \overline{\overline{x}})\end{aligned}$$

但是

$$\begin{aligned}\sum_{i=1}^{r}\sum_{j=1}^{m}(x_{ij} - \overline{x}_i)(\overline{x}_i - \overline{\overline{x}}) &= \sum_{i=1}^{r}\sum_{j=1}^{m}x_{ij}(\overline{x}_i - \overline{\overline{x}}) - \sum_{i=1}^{r}\sum_{j=1}^{m}\overline{x}_i(\overline{x}_i - \overline{\overline{x}}) \\ &= \sum_{i=1}^{r}(\overline{x}_i - \overline{\overline{x}})\left(\sum_{j=1}^{m}x_{ij} - \sum_{j=1}^{m}\overline{x}_i\right) \\ &= 0\end{aligned}$$

所以有 $SST=SSA+SSE$，这个关系可以用于验证计算的正确性。

由于各误差平方和的大小与样本量有关，因此为了消除样本量对分析问题的干扰，对各误差平方和进行平均处理，即将它们分别除以各自对应的自由度。由自由度的定义可以得到

SST 的自由度$=n-1$

SSA 的自由度$=r-1$

SSE 的自由度$=n-r$

式中，$n=rm$ 为总观测值个数；r 为因素水平数；m 为每个水平下的观测值个数。

我们分析的主要依据是组间均方与组内均方的差异，将组间均方记为 MSA，组内均方记为 MSE，其计算公式分别为：

$$MSA=\frac{\text{组间平方和}}{\text{自由度}}=\frac{SSA}{r-1} \tag{9—4}$$

$$MSE=\frac{\text{组内平方和}}{\text{自由度}}=\frac{SSE}{n-r} \tag{9—5}$$

将 MSA 与 MSE 进行对比，得到的比值即为我们需要的检验统计量——F 统计量。当原假设 H_0 为真时，该比值服从分子自由度为 $r-1$，分母自由度为 $n-r$ 的 F 分布，即

$$F=\frac{MSA}{MSE}\sim F(r-1,\ n-r) \tag{9—6}$$

3. 根据样本信息计算检验统计量的实际值

要检验 H_0 是否成立，需要根据样本信息计算检验统计量的样本值，下面将给出详细的计算过程，数据结构依照表 9—2。

（1）计算各个因素水平下的样本均值：

$$\bar{x}_i=\frac{1}{m}\sum_{j=1}^{m}x_{ij}\,,\quad i=1,2,\cdots,r;j=1,2,\cdots,m$$

式中，x_{ij} 为第 i 个水平下的第 j 个样本观测值；m 为该水平下的样本观测值个数；r 为该因素水平的个数。

（2）计算所有因素水平下全部样本的总均值：

$$\bar{\bar{x}}=\frac{1}{r}\sum_{i=1}^{r}\bar{x}_i=\frac{1}{rm}\sum_{i=1}^{r}\sum_{j=1}^{m}x_{ij}=\frac{1}{n}\sum_{i=1}^{r}\sum_{j=1}^{m}x_{ij}\,,\quad i=1,2,\cdots,r;j=1,2,\cdots,m$$

式中，$n=rm$。

（3）计算误差平方和：

根据前面给出的总误差平方和 SST、组间平方和 SSA 和组内平方和 SSE 的计算公式，分别计算这三个统计量的样本值。

（4）计算组间均方和组内均方及检验统计量的样本值：

组间均方（MSA）和组内均方（MSE）的计算公式为：

$$MSA=\frac{SSA}{r-1},\ MSE=\frac{SSE}{n-r}$$

两者相比即得到检验统计量的样本值：

$$F=\frac{MSA}{MSE}$$

4. 设定检验的显著性水平 α 并确定临界值

根据事先设定的显著性水平 α，在 F 分布表中查找分子自由度为 $df_1=r-1$，分母自由度为 $df_2=n-r$ 的临界值 $F_\alpha(r-1, n-r)$。

5. 比较理论值（临界值）与实际值的大小，进行决策

有了检验统计量的样本值和理论值（临界值），便可以通过比较它们的大小来判断是否拒绝原假设。具体判断原则为：

如果 $F>F_\alpha(r-1, n-r)$，则拒绝原假设 H_0：$\mu_1=\mu_2=\cdots=\mu_i=\cdots=\mu_r$，表明各因素水平下的样本均值存在显著差异。从另一个角度来说，可以认为该因素（因子）对观测值（因变量）的影响作用显著。

如果 $F<F_\alpha(r-1, n-r)$，则不能拒绝原假设 H_0：$\mu_1=\mu_2=\cdots=\mu_i=\cdots=\mu_r$，不能说明各因素水平下的样本均值存在显著差异。从另一个角度来说，不能认为该因素（因子）对观测值（因变量）的影响作用显著。

这个分析步骤可以用表 9—3 表示，通常称该表格为方差分析表，具体形式如下：

表 9—3　　单因素方差分析表

误差来源	平方和	自由度 df	均方	F 统计量样本值	F 统计量临界值	p 值
组间（因素作用）	SSA	$r-1$	MSA	$F=\frac{MSA}{MSE}$	$F_\alpha(r-1, n-r)$	
组内（随机误差）	SSE	$n-r$	MSE			
总和	SST	$n-1$	—			

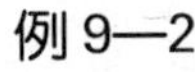

例 9—2

某种新药品已进入效果测试阶段，测试人员希望了解该药品在不同年龄段的人群中药效是否相同。因该药品对骨骼生长发育具有强烈抑制作用，故未成年人不在试验范围内，因而将试药人群分为 21～30 岁、31～40 岁、41～50 岁和 51～60 岁四个年龄段，每个年龄段有 10 位受试者，在其他各项条件都相同的情况下开展试验。试验开始后，分别测量每位受试者的某项身体指标值，得到的数据如表 9—4 所示。

表 9—4　　新药品效果试验数据

受试者序号	21～30 岁	31～40 岁	41～50 岁	51～60 岁
1	41	40	39	38
2	40	39	41	37

续前表

受试者序号	21～30 岁	31～40 岁	41～50 岁	51～60 岁
3	41	42	42	39
4	38	39	40	35
5	39	41	39	36
6	37	42	42	38
7	41	40	39	36
8	42	42	47	40
9	43	39	35	41
10	38	41	36	35

根据上面的试验数据，请分析该新药品在不同年龄段人群中的药效是否相同，即年龄是否为影响该药品效果的一个因素。($\alpha=0.05$。)

解：首先，根据题意设定原假设与备择假设：

H_0：$\mu_1=\mu_2=\mu_3=\mu_4$

H_1：$\mu_i(i=1, 2, 3, 4)$不全相等

根据题意，检验统计量仍然为 F 统计量，已知 $r=4$，$m=10$，$n=r\cdot m=40$，依据样本数据信息计算检验统计量的实际值。

(1) 计算各个因素水平下的样本均值：

$$\bar{x}_1=\frac{1}{m}\sum_{j=1}^{m}x_{1j}=\frac{1}{10}\times(41+40+\cdots+38)=40$$

$$\bar{x}_2=\frac{1}{10}\times(40+39+\cdots+41)=40.5$$

$$\bar{x}_3=\frac{1}{10}\times(39+41+\cdots+36)=40$$

$$\bar{x}_4=\frac{1}{10}\times(38+37+\cdots+35)=37.5$$

(2) 计算所有因素水平下全部样本的总均值：

$$\bar{\bar{x}}=\frac{1}{r}\sum_{i=1}^{r}\bar{x}_i=\frac{1}{4}\times(40+40.5+40+37.5)=39.5$$

(3) 计算误差平方和：

$$\begin{aligned}SST&=\sum_{i=1}^{r}\sum_{j=1}^{m}(x_{ij}-\bar{\bar{x}})^2\\&=[(41-39.5)^2+(40-39.5)^2+\cdots+(38-39.5)^2]\\&\quad+[(40-39.5)^2+(39-39.5)^2+\cdots+(41-39.5)^2]+\cdots\\&\quad+[(38-39.5)^2+(37-39.5)^2+\cdots+(35-39.5)^2]\\&=244\end{aligned}$$

$$SSA=\sum_{i=1}^{r}\sum_{j=1}^{m}(\overline{x}_i-\overline{\overline{x}})^2=10\sum_{i=1}^{r}(\overline{x}_i-\overline{\overline{x}})^2$$
$$=10\times[(40-39.5)^2+(40.5-39.5)^2+\cdots+(37.5-39.5)^2]$$
$$=55$$

$$SSE=\sum_{i=1}^{r}\sum_{j=1}^{m}(x_{ij}-\overline{x}_i)^2$$
$$=[(41-40)^2+(40-40)^2+\cdots+(38-40)^2]$$
$$+[(40-40.5)^2+(39-40.5)^2+\cdots+(41-40.5)^2]+\cdots$$
$$+[(38-37.5)^2+(37-37.5)^2+\cdots+(35-37.5)^2]$$
$$=189$$

显然有 $SST=SSA+SSE$。

(4) 计算组间均方和组内均方及检验统计量的样本值：

根据 MSA 和 MSE 的计算公式及自由度的确定方法，得到

$$MSA=\frac{SSA}{r-1}=\frac{55}{3}=18.333, df_1=3$$

$$MSE=\frac{SSE}{n-r}=\frac{189}{36}=5.25, df_2=36$$

两者相比，得到检验统计量的样本值：

$$F=\frac{MSA}{MSE}=\frac{18.333}{5.25}\approx 3.492$$

根据已知显著性水平 $\alpha=0.05$，在 F 分布表中查找分子自由度为 $df_1=3$，分母自由度为 $df_2=36$ 所对应的临界值 $F_{0.05}(3, 36)$ 在 2.84～2.92 之间，显然，$F>F_{0.05}(3, 36)$，因此拒绝原假设，即 $\mu_1=\mu_2=\mu_3=\mu_4$ 不成立，表明该新药品在各个不同年龄段水平下的药效存在显著差异，即年龄是影响该新药品药效的一个显著因素。

9.3 双因素方差分析

单因素方差分析只考虑一个分类型变量对数值型因变量的影响作用，而现实中我们经常要面对有多个因素对试验结果存在影响的情况。譬如，前面提到的饮料销售问题，影响饮料销售量的因素除了饮料的颜色之外，还可能有季节、地域、品牌等因素，此时，单因素方差分析方法便显得力不从心了。当研究两个分类型变量对数值型变量的影响作用时，需要使用**双因素方差分析**（two-way ANOVA）方法。双因素方差分析又可分为无交互效应的方差分析和有交互效应的方差分析，这里仅讨论无交互效应的方差分析。

9.3.1 数据结构

在无交互作用的双因素方差分析中，往往将两个因素分别作为试验数据表的行因素和列因素。假如要考虑两个因素——因素 A 和因素 B 对考察对象的影响作用，设因素 A 有 r 个水平，因素 B 有 k 个水平，则进行双因素方差分析的试验数据结构应如表 9—5 所示。

表 9—5　双因素方差分析的数据结构

		行因素 A（A_i）			
		A_1	A_2	…	A_r
列因素 B（B_j）	B_1	x_{11}	x_{21}	…	x_{r1}
	B_2	x_{12}	x_{22}	…	x_{r2}
	⋮	⋮	⋮		⋮
	B_k	x_{1k}	x_{2k}	…	x_{rk}

表中，x_{ij}（$i=1, 2, \cdots, r$；$j=1, 2, \cdots, k$）表示样本试验值；A_i（$i=1, 2, \cdots, r$）表示因素 A 的 r 个水平；B_j（$j=1, 2, \cdots, k$）表示因素 B 的 k 个水平。显然，总样本量为 $n=rk$。例如，x_{11} 表示因素 A 第一个水平因素 B 第一个水平下的样本观测值，x_{rk} 表示因素 A 第 r 个水平因素 B 第 k 个水平下的样本观测值。需要说明的是，这里可以将每个观测值看成是从因素 A 的 r 个水平与因素 B 的 k 个水平得到的 $r\times k$ 个总体中抽取的样本量为 1 的独立随机样本。

9.3.2 分析步骤

与单因素方差分析类似，双因素方差分析的步骤也可以归纳为五步。

1. 提出原假设与备择假设

因为双因素方差分析涉及到对两个因素的影响分析，所以需要针对两个因素分别提出假设，对行因素提出的原假设应为：

H_0：$\mu_1=\mu_2=\cdots=\mu_i=\cdots=\mu_r$　　行因素各水平下因变量的均值相等（行因素的影响作用不显著）

H_1：$\mu_i(i=1, 2, \cdots, r)$不全相等　　行因素各水平下因变量的均值不全相等（行因素的影响作用显著）

式中，μ_i 为行因素第 i 个水平下的总体均值。

同理，对列因素提出的原假设应为：

H_0：$\mu_1=\mu_2=\cdots=\mu_j=\cdots=\mu_k$

H_1：$\mu_j(j=1, 2, \cdots, k)$不全相等

式中，μ_j 为列因素第 j 个水平下的总体均值。

2. 构造检验统计量及确定分布

要检验原假设，需要分别确定检验行因素和列因素的检验统计量，与单因素方差分析构造统计量的方法一样，我们还是从反映全部数据误差大小的总平方和 SST 入手。SST 是全部样本观察值 x_{ij}（$i=1, 2, \cdots, r$；$j=1, 2, \cdots, k$）与总的样本均值$\bar{\bar{x}}$的误差平方和，用公式表示为：

$$
\begin{aligned}
SST &= \sum_{i=1}^{r}\sum_{j=1}^{k}(x_{ij}-\bar{\bar{x}})^2 \\
&= \sum_{i=1}^{r}\sum_{j=1}^{k}(\bar{x}_{i\cdot}-\bar{\bar{x}})^2+\sum_{i=1}^{r}\sum_{j=1}^{k}(\bar{x}_{\cdot j}-\bar{\bar{x}})^2 \\
&\quad +\sum_{i=1}^{r}\sum_{j=1}^{k}(x_{ij}-\bar{x}_{i\cdot}-\bar{x}_{\cdot j}+\bar{\bar{x}})^2
\end{aligned}
\tag{9—7}
$$

从总误差平方和的分解可以看出，第一部分是由行因素产生的误差平方和，这里记为 SSR；第二部分是由列因素产生的误差平方和，记为 SSC；第三部分是排除行、列因素之后，由随机因素影响造成的误差平方和，仍沿用单因素方差分析中的符号，用 SSE 表示。具体的公式表示为：

$$SSR=\sum_{i=1}^{r}\sum_{j=1}^{k}(\bar{x}_{i\cdot}-\bar{\bar{x}})^2 \tag{9—8}$$

$$SSC=\sum_{i=1}^{r}\sum_{j=1}^{k}(\bar{x}_{\cdot j}-\bar{\bar{x}})^2 \tag{9—9}$$

$$SSE=\sum_{i=1}^{r}\sum_{j=1}^{k}(x_{ij}-\bar{x}_{i\cdot}-\bar{x}_{\cdot j}+\bar{\bar{x}})^2 \tag{9—10}$$

式中，$\bar{x}_{i\cdot}=\dfrac{1}{k}\sum_{j=1}^{k}x_{ij}$ 表示行因素第 i 个水平下的样本均值；$\bar{x}_{\cdot j}=\dfrac{1}{r}\sum_{i=1}^{r}x_{ij}$ 表示列因素第 j 个水平下的样本均值；$\bar{\bar{x}}=\dfrac{1}{rm}\sum_{i=1}^{r}\sum_{j=1}^{m}x_{ij}$ 表示所有样本的均值。

这里显然有 $SST=SSR+SSC+SSE$，这个关系也可以用于验证计算的正确性。同样，由于各误差平方和的大小与样本量有关，因此为了消除样本量对问题的干扰，需对各误差平方和进行平均处理。各平方和的自由度分别为：

SST 的自由度$=n-1$

SSR 的自由度$=r-1$

SSC 的自由度$=k-1$

SSE 的自由度$=(r-1)\times(k-1)$

式中，$n=rk$ 为总观测值个数；r 为行因素水平数；k 为列因素水平数。处理后得到下列各均方的计算公式：

行因素的均方 $MSR=\dfrac{SSR}{r-1}$ (9—11)

列因素的均方 $MSC=\dfrac{SSC}{k-1}$ (9—12)

随机误差项的均方 $MSE=\dfrac{SSE}{(r-1)(k-1)}$ (9—13)

与单因素方差分析类似，分别构造行因素和列因素的检验统计量——F 统计量。得到

检验行因素的统计量为：$F_R=\dfrac{MSR}{MSE}\sim F(r-1,(r-1)(k-1))$ (9—14)

检验列因素的统计量为：$F_C=\dfrac{MSC}{MSE}\sim F(k-1,(r-1)(k-1))$ (9—15)

3. 依据样本信息计算该检验统计量的实际值

要检验 H_0 是否成立，就需要依据样本信息得出检验统计量的样本实际值，计算步骤为：

（1）分别计算行因素、列因素各个水平下的样本均值：

行因素：$\bar{x}_{i\cdot}=\dfrac{1}{k}\sum\limits_{j=1}^{k}x_{ij}$ ($i=1，2，\cdots，r$；$j=1，2，\cdots，k$)

列因素：$\bar{x}_{\cdot j}=\dfrac{1}{r}\sum\limits_{i=1}^{r}x_{ij}$ ($i=1，2，\cdots，r$；$j=1，2，\cdots，k$)

式中，x_{ij} 表示行因素第 i 个水平、列因素第 j 个水平下的样本观测值。

（2）计算所有因素水平下全部样本的总均值：

$$\bar{\bar{x}}=\frac{1}{r}\sum_{i=1}^{r}\bar{x}_{i\cdot}=\frac{1}{k}\sum_{j=1}^{k}\bar{x}_{\cdot j}=\frac{1}{rk}\sum_{i=1}^{r}\sum_{j=1}^{k}x_{ij}\text{，}i=1，2，\cdots，r；j=1，2，\cdots，k$$

（3）计算误差平方和：

根据总误差平方和 SST、行因素误差平方和 SSR、列因素误差平方和 SSC 与组内平方和 SSE 的公式分别计算样本值，并根据等式关系验证其正确性。

（4）计算行因素、列因素检验统计量的样本值：

行因素均方 MSR、列因素均方 MSC 和随机误差均方 MSE 的计算公式为：

$$MSR=\frac{SSR}{r-1}，MSC=\frac{SSC}{k-1}，MSE=\frac{SSE}{(r-1)(k-1)}$$

分别得到行因素、列因素检验统计量的样本值：

$$F_R=\frac{MSR}{MSE}，F_C=\frac{MSC}{MSE}$$

4. 设定显著性水平 α 并确定临界值

根据事先设定的显著性水平 α，在 F 分布表中查找行因素统计量、列因素统计量

相对应的临界值 $F_\alpha(r-1, (r-1)(k-1))$，$F_\alpha(k-1, (r-1)(k-1))$。

5. 比较理论值（临界值）与实际值大小，并进行决策

分别比较行、列因素检验统计量的样本值与其对应的理论值（临界值）大小，判断是否拒绝原假设。具体判断原则与单因素方差分析类似。

双因素方差分析的步骤可以用表 9—6 表示，该表也称为方差分析表，具体形式如下：

表 9—6　　双因素方差分析表

误差来源	平方和	自由度 df	均方	F 统计量样本值	F 统计量临界值	p 值
行因素	SSR	$r-1$	MSR	$F_R=\frac{MSR}{MSE}$	$F_\alpha(r-1, (r-1)(k-1))$	
列因素	SSC	$k-1$	MSC	$F_C=\frac{MSC}{MSE}$	$F_\alpha(k-1, (r-1)(k-1))$	
随机因素	SSE	$(r-1)(k-1)$	MSE			
总和	SST	$rk-1$	—			

例 9—3

某品牌饮料生产商想要分析饮料颜色和销售地区对该饮料销售量的影响，分别将该品牌的饮料调制成四种颜色在五个地区进行销售。通过一周的销售试验，得到的数据如表 9—7 所示。请在 $\alpha=0.05$ 的显著性水平下，分析饮料颜色和地区这两个因素对于销售量是否有显著影响。

表 9—7　　饮料销售试验数据　　单位：箱

		颜色因素（行因素）			
		红色	黄色	蓝色	无色
地区因素（列因素）	东部	286	352	342	367
	西部	264	347	365	353
	南部	298	317	361	349
	北部	283	323	332	328
	中部	301	360	327	344

解：根据题意 $r=4$，$k=5$，$n=rk=20$，$\alpha=0.05$。

首先对行、列因素分别建立假设：

$$\text{行因素：}\begin{cases} H_0: \mu_1=\mu_2=\mu_3=\mu_4 \\ H_1: \mu_i(i=1, 2, 3, 4)\text{不全相等} \end{cases}$$

列因素：$\begin{cases} H_0: \mu_1=\mu_2=\mu_3=\mu_4=\mu_5 \\ H_1: \mu_j(j=1, 2, 3, 4, 5)\text{不全相等} \end{cases}$

根据样本数据信息计算检验统计量的实际值：

（1）计算各个因素水平下的样本均值，得到表 9—8。

表 9—8　　样本均值数据　　单位：箱

		颜色因素（行因素）				列因素各水平均值 $\bar{x}_{\cdot j}$
		红色	黄色	蓝色	无色	
地区因素（列因素）	东部	286	352	342	367	336.75
	西部	264	347	365	353	332.25
	南部	298	317	361	349	331.25
	北部	283	323	332	328	316.50
	中部	301	360	327	344	333.00
行因素各水平均值 $\bar{x}_{i\cdot}$		286.40	339.80	345.40	348.20	329.95

表 9—8 中右下角单元格内的数值是全部样本观测值的均值，即$\bar{\bar{x}}$。

（2）计算各项误差平方和：

$$SST=\sum_{i=1}^{r}\sum_{j=1}^{k}(x_{ij}-\bar{\bar{x}})^2=17\,058.95$$

$$SSR=\sum_{i=1}^{r}\sum_{j=1}^{k}(\bar{x}_{i\cdot}-\bar{\bar{x}})^2=2\,565.39\times 5=12\,826.95$$

$$SSC=\sum_{i=1}^{r}\sum_{j=1}^{k}(\bar{x}_{\cdot j}-\bar{\bar{x}})^2=973.72$$

$$SSE=\sum_{i=1}^{r}\sum_{j=1}^{k}(x_{ij}-\bar{x}_{i\cdot}-\bar{x}_{\cdot j}+\bar{\bar{x}})^2=3\,258.28$$

显然有 $SST=SSR+SSC+SSE$。

（3）计算各均方及检验统计量的样本值：

$$MSR=\frac{SSR}{r-1}=\frac{12\,826.95}{3}=4\,275.65$$

$$MSC=\frac{SSC}{k-1}=\frac{973.72}{4}=243.43$$

$$MSE=\frac{SSE}{(r-1)(k-1)}=\frac{3\,258.28}{3\times 4}\approx 271.52$$

分别得到行因素和列因素的检验统计量样本值：

$$F_R=\frac{MSR}{MSE}=\frac{4\,275.65}{271.52}\approx 15.747$$

$$F_C=\frac{MSC}{MSE}=\frac{243.43}{271.52}\approx 0.897$$

根据事先设定的显著性水平 $\alpha=0.05$，在 F 分布表中分别查找对应的的临界值 $F_{0.05}(3, 12)=3.49$，$F_{0.05}(4, 12)=3.26$，显然，$F_R>F_{0.05}(3, 12)$，因此拒绝行因

素的原假设，即 $\mu_1=\mu_2=\mu_3=\mu_4$ 不成立，说明饮料的颜色是影响饮料销售量的一个显著因素；$F_C<F_{0.05}(4, 12)$，因此不能拒绝列因素的原假设，即不能拒绝 $\mu_j(j=1, 2, 3, 4, 5)$ 均相等，表明地区因素并不是影响饮料销售量的显著因素。

想一想

单因素方差分析和双因素方差分析的联系和区别各有哪些？

□ 本章小结

本章主要讲述方差分析，该方法主要用于分析分类型变量对数值型变量的影响作用。方差分析与假设检验有很强的联系，在很大程度上弥补了假设检验在实际应用方面的缺憾。本章内容主要由四部分组成：9.1 节通过举例介绍了方差分析的基本概念，然后从误差的角度阐述了方差分析的统计思想，最后归纳提出了使用该分析方法的前提假定条件；9.2 节主要讲述单因素方差分析，从数据结构入手指出该方法适用的问题类型，阐述了分析思路并介绍了具体操作步骤；9.3 节讲述双因素方差分析，同样从数据结构入手，阐述了分析思路并介绍了具体操作步骤；最后在附录中结合 Excel 操作对实例进行了讲解。

附　录

1. 单因素方差分析

我们以例 9—2 的计算为例，详细说明利用 Excel 进行单因素方差分析的具体操作步骤。

(1) 输入数据，如图 9—2 所示。

	A	B	C	D	E
1	受试者序号	21～30岁	31～40岁	41～50岁	51～60岁
2	1	41	40	39	38
3	2	40	39	41	37
4	3	41	42	42	39
5	4	38	39	40	35
6	5	39	41	39	36
7	6	37	42	42	38
8	7	41	40	39	36
9	8	42	42	47	40
10	9	43	39	35	41
11	10	38	41	36	35

图 9—2

（2）使用单因素方差分析进行计算。点击菜单【数据】→【数据分析】，在弹出的如图 9—3 所示的对话框中选择【方差分析：单因素方差分析】，点击【确定】，可得到如图 9—4 所示的对话框，分别依次填入，点击【确定】，即可得到结果，如图 9—5 所示。

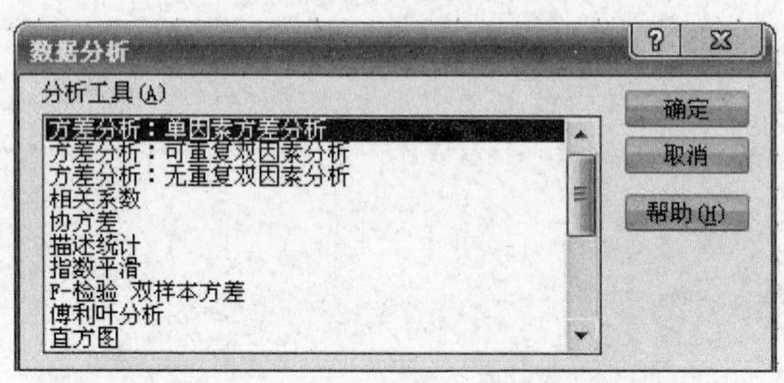

图 9—3

方差分析：单因素方差分析
输入
输入区域(I)： $B$1:$E$11
分组方式： 列(C) 行(R)
标志位于第一行(L)
α(A)： 0.05
输出选项
输出区域(O)： $A$13
新工作表组(P)：
新工作薄(W)
确定
取消
帮助(H)

图 9—4

	A	B	C	D	E	F	G
13	方差分析：单因素方差分析						
14							
15	SUMMARY						
16	组	观测数	求和	平均	方差		
17	21～30年龄段	10	400	40	3.777777778		
18	31～40年龄段	10	405	40.5	1.611111111		
19	41～50年龄段	10	400	40	11.33333333		
20	51～60年龄段	10	375	37.5	4.277777778		
21							
22							
23	方差分析						
24	差异源	SS	df	MS	F	P-value	F crit
25	组间	55	3	18.33333333	3.492063492	0.02534	2.866266
26	组内	189	36	5.25			
27							
28	总计	244	39				
29	总计	9339.28	49				

图 9—5

（3）根据上述结果做出判断。

2. 双因素方差分析

我们以例 9—3 的计算为例，详细说明利用 Excel 进行双因素方差分析的具体操作步骤。

（1）输入数据，如图 9—6 所示。

（2）使用双因素方差分析进行计算。点击菜单【数据】→【数据分析】，在弹出的如图 9—7 所示的对话框中选择【方差分析：无重复双因素方差分析】，点击【确定】，可得到如图 9—8 所示的对话框，分别依次填入，点击【确定】，即可得到结果，如图 9—9 所示。

	A	B	C	D	E
1		红色	黄色	蓝色	无色
2	东部	286	352	342	367
3	西部	264	347	365	353
4	南部	298	317	361	349
5	北部	283	323	332	328
6	中部	301	360	327	344

图 9—6

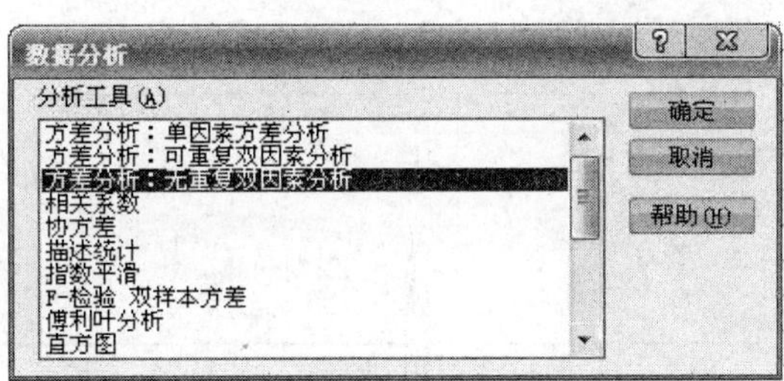

图 9—7

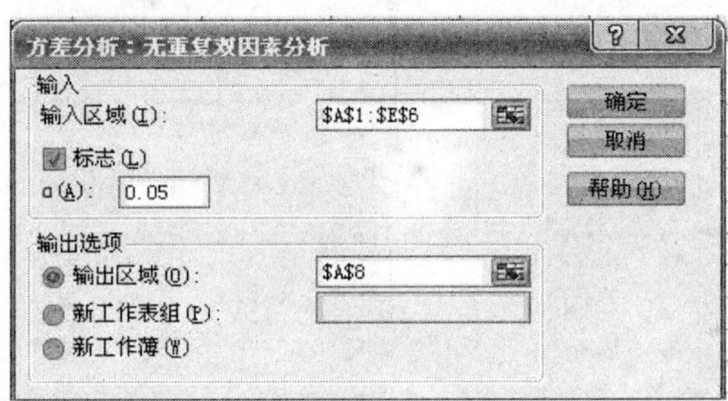

图 9—8

	A	B	C	D	E	F	G
7							
8	方差分析：无重复双因素分析						
9							
10	SUMMARY	观测数	求和	平均	方差		
11	东部	4	1347	336.75	1250.25		
12	西部	4	1329	332.25	2126.25		
13	南部	4	1325	331.25	836.25		
14	北部	4	1266	316.5	512.3333		
15	中部	4	1332	333	636.6667		
16							
17	红色	5	1432	286.4	215.3		
18	黄色	5	1699	339.8	352.7		
19	蓝色	5	1727	345.4	289.3		
20	无色	5	1741	348.2	200.7		
21							
22							
23	方差分析						
24	差异源	SS	df	MS	F	P-value	F crit
25	行	973.7	4	243.425	0.89651	0.495835	3.259167
26	列	12826.95	3	4275.65	15.7468	0.000184	3.490295
27	误差	3258.3	12	271.525			
28							
29	总计	17058.95	19				

图 9—9

（3）根据上述输出结果做出判断。

□习　题

1. 简述方差分析的统计思想。

2. 某卫生研究机构要研究棉、丝、麻、尼龙4种纤维的灰尘吸附能力是否有显著差异，分别对4种材料进行了5次试验，试验结果数据如下表所示。

试验编号	纤维种类			
	棉	丝	麻	尼龙
1	2.48	2.33	2.68	4.02
2	2.34	2.73	2.76	5.13
3	2.34	2.35	2.39	3.89
4	2.64	2.10	2.48	3.60
5	2.23	2.71	2.80	4.36

试在显著性水平$\alpha=0.05$的情况下，检验4种纤维的灰尘吸附能力是否有显著差异。

3. 有5种不同的施肥方案，在其他条件均相同的情况下，分别得到某农作物的平均单产数据（见下表）。

施肥方案 / 试点编号	A_1	A_2	A_3	A_4	A_5
1	335	480	345	320	350
2	210	330	175	350	440
3	335	490	300	395	450
4	275	330	175	350	440

试在显著性水平$\alpha=0.05$和$\alpha=0.005$的情况下，分别检验这5种施肥方案对农作物产量是否有显著影响。

4. 分别用四种方法治疗8名病情相仿的血液病患者，用药后采集其血浆凝固时间信息，数据如下表所示。

处理组 / 病人编号	治疗方法			
	方法一	方法二	方法三	方法四
1	9.4	9.8	12.2	8.7
2	9.1	12.2	14.9	12.4
3	15.2	11.9	9.4	9.9
4	8.8	8.5	9.8	9.5
5	8.2	9.9	12.4	8.7
6	9.9	9.2	8.9	8.9
7	8.1	9.2	10.4	7.7
8	9.0	8.8	10.7	7.8

试分析四种方法的疗效是否存在显著差异。($\alpha=0.01$。)

5. 设在第2题中，试验编号分别表示5种潮湿度不同的环境，试分析纤维种类与环境潮湿度这两个因素是否为显著影响纤维灰尘吸附能力的因素。($\alpha=0.05$。)

6. 设在第3题中，将5种不同施肥方案用于4种不同的农作物，即试验编号分别表示4种不同的农作物，试分析施肥方案与农作物种类这两个因素中，哪个因素对农作物产量具有显著的影响作用。($\alpha=0.01$。)

7. 某企业在制定某产品的广告策略时，对4种不同广告形式（报纸、电视广播、电台广播、优惠促销）在不同地区（东部、西部、南部、北部和中部）的广告效果（销售额）进行采集，得到如下表所示的数据：

		广告形式			
		报纸	电视广播	电台广播	优惠促销
地区因素	东部	75	67	57	85
	西部	69	59	51	97
	南部	63	72	52	100
	北部	67	69	61	90
	中部	72	70	55	94

试分析不同广告形式、地区对该产品销售额的影响。($\alpha=0.05$。)

第 10 章 Chapter 10 相关与回归

1855 年，英国著名生物学家、统计学家弗朗西斯·高尔顿发表了“遗传的身高向平均数方向的回归”一文，他和他的学生卡尔·皮尔逊通过观察 1 078 对夫妇，以每对夫妇的平均身高为自变量，以他们的一个成年儿子的身高为因变量，分析儿子身高与父母身高之间的关系，发现通过父母的身高可以预测儿子的身高。当父母越高或越矮时，儿子的身高会比一般成人高或矮，他根据儿子与父母身高的这种现象拟合出一种线性关系，并得出结论：父母身高每增加 1 个单位，其成年儿子的身高平均增加 0.516 个单位。

有趣的是，通过观察，高尔顿还注意到，尽管这是一种拟合较好的线性关系，但仍然存在例外现象：矮个父母所生的儿子比其父母要高，身材较高的父母所生儿子的身高却回降到多数人的平均身高。换句话说，当父母身高走向极端时，儿子的身高不会像父母的身高那样极端化，其身高要比父母的身高更接近平均身高，即有“回归”到平均数水平的趋势，这就是统计学上“回归”的最初含义，高尔顿把这一现象叫做“向平均数方向的回归”（regression toward mediocrity）。虽然这是一种特殊情况，与线性关系拟合的一般规则无关，但“线性回归”的术语却因此沿用下来。本章将介绍简单相关分析和回归分析的基本理论和方法，通过对本章的学习，希望读者掌握这种既简单又实用的统计方法。

10.1 相关分析

10.1.1 变量间的相互关系

变量之间的关系可以分为两种：一种是确定性关系或函数关系，研究的是确定现象变量间的关系。比如销售额等于单价和销售量的乘积，用函数表示为 $y=px$，在单

价给定的情况下可以唯一确定销售额。另一种是统计关系或相关关系，研究的是非确定现象变量间的关系。相关关系比确定性关系更为普遍，比如广告投放量和销售收入、科研投入和创新产出之间的关系等。这些事物之间存在一定的关系，但是不能像确定性关系那样用数学函数进行描述，当给定变量 x 值时，往往存在若干 y 值与其对应。

在第 1 章中介绍过，变量可以分为定性变量和定量变量。考察不同类型变量的相关关系应使用不同的方法。定性变量之间的相关参见第 8 章的列联分析，定性变量和数值型变量之间的关系参见第 9 章方差分析。本章主要考察两个数值型变量之间的相关关系。相关关系可以按照相关程度大小、相关关系的变动方向、相关形式和涉及变量的数量等因素划分。

(1) 按相关程度的大小可以将相关关系分为完全相关、不完全相关和不相关。完全相关在相关图上表现为所有的观测点都落在同一条直线上。这种情况下，相关关系实际上是函数关系。不相关是指变量之间不存在联系。不完全相关关系介于不相关和完全相关之间。我们这里讨论的相关关系是指不完全相关，不完全相关关系是统计研究的主要对象。

(2) 按相关关系的变动方向划分为正相关关系和负相关关系。正相关关系指两个变量之间的变化方向一致，同时增长或减少。负相关关系指两个变量之间的变化方向相反，此消彼长。

(3) 按相关的形式划分为线性相关和非线性相关。线性相关表现为自变量 x 值发生变动，因变量 y 值随之发生近似倍数的变动，在图像上表现为直线形式。非线性相关中，自变量 x 值发生变动，因变量 y 值也随之发生变动，但这种变动不是倍数的。曲线相关在相关图上表现为抛物线、双曲线、指数曲线等非直线形式。

(4) 按涉及变量多少可分为简单相关和复相关。简单相关研究两个变量之间的相关关系。复相关涉及三个或三个以上变量的相关关系。

相关关系可以用散点图直观表示。将数据以点的形式画在直角平面上，通过观察散点图能够直观地发现变量间的统计关系及其强弱程度和数据对的走势。图 10—1 中表示了几种不同的相关关系。

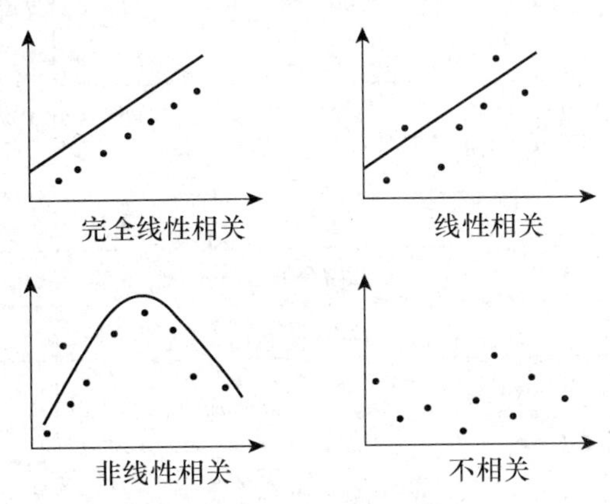

图 10—1　相关关系图

10.1.2 相关系数

虽然散点图能够直观地展现变量之间的统计关系，但并不精确。**相关系数**（correlation coefficient）以数值形式精确地度量了两个变量间线性相关关系的强弱程度。根据总体数据计算的相关系数称为总体相关系数，记为 ρ。根据样本数据计算的相关系数则称为样本相关系数，记为 r。

10.1.2.1 Pearson 简单相关系数

Pearson 简单相关系数用来度量变量间的线性相关关系，定义如下：

$$r=\frac{\sum(x-\overline{x})(y-\overline{y})}{\sqrt{\sum(x-\overline{x})^2\cdot\sum(y-\overline{y})^2}} \tag{10—1}$$

式（10—1）显示，简单相关系数是 x_i 和 y_i 分别标准化后的积的平均数。为计算方便，可以化简式（10—1）得到式（10—2）。

$$r=\frac{n\sum xy-\sum x\sum y}{\sqrt{n\sum x^2-\left(\sum x\right)^2}\sqrt{n\sum y^2-\left(\sum y\right)^2}} \tag{10—2}$$

例 10—1

考察产品销售额和广告投入额之间的关系，记产品销售额为 y，广告投入额为 x，收集到 20 个样本，数据如表 10—1 所示。试计算产品销售额和广告投入额的相关系数。

表 10—1 产品销售额和广告投入额数据 单位：百万元

编号	广告投入额 x	产品销售额 y	编号	广告投入额 x	产品销售额 y
1	7.49	28.39	11	6.5	27.23
2	6.44	26.54	12	9.4	31.95
3	9.91	34.89	13	7.35	27.78
4	8.65	31.79	14	10.43	34.76
5	11.3	38.86	15	7.75	30.22
6	8.25	28.64	16	8.22	31.29
7	5.23	21.75	17	9.17	33.15
8	6.73	26.49	18	8.7	33.08
9	10.39	35.25	19	12.25	38.99
10	6.62	28.09	20	8.14	30.39

解：对表 10—1 中的数据进行计算，可得

$$\sum_{i=1}^{n} X_i = 168.92, \sum_{i=1}^{n} Y_i = 619.53$$

$$\sum_{i=1}^{n} X_i^2 = 1\,487.93, \sum_{i=1}^{n} Y_i^2 = 19\,546.58$$

$$\sum_{i=1}^{n} X_i Y_i = 5\,376.18$$

按照式（10—2），代入数据有

$$r = \frac{n\sum_{i=1}^{n} X_i Y_i - \sum_{i=1}^{n} X_i \sum_{i=1}^{n} Y_i}{\sqrt{n\sum_{i=1}^{n} X_i^2 - (\sum_{i=1}^{n} X_i)^2}\sqrt{n\sum_{i=1}^{n} Y_i^2 - (\sum_{i=1}^{n} Y_i)^2}}$$

$$= \frac{20 \times 5\,376.18 - 168.92 \times 619.53}{\sqrt{20 \times 1\,487.93 - (168.92)^2}\sqrt{20 \times 19\,546.58 - (619.53)^2}} = 0.973$$

因此产品销售额和广告投入额的相关系数为 0.973。

10.1.2.2　相关系数的性质

在计算出相关系数的数值之后，还需要解读这些数值。一般情况下，我们需要看相关系数的符号和绝对值大小。

（1）观察相关系数值的符号：$r>0$ 表明两变量正相关；$r<0$ 表明两变量负相关。

（2）相关系数的取值范围在 -1～$+1$ 之间，即 $-1 \leqslant r \leqslant 1$。

（3）相关系数 r 的绝对值越接近于 1，表示变量之间的相关程度越高；越接近于 0，表示变量之间的相关程度越低。如果 $r=1$ 或 -1，则表示两个现象完全线性相关；如果 $r=0$，则表示两个现象完全不线性相关。

（4）一般认为，$|r|<0.3$ 表示变量之间的线性相关关系较弱；$0.8 \leqslant |r| < 1$ 表示变量之间相关关系较强。

当然，不能完全依据相关系数的大小来判断相关关系的强弱。比如当只有两个数据点的时候，由于两点确定一条直线，因此相关系数必然为 1。但是这并不能为判断它们所代表的变量是否相关提供依据。在得到相关系数的值之后，通常还要进行检验，我们在后面会介绍。

在使用相关系数时，需要注意以下几点：

（1）从相关系数的计算公式式（10—1）中可以看出相关系数是 x 和 y 标准化后的结果，因此简单相关系数是没有量纲的。对变量做线性变换后可能会改变它们之间

相关关系的方向，但不会改变相关系数的绝对值大小。

（2）相关系数能够用来度量两变量之间的线性关系，但它并不是度量非线性关系的有效工具。相关系数小的变量之间可能存在很强的非线性相关关系。

（3）有相关关系并不意味着有因果关系。

（4）相关系数的大小不仅与变量关系的密切程度有关，而且与样本量大小有关。

10.1.3 相关系数的检验

由样本数据计算的样本相关系数仅是总体相关系数的近似，通常样本相关系数不能直接用来说明样本所在的总体之间是否存在显著的线性相关，需要通过假设检验的方式对总体是否存在显著线性相关进行推断。基本步骤为：

（1）建立原假设和备择假设。H_0：总体相关系数 $\rho=0$；H_1：总体相关系数 $\rho\neq0$。

（2）构建检验统计量。Pearson 简单相关系数的检验统计量为 t 统计量，其数学定义为：

$$t=\frac{r\sqrt{n-2}}{\sqrt{1-r^2}} \tag{10—3}$$

式中，t 统计量服从自由度为 $n-2$ 的 t 分布。

（3）确定显著性水平 α，利用该统计量和 t 分布表判断是否拒绝原假设。若 $|t|>t_{\alpha/2}(n-2)$，则拒绝 H_0，认为两变量的相关性是显著的；若 $|t|<t_{\alpha/2}(n-2)$，则无法拒绝 H_0，认为总体间存在显著线性相关的证据不充分。

例 10—2

给定显著性水平 $\alpha=0.05$，对例 10—1 计算出的产品销售额和广告投入额的相关系数进行显著性检验。

解：建立原假设和备择假设：

$$H_0: \rho=0$$
$$H_1: \rho\neq0$$

计算检验统计量：

$$t=\frac{0.973\times\sqrt{20-2}}{\sqrt{1-0.973^2}}=17.97$$

由显著性水平 $\alpha=0.05$，查 t 分布表得 $t_{0.05/2}(20-2)=2.101<17.97$。因而拒绝 H_0，认为产品销售额和广告投入额之间存在显著的相关关系。

10.2 回归分析

10.2.1 回归分析的基本问题

假设在相关分析中，我们已经确认了两个变量之间存在着强烈的相关性。那么在进一步的分析中，我们希望探讨一个变量的变化如何引起另一个变量的变化，如何通过一个变量的已知值来预测另外一个变量的值。这就是回归分析要解决的问题。

回归分析（regression analysis）是一种应用极为广泛的统计分析方法，它用回归方程描述和反映变量间的数量变化规律。与相关分析相比，回归分析研究变量之间相互关系的具体形式，从而能从一个变量的变化来推测另一个变量的变化，为预测提供可能。回归分析同相关分析的另一个区别是：相关分析假设变量之间的地位是等同的，不对变量进行区分，而回归分析则把变量区分为自变量和因变量。

知道吗 弗朗西斯·高尔顿（1822—1911），查尔斯·达尔文的表弟，是一名英格兰维多利亚时代的文艺复兴人、人类学家、优生学家、热带探险家、地理学家、发明家、气象学家、统计学家、心理学家和遗传学家。高尔顿在 1877 年发表关于种子的研究结果，指出回归到平均值（regression toward the mean）现象的存在，这个概念与现代统计学中的“回归”并不相同，但却是“回归”一词的起源。在此后的研究中，高尔顿第一次使用了相关系数（correlation coefficient）的概念。他使用字母“r”来表示相关系数，这个传统一直延续至今。

在 10.1 节中我们介绍过，变量之间的关系有函数关系和相关关系两种。回归分析的目的就是在相关分析的基础上进一步研究变量之间的相互关系，因此，它也是带误差项含有不确定性的函数关系。我们可以举个例子来更清楚地认识这种关系和函数关系的区别。

假如我们考察广告投放量和销售收入之间的关系，在计算机上模拟生成一组广告投放量和销售收入的数据，具体如表 10—2 所示。

表 10—2　　模拟的广告投放量和销售收入数据

广告投放量（百万条）	27	15	36	28	47
销售收入（百万元）	51.6	30	67.8	53.4	87.6

由这组数据得到的广告投放量和销售收入之间的关系为：

销售收入＝3＋1.8×广告投放量

但是在实际观测中我们得到的数据如表10—3所示。

表10—3 观测到的广告投放量和销售收入数据

广告投放（百万条）	销售收入（百万元）
27	25%的时刻为49.6，25%的时刻为50.6， 25%的时刻为52.6，25%的时刻为53.6
15	25%的时刻为28，25%的时刻为29， 25%的时刻为31，25%的时刻为32
36	25%的时刻为65.8，25%的时刻为66.8， 25%的时刻为68.8，25%的时刻为69.8
28	25%的时刻为51.4，25%的时刻为52.4， 25%的时刻为54.4，25%的时刻为55.4
47	25%的时刻为85.6，25%的时刻为86.6， 25%的时刻为88.6，25%的时刻为89.6

因此广告投放量和销售收入之间的关系应该由如下关系式表达：

销售收入＝3＋1.8×广告投放量＋e

式中，e是一个随机扰动项，其分布为：

e	−1	−2	1	2
$P(e)$	0.25	0.25	0.25	0.25

实际生活中变量之间的相互关系更加复杂。假设我们要研究销售收入Y和广告投放量X的关系，销售收入不仅受到广告投放量的影响，而且受到产品口碑、公司战略、产品质量等其他多种因素的影响。我们假定这些影响来自很多方面但都不起主导作用，则可以将这些因素作为随机误差干扰项处理，从而Y和X之间的联系不是确定性的函数关系，我们用下面的式子来表示：

$$Y=f(X)+\varepsilon \tag{10—4}$$

式中，$f(X)$称作回归函数；ε为随机误差或随机干扰，它是一个分布与X无关的随机变量；变量X称为自变量或者解释变量；变量Y称为因变量或者被解释变量。

回归模型根据自变量的多少可以分为一元回归和多元回归，根据自变量和因变量之间的关系可以分为线性回归和非线性回归。一元线性回归是描述两个变量之间统计关系的最简单的回归模型。通过一元线性回归模型的建立，可以了解回归分析方法的基本统计思想以及它在实际问题研究中的应用原理。因此本节将详细讨论一元线性回归的建模思想、最小二乘估计法、回归方程的有关检验等。本节讨论自变量和因变量都是数值型变量的情况，因变量为定性变量的情况参见 10.4 节。

10.2.2　一元线性回归模型的设定

一元线性回归模型研究的是式（10—4）中线性表达式 $f(X)$ 只有一个自变量的情况，此时有

$$Y=\beta_0+\beta_1 X+\varepsilon \tag{10—5}$$

式（10—5）中，因变量 Y 的变化可以由两部分解释：一部分是由自变量 X 的变化引起的，即 $\beta_0+\beta_1 X$；另一部分是由随机因素 ε 引起的，ε 反映了不能由 X 和 Y 之间的线性关系解释的变异性。β_0 和 β_1 称为模型的参数。

假定随机变量 ε 的期望为 0。对式（10—5）等号两边取期望可以推得

$$E(Y)=\beta_0+\beta_1 X$$

由于该式是在给定 X 的条件下估计的，因此实际上可以表示为：

$$E(Y|X)=\beta_0+\beta_1 X \tag{10—6}$$

式（10—6）为一元线性回归方程，表明 X 和 Y 之间的统计关系是在平均意义下讨论的，即当 X 的值给定后利用回归模型计算得到的是 Y 的平均值。式中，β_0 是回归直线在 Y 轴上的截距，是当 $X=0$ 时 Y 的期望值；β_1 是直线的斜率，称为回归系数，表示 X 每变动 1 个单位 Y 的平均变动值。

根据取得的数据估计回归方程中的参数，得到经验回归方程或者称为估计的回归方程：

$$\hat{Y}=\hat{\beta}_0+\hat{\beta}_1 X \tag{10—7}$$

注意到真实值 Y 和估计值 $\hat{Y}$ 并不是完全相等的，它们之间的离差为：

$$e=Y-\hat{Y} \tag{10—8}$$

线性回归模型是回归分析中应用最广泛的形式。一方面是因为在自然现象或者社会经济现象中，很多事物之间的关系接近线性关系；另一方面是因为线性模型易于理解，具有很好的可解释性。实际上，一些非线性模型也可以通过变换使用线性模型的分析方法来探讨。

小词典

线性有两种含义：一种是解释变量的线性；另一种是参数的线性。解释变量的线性指的是自变量每变动 1 个单位，因变量的变化率为一个常量。在这种情况下，形如 $Y=\beta_0+\beta_1\dfrac{1}{X}$ 的方程就是非线性方程。而参数线性指的是因变量的条件均值是参数的线性函数，此时解释变量不一定要是线性的，如 $Y=\beta_0+\beta_1\dfrac{1}{X}$ 是参数线性的。在我们讨论的线性模型中，关注的是参数线性的模型。

10.2.3　一元线性回归模型的拟合

设定模型之后，我们还希望通过样本数据估计出参数的值。实际上，线性回归就是在自变量和因变量的散点图中找出一条直线来拟合数据。在例 10—1 中，以产品销售额为因变量（纵轴），以广告投入额为自变量（横轴），作出二者的散点图，如图 10—2 所示。观察散点图 10—2，可以找到很多条直线来拟合产品销售额和广告投入额之间的关系。

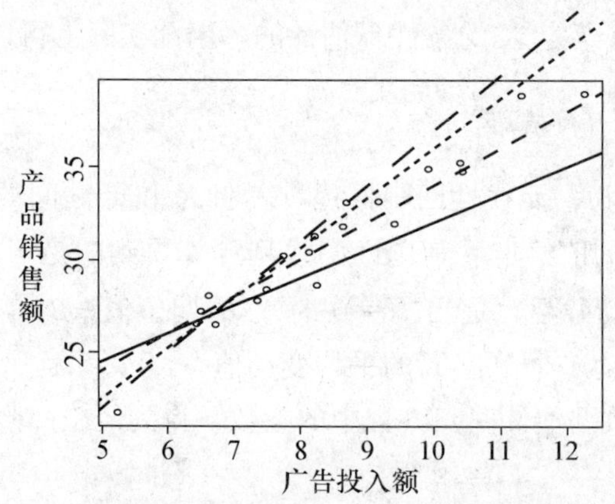

图 10—2　产品销售额和广告投入额散点图

但是如何找到一条最优的直线来拟合样本数据呢？前面我们提到过拟合数据和真实观测值是有差异的，这个差异的平方和可以用作选择拟合直线的指标，这也是最小二乘法的思想：使估计的直线和真实值之间的残差平方和最小。

知道吗　最小二乘法是通过使估计值和真实值的离差平方和最小来估计模型参数的方法，也称最小平方法，这种方法是由德国科学家高斯提出的。用最小二乘法拟合的直线具有一些优良的性质：首先，通过最小二乘法得到的回归直线能使得离差平方和最小，这是一条与数据拟合良好的直线应具有的性质；其次，由最小二乘法求得的回归直线可知估计量的抽样分布。

采用最小二乘法来估计式（10—6）中的参数，记平方和

$$Q(\beta_0,\beta_1)=\sum_{i=1}^{n}(Y_i-\beta_0-\beta_1X_i)^2 \tag{10—9}$$

寻找使得 $Q(\beta_0, \beta_1)$ 最小的 β_0 和 β_1 作为估计值，即 $Q(\hat{\beta}_0, \hat{\beta}_1)=\min Q(\beta_0, \beta_1)$。根据式（10—9），分别对 β_0 和 β_1 求偏导，得到方程组：

$$\begin{cases}\dfrac{\partial Q}{\partial \beta_0}=-2\sum\limits_{i=1}^{n}(Y_i-\beta_0-\beta_1)=0\\ \dfrac{\partial Q}{\partial \beta_1}=-2\sum\limits_{i=1}^{n}(Y_i-\beta_0-\beta_1)X_i=0\end{cases}$$

解方程可得

$$\begin{cases}\hat{\beta}_1=\dfrac{L_{xy}}{L_{xx}}\\ \hat{\beta}_0=\overline{Y}-\hat{\beta}_1\overline{X}\end{cases} \tag{10—10}$$

式中 $L_{xx}=\sum\limits_{i=1}^{n}(X_i-\overline{X})^2=\sum\limits_{i=1}^{n}X_i^2-\dfrac{1}{n}\left(\sum\limits_{i=1}^{n}X_i\right)^2$

$$L_{xy}=\sum_{i=1}^{n}(X_i-\overline{X})(Y_i-\overline{Y})=\sum_{i=1}^{n}X_iY_i-\frac{1}{n}\left(\sum_{i=1}^{n}X_i\right)\left(\sum_{i=1}^{n}Y_i\right)$$

为了方便，记 $x_i=X_i-\overline{X}$，$y_i=Y_i-\overline{Y}$，即 $\hat{\beta}_1=\dfrac{\sum\limits_{i=1}^{n}x_iy_i}{\sum\limits_{i=1}^{n}x_i^2}$，$\hat{\beta}_0=\overline{Y}-\hat{\beta}_1\overline{X}$。

例 10—3

根据例 10—1 中的数据，以产品销售额为因变量，以广告投入额为自变量，拟合回归方程。

解：记产品销售额为 Y_i，广告投入额为 X_i，则

$$\sum_{i=1}^{n}X_i=168.92,\ \sum_{i=1}^{n}Y_i=619.53$$

$$\sum_{i=1}^{n}X_i^2=1\,487.93,\ \sum_{i=1}^{n}Y_i^2=19\,546.58$$

$$\sum_{i=1}^{n}X_iY_i=5\,376.18$$

$$\hat{\beta}_1 = \frac{n\sum_{i=1}^{n}X_iY_i - \sum_{i=1}^{n}X_i\sum_{i=1}^{n}Y_i}{n\sum_{i=1}^{n}X_i^2 - (\sum_{i=1}^{n}X_i)^2} = \frac{20\times 5\ 376.18 - 168.92\times 619.53}{20\times 1487.93 - 168.92^2} = 2.35$$

$$\hat{\beta}_0 = \overline{Y} - b\overline{X} = \frac{619.53}{20} - 2.35\times\frac{168.92}{20} = 11.16$$

拟合的回归方程为：$\hat{Y}=11.16+2.35X$。系数 2.35 表示广告投入额每增加 1 个单位，产品销售额平均增加 2.35 个单位。

知道吗　普通最小二乘法的估计量有一些有趣的性质：

- 运用最小二乘估计法得出的样本回归线经过样本均值点，即

  $\overline{Y}=\hat{\beta}_0+\hat{\beta}_1\overline{X}$

- 残差的均值为 0，即 $\bar{e}=\sum_{i=1}^{n}e_i/n=0$。
- 残差与解释变量不相关，即 $\sum_{i=1}^{n}e_iX_i=0$。

10.2.4　回归系数的推断

在完成了参数估计之后，我们来考虑统计推断的下一步：假设检验。我们如何才能知道得到的系数值是真实地反映了现实的关系，还是受到了随机误差的影响呢？为了进行假设检验，我们需要给出一些有关模型的假设。经典线性回归模型有如下假设：

(1) 自变量 X 和误差项 ε_i 不相关，即 $E(X\varepsilon_i)=0$；

(2) 误差项 ε_i 的均值为 0，$E(\varepsilon_i)=0$；

(3) 同方差假定：ε_i 的方差为一常数，即 $V(\varepsilon_i)=\sigma^2$；

(4) 无自相关：即两个误差项之间是不相关的，$E(\varepsilon_i\varepsilon_j)=0$ $(i\neq j)$。

10.2.4.1　最小二乘估计量的最优线性无偏性

给出上面这些假设有什么好处呢？我们知道判断估计量优劣的一个标准是无偏性，即估计量的期望等于系数的真实值。另外，我们还希望估计量比较稳定，方差不要太大。在给定经典回归模型的假设下，由高斯-马尔科夫定理保证了最小二乘估计量是最优线性无偏估计量，证明本书略。这里我们通过蒙特卡罗模拟试验来验证 $\hat{\beta}_1$，$\hat{\beta}_0$ 的无偏性。假设已知如下的总体回归方程（参数值是真实已知的）：

$$Y_i=\beta_0+\beta_1X_i+\varepsilon_i=1.5+0.6X_i+\varepsilon_i$$

式中，ε_i 服从均值为 0，方差为 1 的正态分布。现在假定 X 的观测值为 1，2，3，4，5，6，7，8，9，10。根据误差的分布分别生成 10 个误差值，由 X 的观测值和给定的系数计算出 Y 的值，记为样本 1。再根据误差的分布分别生成 10 个误差值，由 X 的观测值和给定的系数计算出 Y 的值，记为样本 2。按照这种方法生成 30 组样本。分别对 30 组样本进行回归，得到估计的系数 $\hat{\beta}_0$，$\hat{\beta}_1$。由此可以得到 30 个不同的 $\hat{\beta}_0$，$\hat{\beta}_1$，具体数据如表 10—4 所示。

表 10—4　　　　蒙特卡罗模拟试验：$1.5+0.6X_i+\varepsilon_i$　($\varepsilon_i \sim N(0,1)$)

编号	β_0	β_1	编号	β_0	β_1
1	1.495	0.588	16	1.433	0.538
2	1.285	0.63	17	2.333	0.406
3	1.299	0.625	18	0.858	0.65
4	0.349	0.815	19	1.772	0.606
5	2.39	0.433	20	0.927	0.686
6	1.713	0.627	21	0.495	0.805
7	0.688	0.692	22	1.083	0.6
8	0.525	0.676	23	0.461	0.72
9	1.651	0.555	24	1.358	0.643
10	1.5	0.546	25	2.236	0.408
11	0.717	0.69	26	0.827	0.723
12	1.558	0.6	27	1.824	0.476
13	1.412	0.696	28	2.123	0.529
14	2.586	0.326	29	0.722	0.649
15	1.063	0.656	30	1.18	0.732

可以算出，$\hat{\beta}_0$，$\hat{\beta}_1$ 的平均值为 1.33，0.61，和真实值 1.5，0.6 已经非常接近了。在这里，如果做更多次的抽样试验，会得到更加逼近的估计值。

10.2.4.2　回归系数的抽样分布

给出这些假设的另一个好处是我们由此可以计算最小二乘估计量的分布。从式 (10—5) 中我们可以看到 Y 依赖于 X 和误差项 ε，而 ε 是一个随机变量，因此 Y 也是随机变量。同时作为 Y 的线性组合的 $\hat{\beta}_0$，$\hat{\beta}_1$ 也是随机变量，因此它们的值会随样本数据的不同而变化。我们想了解这种估计量抽样的差异性，想对随机变量进行推断，根据第 7 章假设检验的知识可知，我们需要求出估计量的方差，并进一步求出它们的抽样分布。下面给出估计量的方差值，证明本书略。

$\hat{\beta}_1$ 的方差为：

$$V(\hat{\beta}_1)=\frac{\sum_{i=1}^{n}x_i^2V(Y_i)}{(\sum_{i=1}^{n}x_i^2)^2}=\frac{\sigma^2}{\sum_{i=1}^{n}x_i^2} \tag{10—11}$$

根据正态分布变量的线性组合仍是正态分布变量的原理，可以得到 $\hat{\beta}_1$ 服从均值为 β_1，方差为 $\frac{\sigma^2}{\sum_{i=1}^{n}x_i^2}$ 的正态分布，即

$$\frac{\hat{\beta}_1-\beta_1}{\sigma\Big/\sqrt{\sum_{i=1}^{n}x_i^2}}\sim N(0,1)$$

$\hat{\beta}_0$ 的方差为：

$$V(\hat{\beta}_0)=\left(\frac{1}{n}+\frac{\overline{X}^2}{\sum_{i=1}^{n}x_i^2}\right)\sigma^2 \tag{10—12}$$

即 $\hat{\beta}_0$ 服从均值为 β_0，方差为 $\left(\frac{1}{n}+\frac{\overline{X}^2}{\sum_{i=1}^{n}x_i^2}\right)\sigma^2$ 的正态分布，即

$$(\hat{\beta}_0-\beta_0)\Bigg/\left(\sigma\cdot\sqrt{\frac{1}{n}+\frac{\overline{X}^2}{\sum_{i=1}^{n}x_i^2}}\right)\sim N(0,1)$$

我们注意到，在系数 β_1 和 β_0 的方差估计量中都涉及 σ^2，但 σ^2 在实际问题中也是一个未知的量，需要我们利用数据进行估计。要估计误差的方差，一个可用的估计量是残差的方差，即 $d^2=\frac{1}{n}\sum_{i=1}^{n}(e_i-\bar{e})^2=\frac{1}{n}\sum_{i=1}^{n}e_i^2$ 。但是由于在估计 $\hat{\beta}_0$，$\hat{\beta}_1$ 时损失了两个自由度，因此 d^2 不是 σ^2 的无偏估计。对 d^2 进行调整得到 σ^2 的无偏估计为：

$$S_e^2=\frac{n}{n-2}d^2=\frac{\sum_{i=1}^{n}e_i^2}{n-2} \tag{10—13}$$

例 10—4

在例 10—3 拟合的产品销售额对广告投入额的回归方程中，考察系数估计量 $\hat{\beta}_0$ 和 $\hat{\beta}_1$ 的方差。

解：记产品销售额为 Y，广告投入额为 X，回归方程为 $\hat{Y}=11.16+2.345X$。

$$S_e^2=\frac{\sum_{i=1}^{n}e_i^2}{n-2}=\frac{\sum_{i=1}^{n}[Y_i-(11.16+2.345X_i)]^2}{20-2}=\frac{18.81}{18}=1.045$$

$$\sum_{i=1}^{n} x_i^2 = \sum_{i=1}^{n} X_i^2 - n\overline{X}^2 = 1\,487.93 - 20 \times 8.446^2 = 61.23$$

$$V(\hat{\beta}_1) = \frac{S_e^2}{\sum_{i=1}^{n} x_i^2} = \frac{1.045}{61.23} = 0.017$$

$$S(\hat{\beta}_1) = \sqrt{V(\hat{\beta}_1)} = 0.13$$

$$\frac{1}{n} + \frac{\overline{X}^2}{\sum_{i=1}^{n} x_i^2} = \frac{1}{20} + \frac{8.446^2}{61.23} = 1.215$$

$$V(\hat{\beta}_0) = S_e^2 \cdot \left(\frac{1}{n} + \frac{\overline{X}^2}{\sum_{i=1}^{n} x_i^2}\right) = 1.045 \times 1.215 = 1.27$$

$$S(\hat{\beta}_0) = \sqrt{V(\hat{\beta}_0)} = 1.13$$

10.2.4.3 回归系数的显著性检验

在得出系数的估计量之后，我们需要对它们做检验，以判断它们是真实地反映了现实的关系，还是受到了随机误差的影响。通过对系数的检验，我们可以判断模型的有效性。在经典模型的假设下，我们在 10.2 节中求出了 $\hat{\beta}_0$ 和 $\hat{\beta}_1$ 的抽样分布。有了抽样分布，便可以对 $\hat{\beta}_0$ 和 $\hat{\beta}_1$ 做显著性检验。根据第 7 章假设检验的知识，当使用 S_e^2 代替式（10—11）和式（10—12）中的 σ^2 时，有

$$\frac{\hat{\beta}_1 - \beta_1}{\left(S_e \Big/ \sqrt{\sum_{i=1}^{n} x_i^2}\right)} = \frac{(\hat{\beta}_1 - \beta_1) \Big/ \left(\sigma \Big/ \sqrt{\sum_{i=1}^{n} x_i^2}\right)}{\sqrt{\frac{(n-2)S_e^2/\sigma^2}{(n-2)}}} \sim t(n-2) \tag{10—14}$$

$$(\hat{\beta}_0 - \beta_0) \Bigg/ \left(S_e \cdot \sqrt{\frac{1}{n} + \frac{\overline{X}^2}{\sum_{i=1}^{n} x_i^2}}\right) \sim t(n-2) \tag{10—15}$$

因此我们进行系数检验的步骤为：

（1）提出假设：

H_0：$\beta_1 = 0$ 没有线性关系

H_1：$\beta_1 \neq 0$ 有线性关系

（2）计算检验统计量：

$$t = \frac{\hat{\beta}_1}{S(\hat{\beta}_1)} \sim t(n-2)$$

（3）确定显著性水平 α，并进行决策：如果 $|t| > t_{\alpha/2}$，拒绝 H_0。

例 10—5

以产品销售额和广告投入额数据为例，对系数 $\hat{\beta}_1$ 的显著性水平做检验。

解：在例 10—3 中已经估计出回归方程：$\hat{Y}=11.16+2.35X$，因此 $\hat{\beta}_1=2.35$。在例 10—4 中计算出 $S(\hat{\beta}_1)=\sqrt{V(\hat{\beta}_1)}=0.13$。

设原假设为 H_0：$\beta_1=0$，备择假设为 H_1：$\beta_1\neq 0$。在显著性水平 $\alpha=0.05$ 的条件下

$$|t_{0.05/2}(20-2)|=2.101$$

因此拒绝域为 $\{t: |t|>2.1\}$。检验统计量

$$t=\frac{\hat{\beta}_1}{S(\hat{\beta}_1)}=\frac{2.35}{0.13}=18.08>2.101$$

因此拒绝原假设，认为系数 $\hat{\beta}_1$ 显著不为 0。

10.2.5 对回归方程的评价

通过样本数据建立的回归方程不能立即用于对实际问题的分析和预测，通常需要经过各种统计检验。这些检验从不同的角度对模型的有效性予以评价，主要包括回归方程的拟合优度、回归方程的显著性、回归系数的显著性。回归系数的显著性检验，我们已经在 10.2 节中介绍了，主要考察在其他自变量不变的情况下，某个自变量对因变量的影响是否显著，因此考察的对象是个体。而对方程整体的拟合程度的评价和检验是将所有变量的作用放在一起考察，因此考察的对象是整体。在简单一元回归中，系数的显著性检验和方程的整体拟合检验能得到一致的结论，但在复杂的多元回归中它们的结论往往各不相同。比如系数检验通过了，但是方程整体拟合得并不好。这个道理就像是单独看每个球员球技都很好，但是组合在一起不能相互配合时，未必是一支好的球队。因此我们也需要对回归方程的整体拟合程度进行考察。

10.2.5.1 回归方程的显著性检验

回归方程的显著性检验从导致因变量 Y 取值变化的原因入手分析，类似第 9 章介绍的方差分析的思想。如式（10—5）所示，Y 各观测值之间的差异主要由两方面的原因造成：一是自变量 X 的取值不同；二是随机因素。回归方程反映的是自变量不同取值变化对因变量的线性影响规律，由此引起的 Y 的变差平方和称为回归平方和（SSR），即 $\sum_{i=1}^{n}(\hat{Y}_i-\overline{Y})^2$；由随机因素引起的 Y 的变差平方和通常称为残差平方和（SSE），即 $\sum_{i=1}^{n}(\hat{Y}_i-Y_i)^2$。总离差平方和（$SST$）指的是数据总的波动情况，用观测值 Y_i 和平均值 $\overline{Y}$ 的离差平方和 $\sum_{i=1}^{n}(Y_i-\overline{Y})^2$ 表示。三者之间存在关系 $SST=SSR+SSE$。

$$\begin{aligned}\sum_{i=1}^{n}(Y_i-\overline{Y})^2 &= \sum_{i=1}^{n}(Y_i-\hat{Y}_i+\hat{Y}_i-\overline{Y})^2\\ &= \sum_{i=1}^{n}(Y_i-\hat{Y}_i)^2+\sum_{i=1}^{n}(\hat{Y}_i-\overline{Y})^2\\ &\quad +2\cdot\sum_{i=1}^{n}(Y_i-\hat{Y}_i)\cdot(\hat{Y}_i-\overline{Y})\\ &= \sum_{i=1}^{n}(Y_i-\hat{Y}_i)^2+\sum_{i=1}^{n}(\hat{Y}_i-\overline{Y})^2\end{aligned}$$

同时三个平方和分别同各自的自由度对应，总平方和 SST 对应的自由度是 $n-1$（n 是样本量），回归平方和 SST 对应的自由度是自变量的个数 k（不包括截距），残差平方和的自由度为 $n-k-1$。整理一下我们可以得到一元线性回归的方差分析表，如表 10—5 所示。

表 10—5　　一元线性回归方差分析表

来源	平方和	自由度	均方和
回归平方和	$SSR=\sum_{i=1}^{n}(\hat{Y}_i-\overline{Y})^2$	1	$SSR/1$
残差平方和	$SSE=\sum_{i=1}^{n}(\hat{Y}_i-Y_i)^2$	$n-2$	$SSE/(n-2)$
总平方和	$SST=\sum_{i=1}^{n}(Y_i-\overline{Y})^2$	$n-1$	$SST/(n-1)$

根据方差分析表，我们可以构造出 F 检验统计量。构造回归方程 F 检验的方法与第 9 章方差分析中构造 F 统计量的方法相同。这里的 F 检验将平方和分解中的回归平方和、残差平方和除以各自的自由度之后的比值作为检验统计量，如式（10—16）所示。

$$F=\frac{SSR/1}{SSE/(n-2)}=\frac{\sum_{i=1}^{n}(\hat{Y}_i-\overline{Y})^2/1}{\sum_{i=1}^{n}(\hat{Y}_i-Y_i)^2\Big/(n-2)}\sim F(1,n-2) \qquad (10—16)$$

回归方程整体拟合程度的 F 检验步骤如下：

（1）提出原假设和备择假设：

H_0：回归方程关系不显著

H_1：回归方程关系显著

（2）根据公式，计算检验统计量 F 的值。

（3）确定显著性水平 α，并根据分子自由度 1 和分母自由度 $n-2$ 找出临界值 F_α 并作出决策：若 $F>F_\alpha$，则拒绝 H_0。

例 10—6

以产品销售额和广告投入额数据为例，对回归方程做 F 检验。

解：$SSR=\sum_{i=1}^{n}(\hat{Y}_i-\bar{Y})^2=\sum_{i=1}^{n}(11.16+2.35X_i-30.977)^2=336.9$

$$SSE=\sum_{i=1}^{n}(\hat{Y}_i-Y_i)^2=\sum_{i=1}^{n}(11.16+2.346X_i-Y_i)^2=18.8$$

$$SST=\sum_{i=1}^{n}(Y_i-\bar{Y})^2=SSR+SSE=355.7$$

设在显著性水平为 $\alpha=0.05$ 的条件下，$F_{0.05}(1,\ 20-2)=4.413\,873$，因此拒绝域为$\{F：F>4.413\,873\}$。

检验统计量

$$F=\frac{SSR/1}{SSE/(n-2)}=\frac{336.9/1}{18.8/(20-2)}=322.56>4.413\,873$$

因此拒绝原假设，认为回归方程显著。

10.2.5.2 回归方程的拟合优度

F 统计量利用均方回归平方和与均方残差平方和之间的关系来检验方程的整体拟合程度。拟合优度指标从另外一个角度来考察方程的拟合程度，即考虑回归方程能够解释的变差的比例。拟合优度用 R^2 统计量来衡量，该统计量又称为判定系数，定义为：

$$R^2=\frac{SSR}{SST}=\frac{\sum_{i=1}^{n}(\hat{Y}_i-\bar{Y})^2}{\sum_{i=1}^{n}(Y_i-\bar{Y})^2}=1-\frac{\sum_{i=1}^{n}(Y_i-\hat{Y}_i)^2}{\sum_{i=1}^{n}(Y_i-\bar{Y})^2} \tag{10—17}$$

R^2 统计量反映了回归方程所能解释的变差比例，取值范围在 0～1 之间。R^2 越接近 1，说明回归方程拟合得越好；R^2 越接近 0，说明回归方程拟合得越差。

通过简单的推导就可以看出，拟合优度 R^2 等于自变量 X 和因变量 Y 的相关系数的平方。根据最小二乘估计量过均值点有 $\bar{Y}=\hat{\beta}_0+\hat{\beta}_1\bar{X}$，同时根据拟合的方程有$Y_i=\hat{\beta}_0+\hat{\beta}_1X_i$，则

$$\begin{aligned}SSR&=\sum_{i=1}^{n}(\hat{Y}_i-\bar{Y})^2=\sum_{i=1}^{n}\left[(\hat{\beta}_0+\hat{\beta}_1X_i)-(\hat{\beta}_0+\hat{\beta}_1\bar{X})\right]^2\\&=\hat{\beta}_1^2\sum_{i=1}^{n}(X_i-\bar{X})^2=\left[\frac{\sum_{i=1}^{n}(X_i-\bar{X})(Y_i-\bar{Y})}{\sum_{i=1}^{n}(X_i-\bar{X})^2}\right]^2\cdot\sum_{i=1}^{n}(X_i-\bar{X})^2\\&=\frac{\left[\sum_{i=1}^{n}(X_i-\bar{X})(Y_i-\bar{Y})\right]^2}{\sum_{i=1}^{n}(X_i-\bar{X})^2}\end{aligned}$$

$$R^2=\frac{SSR}{SST}=\frac{\left[\sum_{i=1}^{n}(X_i-\bar{X})(Y_i-\bar{Y})\right]^2}{\sum_{i=1}^{n}(X_i-\bar{X})^2\cdot\sum_{i=1}^{n}(Y_i-\bar{Y})^2}=\rho^2 \qquad (10—18)$$

由此可以看出，X 与 Y 的相关系数越大，回归方程拟合得越好。因而我们在实际中总是优先选择与因变量相关性比较强的变量放入回归方程。在多元回归中，由于涉及变量之间可能的相互作用，式（10—18）不能成立，但类似的思想也应用在对多元回归进行的变量选取上。在逐步回归中，我们会考察固定其他自变量时，某个自变量与因变量的偏相关系数的大小。

例 10—7

以产品销售额和广告投入额数据为例，计算回归方程的拟合优度。

解：
$$R^2=\frac{SSR}{SST}=\frac{\sum_{i=1}^{n}(\hat{Y}_i-\bar{Y})^2}{\sum_{i=1}^{n}(Y_i-\bar{Y})^2}=\frac{\sum_{i=1}^{n}(11.16+2.35X_i-30.977)^2}{\sum_{i=1}^{n}(Y_i-30.977)^2}=0.95$$

10.3 用回归进行预测

建立回归方程的目的除了分析 X 和 Y 之间的相互变动关系之外，还有就是对变量 Y 进行预测。这里的预测是自变量 X 在某一水平时对因变量 Y 的可能值进行估计。预测对经济活动非常有意义，比如根据降水量、温度和施肥量来预测粮食的总产量。对 Y 的预测分为均值预测和个值预测。均值预测就是考虑在给定 X_i 的条件下，对 Y_i 平均值的预测。个值预测就是在给定 X_i 的条件下，对某 Y_i 的预测。例如给定 X_0，均值预测就是要预测 $E(Y|X_0)=\beta_0+\beta_1X_0$，而个值预测就是要预测 $Y_0=\beta_0+\beta_1X_0+\varepsilon_0$。在这两种情况下都可以分别做点预测和区间预测。点预测就是给定 X 的水平，将其代入样本回归方程 $\hat{Y}_i=\hat{\beta}_0+\hat{\beta}_1X_i$，得到的值为 Y_i 的预测值。由于 $\hat{Y}_i$ 是随机变量，而点预测实际是预测均值，因此不易于考察预测的准确性和可靠性，我们可以利用区间估计来弥补这个不足。

10.3.1 均值预测

首先考虑点预测，假如总体回归方程已知，则 $E(Y|X)=\beta_0+\beta_1X_0$。于是我们可以用样本回归函数的估计结果来计算，即 $\hat{Y}=\hat{\beta}_0+\hat{\beta}_1X$。因为 $\hat{\beta}_0$ 和 $\hat{\beta}_1$ 分别是 β_0 和 β_1 的无偏估计，因此 $E(\hat{Y})=\beta_0+\beta_1X=E(Y|X)$，由此 $\hat{Y}$ 是 $E(Y|X)=\beta_0+\beta_1X$ 的无偏估计量。因为 $\hat{\beta}_0$ 和 $\hat{\beta}_1$ 都是正态随机变量，所以其线性组合 $\hat{Y}$ 也是随机变量。

$$
\begin{aligned}
V(\hat{Y}_i) &= E[\hat{Y}_i - E(\hat{Y}_i)]^2 = E[(\hat{\beta}_0-\beta_0)+(\hat{\beta}_1-\beta_1)X_i]^2 \\
&= E[(\hat{\beta}_0-\beta_0)^2 + X_i^2(\hat{\beta}_1-\beta_1)^2 + 2(\hat{\beta}_0-\beta_0)(\hat{\beta}_1-\beta_1)X_i] \\
&= V(\hat{\beta}_0) + X_i^2 V(\hat{\beta}_1) + 2X_i \operatorname{cov}(\hat{\beta}_0, \hat{\beta}_1) \\
&= \left(\frac{1}{n} + \frac{\overline{X}^2}{\sum_{i=1}^n x_i^2}\right)\cdot\sigma^2 + \frac{X_i^2}{\sum_{i=1}^n x_i^2}\cdot\sigma^2 - 2X_i\frac{\overline{X}}{\sum_{i=1}^n x_i^2}\cdot\sigma^2 \\
&= \left(\frac{1}{n} + \frac{(X_i-\overline{X})^2}{\sum_{i=1}^n x_i^2}\right)\cdot\sigma^2
\end{aligned}
\tag{10—19}
$$

因此，可以得到$\hat{Y}_i$服从均值为$\beta_0+\beta_1 X_i$，方差为$V(\hat{Y})$的正态分布，则

$$
\frac{\hat{Y}_i-\beta_0-\beta_1 X_i}{\sqrt{V(\hat{Y}_i)}} \sim N(0,1) \tag{10—20}
$$

$$
\frac{\hat{Y}_i-\beta_0-\beta_1 X_i}{S_e\cdot\sqrt{\frac{1}{n}+\frac{(X_i-\overline{X})^2}{\sum_{i=1}^n x_i^2}}} \sim t(n-2) \tag{10—21}
$$

由此可以构造均值预测的区间估计。在给定显著性水平$\alpha=0.05$的情况下，均值预测的区间估计为：

$$
\left[\hat{Y}_i - |t_{\alpha/2}(n-2)| \times \left[S_e\cdot\sqrt{\frac{1}{n}+\frac{(X_i-\overline{X})^2}{\sum_{i=1}^n x_i^2}}\right],\right.
$$

$$
\left.\hat{Y}_i + |t_{\alpha/2}(n-2)| \times \left[S_e\cdot\sqrt{\frac{1}{n}+\frac{(X_i-\overline{X})^2}{\sum_{i=1}^n x_i^2}}\right]\right]
$$

例 10—8

使用产品销售额和广告投入额数据，给定$X=8$，计算均值预测的点预测和显著性水平 0.05 下的区间预测。

解：点预测为：

$$\hat{Y}=11.16+2.35\times 8=29.96$$

$$V(\hat{Y}_i)=\left[\frac{1}{n}+\frac{(X_i-\overline{X})^2}{\sum_{i=1}^n x_i^2}\right]\cdot S_e^2 = 1.045\times\left[\frac{1}{20}+\frac{(8-8.446)^2}{61.23}\right]=0.055\,645$$

$$S(\hat{Y}_i)=0.236$$

给定的显著性水平为 0.05 时，$|t_{0.05/2}(20-2)|=2.101$，因此区间预测为：

$$[29.96-2.101\times 0.236, 29.96+2.101\times 0.236]=[29.46, 30.46]$$

10.3.2　个值预测

首先考虑点预测的情况，假如总体回归函数已知，则 $E(Y_0|X_0)=\beta_0+\beta_1 X_0$。在总体回归函数未知的情况下，我们可以用样本回归函数的估计结果来计算，即 $\hat{Y}=\hat{\beta}_0+\hat{\beta}_1 X$。此时预测的误差为 $Y_0-\hat{Y}_0=\beta_0+\beta_1 X_0+\varepsilon_0-(\hat{\beta}_0+\hat{\beta}_1 X_0)$。因为 $\hat{\beta}_0$ 和 $\hat{\beta}_1$ 分别是 β_0 和 β_1 的无偏估计，且 $E(\varepsilon_0)=0$，因此 $\hat{Y}_0$ 是 Y_0 的无偏估计量。虽然在点预测时均值预测和个值预测的值相同，但两个估计值的方差却不一样，个值预测的方差要大于均值预测。

$$
\begin{aligned}
V(\hat{Y}_0) &= E(Y_0-\hat{Y}_0)^2 = E[\beta_0+\beta_1 X_0+\varepsilon_0-(\hat{\beta}_0+\hat{\beta}_1 X_0)]^2 \\
&= E[(\hat{\beta}_0-\beta_0)+(\hat{\beta}_1-\beta_1)X_0-\varepsilon_0]^2 \\
&= E\begin{bmatrix}(\hat{\beta}_0-\beta_0)^2+X_0^2(\hat{\beta}_1-\beta_1)^2+\varepsilon_0^2+2X_0(\hat{\beta}_0-\beta_0)(\hat{\beta}_1-\beta_1] \\ -2\varepsilon_0(\hat{\beta}_0-\beta_0)-2X_0\varepsilon_0(\hat{\beta}_1-\beta_1)\end{bmatrix} \\
&= V(\hat{\beta}_0)+X_0^2 V(\hat{\beta}_1)+V(\varepsilon_0)+2X_0\operatorname{cov}(\hat{\beta}_0,\hat{\beta}_1) \\
&= \left(\frac{1}{n}+\frac{\overline{X}^2}{\sum_{i=1}^{n}x_i^2}\right)\cdot\sigma^2+\frac{X_0^2}{\sum_{i=1}^{n}x_i^2}\cdot\sigma^2+\sigma^2-2X_0\frac{\overline{X}}{\sum_{i=1}^{n}x_i^2}\cdot\sigma^2 \\
&= \left(1+\frac{1}{n}+\frac{(X_0-\overline{X})^2}{\sum_{i=1}^{n}x_i^2}\right)\cdot\sigma^2
\end{aligned}
\qquad (10—22)
$$

因此可以看出，个值预测的方差是均值预测的方差再加上一个残差的方差。

根据个值预测的方差可以推出，$\hat{Y}_0$ 服从均值为 $\beta_0+\beta_1 X_0$，方差为 $V(\hat{Y}_0)$ 的正态分布，即

$$(\hat{Y}_0-\beta_0-\beta_1 X_0)/\sqrt{V(\hat{Y}_0)} \sim N(0,1) \qquad (10—23)$$

$$\frac{\hat{Y}_0-\beta_0-\beta_1 X_0}{S_e\cdot\sqrt{1+\frac{1}{n}+\frac{(X_0-\overline{X})^2}{\sum x_i^2}}} \sim t(n-2) \qquad (10—24)$$

由此可以构造个值预测的区间估计。在给定显著性水平 $\alpha=0.05$ 的情况下，均值预测的区间估计为：

$$
\left[\hat{Y}_0-|t_{\alpha/2}(n-2)|\times\left(S_e\cdot\sqrt{1+\frac{1}{n}+\frac{(X_0-\overline{X})^2}{\sum_{i=1}^{n}x_i^2}}\right),\right.
$$

$$
\left.\hat{Y}_0+|t_{\alpha/2}(n-2)|\times\left(S_e\cdot\sqrt{1+\frac{1}{n}+\frac{(X_0-\overline{X})^2}{\sum_{i=1}^{n}x_i^2}}\right)\right]
$$

例 10—9

使用产品销售额和广告投入额数据，给定 $X=8$，计算个值预测的点预测和显著性水平 0.05 下的区间预测。

解：点预测为：

$$\hat{Y}=11.16+2.35\times 8=29.96$$

$$V(\hat{Y}_i)=\left(1+\frac{1}{n}+\frac{(X_i-\overline{X})^2}{\sum_{i=1}^{n}x_i^2}\right)\cdot S_e^2$$

$$=1.045\times\left(1+\frac{1}{20}+\frac{(8-8.446)^2}{61.23}\right)=1.1$$

$$S(\hat{Y}_i)=1.05$$

给定的显著性水平为 0.05 时，$|t_{0.05/2}(20-2)|=2.101$，因此区间预测为：

$$[29.96-2.101\times 1.05, 29.96+2.101\times 1.05]=[27.75, 32.17]$$

10.4 logistic 回归

10.4.1 引入 logistic 回归

回忆前面几节中回归模型的假设条件可以发现，普通回归方程适用于因变量 Y 是连续变量的情形。但是在实际建模过程中，我们经常会遇到因变量为二分类变量的情况，比如某事件是否成功（成功为 1，不成功为 0），或者某种现象是否出现（出现为 1，不出现为 0）。在实际生活中，也有长期吸烟者是否患癌症（患癌症为 1，未患癌症为 0）、月收入超过 1 万的人士是否有研究生学历（是为 1，不是为 0）的例子。

如果这时我们仍然使用普通回归建模，可能出现哪些问题呢？回忆 10.3 节内容可知，如果误差项满足独立且都服从正态分布 $N(0, \sigma^2)$ 的条件，则回归估计系数的估计是最优线性无偏估计量。那么，在回归变量是二分类变量的情况下，这些条件还成立吗？

首先假设仍然使用普通回归进行建模，则 $E(Y_i|X_i)=\beta_0+\beta_1X_i$（$i=1, 2, \cdots, n$）。因为因变量 Y 是二分类变量，因此

$$E(Y_i|X_i)=0\times P(Y_i=0)+1\times P(Y_i=1)=\beta_0+\beta_1X_i$$

故 Y_i 服从概率为 $p_i=\beta_0+\beta_1X_i$ 的贝努利分布。于是得到

$$V(\varepsilon_i)=V(Y_i)=p_i(1-p_i)=(\beta_0+\beta_1X_i)\times(1-\beta_0-\beta_1X_i)$$

现在来考虑这样一组数据，其中自变量是收入，因变量是是否有研究生学历。画出 X 和 Y 的散点图，如图 10—3 所示。

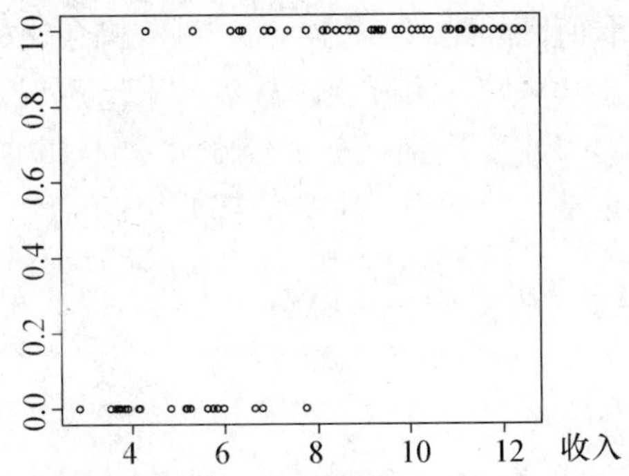

图 10—3　收入和是否有研究生学历变量的散点图

从图 10—3 中很难看出收入和是否有研究生学历两个变量之间的关系。现在我们对收入变量分组，考虑每个组内因变量的分布情况。画出分组后收入的均值和该组内 $Y=1$ 的概率的散点图，如图 10—4 所示。

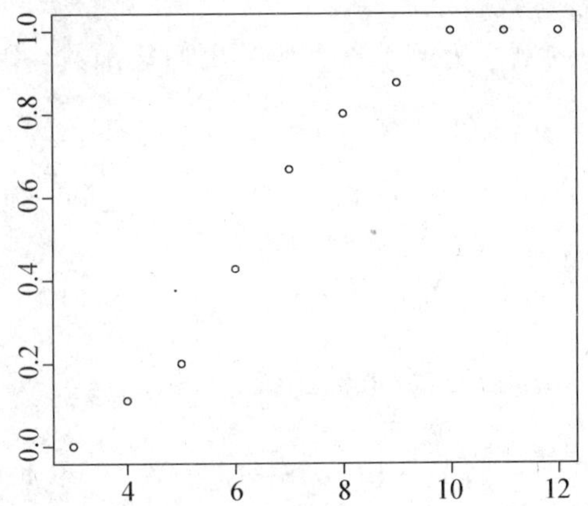

图 10—4　分组后收入和是否有研究生学历变量的散点图

从图 10—4 中，我们看到散点分布呈 S 形，因此考虑用 logistic 曲线来拟合 $P(Y=1)$，即

$$\ln\left(\frac{p}{1-p}\right)=\beta_0+\beta_1\times income$$

10.4.2　logistic 回归建模

在 10.4.1 节中我们已经看了一个应用 logistic 回归的例子，在本节中要更加系统地介绍 logistic 回归。首先介绍机会比 $\mathrm{Odd}=p/(1-p)$，机会比是一件事情成功的概率与不成功的概率之比。比如一场赌博中，赢钱的机会比等于 3 就表明赢钱的概率是输钱概率的 3 倍。logistic 回归就是在对数机会比和自变量之间建立线性回归关系。观察这样的现象：不考虑必然事件和不可能事件，一件事情成功的概率的取值区间是

(0，1)，则机会比的取值区间是（0，$+\infty$），对数机会比的取值区间是（$-\infty$，$+\infty$）。这样就转换成了一个连续区间。实际上，从 p 到 $\log[p/(1-p)]$ 的变换称为 logit 变换，它使得取值范围从（0，1）变换到（$-\infty$，$+\infty$）。logit 曲线是一条 S 形的曲线，越靠近两端的部分越接近水平，变动小；中间的部分接近直线，变动大。用公式表示为：

$$\ln\left(\frac{p}{1-p}\right)=\beta_0+\beta_1X_1+\cdots+\beta_pX_p \tag{10—25}$$

经过变换得到

$$p=\frac{\exp(\beta_0+\beta_1X_1+\cdots+\beta_pX_p)}{1+\exp(\beta_0+\beta_1X_1+\cdots+\beta_pX_p)} \tag{10—26}$$

logistic 回归本质上是一个非线性回归方程，其求解是通过极大似然方法进行的。其参数估计值为使得（对数）似然函数最大的值。迭代过程中得到的信息矩阵的逆矩阵对角元素的开方为参数估计值的标准误。极大似然估计的参数值具有一致性、渐近有效性和渐近正态性等优良性质。

以 10.4.1 节中的例子为例，首先要写出似然函数。因为

$$P(Y_i=1)=p_i,P(Y_i=0)=1-p_i$$

所以 Y_i 服从概率为 p_i 的伯努利分布。根据样本点之间相互独立就可以写出似然函数：

$$L=P(Y_1,Y_2,\cdots,Y_n\mid X_1,X_2,\cdots,X_n)=\prod_{i=1}^{n}[p_i^{Y_i}(1-p_i)^{1-Y_i}]$$

对似然函数取对数得到对数似然函数：

$$\begin{aligned}
l=\ln(L)&=\sum_{i=1}^{n}[Y_i\cdot\ln(p_i)+(1-Y_i)\cdot\ln(1-p_i)]\\
&=\sum_{i=1}^{n}\left\{Y_i\cdot\ln\left[\frac{\exp(\beta_0+\beta_1X_i)}{1+\exp(\beta_0+\beta_1X_i)}\right]+(1-Y_i)\cdot\ln\left[\frac{1}{1+\exp(\beta_0+\beta_1X_i)}\right]\right\}\\
&=\sum_{i=1}^{n}\{Y_i\cdot(\beta_0+\beta_1X_i)-\ln[1+\exp(\beta_0+\beta_1X_i)]\}
\end{aligned}$$

求使得对数似然方程最大的 β_0，β_1 的参数值。由于没有解析解，因此要根据 Newton-Rhphson 或改进的数值解法进行求解，得到参数的估计值和渐近方差。

对 logistic 回归系数的解释不同于普通回归，前面我们讲过在普通回归中系数 β_i 的含义是其他变量不变时，自变量 X_i 每增加 1 个单位，因变量 Y 平均变化 β_i。在 logistic 回归中，因变量实际上是对数机会比。因此系数的含义为其他变量不变时，自变量 X_i 每增加 1 个单位，对数机会比的变化为 β_i。也可以说，其他变量不变时，自变量 X_i 每增加 1 个单位，机会比增加 $100[\exp(\beta_i)-1]\%$。

10.4.3 logistic 回归的系数检验

在大样本条件下，极大似然估计具有一致性、渐近有效性和渐近正态性。因此对

系数的检验可以使用 Wald 检验。在大样本的条件下

$$Z^{*}=\frac{\hat{\beta}_1-\beta_1}{S(\hat{\beta}_1)}\sim N(0,1)$$

或者

$$(Z^{*})^{2}=\left[\frac{\hat{\beta}_1-\beta_1}{S(\hat{\beta}_1)}\right]^{2}\sim\chi^{2}(1) \qquad (10—27)$$

原假设为 H_0：$\beta_1=0$，在备择假设为 H_1：$\beta_1>0$，H_1：$\beta_1<0$，H_1：$\beta_1\neq 0$ 时，拒绝域分别为 $\{Z^{*}\mid Z^{*}>z_{\alpha}\}$，$\{Z^{*}\mid Z^{*}<-z_{\alpha}\}$ 和 $\{Z^{*}\mid Z^{*}>z_{\alpha/2}\}$。

同时可以推出 β_1 的 $100(1-\alpha)\%$的置信区间为 $\hat{\beta}_1\pm z_{\alpha/2}S(\hat{\beta}_1)$；机会比 Odd=$p/(1-p)$ 的 $100(1-\alpha)\%$的置信区间为 $\exp[\beta_0+\hat{\beta}_1\pm z_{\alpha/2}S(\hat{\beta}_1)]$。

□ 本章小结

相关和回归都是测度变量之间统计关系的有效工具。相关分析研究的是变量之间相关关系的密切程度及方向。测度两个数值型变量之间线性相关关系的统计量为 Pearson 相关系数。相关系数越大表明变量之间的线性相关关系越强，但它不能表示因果关系或非线性相关关系。在应用前还需要对相关系数的显著性做检验。相关分析中两个变量的地位相等，相互作用，本质上是一种客观描述。在回归分析中，变量之间的关系是不对等的。通常根据研究的需要将变量定义为自变量和因变量，然后研究自变量对因变量的影响（即回归系数）以及对因变量的预测和控制，本质上是一种推断。简单回归考察因变量和自变量都是数值型变量的情况。普通最小二乘法通过最小化残差平方和来求解回归系数，在经典假设下，普通最小二乘估计量是无偏线性估计量。估计出回归方程之后要从不同的角度对模型的有效性给予评价，包括回归系数的显著性、回归方程的拟合优度和回归方程的显著性。通过检验的方程可以用于推断，其自变量系数的含义为给定其他变量不变时，该变量 1 个单位的变化引起的因变量的平均变化量。回归模型也可以用于预测，预测包括均值预测和个值预测，还可以再区分区间预测和点预测。当因变量是二分类变量时，我们使用 logistic 回归模型来建模，求解 logistic 回归模型一般使用极大似然方法。当然，在实际应用中我们还会遇到更加复杂的情况，比如经典假设被违背或者需要拟合非线性关系，这时需要用到更多的统计工具，这里不再详述，大家可以进一步阅读相关的文献。

附 录

下面以例 10—1 的计算为例，详细说明利用 Excel 进行相关与回归分析的具体操作步骤。

1. 相关分析

在 Excel 中，如果一次只计算两个定量变量之间的相关系数，则可以使用 CORREL() 函数；如果一次计算多个变量之间的相关系数，可以使用【数据】→【数据分析】→【相关系数】，输入数据区域可得到 Pearson 相关系数。

(1) 输入数据，如图 10—5 所示。

	A	B	C
1	编号	广告投入额x	产品销售额y
2	1	7.49	28.39
3	2	6.44	26.54
4	3	9.91	34.89
5	4	8.65	31.79
6	5	11.3	38.86
7	6	8.25	28.64
8	7	5.23	21.75
9	8	6.73	26.49
10	9	10.39	35.25
11	10	6.62	28.09
12	11	6.5	27.23
13	12	9.4	31.95
14	13	7.35	27.78
15	14	10.43	34.76
16	15	7.75	30.22
17	16	8.22	31.29
18	17	9.17	33.15
19	18	8.7	33.08
20	19	12.25	38.99
21	20	8.14	30.39

图 10—5

(2) 点击菜单【数据】→【数据分析】，在弹出的如图 10—6 所示的对话框中选择【相关系数】，点击【确定】，可得到如图 10—7 所示的对话框，依次填入数据分布，点击【确定】，即可得到结果，如图 10—8 所示。

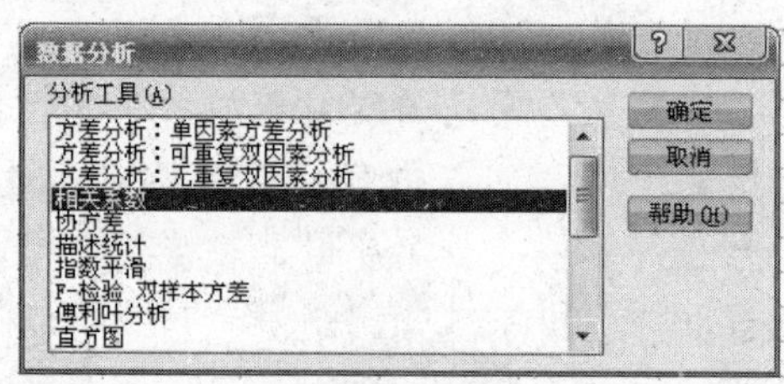

图 10—6

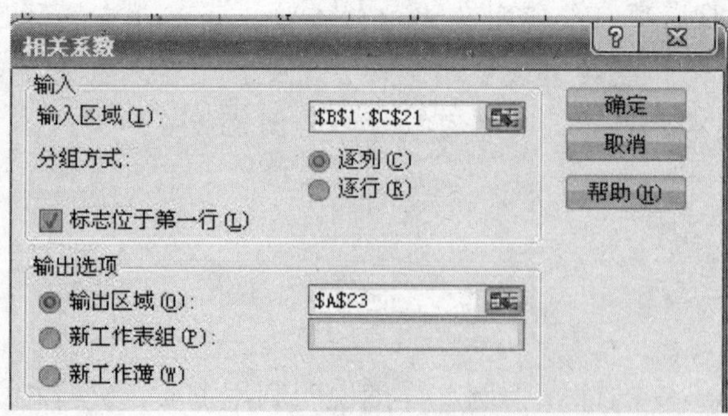

图 10—7

22		
23	广告投入额x	产品销售额y
24 广告投入额x	1	
25 产品销售额y	0.973236226	1

图 10—8

2. 回归分析

（1）绘制散点图。选定 Y 和 X 所在的单元格区域 B1:C21；点击菜单【插入】→【散点图】→【仅带数据标记的散点图】，点击【确定】，即可得到结果，如图 10—9 所示。

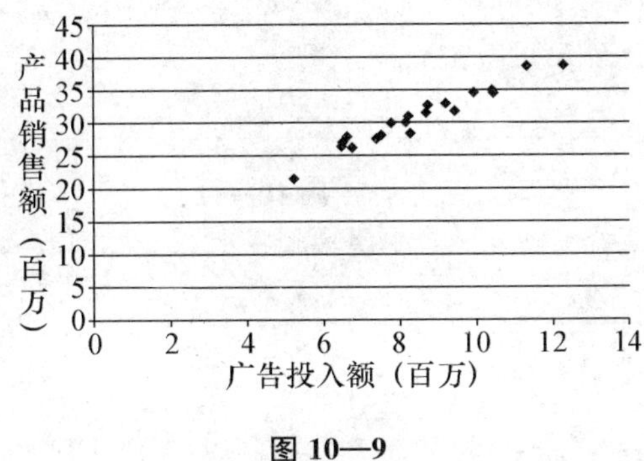

图 10—9

（2）回归分析。点击菜单【数据】→【数据分析】，在弹出的如图 10—10 所示的对话框中选择【回归】，点击【确定】，可得到如图 10—11 所示的对话框，依次填入数据分布，点击【确定】，即可得到结果，如图 10—12 所示。需要特别注意的是，在使用【回归】分析工具时，所有变量只能由单列数据组成。

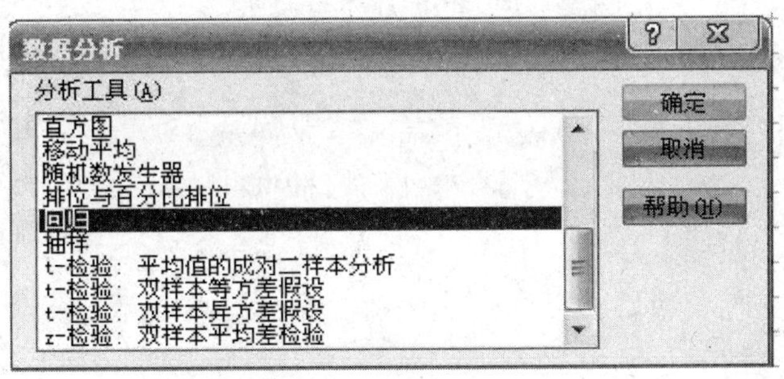

图 10—10

图 10—12 中的结果包括三个部分。第一部分是回归分析结果，反映整个回归方程的拟合情况，具体包括复相关系数、拟合优度系数 R^2、调整自由度的拟合优度系数、回归估计标准误差以及样本观测值个数。第二部分是方差分析表，包括可解释的离差平方和、残差平方和、总离差平方和、它们的自由度以及由此计算出的 F 统计量和 F 统计量的显著性水平。第三部分是回归系数的估计值以及估计标准误差、t 统计量、t 统计量的 p 值、回归系数估计值的 95%置信区间的上下限。结果的具体解释已在例题中给出，这里不再赘述。

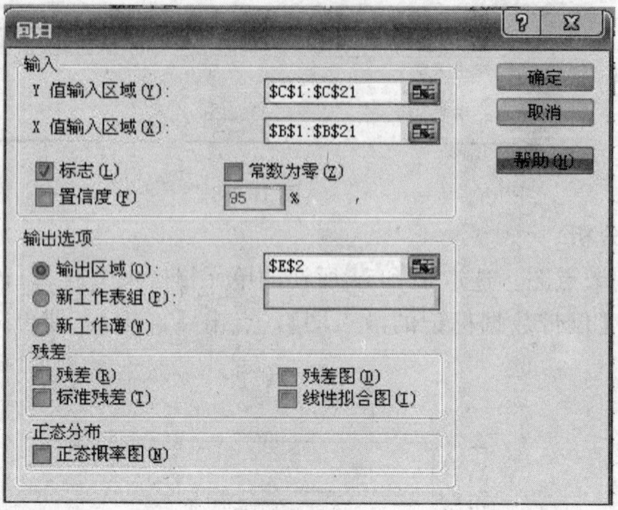

回归

输入

Y 值输入区域(Y): $C$1:$C$21

X 值输入区域(X): $B$1:$B$21

☑ 标志(L) ☐ 常数为零(Z)

☐ 置信度(F) 95 %

确定

取消

帮助(H)

输出选项

◉ 输出区域(O): $E$2

○ 新工作表组(P):

○ 新工作薄(W)

残差

☐ 残差(R) ☐ 残差图(D)

☐ 标准残差(T) ☐ 线性拟合图(I)

正态分布

☐ 正态概率图(N)

图 10—11

E	F	G	H	I	J	K	L	M
SUMMARY OUTPUT								
回归统计								
Multiple R	0.973236							
R Square	0.947189							
Adjusted R	0.944255							
标准误差	1.021581							
观测值	20							
方差分析								
	df	SS	MS	F	Significance F			
回归分析	1	336.921	336.921	322.8365	6.07283E-13			
残差	18	18.78529	1.043627					
总计	19	355.7063						
	Coefficien	标准误差	t Stat	P-value	Lower 95%	Upper 95%	下限 95.0%	上限 95.0%
Intercept	11.1643	1.126072	9.914372	1.02E-08	8.798510676	13.5300914	8.7985107	13.530091
广告投入额x	2.345749	0.130554	17.96765	6.07E-13	2.071465492	2.6200332	2.0714655	2.6200332

图 10—12

□ 习　题

1. 相关分析和回归分析有哪些区别？在哪些情况下使用相关分析？在哪些情况下使用回归分析？

2. 解释总离差平方和、回归平方和以及残差平方和的含义，并说明它们之间的关系。

3. 经典回归模型有哪些基本假设？做这些基本假设有什么作用？

4. 请判断下列说法的对错：

(1) 随机误差项 ε_i 就是残差项 e_i。

(2) 普通最小二乘法的基本思想就是使得误差平方和最小。

(3) 只有建立回归方程以后，才能计算相关系数。

(4) 进行预测时，在给定的显著性水平下，当 x 等于 $\bar{x}$ 时，y 的预测值的置信区间最小。

(5) 在线性回归模型中，解释变量是原因，被解释变量是结果。

(6) 对系数的 95%置信区间的正确理解是：区间包含真实值的概率为 95%。

(7) 回归方程显著意味着每个系数都统计显著。

(8) 进行普通最小二乘估计时不需要任何假定条件。

(9) logistic 回归系数的含义是其他变量不变的情况下，变量 x_i 增加 1 个单位，事件成功的概率是原先的 $\exp(\beta_i)$ 倍。

(10) 均值预测和个值预测在点预测的情况下值相同，但是在区间预测的情况下不同。

5. 政府科研部门希望分析创新科研投入额（X）对企业利润（Y）的影响。根据某市 50 家企业 2008 年的科研投入额和企业利润的相关资料整理出以下数据（单位：百万）：

$\sum x_i^2 = 2\,232\,560$	$\bar{x} = 209.277\,2$
$\sum y_i^2 = 3\,055\,903$	$\bar{y} = 246.181\,2$
$\sum x_i y_i = 2\,606\,012$	

根据已知信息：

(1) 估计线性回归方程；

(2) 计算回归方程的拟合优度；

(3) 给定显著水平为 0.05，对 $\hat{\beta}_1$ 进行的 t 检验；

(4) 对科研投入额为 20 000 万元的公司的利润额进行均值预测，包括点预测和置信水平为 95%的区间预测。

6. 在某学校关于平均每天学习小时数（X）和学习成绩（Y）的调查中，抽出的 10 名同学的数据如下：

小时数（X）	学习成绩（Y）	小时数（X）	学习成绩（Y）
2	52	2.5	57
5	72	6	81
7	83	7.5	86
10	94	9.5	90
9	88	12	95

(1) 根据上表计算平均每天学习小时数 X 和学习成绩 Y 的相关系数；

(2) 以学习成绩 Y 为因变量，以平均每天学习小时数 X 为自变量建立回归方程；

(3) 计算估计的系数的标准误；

(4) 已知某学生平均每天学习 8.5 小时，根据（2）中求得的方程估计该学生的学习成绩。

7. 据调查得到一组关于教育水平（单位：年）和新员工起薪（单位：元）的数据如下表所示：

教育水平	新员工起薪	教育水平	新员工起薪
12	8 800	10	8 050
21	15 400	3	3 040
14	11 400	8	6 900
9	1 500	15	10 300
23	15 800	17	12 100
6	5 550	19	13 000

(1) 计算教育水平和新员工起薪的相关系数；

(2) 以新员工起薪为因变量，教育水平为自变量建立线性回归方程；

(3) 计算当教育水平提高5年时，起薪增加了多少元。

8. 假设估计得到的 logisitc 回归方程为：$\ln\left(\frac{p}{1-p}\right)=\hat{\beta}_0+\hat{\beta}_1 x=-5+0.6x$，计算：

(1) x 增加1个单位引起的机会比的变化；

(2) x 增加4个单位引起的机会比的变化；

(3) x 等于8时，事件成功的概率。

9. 观测到一组变量 X 和 Y 的20对观测值如下（其中变量 Y 是二分类变量）：

X	−6.18	−5.89	−1	−0.38	−5.91	−3.8	−4.55	−7.38	−0.24	−4.9
Y	0	0	1	0	0	0	0	0	1	0
X	0.36	−3.79	−3.97	−4.7	−3.16	−1.05	−2.88	−2.75	−2.75	−3.49
Y	1	1	0	0	1	0	0	0	0	0

(1) 以 Y 为因变量建立 logistic 回归方程；

(2) 解释斜率系数的含义；

(3) 当 X 为2时，计算事件成功的机会比和概率。

第 11 章 时间序列分析

Chapter 11

股民根据大盘的近期指标推测未来走势，从而决定买进或卖出；商家根据产品近几年的销量预测未来几个月的销售情况，从而调节进货量，这样的例子在生活中随处可见。人们研究现象随时间发展变化的规律帮助决策的方法称为时间序列分析，时间序列分析是在实际中广泛应用的一种数量分析方法。时间序列分析有两大功能：一方面，通过对时间序列的描述和分解，了解现象的发展趋势和特征；另一方面，通过建立相应的预测模型，由历史推测未来。

本章从时间序列的特征描述入手，首先介绍了时间序列的图形描述和变动描述；其次根据影响时间序列的不同因素，将时间序列的变动分解成长期趋势、季节变动、循环变动和不规则变动四个部分，并提出时间序列的分解模型；再次介绍了时间序列的平滑法，包括移动平均法和指数平滑法；最后对 ARMA 模型做了简要介绍。

11.1 时间序列的描述

11.1.1 时间序列及其分类

时间序列（time series）是同一现象按照时间顺序排列而成的一组观测值。它由两部分构成：现象所属的时间和现象在不同时间上的观测值。时间序列在现实生活中经常可以遇到，例如某地区连续几年每季度的旅游人次、某超市持续数月的营业额等。现象的观测值根据表现形式的不同有绝对数、相对数和平均数，因此时间序列可以分为绝对数时间序列、相对数时间序列和平均数时间序列。根据总量指标所反映的时间不同，又可将时间序列分为时期时间序列和时点时间序列。例如国内生产总值是时期数列，它反映现象在一段时间内发展过程的总量；年末职工人数是时点数列，它反映现象在某一时点上的水平。

看一看

时期数列的特点：

(1) 可加性。时期数列中，每个时间上的指标值可以相加，所得的数值表明研究变量在一个更长时期上的过程总量。

(2) 指标值的大小与其所属的时间长短直接相关。前面所说的时期数列具有可加性，因此每一指标值所属时间越长，指标值就会越大。

(3) 指标值采用连续登记的方式获得。由于时期指标反映一段时间内发展过程的总量，因此必须把研究变量的发生数额连续登记，并进行累计，从而获得指标数值。

时点数列的特点：

(1) 不可加性。因为各个时点上的指标值仅表示研究变量在该时点上的状态，相加后不能表示现象在几个时点上的状态，这样计算没有意义，故不同时点上的数值不能相加。

(2) 指标值的大小与时点间隔的长短无关。因为时点指标的时间单位一般都是瞬间的，所以指标值的大小与时点间隔的长短没有关系。

(3) 指标值采用间断登记的方式获得。因为时点指标反映现象在某个时点上的状况，因此只需在某一时点上进行登记即可，不用连续登记。

表 11—1 中的国内生产总值、年末总人口就是绝对数时间序列，人口自然增长率、居民消费价格指数就是相对数时间序列。由绝对数时间序列可以派生出相对数和平均数时间序列。

现象所属的时间可以是一个时期，如年份、季度、月份或者其他任何时间段，也可以是一个时点，如年末、季末、月末或者某一特定的时间点。根据时间的表现形式不同，又可以把绝对数时间序列分为时期序列和时点序列。时期序列中的观测值反映现象在某一时期的活动总量，不同时期的各个观测值可以直接相加，反映现象在更长一段时期的活动总量，如表 11—1 中的国内生产总值序列就是时期序列。时点序列中的观测值反映现象在某一时间点的活动总量，不同时点的各个观测值通常不能相加，如表 11—1 中的年末总人口。

表 11—1　　国内生产总值等指标的时间序列

年份	国内生产总值（亿元）	年末总人口（万人）	人口自然增长率（‰）	居民消费价格指数
1996	71 176.6	122 389	10.42	108.3
1997	78 973.0	123 626	10.06	102.8
1998	84 402.3	124 761	9.14	99.2
1999	89 677.1	125 786	8.18	98.6
2000	99 214.6	126 743	7.58	100.4
2001	109 655.2	127 627	6.95	100.7
2002	120 332.7	128 453	6.45	99.2

续前表

年份	国内生产总值（亿元）	年末总人口（万人）	人口自然增长率（‰）	居民消费价格指数
2003	135 822.8	129 227	6.01	101.2
2004	159 878.3	129 988	5.87	103.9
2005	184 937.4	130 756	5.89	101.8
2006	216 314.4	131 448	5.28	101.5
2007	265 810.3	132 129	5.17	104.8
2008	314 045.4	132 802	5.08	105.9
2009	340 902.8	133 450	4.87	99.3
2010	401 512.8	134 091	4.79	103.3
2011	472 881.6	134 735	4.79	105.4

资料来源：中华人民共和国国家统计局：《中国统计年鉴（2012）》。

列举生活中常见的时间序列数据，并判断哪些是时期序列，哪些是时点序列。

11.1.2　图形描述

图形描述是展示时间序列特征最直观有效的方式，通常作为时间序列分析的第一步。给定一个时间序列，可以首先通过作图来观察数据随时间变化的规律，然后在此基础上展开分析和建模。

例 11—1

表 11—1 给出了 1996—2011 年我国国内生产总值、年末总人口、人口自然增长率、居民消费价格指数四个时间序列，可以通过作图描述这四个时间序列的特征和变化趋势。

解：各指标随时间的变化如图 11—1、图 11—2、图 11—3、图 11—4 所示。

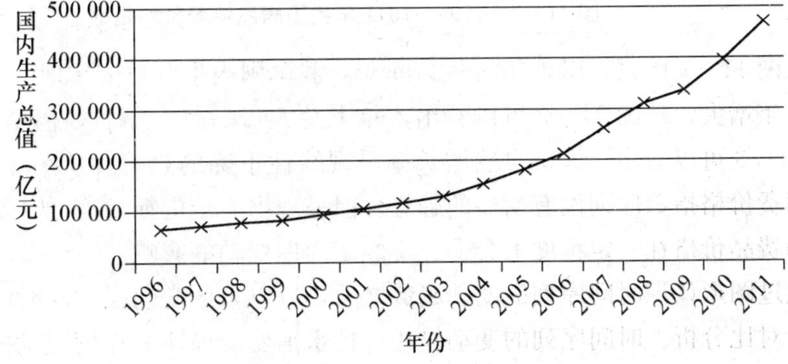

图 11—1　1996—2011 年我国国内生产总值

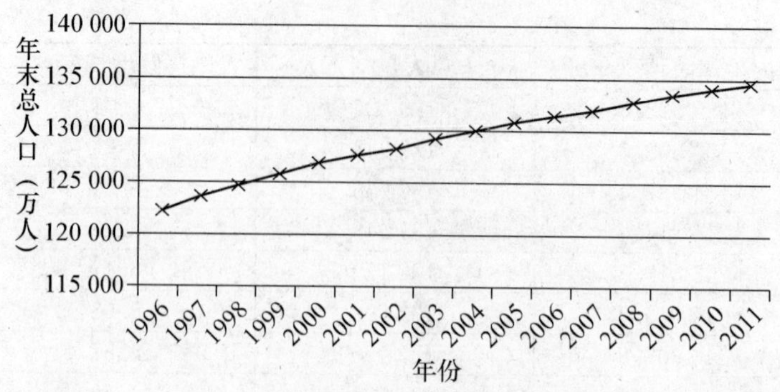

图 11—2　1996—2011 年我国年末总人口

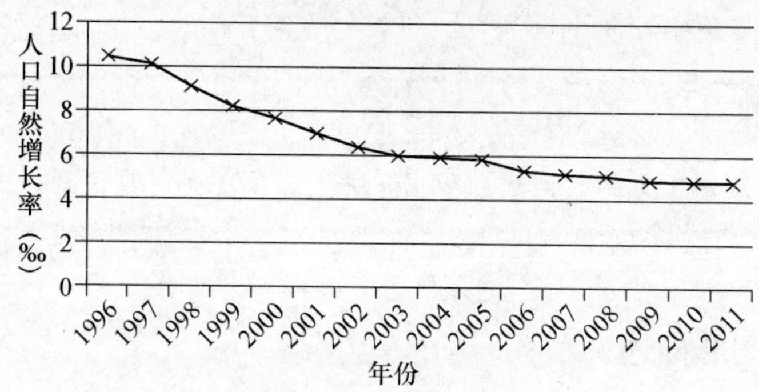

图 11—3　1996—2011 年我国人口自然增长率

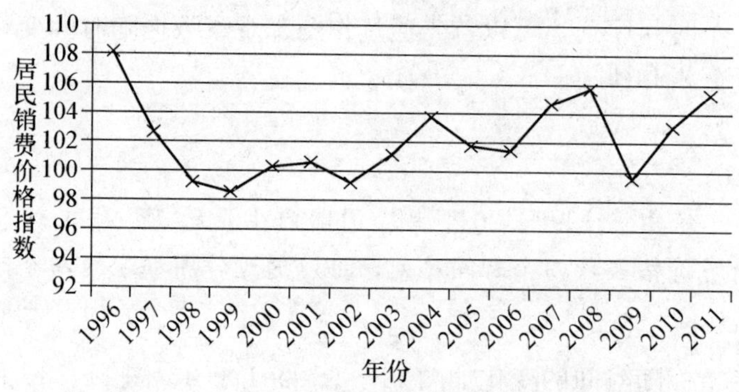

图 11—4　1996—2011 年我国居民消费价格指数

从图 11—1 可以看出，1996—2011 年，我国国内生产总值呈现上升趋势，并且增长率逐年增大；从图 11—2 可以看出，年末总人口一直在增长，但增长率逐渐减小；从图 11—3 可以看出，人口自然增长率呈现线性下降的趋势；从图 11—4 可以看出，居民消费价格指数序列没有明显的趋势，但呈现出一定的循环变动，其主要原因在于居民消费品价格在一定程度上会受宏观经济周期变动的影响。

通过图形认识时间序列的变动趋势之后，可以采用变动描述对时间序列进行简单的统计对比分析。时间序列的变动描述包括水平变动描述和速度变动描述：通过水平变动描述对时间序列进行水平分析；通过速度变动描述对时间序列进行速度分析。

11.1.3　水平变动描述

1. 发展水平与平均发展水平

在时间序列中，令 t_i 表示现象所属的时间，y_i 表示现象在不同时间上的观测值，也称发展水平。设 t_i 的取值为 t_0，t_1，…，t_n，若将整个观测期内的发展水平与参照基期 t_0 的发展水平进行比较，则 t_0 对应的发展水平 y_0 称为基期发展水平，而分析研究的其他时期称为报告期，对应指标值称为报告期发展水平。

平均发展水平是对整个观测期的发展水平取平均。它是不同时间、动态上的平均，故又称序时平均数或动态平均数。由于时间序列观测值的表现形式不同，发展水平分为绝对数、相对数和平均数，其中绝对数又分为时期指标和时点指标，因此时间序列的平均发展水平的计算方法也不尽相同，具体内容如下：

(1) 绝对数时间序列的平均发展水平。对绝对数时期序列而言，平均发展水平即各期发展水平的简单算术平均。其计算公式为：

$$\bar{y}=\frac{y_1+y_2+\cdots+y_n}{n}=\frac{\sum_{i=1}^{n} y_i}{n} \tag{11—1}$$

例 11—2

根据表 11—1 中的国内生产总值时间序列数据，计算 1996—2011 年我国的平均国内生产总值。

解：根据式 (11—1) 可得

$$\bar{y}=\frac{y_1+y_2+\cdots+y_n}{n}=\frac{3\ 145\ 537.30}{16}\approx 196\ 596.08(\text{亿元})$$

对绝对数时点序列而言，平均发展水平的计算步骤如下：首先计算出相邻两个时点观测值的平均数 $\frac{y_i+y_{i+1}}{2}$，将其视为这两个时点所夹的时间段 T_i 的发展水平近似值；然后以时间段 T_i 为权数，对所有时间段的发展水平近似值作加权算术平均。其计算公式为：

$$\bar{y}=\frac{\frac{y_1+y_2}{2}t_1+\frac{y_2+y_3}{2}t_2+\cdots+\frac{y_{n-1}+y_n}{2}t_{n-1}}{t_1+t_2+\cdots+t_{n-1}}=\frac{\sum_{i=1}^{n-1}\frac{y_i+y_{i+1}}{2}t_i}{\sum_{i=1}^{n-1}t_i} \tag{11—2}$$

特别地，若 t_i 相等 ($i=1，2，\cdots，n-1$)，则计算公式为：

$$\bar{y}=\frac{\frac{y_1+y_2}{2}+\frac{y_2+y_3}{2}+\cdots+\frac{y_{n-1}+y_n}{2}}{n-1}=\frac{\frac{y_1}{2}+y_2+\cdots+y_{n-1}+\frac{y_n}{2}}{n-1} \tag{11—3}$$

例 11—3

某公司一年内各个统计时点的职工人数如表 11—2 所示，计算该年度公司平均职工人数。

表 11—2　　职工人数　　单位：人

时间点	1月初	3月末	6月末	9月初	12月末
职工人数	500	520	510	480	540

解：根据式（11—2）可得

$$1—3\text{月平均职工人数}=\frac{500+520}{2}=510(\text{人})$$

$$4—6\text{月平均职工人数}=\frac{520+510}{2}=515(\text{人})$$

$$7—8\text{月平均职工人数}=\frac{510+480}{2}=495(\text{人})$$

$$9—12\text{月平均职工人数}=\frac{480+540}{2}=510(\text{人})$$

$$\overline{Y}=\frac{510\times3+515\times3+495\times2+510\times4}{3+3+2+4}\approx509(\text{人})$$

例 11—4

根据表 11—1 中的年末总人口时间序列数据，计算 1996—2011 年我国的年平均人口。

解：根据式（11—3）可得

$$\overline{Y}=\frac{\frac{122\,389}{2}+123\,626+\cdots+134\,091+\frac{134\,735}{2}}{16-1}=\frac{1\,939\,449}{15}\approx129\,297(\text{万人})$$

（2）相对数或平均数时间序列的平均发展水平。相对数或平均数时间序列的观测值通常由两个绝对数相比而成，即 $Y_i=\frac{a_i}{b_i}$。因此，其平均发展水平应分别计算分子和分母绝对数的平均发展水平，然后取比值得到，计算公式为：

$$\overline{Y}=\frac{\overline{a}}{\overline{b}} \tag{11—4}$$

例 11—5

根据表 11—1 中的国内生产总值和年末总人口时间序列数据，计算 1996—2011 年我国人均国内生产总值的平均发展水平。

解：根据例 11—2 和例 11—4 的计算结果可知，1996—2011 年我国的年平均国内生产总值为 196 596.08 亿元，年平均人口数为 129 297 万人。由式（11—4）可得

$$\overline{Y}=\frac{\bar{a}}{\bar{b}}=\frac{196\,596.08\times10^{8}}{129\,297\times10^{4}}=15\,205(\text{元/人})$$

2. 增长量与平均增长量

增长量（increment）用来描述现象在观测期内增长的绝对数量，由报告期发展水平减去基期发展水平得到。根据基期的选择不同，增长量分为逐期增长量和累计增长量。设时间序列观测值为 $Y_i(i=0, 1, \cdots, n)$，增长量为 Δ。计算公式为：

$$\text{逐期增长量:} \Delta_i=Y_i-Y_{i-1},\quad i=1,2,\cdots,n \tag{11—5}$$

$$\text{累计增长量:} \Delta_i=Y_i-Y_0,\quad i=1,2,\cdots,n \tag{11—6}$$

各逐期增长量之和等于最末期的累计增长量，即

$$\sum_{i=1}^{n}(Y_i-Y_{i-1})=Y_n-Y_0 \tag{11—7}$$

平均增长量是各期逐期增长量的平均数，计算公式为：

$$\text{平均增长量:} \overline{\Delta}=\frac{\sum_{i=1}^{n}(Y_i-Y_{i-1})}{n} \tag{11—8}$$

例 11—6

根据表 11—1 中的国内生产总值时间序列数据，计算 1996－2011 年我国国内生产总值的逐期增长量、累计增长量和平均增长量。

解：根据式（11—5）和（11—6），我国国内生产总值的逐期增长量和累计增长量如表 11—3 所示。

表 11—3 **1996—2011 年我国国内生产总值的增长量** 单位：亿元

年份	国内生产总值	逐期增长量	累计增长量
1996	71 176.6		
1997	78 973	7 796.4	7 796.4
1998	84 402.3	5 429.3	13 225.7
1999	89 677.1	5 274.8	18 500.5
2000	99 214.6	9 537.5	28 038
2001	109 655.2	10 440.6	38 478.6
2002	120 332.7	10 677.5	49 156.1
2003	135 822.8	15 490.1	64 646.2
2004	159 878.3	24 055.5	88 701.7
2005	183 217.4	23 339.1	112 040.8
2006	216 314.4	31 377	145 137.8

续前表

年份	国内生产总值	逐期增长量	累计增长量
2007	265 810.3	49 495.9	194 633.7
2008	314 045.4	48 235.1	242 868.8
2009	340 902.8	26 857.4	269 726.2
2010	401 512.8	60 610	330 336.2
2011	472 881.6	71 368.8	401 705

根据式（11—8）计算，我国国内生产总值的平均增长量为：

$$\bar{\Delta}=\frac{\sum_{i=1}^{n}(Y_i-Y_{i-1})}{n}=\frac{7\,796.4+5\,429.3+\cdots+71\,368.8}{15}$$

$$=26\,780.33(\text{亿元})$$

11.1.4 速度变动描述

1. 发展速度

发展速度（speed of development）是反映时间序列报告期相对于基期发展水平变化快慢程度的动态相对指标，由两个不同时期的发展水平对比得到。其基本形式为：

$$\text{发展速度}=\frac{\text{报告期发展水平}}{\text{基期发展水平}}$$

根据对比的基期不同，发展速度可以分为环比发展速度和定基发展速度。两种速度描述的内容有区别，环比速度描述现象的逐期变化程度；定基速度描述现象在观测期内总的变化程度。设时间序列观测值为 Y_0，Y_1，…，Y_n，发展速度为 R，计算公式为：

环比发展速度：$R_i=\dfrac{Y_i}{Y_{i-1}},\quad i=1,2,\cdots,n$ （11—9）

定基发展速度：$R_i=\dfrac{Y_i}{Y_0},\quad i=1,2,\cdots,n$ （11—10）

各期环比发展速度的连乘积等于相应的定基发展速度：$\prod_{i=1}^{n}\dfrac{Y_i}{Y_{i-1}}=\dfrac{Y_n}{Y_0}$ （11—11）

相邻两个定基发展速度之商等于相应的环比发展速度：$\dfrac{Y_i}{Y_0}\div\dfrac{Y_{i-1}}{Y_0}=\dfrac{Y_i}{Y_{i-1}}$ （11—12）

2. 增长速度

增长速度也称增长率。**增长率**（growth rate）是描述时间序列变化程度最常用的指标，在经济领域经常使用，例如经济增长率、人口自然增长率、业务增长率等。增长速度由时间序列中报告期发展水平与基期发展水平的比值减 1 得到。其基本形式为：

$$增长速度=\frac{报告期发展水平}{基期发展水平}-1$$

根据基期的选择不同，增长速度可以分为环比增长速度和定基增长速度。设时间序列观测值为 Y_0，Y_1，…，Y_n，增长速度为 G，计算公式为：

$$环比增长速度：G_i=\frac{Y_i-Y_{i-1}}{Y_{i-1}}=\frac{Y_i}{Y_{i-1}}-1,\quad i=1,2,\cdots,n \tag{11—13}$$

$$定基增长速度：G_i=\frac{Y_i-Y_{i-1}}{Y_0}=\frac{Y_i}{Y_0}-1,\quad i=1,2,\cdots,n \tag{11—14}$$

例 11—7

根据表 11—1 中的国内生产总值时间序列数据，计算 2011 年的环比发展速度、环比增长速度、定基发展速度、定基增长速度；假设 2011 年、2012 年与 2013 年的环比增长率相等，预测 2012 年和 2013 年的国内生产总值。

解：根据式（11—9）、式（11—10）、式（11—13）和式（11—14）可得

$$环比：R_{2011}=\frac{Y_{2011}}{Y_{2010}}=\frac{472\,881.6}{401\,512.8}=117.78\%$$

$$G_{2011}=R_{2011}-1=17.78\%$$

$$定基：R_{2011}=\frac{Y_{2011}}{Y_{1996}}=\frac{472\,881.6}{71\,176.6}=664.38\%$$

$$G_{2011}=R_{2011}-1=564.38\%$$

2012 年和 2013 年的国内生产总值预测值为：

$$\begin{aligned}\hat{Y}_{2012}&=Y_{2011}\times(1+\hat{G}_{2011})\\&=472\,881.6\times(1+17.78\%)=556\,936.2(亿元)\\\hat{Y}_{2013}&=Y_{2011}\times(1+\hat{G}_{2011})(1+\hat{G}_{2012})\\&=472\,881.6\times(1+17.78\%)^2=655\,931.5(亿元)\end{aligned}$$

3. 平均发展速度与平均增长速度

平均发展速度是各期环比发展速度的几何平均数，用于描述现象的平均发展变化程度。平均增长速度也称平均增长率，它由时间序列中逐期环比值的几何平均数减 1 得到，描述现象在整个观察期内的平均增长程度。计算公式为：

$$平均发展速度：\bar{R}=\sqrt[n]{\frac{Y_1}{Y_0}\times\frac{Y_2}{Y_1}\times\cdots\times\frac{Y_n}{Y_{n-1}}}=\sqrt[n]{\frac{Y_n}{Y_0}},\quad i=1,2,\cdots,n \tag{11—15}$$

$$平均增长速度：\bar{G}=\bar{R}-1=\sqrt[n]{\frac{Y_n}{Y_0}}-1,\quad i=1,2,\cdots,n \tag{11—16}$$

例 11—8

根据表 11—1 中的国内生产总值时间序列数据，计算 1996—2011 年的平均发展速度、平均增长速度，并根据平均增长速度预测 2012 年和 2013 年的国内生产总值。

解：根据式（11—15）可得 1996—2011 年的平均发展速度和平均增长速度依次为：

$$\bar{R}=\sqrt[n]{\frac{Y_n}{Y_0}}=\sqrt[16]{\frac{472\,881.6}{71\,176.6}}=112.56\%$$

$$\bar{G}=\bar{R}-1=12.56\%$$

2012 年和 2013 年的国内生产总值预测值为：

$$\hat{Y}_{2012}=Y_{2011}\times(1+\bar{G})=472\,881.6\times(1+12.5\%)=532\,296.2(亿元)$$

$$\hat{Y}_{2013}=Y_{2011}\times(1+\bar{G})^2=472\,881.6\times(1+12.56\%)^2=599\,175.9(亿元)$$

变动描述是社会经济时间序列常用的一种分析方法。进行变动描述分析需要注意以下三个方面：

（1）正确选择基期。许多变动指标都需要选定一个参照基期，基期不同，得到的指标值会有很大差异。因此在计算中，基期的选择十分重要，需要根据研究的目的进行选择。另外，需要注意避开异常基期。如果基期数值异常，则得到的指标值会过大或过小，不能说明问题，也不具有分析的价值。

（2）在速度变动描述中，报告期和基期不允许有零和负数。当出现零或负数时，相比得到的数值通常没有意义或者无法解释。此时，使用水平变动指标进行分析更为合适。例如对序列－8，5，0，3，－5 的变化进行描述时，我们可以避开速度分析，直接叙述它的水平增长量，其环比增长量依次为 13，－5，3，－8，定基增长量为 3。

（3）速度变动描述与水平变动描述结合分析。利用几何平均法计算平均发展速度时，只考虑期初水平和期末水平，中间过程无论如何变化，都不会对平均速度产生影响，假如期初、中间或者期末水平发生特殊变化，就会丧失平均速度的意义，因此必须将平均发展速度、环比发展速度与发展水平结合使用。

时间序列的水平变动描述和速度变动描述有哪些区别和联系？

11.2 时间序列的分解

11.2.1 时间序列的分解模型

事物的发展变化受众多因素的影响，有些因素对事物的发展起着长期、周期性、决定性的作用，有些因素则起着短期、偶然性的作用。这些因素综合作用于事物，使反映事物发展变化的时间序列观测值呈现出复合性规律变动。归纳起来，我们可以将时间序列的变动分解为长期趋势（T）、季节变动（S）、循环变动（C）、不规则变动（I）四种成分。

知道吗 2003 年 10 月 8 日，瑞典皇家科学院宣布，美国经济学家罗伯特·恩格尔（Robert F. Engle）和英国经济学家克莱夫·格兰杰（Clive W. J. Granger）共同获得 2003 年度诺贝尔经济学奖。两位获奖者的成就在时间序列领域，罗伯特·恩格尔因为用一个 ARCH 模型来处理时间序列的变更率问题而得奖，克莱夫·格兰杰因为用一个 Cointegration 模型来处理经济时间序列的非平稳性而得奖。

罗伯特·恩格尔，1942 年 11 月出生于美国纽约州锡拉丘兹。恩格尔毕业于威廉姆斯学院物理学专业，随后又在康奈尔大学获得物理学硕士和经济学博士学位。1969—1977 年任教于麻省理工学院。1978 年，恩格尔进入加利福尼亚大学圣迭戈分校执教直至 2003 年退休。他的贡献在于建立了描述经济时间序列数据时变波动性的关键概念——自回归条件异方差（ARCH），并发展了一系列波动性模型及统计分析方法。

克莱夫·格兰杰，1934 年 9 月出生于英国威尔士的斯旺西，经济时间序列分析大师，被认为是世界上最伟大的计量经济学家之一，2003 年诺贝尔经济学奖获得者，来自美国加利福尼亚大学圣迭戈分校。2009 年 5 月 27 日，伟大的计量经济学大师克莱夫·格兰杰爵士在美国因病逝世，享年 75 岁。格兰杰的工作改变了经济学家处理时间序列数据的方法，对研究财富与消费、汇率与价格，以及短期利率与长期利率之间的关系具有非常重要的指导意义。

1. 长期趋势

长期趋势（long term trend）是时间序列在较长时期内持续上升或下降的发展态势。这种趋势可以是线性的，也可以是非线性的。长期趋势通常由某种固定性因素长期作用于事物产生，其发展具有持续性，这一特性有利于我们根据以往的观测值对未来进行预测。

2. 季节变动

季节波动（seasonal fluctuation）是时间序列在一年内重复出现的周期性波动。季节波动中的“季节”，不仅可以指一年中的四季，还可以指一年中的任何一种周期，如月、周、日、时等。季节波动多是由自然因素和生产或生活条件的影响引起的，具有重复性。常见的季节变动序列有四季的气温、旅游景点不同月份的旅游人次、某种商品不同月份的销售量等。

3. 循环变动

循环变动（cyclical fluctuation）是时间序列较长时间内（通常为一年以上）上下

起伏的周期性波动。循环变动不同于长期趋势，它是一种涨落相间的交替波动；它也不同于季节变动，它的周期长短不一、幅度高低不同，不具有重复性。循环变动比较典型的例子是商业循环，商业循环由繁荣、衰退、萧条、复苏等时期组成，循环的周期长度不同，从几年到几十年不等。

4. 不规则变动

不规则变动（irregular variation）包括时间序列中所有没有明显规律性的变动，它是时间序列剔除长期趋势、季节变动、循环变动后的偶然性波动，又称剩余变动或随机变动。不规则变动多是由随机事件或突发事件（如战争、自然灾害等）引起的。

任何一个时间序列都可以分解为以上一种或几种变动。如果要对一个时间序列本身进行比较深入的观察和研究，则可以建立时间序列分解模型，通过对时间序列的分解来了解这个时间序列发展变化的构成内容和影响因素。如果要对一个时间序列进行预测，则需要估计模型中各种变动的参数，将各种变动的预测值合成为时间序列的最终预测值。因此构建时间序列的分解模型是对时间序列进行分解的基础。

根据四种变动对时间序列作用形式的不同可以设定各种合成模型，比较常用的有加法模型和乘法模型。设 T_i 为时间序列的指标值，则

加法模型：$Y_t = T_t + S_t + C_t + I_t$

乘法模型：$Y_t = T_t \times S_t \times C_t \times I_t$

加法模型假定四种变动相互独立，它们与时间序列 Y 具有相同的表达形式，通过累加构成时间序列的指标值。乘法模型则假定四种变动具有交互作用，合成时以长期趋势为基准，其他变动的数值都以相对数（百分比）来表示。由于乘法模型的假定与现实生活中事物发展变化的性质更为吻合，因此实际中我们大多采用乘法模型。下面介绍的时间序列分解方法也是围绕乘法模型展开的。

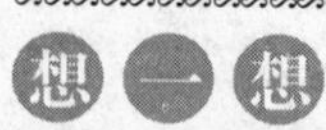

时间序列的构成要素有哪些？各自有什么特点？

11.2.2 时间序列的分解步骤

当一个时间序列包含多种变动时，我们可以通过逐步剔除的方法得到各个变动模型。下面我们通过具体的例子来说明时间序列的分解步骤。

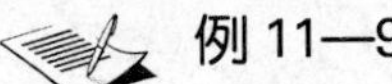

例 11—9

表 11—4 中的数据是 2000—2008 年我国社会消费品零售总额月度时间序列数据。选择恰当的分解模型分解该时间序列，并分别测算各个变动。

1. 图形描述

首先，根据时间序列数据作图，观察它可能包含哪些变动，选择合适的分解模型。对于任何一个时间序列而言，不规则变动总是存在，循环变动的规律又不容易把握，因此我们主要通过图形来判断时间序列是否包含长期趋势和季节变动成分。通过图 11—5 可以判断，我国社会消费品零售总额存在明显的长期趋势和季节变动。我们采用乘法模型对序列进行分解。

表 11—4　2000—2008 年我国社会消费品零售总额月度数据　单位：亿元

月度＼年份	2000	2001	2002	2003	2004	2005	2006	2007	2008
1 月	2 962.9	3 332.8	3 596.1	3 907.4	4 569.4	5 300.9	6 641.6	7 488.3	9 077.3
2 月	2 805.0	3 047.1	3 324.4	3 706.4	4 211.4	5 012.2	6 001.9	7 013.7	8 354.7
3 月	2 627.0	2 876.1	3 114.8	3 494.8	4 049.8	4 799.1	5 796.7	6 808.5	8 123.2
4 月	2 572.0	2 820.9	3 052.2	3 406.9	4 001.8	4 663.3	5 774.6	6 786.4	8 142.0
5 月	2 637.0	2 929.6	3 202.1	3 463.3	4 166.1	4 899.2	6 175.6	7 187.4	8 703.5
6 月	2 645.0	2 908.7	3 158.8	3 576.9	4 250.7	4 935.0	6 057.8	7 069.6	8 642.0
7 月	2 597.0	2 851.4	3 096.6	3 562.1	4 209.2	4 934.9	6 012.2	7 024.0	8 628.8
8 月	2 636.0	2 889.4	3 143.7	3 609.6	4 262.7	5 040.8	6 077.4	7 089.2	8 767.7
9 月	2 854.0	3 136.9	3 422.4	3 971.8	4 717.7	5 495.2	6 553.6	7 565.4	9 446.5
10 月	3 029.0	3 347.3	3 661.9	4 204.4	4 983.2	5 846.6	6 997.7	8 009.5	10 082.7
11 月	3 108.0	3 421.7	3 733.1	4 202.7	4 965.6	5 909.0	6 821.7	7 833.5	9 790.8
12 月	3 680.0	4 033.3	4 404.4	4 735.7	5 562.5	6 850.4	7 499.2	8 511.0	10 728.5

资料来源：国家统计局网站。

2. 长期趋势的测定

对于含有长期趋势的时间序列，首先要采用移动平均法剔除季节变动和不规则变动的影响，然后再对得到的新时间序列拟合长期趋势。

移动平均法是将近期一定时间间隔内的观测值平均数作为趋势值或预测值的一种方法，因此该方法既有拟合趋势的功能，又有预测的功能。移动平均法是分析长期趋势变动的常用方法，这利用了它的拟合趋势值功能，在下一节还将介绍其预测功能。

如果时间序列不包含季节变动，则采用一般移动平均法就可以削弱序列中随机因素、偶然因素的影响，增强长期趋势的拟合效果；如果时间序列包含季节变动，则可采用季节中心移动平均法消除季节变动和不规则变动。

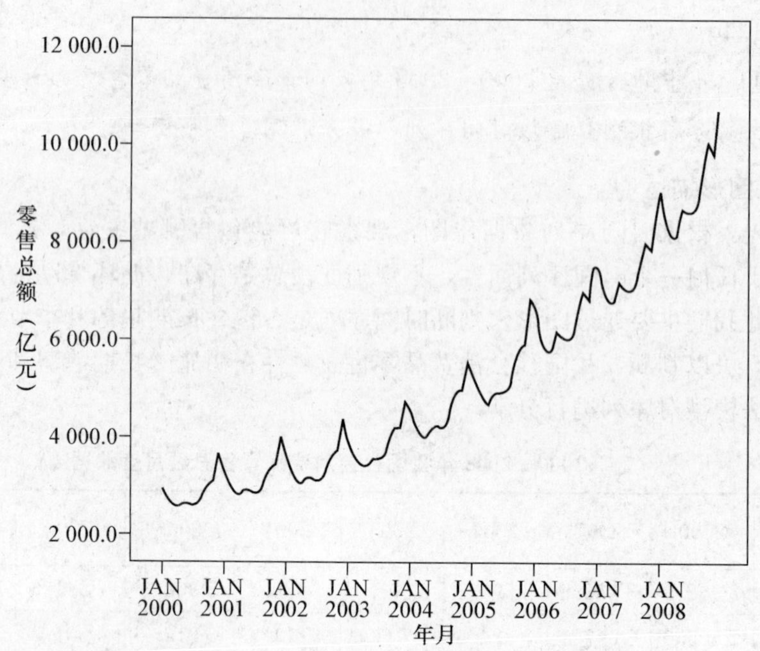

图 11—5 社会消费品零售总额月度数据时序图

采用移动平均法处理时需要注意：如果移动平均间隔长度 k 为奇数，则做一次移动平均即得第$\frac{k+1}{2}$期的趋势值；如果 k 为偶数，需要对第一次得到移动平均值再做一次二项移动平均，才能得到第$\frac{k}{2}+1$期的趋势值。

采用 12 期移动平均法对表 11—6 中的数据进行趋势拟合。下面以第 7 行数据为例，其计算过程如下：每年的 12 个月是偶数，首先通过一次 12 项中心移动平均得到第 6.5 期和第 7.5 期的趋势拟合值：

$$\hat{Y}_{6.5}=\frac{Y_1+Y_2+\cdots+Y_{12}}{12}=\frac{2\,962.9+2\,805+\cdots+3\,680}{12}=2\,846.08(\text{亿元})$$

$$\hat{Y}_{7.5}=\frac{Y_2+Y_3+\cdots+Y_{13}}{12}=\frac{2\,805+2\,627+\cdots+3\,332.8}{12}=2\,876.9(\text{亿元})$$

然后对第 6.5 期和第 7.5 期的趋势拟合值进行一次二项移动平均得到第 7 期的趋势拟合值：

$$\hat{Y}_7=\frac{\hat{Y}_{6.5}+\hat{Y}_{7.5}}{2}=\frac{2\,846.08+2\,876.9}{2}=2\,861.49$$

采用上述方法，最后得到 2000 年 7 月—2008 年 6 月的趋势拟合值，结果如表

11—6 的第（4）栏序列 TC 所示。在得到趋势拟合序列 TC 后，可以通过建立解释变量为 t 的具体模型来对其进行拟合。利用该方法不仅可以测定时间序列各期的长期趋势值，还可以进行预测。长期趋势分为线性趋势和非线性趋势。

对于直线上升或下降的线性趋势，采用直线模型来描述；对于非线性趋势，常用的模型有二次曲线模型、指数曲线模型等。我们需要结合时间序列的现实意义、图形形状和阶差、比率的特点来选取模型，表 11—5 给出了各个模型的阶差、比率特点。

表 11—5　各个模型的阶差、比率特点

	模型形式	阶差、比率特点
直线模型	$\hat{y}_t=a+bt$	一次差分（y_t-y_{t-1}）相等
二次曲线模型	$\hat{y}_t=b_0+b_1t+b_2t^2$	二次差分 $[(y_t-y_{t-1})-(y_{t-1}-y_{t-2})]$ 相等
指数曲线模型	$\hat{y}_t=ae^{bt}$	一次比率（y_t/y_{t-1}）相等

对时间序列 TC 作图，如图 11—6 中的实曲线 TC 所示，可以看出它呈现曲线上升的趋势；取 $t=8，9，\cdots，102$ 时，计算得到时间序列 TC 的一次比率（y_t/y_{t-1}）近似相等。根据表 11—5 给出的规则判断时间序列 TC 可以用指数曲线模型来拟合。

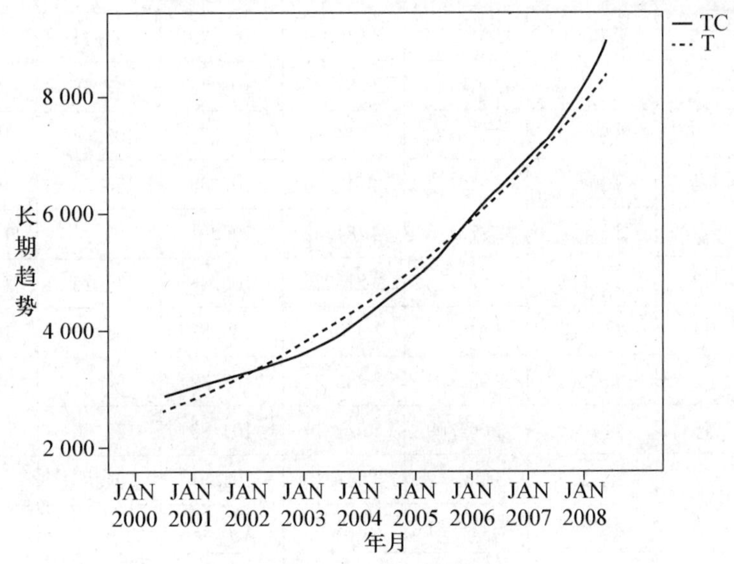

图 11—6　零售总额长期趋势

以时间 t 为解释变量，TC 为被解释变量，根据本书第 10 章介绍的回归分析法，我们可以通过计算得到指数曲线方程的参数 a 为 2 401.779，b 为 0.012 235 3，最终的指数曲线方程为：

$$\hat{T}_t=2\,401.779e^{0.012\,235\,3t}$$

根据该方程可以求得各个月度的长期趋势估计值，结果如表 11—6 第（5）栏所示。以第 7 行数据的计算过程为例，将 $t=7$ 代入上式可以得到

$$\hat{T}_7 = 2\,401.779 \times 2.718\,281\,83^{0.012\,235\,3 \times 7} = 2\,616.55$$

对长期趋势估计值作图，如图 11—6 中的虚曲线 T 所示，可以看出虚曲线 T 很好地拟合了时间序列的长期趋势 TC。

表 11—6　　　　我国社会消费品零售总额月度数据的分解

月度 (1)	时间 t (2)	零售总额 Y (3)	移动平均 TC (4)	长期趋势 T (5)	循环变动 C (%) (6)	$Y/TC=SI$ (%) (7)	季节指数 S (%) (8)	不规则变动 I (%) (9)
2000/1	1	2 962.9						
2	2	2 805.0						
3	3	2 627.0						
4	4	2 572.0						
5	5	2 637.0						
6	6	2 645.0						
7	7	2 597.0	2 861.49	2 616.55	109.36	90.76	92.38	98.25
8	8	2 636.0	2 886.99	2 648.76	108.99	91.31	92.51	98.69
9	9	2 854.0	2 907.45	2 681.37	108.43	98.16	99.47	98.68
10	10	3 029.0	2 928.20	2 714.38	107.88	103.44	104.53	98.96
11	11	3 108.0	2 950.77	2 747.79	107.39	105.33	103.71	101.57
12	12	3 680.0	2 973.95	2 781.62	106.91	123.74	117.10	105.67
2001/1	13	3 332.8	2 995.53	2 815.86	106.38	111.26	110.15	101.01
2	14	3 047.1	3 016.69	2 850.53	105.83	101.01	100.89	100.12
3	15	2 876.1	3 039.04	2 885.62	105.32	94.64	95.33	99.27
4	16	2 820.9	3 064.09	2 921.14	104.89	92.06	92.84	99.16
5	17	2 929.6	3 090.42	2 957.10	104.51	94.80	96.18	98.56
6	18	2 908.7	3 118.21	2 993.51	104.17	93.28	94.91	98.29
7	19	2 851.4	3 143.90	3 030.36	103.75	90.70	92.38	98.18
8	20	2 889.4	3 166.43	3 067.66	103.22	91.25	92.51	98.63
9	21	3 136.9	3 187.93	3 105.43	102.66	98.40	99.47	98.92
10	22	3 347.3	3 207.51	3 143.66	102.03	104.36	104.53	99.83
11	23	3 421.7	3 228.50	3 182.36	101.45	105.98	103.71	102.20
12	24	4 033.3	3 250.28	3 221.53	100.89	124.09	117.10	105.97
2002/1	25	3 596.1	3 270.92	3 261.19	100.30	109.94	110.15	99.81

续前表

月度 (1)	时间 t (2)	零售总额 Y (3)	移动平均 TC (4)	长期趋势 T (5)	循环变动 C (%) (6)	$Y/TC=SI$ (%) (7)	季节指数 S (%) (8)	不规则变动 I (%) (9)
2	26	3 324.4	3 291.73	3 301.34	99.71	100.99	100.89	100.10
3	27	3 114.8	3 314.22	3 341.98	99.17	93.98	95.33	98.59
4	28	3 052.2	3 339.23	3 383.12	98.70	91.40	92.84	98.45
5	29	3 202.1	3 365.31	3 424.77	98.26	95.15	96.18	98.93
6	30	3 158.8	3 393.75	3 466.93	97.89	93.08	94.91	98.07
7	31	3 096.6	3 422.18	3 509.61	97.51	90.49	92.38	97.95
8	32	3 143.7	3 451.07	3 552.81	97.14	91.09	92.51	98.46
9	33	3 422.4	3 482.82	3 596.55	96.84	98.27	99.47	98.78
10	34	3 661.9	3 513.43	3 640.82	96.50	104.23	104.53	99.71
11	35	3 733.1	3 539.09	3 685.64	96.02	105.48	103.71	101.71
12	36	4 404.4	3 567.40	3 731.02	95.61	123.46	117.10	105.43
2003/1	37	3 907.4	3 604.21	3 776.95	95.43	108.41	110.15	98.42
2	38	3 706.4	3 643.02	3 823.44	95.28	101.74	100.89	100.84
3	39	3 494.8	3 685.33	3 870.51	95.22	94.83	95.33	99.47
4	40	3 406.9	3 730.82	3 918.16	95.22	91.32	92.84	98.36
5	41	3 463.3	3 772.99	3 966.39	95.12	91.79	96.18	95.44
6	42	3 576.9	3 806.36	4 015.22	94.80	93.97	94.91	99.02
7	43	3 562.1	3 847.75	4 064.65	94.66	92.58	92.38	100.22
8	44	3 609.6	3 896.38	4 114.69	94.69	92.64	92.51	100.14
9	45	3 971.8	3 940.54	4 165.34	94.60	100.79	99.47	101.33
10	46	4 204.4	3 988.45	4 216.62	94.59	105.41	104.53	100.84
11	47	4 202.7	4 042.53	4 268.53	94.71	103.96	103.71	100.25
12	48	4 735.7	4 099.88	4 321.07	94.88	115.51	117.10	98.64
2004/1	49	4 569.4	4 154.92	4 374.27	94.99	109.98	110.15	99.84
2	50	4 211.4	4 209.10	4 428.12	95.05	100.05	100.89	99.17
3	51	4 049.8	4 267.39	4 482.63	95.20	94.90	95.33	99.55
4	52	4 001.8	4 330.92	4 537.81	95.44	92.40	92.84	99.53
5	53	4 166.1	4 395.15	4 593.68	95.68	94.79	96.18	98.55
6	54	4 250.7	4 461.39	4 650.23	95.94	95.28	94.91	100.39

续前表

月度 (1)	时间 t (2)	零售总额 Y (3)	移动平均 TC (4)	长期趋势 T (5)	循环变动 C（%） (6)	$Y/TC=SI$ （%） (7)	季节指数 S（%） (8)	不规则变动 I（%） (9)
7	55	4 209.2	4 526.32	4 707.47	96.15	92.99	92.38	100.67
8	56	4 262.7	4 590.17	4 765.42	96.32	92.87	92.51	100.38
9	57	4 717.7	4 654.75	4 824.09	96.49	101.35	99.47	101.89
10	58	4 983.2	4 713.54	4 883.48	96.52	105.72	104.53	101.14
11	59	4 965.6	4 771.65	4 943.59	96.52	104.06	103.71	100.35
12	60	5 562.5	4 830.70	5 004.45	96.53	115.15	117.10	98.34
2005/1	61	5 300.9	4 889.45	5 066.06	96.51	108.41	110.15	98.42
2	62	5 012.2	4 952.11	5 128.42	96.56	101.21	100.89	100.32
3	63	4 799.1	5 016.93	5 191.56	96.64	95.66	95.33	100.34
4	64	4 663.3	5 085.30	5 255.47	96.76	91.70	92.84	98.77
5	65	4 899.2	5 160.58	5 320.16	97.00	94.94	96.18	98.70
6	66	4 935.0	5 253.55	5 385.66	97.55	93.94	94.91	98.98
7	67	4 934.9	5 363.08	5 451.96	98.37	92.02	92.38	99.61
8	68	5 040.8	5 460.18	5 519.07	98.93	92.32	92.51	99.79
9	69	5 495.2	5 542.98	5 587.02	99.21	99.14	99.47	99.66
10	70	5 846.6	5 630.85	5 655.80	99.56	103.83	104.53	99.33
11	71	5 909.0	5 730.34	5 725.42	100.09	103.12	103.71	99.43
12	72	6 850.4	5 830.31	5 795.90	100.59	117.50	117.10	100.34
2006/1	73	6 641.6	5 921.98	5 867.25	100.93	112.15	110.15	101.82
2	74	6 001.9	6 010.06	5 939.48	101.19	99.86	100.89	98.98
3	75	5 796.7	6 097.35	6 012.60	101.41	95.07	95.33	99.73
4	76	5 774.6	6 189.41	6 086.62	101.69	93.30	92.84	100.49
5	77	6 175.6	6 275.40	6 161.55	101.85	98.41	96.18	102.32
6	78	6 057.8	6 340.47	6 237.40	101.65	95.54	94.91	100.67
7	79	6 012.2	6 402.78	6 314.18	101.40	93.90	92.38	101.65
8	80	6 077.4	6 480.22	6 391.91	101.38	93.78	92.51	101.37
9	81	6 553.6	6 564.53	6 470.60	101.45	99.83	99.47	100.36
10	82	6 997.7	6 648.85	6 550.26	101.51	105.25	104.53	100.68
11	83	6 821.7	6 733.17	6 630.89	101.54	101.31	103.71	97.70

续前表

月度 (1)	时间 t (2)	零售总额 Y (3)	移动平均 TC (4)	长期趋势 T (5)	循环变动 C（%） (6)	$Y/TC=SI$ （%） (7)	季节指数 S（%） (8)	不规则变动 I（%） (9)
12	84	7 499.2	6 817.48	6 712.52	101.56	110.00	117.10	93.94
2007/1	85	7 488.3	6 901.80	6 795.16	101.57	108.50	110.15	98.50
2	86	7 013.7	6 986.12	6 878.81	101.56	100.39	100.89	99.51
3	87	6 808.5	7 070.43	6 963.49	101.54	96.30	95.33	101.01
4	88	6 786.4	7 154.75	7 049.21	101.50	94.85	92.84	102.17
5	89	7 187.4	7 239.07	7135.99	101.44	99.29	96.18	103.23
6	90	7 069.6	7 323.38	7 223.84	101.38	96.53	94.91	101.72
7	91	7 024.0	7 431.75	7 312.77	101.63	94.51	92.38	102.31
8	92	7 089.2	7 553.83	7 402.79	102.04	93.85	92.51	101.44
9	93	7 565.4	7 664.49	7 493.92	102.28	98.71	99.47	99.23
10	94	8 009.5	7 775.75	7 586.18	102.50	103.01	104.53	98.54
11	95	7 833.5	7 895.40	7 679.57	102.81	99.22	103.71	95.67
12	96	8 511.0	8 024.09	7 774.11	103.22	106.07	117.10	90.58
2008/1	97	9 077.3	8 156.48	7 869.81	103.64	111.29	110.15	101.03
2	98	8 354.7	8 293.28	7966.69	104.10	100.74	100.89	99.85
3	99	8 123.2	8 441.60	8 064.76	104.67	96.23	95.33	100.94
4	100	8 142.0	8 606.36	8 164.04	105.42	94.60	92.84	101.90
5	101	8 703.5	8 774.30	8 264.55	106.17	99.19	96.18	103.13
6	102	8 642.0	8 948.25	8 366.29	106.96	96.58	94.91	101.76
7	103	8 628.8						
8	104	8 767.7						
9	105	9 446.5						
10	106	10 082.7						
11	107	9 790.8						
12	108	10 728.5						

3. 季节变动的测定

在时间序列的乘法模型中，季节变动是通过季节指数来估算的。季节指数可以描述现象由于受季节因素的影响偏离其总平均水平的相对程度。如果所分析的数据是月度数据，则季节指数包括 12 个；如果是季度数据，则季节指数包括 4 个。季节指数可以通过按季平均法得到。

按季平均法的前提是时间序列呈水平趋势，计算步骤如下：首先，对多年同季数据进行简单平均，以消除不规则运动的影响；其次，将同季平均数与总平均数作对比，得到季节指数 S。

用 Y 除以 TC 得到只含季节因素和不规则变动因素的序列 SI，如表 11—6 中的第（7）栏所示。由于剔除了长期趋势和循环变动，序列 SI 呈水平趋势，因此可以采用按季平均法求季节指数 S，结果如表 11—6 中的第（8）栏所示。将序列 SI 重新排列，得到表 11—7，计算得到的季节指数如表 11—7 的最后一列所示，季节指数图如图 11—7 所示。以 1 月份的季节指数为例，其计算过程如下：

1 月份的同季平均：

$$\overline{S}_1=\frac{SI_{1,2001}+SI_{1,2002}+\cdots+SI_{1,2008}}{8}=\frac{111.26+109.94+\cdots+111.29}{8}=109.99$$

按照同样方法，可得到 $\overline{S}_2$，$\overline{S}_3$，…，$\overline{S}_{12}$，进而

12 个月的总平均：

$$\overline{S}=\frac{\overline{S}_1+\overline{S}_2+\cdots+\overline{S}_{12}}{12}=\frac{109.99+100.75+\cdots+116.94}{12}=99.86$$

1 月份的季节指数：

$$\hat{S}_1=\frac{\overline{S}_1}{\overline{S}}=\frac{109.99}{99.86}=110.15$$

表 11—7　　运用按季平均法求季节指数（%）

月度＼年份	2000	2001	2002	2003	2004	2005	2006	2007	2008	同月平均	季节指数
1		111.26	109.94	108.41	109.98	108.41	112.15	108.5	111.29	109.99	110.15
2		101.01	100.99	101.74	100.05	101.21	99.86	100.39	100.74	100.75	100.89
3		94.64	93.98	94.83	94.9	95.66	95.07	96.3	96.23	95.2	95.33
4		92.06	91.4	91.32	92.4	91.7	93.3	94.85	94.6	92.71	92.83
5		94.8	95.15	91.79	94.79	94.94	98.41	99.29	99.19	96.04	96.18
6		93.28	93.08	93.97	95.28	93.94	95.54	96.53	96.58	94.77	94.91
7	90.76	90.7	90.49	92.58	92.99	92.02	93.9	94.51		92.24	92.37
8	91.31	91.25	91.09	92.64	92.87	92.32	93.78	93.85		92.39	92.52
9	98.16	98.4	98.27	100.79	101.35	99.14	99.83	98.71		99.33	99.47
10	103.44	104.36	104.23	105.41	105.72	103.83	105.25	103.01		104.41	104.55
11	105.33	105.98	105.48	103.96	104.06	103.12	101.31	99.22		103.56	103.7
12	123.74	124.09	123.46	115.51	115.15	117.5	110	106.07		116.94	117.1
平均										99.86	

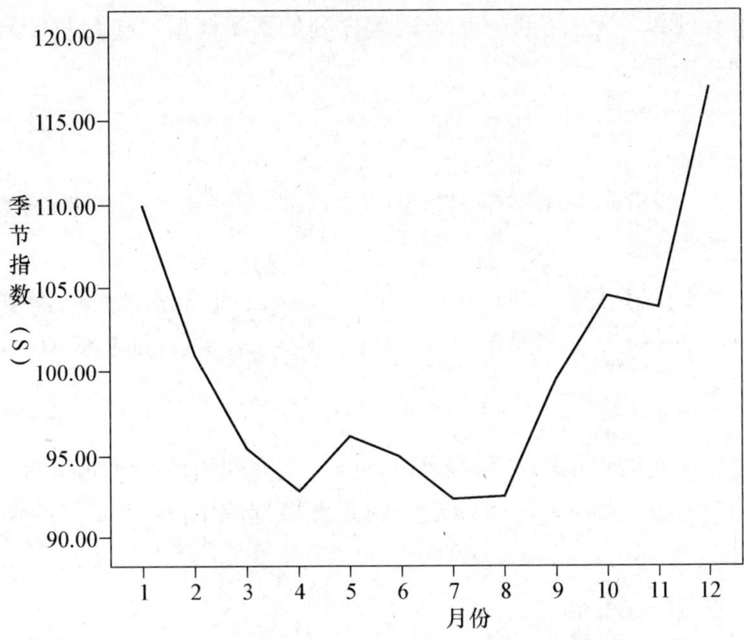

图 11—7　零售总额季节指数

4. 循环变动的测定

由于循环波动的周期长短不一、波动幅度不同，而且常与不规则运动交织在一起，因此我们很难单独对其估算，所以通常采用剩余法得到。剩余法是以时间序列的分解模型为基础，从时间序列中分离出趋势变动、季节变动和不规则变动，从而得到循环波动的方法。由于分离的结果容易受其他变动因素估算效果的影响，因此在实际中我们通常还要结合定性分析的方法。将序列 TC 除以 T 即得到循环变动 C，结果如表 11—6 中的第（6）栏所示。

5. 不规则变动的测定

不规则变动没有规律可循，因此采用剩余法得到。将序列 SI 除以 S，即得到不规则变动 I，结果如表 11—6 中的第（9）栏所示。

找出你所在省份 2000—2011 年的社会消费品零售总额月度数据，选择恰当的分解模型分解该时间序列，并分别测算各个变动。

11.2.3　利用时间序列分解模型进行预测

在时间序列分解模型的基础上，我们可以进一步做预测。具体步骤是通过对各个变动历史观测值的分析和建模，分项做预测，最终合成时间序列的预测值。由于不规则变动没有规律、无法预测，因此时间序列的预测模型只包含长期趋势、季节变动和循环变动三个部分。

例 11—10

在例 11—9 中所建变动模型的基础上，对 2009 年 1—6 月我国的社会消费品零售总额进行预测。

解：按照上述步骤，我们可以得到 2009 年上半年我国社会消费品零售总额的月度预测值，如表 11—8 所示。以 2009 年 1 月为例，其长期趋势为：

$$\hat{T}_{109}=2\,401.779\times 2.718\,281\,93^{0.012\,235\,3\times 109}=9\,114.42(\text{亿元})$$

通过循环变动 C 的图形我们可以判断，该序列循环变动的周期较长，相对长期趋势的波动较和缓，如图 11—8 所示，因此直接选取 2008 年 6 月的循环变动值作为预测值：

$$\hat{C}_{109}=106.96\%$$

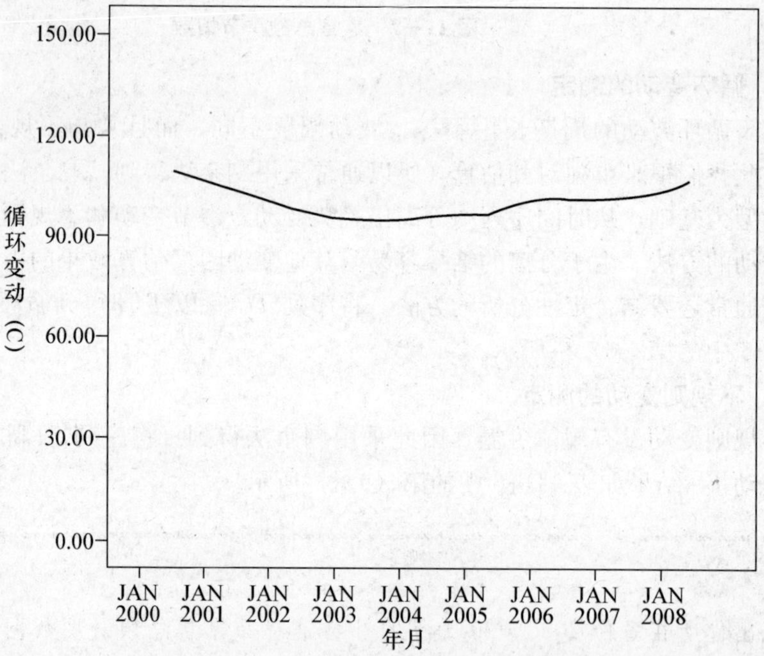

图 11—8　零售总额的循环变动

另外，已知该时间序列 1 月的季节指数为 110.15%。根据时间序列乘法预测模型我们可以得到 2009 年 1 月我国社会消费品零售总额的月度预测值：

$$\hat{Y}_{109}=\hat{T}_{109}\times\hat{S}_{109}\times\hat{C}_{109}=9\,114.42\times 110.15\%\times 106.96\%\approx 10\,738(\text{亿元})$$

最终得到 2009 年上半年 6 个月的预测值，如表 11—8 所示。

表 11—8 2009 年上半年社会消费品零售总额月度预测值

月度	时间 t	预测值 T（亿元）	预测值（S）（%）	预测值 C（%）	预测值 Y（亿元）
1	109	9 114.42	110.15	106.96	10 738.0
2	110	9 226.62	100.89	106.96	9 956.1
3	111	9 340.20	95.33	106.96	9 523.5
4	112	9 455.19	92.84	106.96	9 388.8
5	113	9 571.58	96.18	106.96	9 846.5
6	114	9 689.41	94.91	106.96	9 835.4

利用 2009 年上半年社会消费品零售总额月度预测值与 2000—2008 年实际值绘图，如图 11—9 所示。可以看出，预测值很好地沿承了原序列的变动特征。

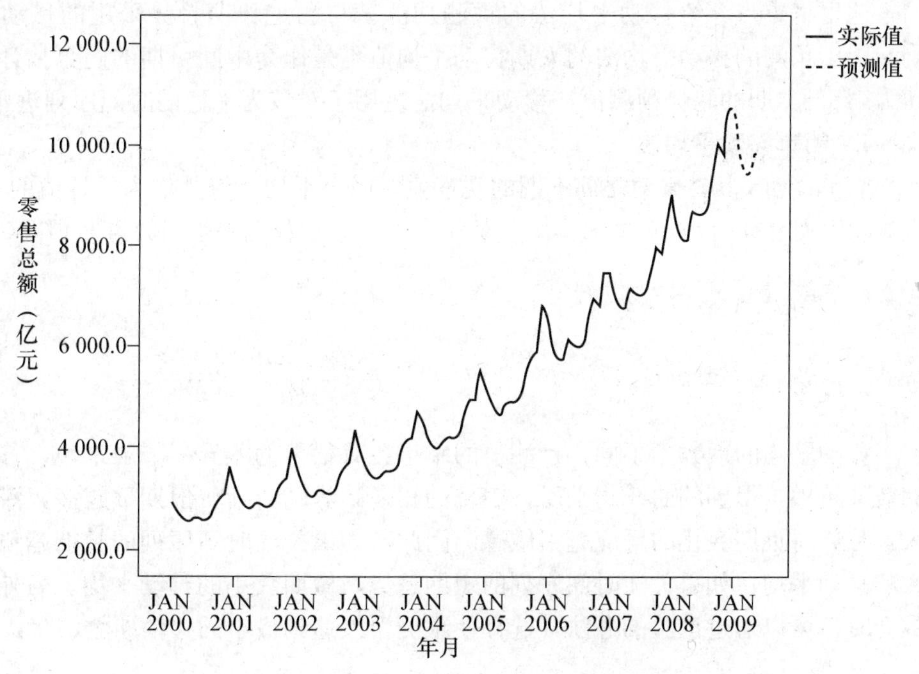

图 11—9 零售总额原序列与预测值

根据本省社会消费品零售总额数据，在时间序列分解模型的基础上，对 2012 年 1—6 月的社会消费品零售总额进行预测。

11.3 时间序列的平滑法

平滑法的基本思想是通过加权平均等方式消除随机波动的影响，使序列平滑化，从而展示其长期发展趋势。根据平滑技术的不同，平滑法可以分为移动平均和指数平滑两种。平滑法既可以用于平滑时间序列以描述序列的趋势（例如 11.2.2 节中利用移动平均法对长期趋势的测算），又可以用于短期预测。

11.3.1 移动平均法

小词典

移动平均法是将近期一定时间间隔内的观测值平均数作为趋势值或预测值的一种方法，包括简单移动平均法和加权移动平均法两种。

这里将重点介绍移动平均法的预测功能。与测定长期趋势采用的移动平均法不同，用于预测的移动平均法的 k 期移动平均值不是作为中间一期的趋势估计值，而是作为第 $k+1$ 期的趋势预测值。移动平均法适用于对较为平稳的时间序列进行预测。

1. 简单移动平均法

简单移动平均法是对之前 k 期的观察值取简单平均并将其作为估计值的一种方法。设时间序列已有的 t 期观察值为 Y_1，Y_2，…，Y_t，取移动平均期数为 k（$1<k<1$），则

$$\text{第 } t+1 \text{ 期的预测值 } \hat{y}_{t+1}=\frac{y_{t-k+1}+y_{t-k+2}+\cdots+y_{t-1}+y_t}{k} \tag{11-17}$$

$$\text{第 } t+2 \text{ 期的预测值 } \hat{y}_{t+2}=\frac{y_{t-k+2}+y_{t-k+3}+\cdots+y_t+\hat{y}_{t+1}}{k} \tag{11-18}$$

移动平均的期数 k 不同，预测值的结果会有很大的差异。一般来说，移动平均的期数 k 越大，得到的曲线越平滑，表现的长期趋势越清晰。但期数越多，滞后偏差越大，趋势对近期变化的反应越不敏感。因此，如果关注时间序列的长期趋势，做期数大的移动平均；如果关注时间序列的短期趋势，做期数小的移动平均。另外，选择期数 k 时，可以通过试验的办法，选择使预测误差达到最小的移动期数。

例 11—11

根据表 11—9 中我国城市居民消费价格指数数据，分别取 $k=3$ 和 $k=5$，采用简单移动平均法计算各年城市居民消费价格指数的预测值，并对预测模型进行比较。

表 11—9 我国城市居民消费价格指数的简单移动平均预测值

年份	价格指数	$k=3$	误差平方	$k=5$	误差平方
1990	101.3				
1991	105.1				
1992	108.6				
1993	116.1	105	123.21		
1994	125	109.9	227		

续前表

年份	价格指数	$k=3$	误差平方	$k=5$	误差平方
1995	116.8	116.6	0.05	111.2	31.14
1996	108.8	119.3	110.25	114.3	30.47
1997	103.1	116.9	189.52	115.1	143.04
1998	99.4	109.6	103.36	114	211.99
1999	98.7	103.8	25.67	110.6	142.09
2000	100.8	100.4	0.16	105.4	20.79
2001	100.7	99.6	1.14	102.2	2.13
2002	99	100.1	1.14	100.5	2.37
2003	100.9	100.2	0.54	99.7	1.39
2004	103.3	100.2	9.61	100	10.76
2005	101.6	101.1	0.28	100.9	0.44
2006	101.5	101.9	0.19	101.1	0.16
2007	104.5	102.1	5.6	101.3	10.50
2008		**102.5**		**102.4**	
平均			**53.18**		**46.71**

移动平均的结果如表 11—9 所示。以 3 项移动平均为例，表 11—9 中 1993 年的预测值就是 1990 年、1991 年、1992 年 3 年的平均值；依此类推，2008 年的预测值就是 2005 年、2006 年、2007 年 3 年的平均值。3 项移动平均的均方误差是 1993—2007 年误差平方的平均值。

各年城市居民消费价格指数的观测值与移动平均预测值如图 11—10 所示。

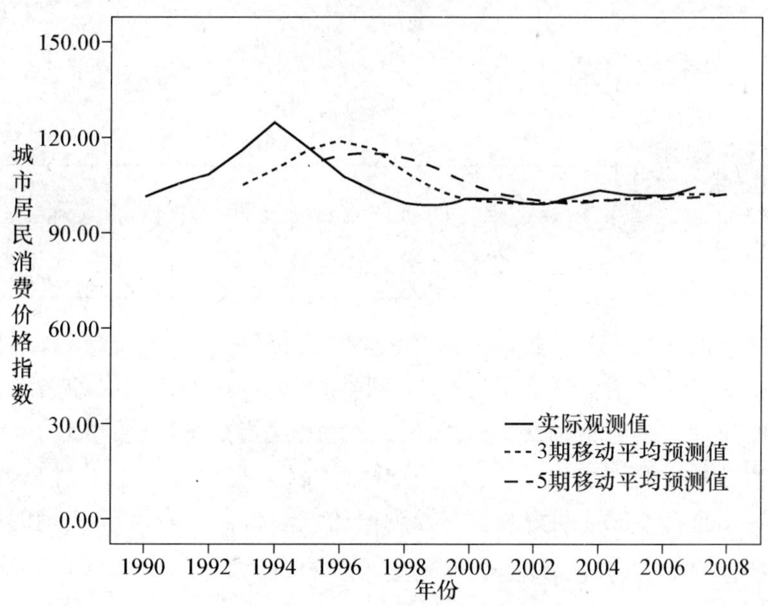

图 11—10　消费价格指数的移动平均预测值

根据预测结果，3 期移动平均预测的均方误差为 53.18，5 期移动平均预测的均方误差为46.71。就本例而言，5期移动平均法与3期移动平均法的预测效果差距不大，5期移动平均法稍微好些。因此，2008年我国城市居民消费价格指数的预测值为102.4。

在本地区统计年鉴中，找到本地区1990—2012年城市居民消费价格指数数据，利用移动平均法预测2013年城市居民消费价格指数。

2. 加权移动平均法

简单移动平均法给每个观测值赋予相等的权重。然而在实际中，近期观测值比远期观测值的影响更大一些，应该对其赋予更大的权重。因此，加权移动平均法给每个观测值赋予不等的权重。相对简单移动平均法而言，加权移动平均法更适合对最近几期变化较大的时间序列进行预测。取移动期数为 k（$1<k<t$），权数为 w_i（$i=1, 2, \cdots, t$），$\sum_{i=1}^{t} w_i = 1$，则加权移动平均法第 $t+1$ 期的预测值为：

$$\hat{y}_{t+1}=\frac{y_t w_t + y_{t-1} w_{t-1} + \cdots + y_{t-k+1} w_{t-k+1}}{w_t + w_{t-1} + \cdots + w_{t-k+1}} \tag{11—19}$$

式中，$w_t > w_{t-1} > \cdots > w_{t-k+1}$。同移动期数一样，加权移动平均法的权重可以根据预测误差来选择，即选择一个使得误差最小的权重和期数的组合。

11.3.2 指数平滑法

小词典

指数平滑法是加权移动平均法的一种特殊形式，对距离越远的观测值赋予的权重越小，并且权重随着时间间隔的增大呈指数衰减。

按修匀的次数来分，指数平滑法包括一次指数平滑、二次指数平滑、多次指数平滑等。一次指数平滑法适合对水平的时间序列进行预测，二次和多次指数平滑适合对有趋势的时间序列进行预测。这里主要介绍一次指数平滑法。

一次指数平滑法也称单一指数平滑法，因为它只有一个平滑系数 α（$0<\alpha<1$）。一次指数平滑法以第 t 期观测值与预测值的线性组合作为第 $t+1$ 期的预测值，即

$$\hat{y}_{t+1}=\alpha y_t + (1-a)\hat{y}_t \tag{11—20}$$

将上式展开，设 $\hat{y}_1 = y_1$，得第 $t+1$ 期预测值的完整表达式为：

$$\hat{y}_{t+1}=\alpha y_t + \alpha(1-a) y_{t-1} + \alpha(1-\alpha)^2 y_{t-2} + \cdots + (1-\alpha)^{t-1} y_1 \tag{11—21}$$

可以看出，任何一期的预测值都是之前全部观测值的加权平均，并且权数呈指数递减。

使用指数平滑法进行预测时，平滑系数 α 的选择是一个关键问题。一般而言，对于长期趋势一直比较平稳的序列，通常取较小的 α 值；对于近期变化剧烈的序列，通常取较大的 α 值。另外，要选取预测误差最小的模型进行预测。

例 11—12

根据表 11—10 中我国城市居民消费价格指数数据，选择 $\alpha=0.1$，$\alpha=0.5$，$\alpha=0.9$，采用指数平滑法计算各年城市居民消费价格指数的预测值，并对预测模型进行比较。

表 11—10　　我国城市居民消费价格指数的指数平滑预测值

年份	价格指数	$\alpha=0.1$	误差平方	$\alpha=0.5$	误差平方	$\alpha=0.9$	误差平方
1990	101.3						
1991	105.1	101.3	14.44	101.3	14.44	101.3	14.44
1992	108.6	101.7	47.89	103.2	29.16	104.7	15.05
1993	116.1	102.4	188.46	105.9	104.04	108.2	62.22
1994	125.0	103.7	451.78	111.0	196.00	115.3	93.87
1995	116.8	105.9	119.46	118.0	1.44	124.0	52.29
1996	108.8	107.0	3.37	117.4	73.96	117.5	76.09
1997	103.1	107.1	16.38	113.1	100.00	109.7	43.20
1998	99.4	106.7	53.91	108.1	75.69	103.8	18.99
1999	98.7	106.0	53.41	103.8	25.50	99.8	1.29
2000	100.8	105.3	20.05	101.2	0.18	98.8	3.95
2001	100.7	104.8	17.05	101.0	0.10	100.6	0.01
2002	99.0	104.4	29.34	100.9	3.45	100.7	2.86
2003	100.9	103.9	8.85	99.9	0.94	99.2	3.00
2004	103.3	103.6	0.08	100.4	8.33	100.7	6.62
2005	101.6	103.5	3.80	101.9	0.07	103.0	2.08
2006	101.5	103.4	3.44	101.7	0.05	101.7	0.06
2007	104.5	103.2	1.77	101.6	8.33	101.5	8.85
2008		**103.3**		**103.1**		**104.2**	
平均			**60.79**		**37.75**		**23.82**

指数平滑的结果如表 11—10 所示。以 $\alpha=0.1$ 为例，设 $\hat{y}_{1990}=y_{1990}=101.3$，有

$$\hat{y}_{1991}=0.1\times y_{1990}+0.9\times\hat{y}_{1990}=0.1\times 101.3+0.9\times 101.3\approx 101.3$$

$$\hat{y}_{1992}=0.1\times y_{1991}+0.9\times\hat{y}_{1991}=0.1\times 105.1+0.9\times 101.3\approx 101.7$$

依此类推，2008 年的预测值即 2007 年的实际值与预测值的加权组合：

$$\hat{y}_{2008}=0.1\times y_{2007}+0.9\times\hat{y}_{2007}=0.1\times 104.5+0.9\times 103.2\approx 103.3$$

指数平滑的均方误差是 1991—2007 年误差平方的平均值。

各年城市居民消费价格指数的观测值与指数平滑预测值如图 11—11 所示。

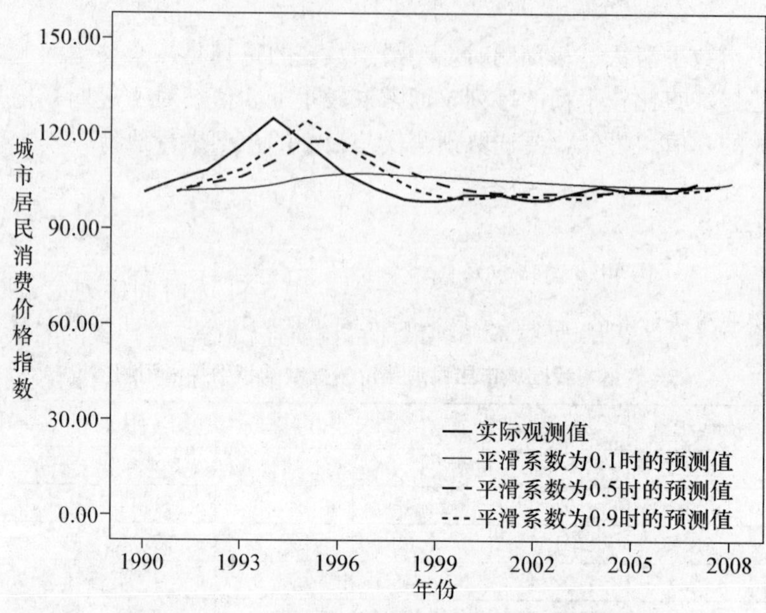

图 11—11　消费价格指数的移动平均预测

根据预测结果，平滑系数为 0.1 的指数平滑预测均方误差为 60.79，平滑系数为 0.5 的指数平滑预测均方误差为 37.75，平滑系数为 0.9 的指数平滑预测均方误差为 23.82。就本例而言，平滑系数为 0.9 的指数平滑预测效果最好，我们选择 104.2 作为 2008 年我国城市居民消费价格指数的预测值。

如果要对复杂的时间序列进行深入的分析和预测，通过指数平滑法是不能实现的。我们需要选用更加精确的模型，就是下面要介绍的 ARMA 模型。

找到本省的城市居民消费价格指数数据，选择 $\alpha=0.1$，$\alpha=0.5$，$\alpha=0.9$，采用指数平滑法计算各年城市居民消费价格指数的预测值，并对预测模型进行比较。

11.3.3　预测方法的评估

进行预测时，通常需要对几种模型的预测效果进行比较，从中选择最优模型。比较的方法是计算预测值与实际值的差距，即预测误差。预测误差越小，预测效果越好。衡量预测误差常用的指标有以下三个：

（1）**平均绝对误差**（mean absolute deviation，MAD）

$$MAD=\frac{1}{n}\sum_{t=1}^{n}|Y_t-\hat{Y}_t| \qquad (11—22)$$

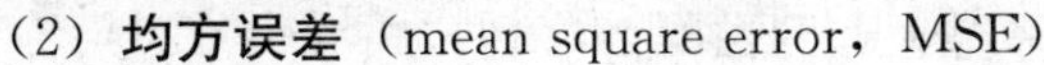

（2）**均方误差**（mean square error，MSE）

$$MSE = \frac{1}{n}\sum_{t=1}^{n}(Y_t - \hat{Y}_t)^2 \tag{11—23}$$

（3）**平均绝对百分比误差**（mean absolute percentage error，MAPE）

$$MAPE = \frac{1}{n}\sum_{t=1}^{n}\left(\frac{|Y_t - \hat{Y}_t| \times 100}{Y_t}\right) \tag{11—24}$$

式（11—22）、式（11—23）、式（11—24）中，Y_t 为时间序列第 t 期观测值；$\hat{Y}_t$ 为第 t 期预测值。三种衡量指标哪种最优，目前还没有普遍一致的看法。前两种是反映误差绝对水平的指标，其数值受计量单位的影响，因此只适合比较同一数据不同模型的预测效果。$MAPE$ 是反映误差相对水平的指标，可以用来衡量不同数据模型的预测效果。另外，MSE 是对误差的平方运算，比 MAD 更容易受异常值的影响。在指标选择上，需要根据实际情况进行判断。

11.4　时间序列的 ARMA 模型

时间序列分为非平稳时间序列和平稳时间序列两类。非平稳序列通常包含趋势性、季节性或周期性等一种或几种特征。平稳序列的特征则表现为各观测值基本在某个固定水平上下波动，并且波动不存在明显的规律性。平稳序列又可以细分为纯随机序列和非纯随机序列两类。纯随机序列的变化没有任何规律可循，不能由历史值推测未来值，因此无法用模型拟合。

ARMA 模型适合对平稳的非纯随机时间序列建模。ARMA 模型包括**自回归模型**（auto-regressive）、**移动平均模型**（moving average）和**混合模型**（auto-regressive and moving average）三种形式，是拟合平稳序列最常用的模型。

1. 自回归模型 AR(p)

自回归模型由变量 Y 的前 p 个观测值的线性组合加上随机误差项 ε_t（ε_t 独立同分布）得到，简记为 AR(p)，其模型为：

$$y_t = \varphi_1 y_{t-1} + \varphi_2 y_{t-2} + \cdots + \varphi_p y_{t-p} + \varepsilon_t \tag{11—25}$$

式中，φ_1，φ_2，…，φ_p 为自回归系数；ε_t 为白噪声序列。式（11—25）称为 p 阶自回归模型。

2. 移动平均模型 MA(q)

移动平均模型是当前随机误差项和前 q 个随机误差项的线性组合，简记为 MA(q)，其模型为：

$$y_t = \varepsilon_t - \theta_1\varepsilon_{t-1} - \theta_2\varepsilon_{t-2} - \cdots - \theta_q\varepsilon_{t-q} \tag{11—26}$$

式中，θ_1，θ_2，…，θ_q 为移动平均系数；ε_t 为白噪声序列。式（11—26）称为 q 阶移动平均模型。

3. 自回归移动平均模型 ARMA(p，q)

自回归移动平均模型是 AR(p) 和 MA(q) 的组合，简记为 ARMA(p，q)，其模型为：

$$y_t=\varphi_1 y_{t-1}+\varphi_2 y_{t-2}+\cdots+\varphi_p y_{t-p}+\varepsilon_1-\theta_1\varepsilon_{t-1}-\theta_2\varepsilon_{t-2}-\cdots-\theta_q\varepsilon_{t-q} \quad (11—27)$$

式中，φ_1，φ_2，…，φ_p 为自回归系数；θ_1，θ_2，…，θ_q 为移动平均系数；ε_t 为白噪声序列。式（11—27）称为 p 阶自回归 q 阶移动平均模型。

建立模型之后，就会涉及到模型的识别和参数的估计问题，但这部分内容已经超出了本书的范围，这里不再详述，有兴趣的同学可以参考时间序列的相关书籍。

□ 本章小结

时间序列分析是实际中应用广泛的一种数量分析方法。本章介绍了分析时间序列常用的几种方法：时间序列的描述、时间序列的分解法、时间序列的平滑法和 ARMA 模型。

(1) 时间序列由两个基本要素构成：时间和观测值。根据观测值的表现形式不同，可以把时间序列分为绝对数时间序列、相对数时间序列和平均数时间序列。绝对数时间序列根据时间的不同表现形式，又可以分为时期序列和时点序列。

(2) 时间序列的描述包括图形描述和变动描述。图形描述是进行时间序列分析的第一步，通过图形描述，可以对时间序列的变化有一个基本的认识。变动描述包括水平变动描述和速度变动描述。水平变动描述包括发展水平和增长量，通过水平变动描述可以对时间序列进行水平分析。速度变动描述包括发展速度和增长速度，通过速度变动描述可以对时间序列进行速度分析。

(3) 时间序列可以分解为长期趋势（T）、季节变动（S）、循环变动（C）、不规则变动（I）四种成分。根据四种变动对时间序列的作用形式不同，可以设定各种合成模型，比较常用的有加法模型和乘法模型。实际应用中要根据不同的前提选择合适的模型。测定长期趋势的常用方法是移动平均法和建立回归模型。季节变动通常采用按季平均法得到的季节指数来衡量。循环变动和不规则变动采用剩余法得到。时间序列分解模型也可以用于预测。

(4) 采用模型进行预测时，通常需要对几种模型的预测效果进行比较，从中选择最优模型。比较的方法是计算预测误差。衡量预测误差常用的指标有平均绝对误差(MAD)、均方误差（MSE)、平均绝对百分比误差（MAPE）三种。

(5) 时间序列平滑法分为移动平均和指数平滑两种。移动平均法是将近期观测值的平均数作为预测值的一种方法，包括简单移动平均法和加权移动平均法两种。指数平滑法是加权移动平均法的一种特殊形式。一次指数平滑法的预测值是以前全部观测值的加权平均，并且权数呈指数递减。

(6) ARMA 模型适合对平稳非纯随机序列建模，包括自回归模型、移动平均模型和混合模型三种形式。差分运算是序列值之间的一种减法运算，通过适当的差分运算可以将许多非平稳序列转化为平稳序列研究，从而大大地扩展 ARMA 模型的应用范围。

附　录

1. 时间序列的分解法

时间序列的分解法可以在 Excel 中操作实现，下面以例 11—9 中的数据为例说明详细的操作步骤。

(1) 录入原始数据，如图 11—12 所示，可以通过复制、粘贴完成本步骤，这里截取到 2001 年 12 月份，其他部分操作相同。

	A	B	C	D	E	F	G	H	I
1	月度　(1)	时间t(2)	零售总额Y(3)	移动平均TC(4)	长期趋势T(5)	循环变动C(%)(6)	Y/TC=SI (%) (7)	季节指数S(%)(8)	不规则变动I(%)(9)
2	2000 1	1	2962.9						
3	2	2	2805						
4	3	3	2627						
5	4	4	2572						
6	5	5	2637						
7	6	6	2645						
8	7	7	2597	2861.4875	2616.55041	1.09361069	0.907569926	0.923705713	0.982531464
9	8	8	2636	2886.9875	2648.761342	1.089938702	0.913062492	0.925170493	0.986912681
10	9	9	2854	2907.454167	2681.368806	1.084317144	0.981614786	0.9946935	0.986851514
11	10	10	3029	2928.204167	2714.377683	1.078775509	1.034422406	1.045508642	0.989396324
12	11	11	3108	2950.766667	2747.792914	1.073867922	1.053285587	1.03702709	1.015677986
13	12	12	3680	2973.945833	2781.619502	1.069141855	1.237413257	1.171020264	1.056696707
14	2001 1	13	3332.8	2995.533333	2815.862511	1.063806675	1.112589856	1.101456748	1.010107622
15	2	14	3047.1	3016.691667	2850.527066	1.058292588	1.010080027	1.008910572	1.001159127
16	3	15	2876.1	3039.0375	2885.618359	1.053166816	0.946385163	0.953327863	0.992717405
17	4	16	2820.9	3064.0875	2921.141641	1.048934929	0.920632978	0.928341094	0.991696893
18	5	17	2929.6	3090.420833	2957.102231	1.045084205	0.94796151	0.961773573	0.985638966
19	6	18	2908.7	3118.2125	2993.505512	1.041659181	0.932810063	0.949064448	0.982873255
20	7	19	2851.4	3143.904167	3030.356935	1.03746992	0.906961488	0.923705713	0.98187277
21	8	20	2889.4	3166.429167	3067.662015	1.03219623	0.912510544	0.925170493	0.986316091
22	9	21	3136.9	3187.929167	3105.426338	1.026567312	0.983993005	0.9946935	0.98924242
23	10	22	3347.3	3207.5125	3143.655557	1.020312958	1.04358128	1.045508642	0.998156532
24	11	23	3421.7	3228.504167	3182.355395	1.014501451	1.059840664	1.03702709	1.021999014
25	12	24	4033.3	3250.279167	3221.531645	1.008923557	1.240908794	1.171020264	1.059681742

图 11—12　时间序列分析

(2) 计算序列的移动平均值。在 D8 中输入“=SUM(C2:C13)/12−0.5＊C2/12+0.5＊C14/12”，然后按 Enter 键；接着选中 D8，再将其下拉到 D103 进行填充，得到的结果如图 11—12 中的 D 列所示。

(3) 计算长期趋势值。根据第 10 章介绍的回归分析法求出相应的参数，这里不再详细说明。根据计算得到的方程形式，在 E8 中输入“=2401.779＊EXP(0.0122353＊B8)”，然后按 Enter 键；选中 E8，将其下拉到 E103 进行填充，得到的结果如图 11—12 中的 E 列所示。

(4) 计算序列 SI，利用序列 Y 除以序列 TC 可以得到只包含季节因素和不规则变动因素的序列。在 G8 中输入“=C8/D8”，然后按 Enter 键；选中 G8，将其下拉到 G103 进行填充，结果如图 11—12 中的 G 列所示。

(5) 计算序列季节指数，如图 11—13 所示。在 K2 中输入“=SUM(C2:J2)/8”，然后按 Enter 键；选中 K2，再将其下拉到 K7 进行填充。在 K8 中输入“=SUM(B8:I8)/8”，然后按 Enter 键；选中 K8，再将其下拉到 K13 进行填充。在 K14 中输入“=SUM (K2:K13)/12”，然后按 Enter 键；在 L2 中输入“=K2/K＄14”，选中

L2，再将其下拉到 L13 进行填充，这样就得到季节指数，将其复制到图 11—12 中的 H 列。

	A	B	C	D	E	F	G	H	I	J	K	L
1	年月	2000	2001	2002	2003	2004	2005	2006	2007	2008	同月平均	季节指数
2	1		111.26	109.94	108.41	109.98	108.41	112.15	108.5	111.29	109.99	110.15
3	2		101.01	100.99	101.74	100.05	101.21	99.86	100.39	100.74	100.75	100.89
4	3		94.64	93.98	94.83	94.9	95.66	95.07	96.3	96.23	95.2	95.33
5	4		92.06	91.4	91.32	92.4	91.7	93.3	94.85	94.6	92.71	92.83
6	5		94.8	95.15	91.79	94.79	94.94	98.41	99.29	99.19	96.04	96.18
7	6		93.28	93.08	93.97	95.28	93.94	95.54	96.53	96.58	94.77	94.91
8	7	90.76	90.7	90.49	92.58	92.99	92.02	93.9	94.51		92.24	92.37
9	8	91.31	91.25	91.09	92.64	92.87	92.32	93.78	93.85		92.39	92.52
10	9	98.16	98.4	98.27	100.79	101.35	99.14	99.83	98.71		99.33	99.47
11	10	103.44	104.36	104.23	105.41	105.72	103.83	105.25	103.01		104.41	104.55
12	11	105.33	105.98	105.48	103.96	104.06	103.12	101.31	99.22		103.56	103.7
13	12	123.74	124.09	123.46	115.51	115.15	117.5	110	106.07		116.94	117.1
14	平均										99.86	

图 11—13　季节指数

（6）计算循环变动 C，在 F8 中输入“＝D8/E8”，然后按 Enter 键；选中 F8，将其下拉到 F103 进行填充，结果如图 11—12 中的 F 列所示。

（7）计算不规则变动 I，在 I8 中输入“＝G8/H8”，然后按 Enter 键；选中 I8，将其下拉到 I103 进行填充，结果如图 11—12 中的 I 列所示。

2. 时间序列的移动平均和指数平滑法

时间序列的平滑法在本章只提到了一次指数平滑法，实际上时间序列的平滑法内容非常丰富，包括简单平滑模型（simple）、Holt 线性趋势模型（Holt’s linear trend）、Brown 线性趋势模型（Brown’s linear trend）、控制趋势模型（damped trend）、简单季节模型（simple seasonal）、Winters 加法模型（Winters’ additive）、Winters 乘法模型（Winters’ multiplicative）等。这里以简单平滑模型为例，结合例 11—11，详细说明使用 Excel 实现时间序列的移动平均和指数平滑的步骤。

（1）移动平均。在 Excel 中选择【数据】→【数据分析】→【移动平均】，在弹出的对话框输入区域中输入“＄B＄2:＄B＄19”；在“间隔”里输入“3”在输出区域里输入“＄C＄3”，点击【确定】。在间隔里输入“5”并重复上述操作，具体如图 11—14、图 11—15、图 11—16 所示。

	A	B	C	D
1	年份	价格指数	k=3	k=5
2	1990	101.3		
3	1991	105.1		
4	1992	108.6		
5	1993	116.1	105	
6	1994	125	109.9	
7	1995	116.8	116.6	111.2
8	1996	108.8	119.3	114.3
9	1997	103.1	116.9	115.1
10	1998	99.4	109.6	114
11	1999	98.7	103.8	110.6
12	2000	100.8	100.4	105.4
13	2001	100.7	99.6	102.2
14	2002	99	100.1	100.5
15	2003	100.9	100.2	99.7
16	2004	103.3	100.2	100
17	2005	101.6	101.1	100.9
18	2006	101.5	101.9	101.1
19	2007	104.5	102.1	101.3
20	2008		102.5	102.4

图 11—14　原始数据图

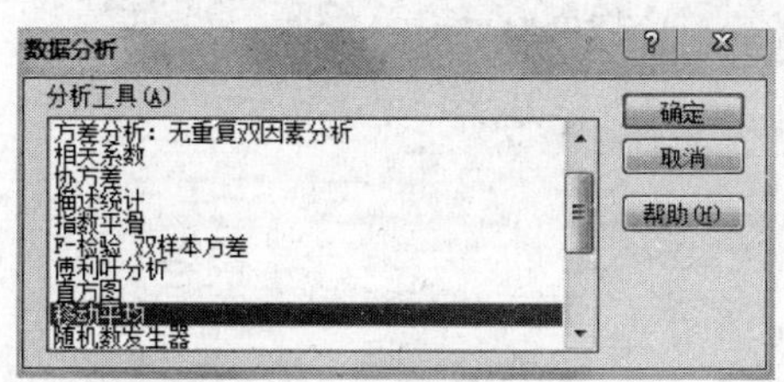

图 11—15　数据分析图

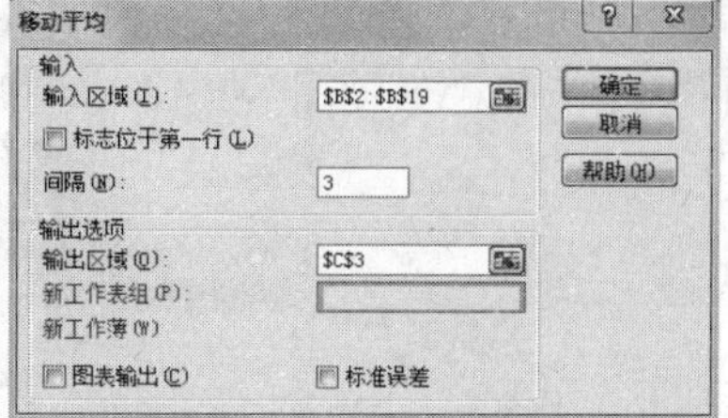

图 11—16　移动平均对话框

（2）指数平滑。在 Excel 中选择【数据】→【数据分析】→【指数平滑】，在弹出的对话框输入区域中输入“$B$2：$B$19”；在阻尼系数里输入 0.9；在输出区域里输入“$C$2”，点击【确定】。在阻尼系数里输入“0.5”并重复上述操作，具体如图 11—17、图 11—18 所示。

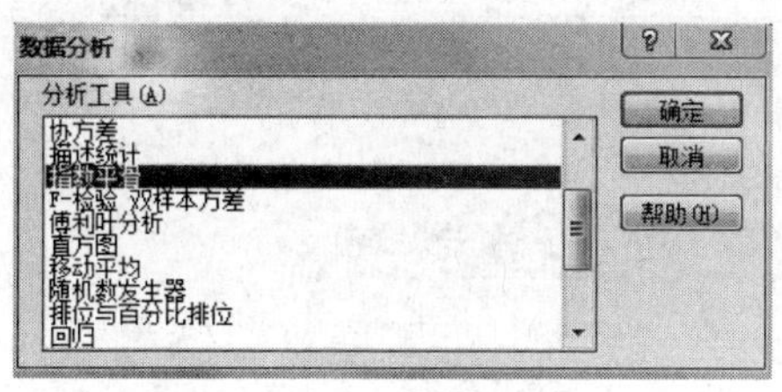

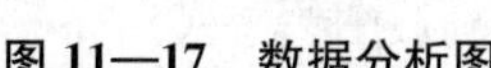
图 11—17　数据分析图

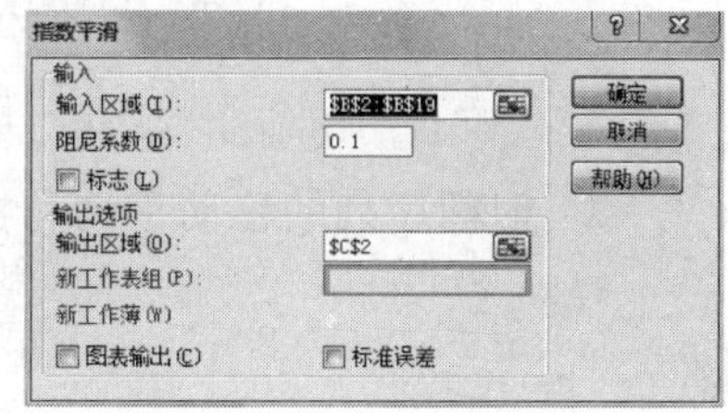

图 11—18　指数平滑对话框

然后在 C20 单元格中输入“＝0.1＊B19＋0.9＊C19”，得到指数平滑预测值。同理，在 D20 单元格中输入“＝0.5＊B19＋0.5＊D19”。

3. 补充操作

在 Excel 中加载数据分析选项，是一项重要的操作技巧，具体加载方式如下：

点击 Excel 左上角的【选项】按钮→点击【Excel 选项】→【加载项】→【分析工具库】→【转到】。在弹出的加载宏对话框中选择【分析工具库】，这样就完成了加载，具体可参见图 11—19、图 11—20、图 11—21、图 11—22。

图 11—19 Excel 选项

图 11—20　Excel 选项对话框

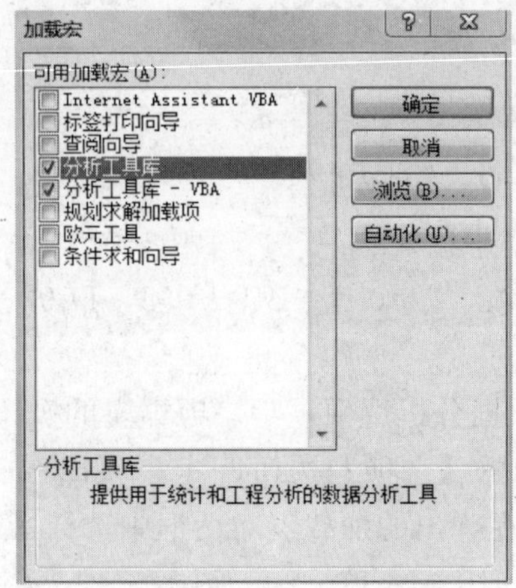

图 11—21　加载宏对话框

图 11—22　数据分析

□ 习　题

1. 时间序列的构成及分类有哪些？
2. 循环变动与长期趋势和季节变动有何不同？

3. 什么是平稳序列，什么是非平稳序列？两者有哪些区别和联系？建立 ARMA 模型的前提条件是什么？

4. 下表是我国 1996—2007 年国内旅游人次数据（单位：百万人次）。

年份	1996	1997	1998	1999	2000	2001
旅游人次	639.5	644	695	719	744	784
年份	2002	2003	2004	2005	2006	2007
旅游人次	878	870	1 102	1 212	1 394	1 610

要求：

(1) 绘制时间序列图，并对图形做简单描述；

(2) 计算我国 1996—2007 年国内旅游平均人次；

(3) 计算我国 1996—2007 年国内旅游人次的逐期增长量、累计增长量和平均增长量。

5. 对某地区 2008 年奶牛饲养情况进行了调查，得到奶牛存栏数量的时点数据（单位：千头）如下：

时间点	1 月 1 日	2 月 29 日	6 月 1 日	8 月 31 日	12 月 31 日
存栏数	35	52	48	30	45

要求：计算该地区全年奶牛平均存栏数量。

6. 某企业 2008 年 1—3 月份产量计划完成情况如下：

月份	实际完成（件）a	计划完成（件）b	计划完成（%）Y
1	510	500	102
2	618	600	103
3	864	800	108

要求：计算该企业第一季度的平均计划完成度。

7. 下表是我国 1996—2007 年居民消费水平数据（单位：元）：

年份	居民消费水平
1996	2 789
1997	3 002
1998	3 159
1999	3 346
2000	3 632
2001	3 869
2002	4 106

续前表

年份	居民消费水平
2003	4 411
2004	4 925
2005	5 463
2006	6 138
2007	7 081

要求：

（1）绘制时间序列图，并对图形做简单描述；

（2）计算2007年的环比发展速度、环比增长速度、定基发展速度、定基增长速度；

（3）计算1996—2007年间的平均发展速度、平均增长速度；

（4）根据平均增长速度预测2008年和2009年我国居民消费水平。

8. 现有某地区1997—2008年各季度某种商品的销售额数据（单位：万元），具体如下：

年份	第一季度	第二季度	第三季度	第四季度
1997	3 017.6	3 043.54	2 094.35	2 809.84
1998	3 274.8	3 163.28	2 114.31	3 024.57
1999	3 327.48	3 493.48	2 439.93	3 490.79
2000	3 685.08	3 661.23	2 378.43	3 459.55
2001	3 849.63	3 701.18	2 642.38	3 585.52
2002	4 078.66	3 907.06	2 828.46	4 089.5
2003	4 339.61	4 148.6	2 916.45	4 084.64
2004	4 242.42	3 997.58	2 881.01	4 036.23
2005	4 360.33	4 360.53	3 172.18	4 223.76
2006	4 690.48	4 694.48	3 342.35	4 577.63
2007	4 965.46	5 026.05	3 470.14	4 525.94
2008	5 258.71	5 189.58	3 596.76	3 881.6

要求：

（1）绘制时间序列图，并对图形做简单描述，选取合适的分解模型对时间序列进行分解；

（2）估计该商品销售额的长期趋势；

（2）计算各季度的季节指数；

（4）对该商品2009年第一季度的零售额进行预测。

9. 下表是某档电台节目每天的收听人数（单位：人）。

日	收听人数	日	收听人数	日	收听人数
1	1 451	11	1 215	21	1 303
2	1 372	12	1 281	22	1 481
3	1 168	13	1 309	23	1 309
4	1 232	14	1 296	24	1 498
5	1 245	15	1 416	25	1 536
6	1 200	16	1 367	26	1 391
7	1 260	17	1 479	27	1 320
8	1 020	18	1 272	28	1 455
9	1 095	19	1 469	29	1 429
10	1 260	20	1 510	30	1 520

要求：

(1) 试用移动平均法（$k=3$）计算下月 1 日收听人数的预测值；

(2) 选择 $\alpha=0.1$，$\alpha=0.5$，$\alpha=0.9$，采用指数平滑法计算下月 1 日收听人数的预测值；

(3) 对指数平滑模型进行比较，选择误差最小的模型预测值；

(4) 绘制原序列和最优预测序列的图形。

第 12 章 指 数

Chapter 12

国家统计局定期公布一些指数数据，包括居民消费价格指数、商品零售价格指数、消费者信心指数、宏观经济景气指数、企业景气指数等。其中，居民消费价格指数、商品零售价格指数同我们的日常生活联系非常紧密，了解这些经济指标是很有必要的。那么什么是指数？指数是怎么编制的？指数该怎么使用？本章将系统介绍这些问题。

本章阐述编制指数的理论、方法和原则，共分四节，12.1 节主要介绍指数的概念和分类；12.2 节介绍加权指数的编制方法；12.3 节介绍指数体系及应用；12.4 节介绍日常生活中常见的几种指数。

12.1 基本问题

12.1.1 指数的概念

知道吗 指数（index），又称统计指数，是分析社会经济现象数量变化的一种重要统计方法。它产生于18世纪后半叶，当时美洲新大陆开发的金银源源不断地流入欧洲，使欧洲物价骤然上涨，引起了社会的普遍关注。经济学家为了测定物价的变动，开始尝试编制物价指数。此后 200 多年，指数的理论和应用不断发展，并逐步扩展到工业生产、进出口贸易、铁路运输、工资、成本、生活费用、股票证券等各个方面。其中有些指数，如商品零售价格指数、生活费用价格指数等，同人们的生活息息相关；有些指数，如生产资料价格指数、股票价格指数等，则直接影响到人们的投资活动，成为社会经济的晴雨表。目前，指数已成为分析社会经济和景气预测的重要工具。

指数的概念有广义和狭义之分。广义指数是指一切说明社会经济现象数量变动的相对数。狭义指数是说明不能直接加总或对比的复杂现象总体数量综合变动的相对数。所谓的复杂现象总体，是指那些由于各个部分的性质不同，因此在研究其数量特征时不能直接加总或直接对比的总体。例如不同使用价值的产品，其产量、单位成本、价格等是不能直接相加或对比的。因此，由不同的产品组成的总体便是一个复杂现象总体。本章只研究狭义指数。

指数的概念包含两个要点：第一，指数的实质是测定多项内容。例如，零售价格指数反映的是零售市场上几百万种商品价格变化的整体状况。单一商品价格指数也可以测定，例如国家提高烟酒税后，茅台酒价格上升了20%。但单一项目指数的计算简单，不是指数方法论中的核心内容，指数方法论研究的是如何将多项内容合在一起从整体上反映。第二，其表现形式为动态相对数，既然是动态相对数，就涉及指标的基期对比，不同要素基期的选择是指数方法需要讨论的问题。编制指数的方法就是围绕上述两个问题展开的。

统计中的指数主要有以下三个方面的作用：

(1) 综合反映社会经济现象的变动方向和变动幅度；

(2) 分析现象总变动中各因素变动的影响方向及影响程度；

(3) 反映社会经济现象的变动趋势。

12.1.2 指数分类

从不同的角度出发，统计指数可以划分为以下几种主要类型。

(1) 按照所反映指标的性质不同，可分为数量指标指数和质量指标指数。数量指标指数是反映数量指标变动程度的相对数，如商品销售量指数、工业产品产量指数等。质量指标指数是反映质量指标变动程度的相对数，如产品价格指数、产品单位成本指数等。

数量指标和质量指标的划分具有相对性。比如单位产品原材料消耗量指标，相对于产品产量指标，它是质量指标，而相对于单位原材料价格指标，它又是数量指标。

前面提到的“总值指数”，它们所对比的现象虽然都属于数量指标，但却具有“价值总额”的特殊形式，这些价值总额通常可以分解为一个数量指标与一个质量指标的乘积，其相应的指数则反映了两个指标共同作用的结果，因此在指数分析中，该类指数既不属于数量指标指数，也不属于质量指标指数。

（2）按照考察对象的范围不同，可分为个体指数和总指数。个体指数是考察总体中个别现象或个别项目数量变动的相对数，如某种产品的产量指数、某种商品的价格指数等。个体指数是计算总指数的基础。总指数是综合反映复杂现象总体数量变动的相对数，如多种产品的产量指数、多种商品的价格指数等。由于多种事物的使用价值不同，其数量不具有可直接综合的性质，因此总指数的计算不能使用个体指数直接对比的方法，需要使用专门的编制方法。总指数和个体指数的区别不仅在于考察范围不同，还在于计算方法不同。

看一看

在利用统计指数进行分析时，需要用到“总值指数”，如销售额指数、总产值指数、总成本指数等。从包括的范围看，总值指数与总指数一致，但从计算方法看，总值指数则与个体指数相同。因此，总值指数就包括的范围而言属于总指数，就计算方法而言属于个体指数。

在总体分组的情况下，常常还要编制“组指数（类指数）”，它是介于个体指数和总指数之间的指数，是反映总体中某一组或某一类现象变动程度的相对数。组指数和总指数都属于狭义指数，只是二者包括的范围不同，其编制方法是相同的。

（3）按计算形式不同，可分为简单指数和加权指数。简单指数把计入指数的各个项目的重要性视为相同；加权指数则对计入指数的各个项目依据其重要程度赋予不同的权数。实际应用中，有时由于缺少必要的权数资料，或者由于指数的编制频率或时效性要求较高，也采用适当的简单指数。加权指数可分为两种，即综合形式和平均形式。由综合形式编制的加权指数可称为加权综合指数；由平均形式编制的加权指数可称为加权平均指数。这两种指数将在后面章节介绍。

（4）按照对比的性质不同，分为动态指数和静态指数。动态指数又称时间指数，它是将不同时间上的同类现象水平进行比较的结果，反映现象在时间上的变化过程和程度。静态指数包括空间指数和计划完成程度指数。空间指数是将不同空间（如不同的国家、地区、部门、企业等）的同类现象水平进行比较的结果，反映同类现象的数量在不同空间下的差异程度。计划完成程度指数则是将某种现象的实际水平与计划目标对比的结果，反映实际与计划的差异程度。

（5）按照采用的基期不同，分为定基指数和环比指数。在指数数列中，如果各个指数采用某一固定时期为基期，则这种指数称为定基指数；如果各个指数都以上一期为基期，则这种指数称为环比指数。指数数列也是时间数列，定基指数和环比指数也就是社会经济变量的定基发展速度和环比发展速度。

上述各种分类是从不同角度对统计指数所做的一般分类，显然这些分类也可以交叉，进行复合分类，比如在个体指数和总指数中再分别区分数量指标指数和质量指标指数等。

消费者价格指数、商品销售量指数、工业生产指数、劳动生产率指数和产品产量指数分别属于哪种指数类型？

12.1.3　指数编制中的问题

指数编制中，需要解决的问题主要有选择项目、确定基期、确定权数以及选择计算方法等。

1. 选择项目

指数反映复杂现象总体数量的综合变动程度，以总体的全面数据资料为计算依据。但在实际中，将总体的全部项目都计算在内往往是不可能的。编制指数时所依据的数据几乎都是样本数据。因此样本选择是否科学合理决定了指数的准确性。一般而言，除数据自身的准确性之外，所选择的样本还应具备以下要求：

（1）代表性。要求样本能很好地反映总体的特征。在选择样本项目时，要求所选择的每一个项目与所代表的实际项目在性质上一致，而各样本项目之间在性质上则存在较大的差异。例如，在编制价格指数时，首先应对商品项目进行科学的分类使类内同质、类间异质，然后在各类中选择能代表价格变动趋势的商品作为代表商品。

（2）充分性。要求样本量足够大。社会经济现象往往是许多项目综合作用的结果，样本量过小，往往不能反映总体的变化情况。比如，编制商品零售价格指数，至少要选择几百种甚至上千种的商品代表零售项目，才能使指数比较准确地反映价格的变动水平。

（3）可比性。要求在不同时间或空间上，用于对比的各样本项目在定义、计算口径、计算方法、计量单位等方面保持一致。

2. 确定基期

指数是对比的结果，因此必须确定对比的基期。基期的选择是由研究的目标决定的，就时间性指数而言，基期的选择要注意以下几点：

（1）选择一个正常时期或典型时期作为基期。用作比较的基期能代表事物发展的正常状态或典型状态，而非正常的波动时期通常不具代表性，不宜选作基期。比如“非典”时期、金融危机时期我国的社会经济受到很大的影响，在编制相关指数时，不宜采用这些时期作为基期。

（2）报告期与基期的时间跨度应根据研究目的和所研究现象的特点确定。对于发展变化较快的现象，时间跨度应短些；反之应长些。但报告期与基期的时间跨度不宜过长，时间跨度越长，指数的代表性越差。比如，商品价格的相对趋势随时间变化，而且消费结构和商品质量也随时间变化，若报告期与基期时间跨度过大，则价格指数便会失去意义。一般应选距报告期较近的时期作为基期。

3. 确定权数

指数是对代表项目进行加权得到的结果，如何确定权数是在编制指数时必须面对的问题。

确定权数的途径大体有两种，一种是利用已有的信息构造权数。例如，计算商品零售价格指数，对每个代表规格品用其所代表的那一类商品零售额在全部零售额中的比重做权数。是否具有构造权数的数据，以及这些数据的质量如何是问题的关键。另一种是主观权数，这常见于社会现象的指数编制，例如编制“幸福感指数”，是将反映幸福感不同侧面的类指数综合后得到的总指数，每个类指数的权重是多少，一般是由指数编制人员主观决定的（尽管可能经过多次研讨，广泛征求意见），因为没有公认的确定权数的数据。对于前一种确定权数的途径，指数理论要回答选择什么样的指标数据做权数，以及用什么时期的数据构造权数；对于后一种确定权数的途径，实际上是将指数方法拓展到多指标的综合评价，从而形成一系列的综合评价方法。

4. 选择计算方法

总指数的计算方法可以有许多种，因为利用指数测定的研究对象不同，编制指数的数据来源不同，本章后面内容将介绍一些总指数的计算方法。每种方法都有自己的特点，适用于不同场合。一直以来，指数计算方法都存在争议，众多的经济学家和统计学家也一直试图从不同角度、用不同方式对这些指数进行改造和完善。学习指数，并不在于掌握某种指数的具体计算方法，更重要的是体会方法背后蕴涵的统计思想，以便依据具体的研究对象以及编制指数的主要目的，选择甚至创造最恰当的指数计算方法。

12.2 总指数

总指数是对个体指数的综合，将个体指数综合有两种途径。一种是对个体指数的简单汇总，不考虑权数，我们把这类指数称为简单指数；另一种是编制总指数时考虑权数的作用，我们把这类指数称为加权指数。在加权指数中，根据计算方式不同，又可以分为加权综合指数和加权平均指数。

12.2.1 简单指数

简单指数主要有两种：简单综合指数与简单平均指数。

1. 简单综合指数

将报告期的指标总和与基期的指标总和相对比得到的指数。该指数是先将样本数据综合，然后对比得到。其一般公式如下：

$$I_p = \frac{\sum p_1}{\sum p_0} \tag{12—1}$$

$$I_q = \frac{\sum q_1}{\sum q_0} \tag{12—2}$$

式中，p 表示质量指标；q 表示数量指标；I_p 表示质量指标指数；I_q 表示数量指标指数；下标 1 表示报告期；下标 0 表示基期。

利用式（12—1）和式（12—2）计算的简单综合指数会有什么缺点？

例 12—1

如图 12—1 所示，有面包、牛奶等食品的报告期和基期价格数据，要求用简单综合的方法计算价格指数。

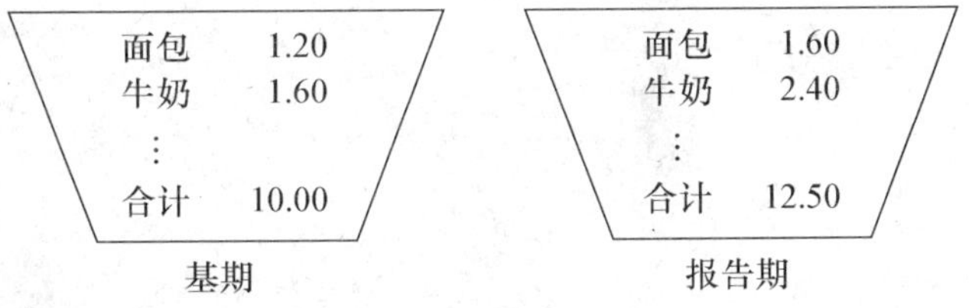

图 12—1　食品价格数据

解： $I_p = \frac{\sum p_1}{\sum p_0} = \frac{12.50}{10.00} = 125\%$

计算结果表明，报告期比基期价格上涨了 25%。

简单综合指数的优点在于计算简单，对数据要求少。但它的一个显著缺点是，以价格指数为例，在参与计算的商品价格有较大差异时，价格低的商品的价格波动会被价格高的商品掩盖，从而显示不出来。

例 12—2

现有彩电和蔬菜两种商品，基期和报告期的价格如表 12—1 所示，用简单综合的方法计算价格指数。

表 12—1　　彩电和蔬菜价格数据

商品	计量单位	p_0	p_1
彩电	台	8 000	4 000
蔬菜	斤	0.2	0.6

解：$I_p=\dfrac{\sum p_1}{\sum p_0}=\dfrac{4\,000.6}{8\,000.2}=50\%$

由此可以得出结论，报告期比基期价格下降了 50%。由于蔬菜与彩电价格相差太大，因此综合指数反映不出蔬菜价格的变动。

为什么彩电和蔬菜的价格有升有降，而最后计算的结果却是价格下降了？

从上面的例子可以看出，简单综合指数只适用于指标值相差不大的样品，当样品有较大差异时，这种方法不能反映实际变动水平。

2. 简单平均指数

将个体指数进行简单平均得到的总指数。该指数是先将样本数据对比，然后综合得到。其计算公式为：

$$I_p=\frac{\sum \frac{p_1}{p_0}}{n} \tag{12—3}$$

$$I_q=\frac{\sum \frac{q_1}{q_0}}{n} \tag{12—4}$$

例 12—3

根据表 12—1 中的数据，采用简单平均法计算总指数。

解：$I_p=\dfrac{\sum \frac{p_1}{p_0}}{n}=\dfrac{\frac{4\,000}{8\,000}+\frac{0.6}{0.2}}{2}=175\%$

计算结果表明，报告期比基期价格提高了 75%。

以价格指数为例，简单平均指数消除了不同商品价格水平的影响，可以反映各种商品的价格变动情况。但是各种商品对整个市场价格的影响大不相同，用简单平均法计算的指数不能反映这种差异，难以满足分析的需要。

总的来说，简单综合指数和简单平均指数都存在方法上的缺陷，没有考虑到权数的影响，计算结果难以反映实际情况。另外，将使用价值不同的产品个体指数或价格（指标值）相加，既缺少实际意义，又缺少理论依据，所以目前在实际编制指数时，已较少采用这种形式。

12.2.2 加权指数

加权指数是指在计算指数时对计入指数的各个项目，根据其重要程度赋予不同的权数并计算得到的指数。通过加权，可以提高指数的准确性和代表性。加权指数因所采用的权数不同可分为加权综合指数和加权平均指数。编制加权指数首先要确定合理的权数，然后根据实际需要确定适当的计算公式。

12.2.2.1 加权综合指数

指数是反映不能直接加总的多项事物数量综合变动的相对数。下面我们用一个例子来说明加权综合指数的编制原理和方法。

 例 12—4

某商场甲、乙、丙三种商品 2006 年和 2007 年的销售量和销售价格如表 12—2 所示。其中，下标 0 表示 2006 年，下标 1 表示 2007 年，p 表示价格，q 表示销售量。

表 12—2　　某商场各种商品的销售量及销售价格

商品名称	计量单位	销售量		价格（元）		销售额（万元）			
								假定	
		q_0	q_1	p_0	p_1	p_0q_0	p_1q_1	p_0q_1	p_1q_0
甲	件	200	300	60	60	1.2	1.8	1.8	1.2
乙	双	400	500	20	30	0.8	1.5	1.0	1.2
丙	米	500	600	70	80	3.5	4.8	4.2	4.0
合计	—	—	—	—	—	5.5	8.1	7.0	6.4

在本例中，若编制甲、乙、丙三种商品的销售量总指数，则可以把甲、乙、丙三种商品报告期和基期的销售量分别加总，再将两个时期的销售量进行对比得到。然而这三种商品的使用价值不同，计量单位也不一样，如果将销售量简单加总，则没有实际意义。同样，若编制这三种商品的价格总指数，则把各商品的价格加总也没有意义。

该如何处理呢？主要应掌握两个要点：第一，要引进媒介因素，对复杂现象的数量进行综合。在本例中，不同商品的销售量和价格都不能直接加总，因为它们都不是同度量的因素。但每种商品的销售量和价格的乘积即销售额是可以加总的。而且从分析的角度看，销售额的变化又恰好反映了销售量增减和价格涨跌两种因素的影响。因此在编制销售量总指数时，可以通过价格这个媒介因素，将销售量转化为可以加总的销售额；在编制价格总指数时，则可以通过销售量这个媒介因素，将价格转化为可以加总的销售额。第二，要将媒介因素固定起来，以单纯反映被研究指标的变动。

直接将综合以后的两个时期的销售额进行对比，这样得到的只不过是全部商品的

销售额指数（总值指数）。如果以 I_{pq} 表示销售额指数，则

$$I_{pq}=\frac{\sum q_1 p_1}{\sum q_0 p_0}=\frac{8.1}{5.5}=147.27\%$$

显然，这样的结果既不能单独反映全部商品销售量的总变动，也不能单独反映全部商品价格的总变动，只是反映了销售量和价格共同变化的结果。为此必须在指数的对比过程中将媒介因素固定起来，从而达到单纯地反映销售量或价格变动影响的目的。这样得到的总指数才是销售量总指数（销售量综合指数）或价格总指数（价格综合指数）。如果分别以 I_q，I_p 代表销售量总指数（销售量综合指数）和价格总指数（价格综合指数），则公式如下：

$$I_q=\frac{\sum q_1 p}{\sum q_0 p} \tag{12—5}$$

$$I_p=\frac{\sum q p_1}{\sum q p_0} \tag{12—6}$$

可见，在综合指数的编制过程中，媒介因素的引入具有关键作用。我们通常将媒介因素称为综合指数的“同度量因素”，因为它所起的作用是将“不能同度量的因素”转化为“能够同度量”。此外，同度量因素对被研究指标（指数化指标）还起加权的作用。

实际中还有一个问题需要解决，即同度量因素应该固定在哪个时期。用不同时期的同度量因素进行计算，会得到不同的结果。从理论上讲，同度量因素固定在基期或固定在报告期，均有一定的适用场合。

在我国指数实践中，从指数计算的现实意义和指数体系的要求出发，对数量指标指数和质量指标指数有不同的解决方法。一般将数量指标指数的同度量因素（质量指标）固定在基期，而将质量指标指数的同度量因素（数量指标）固定在报告期。即

$$I_q=\frac{\sum q_1 p_0}{\sum q_0 p_0} \tag{12—7}$$

$$I_p=\frac{\sum q_1 p_1}{\sum q_1 p_0} \tag{12—8}$$

在同度量因素所属时期的确定上，可以根据研究的需要对同度量因素所属时期进行不同的选择，由此会得到不同的综合指数编制公式。

由于同度量因素可以固定在不同时期，因此加权综合指数有不同的计算形式，较

为常用的有拉氏指数和帕氏指数两种形式。

1. 拉氏指数

拉氏指数是1684年德国统计学家拉斯贝尔斯（Laspeyres）提出的一种指数计算方法，它是计算综合指数时将作为权数的同度量因素固定在基期的方法。相应的计算公式为：

$$\text{拉氏数量指标指数 } I_q = \frac{\sum q_1 p_0}{\sum q_0 p_0} \tag{12—9}$$

$$\text{拉氏质量指标指数 } I_p = \frac{\sum q_0 p_1}{\sum q_0 p_0} \tag{12—10}$$

式中，I_q 表示数量指标指数；I_p 表示质量指标指数 ；p_0 和 p_1 分别表示基期和报告期的质量指标值；q_0 和 q_1 分别表示基期和报告期的数量指标值。

 **例 12—5**

根据例 12—4 计算拉氏指数，数据如表 12—2 所示。

解：根据式（12—9）得销售量综合指数：

$$I_q = \frac{\sum q_1 p_0}{\sum q_0 p_0} = \frac{7.0}{5.5} = 127.27\%$$

计算结果表明，与2006年相比，2007年该商场三种商品销售量平均增长了27.27%，由于销售量的上升使销售额增加的绝对额为：

$$\sum q_1 p_0 - \sum q_0 p_0 = 7.0 - 5.5 = 1.5(\text{万元})$$

根据式（12—10）得价格综合指数：

$$I_p = \frac{\sum q_0 p_1}{\sum q_0 p_0} = \frac{6.4}{5.5} = 116.36\%$$

计算结果表明，与2006年相比，2007年三种商品销售价格平均增长了16.36%，由于销售价格的上涨使销售额增加的绝对额为：

$$\sum q_0 p_1 - \sum q_0 p_0 = 6.4 - 5.5 = 0.9(\text{万元})$$

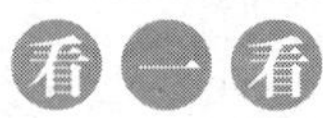

拉氏指数的优点在于用基期的价格 p_0（或 q_0）作为同度量因素（即权数），也就是假定价格（或销售量）未变动，使得数量指数（价格指数）在计算过程中不受价格（销售量）变动的影响，可以消除权数变动对指数的影响，从而可以确切、单纯地反

映销售量（或价格）变化的影响。在定基指数数列中，各期权数相同，指数数值之间可以进行相互比较，用以说明所研究现象变化的程度和规律性。拉氏数量指数，是假定在基期价格不变的条件下报告期销售量的综合变动，它不仅可以单纯地反映销售量的综合变动水平，也符合计算销售量指数的实际要求。因此拉氏数量指数在实际中应用较多。

---

2. 帕氏指数

帕氏指数是由德国的另外一位统计学家帕舍（H. Paasche）于1874年提出的。他主张不论是数量指标指数还是质量指标指数，都应当将同度量因素固定在报告期水平。相应的公式为：

$$\text{帕氏数量指标指数 } I_q=\frac{\sum q_1p_1}{\sum q_0p_1} \tag{12—11}$$

$$\text{帕氏质量指标指数 } I_p=\frac{\sum q_1p_1}{\sum q_1p_0} \tag{12—12}$$

例 12—6

根据例12—4，计算帕氏指数，数据如表12—2所示。

解：根据式（12—11）得销售量总指数：

$$I_q=\frac{\sum q_1p_1}{\sum q_0p_1}=\frac{8.1}{6.4}=126.56\%$$

计算结果表明，和基期相比，报告期三种商品的销售量平均增长了26.56%，由于销售量上升使销售额增加的绝对额为：

$$\sum q_1p_1-\sum q_0p_1=8.1-6.4=1.7(\text{万元})$$

根据式（12—12）得销售价格总指数：

$$I_p=\frac{\sum q_1p_1}{\sum q_1p_0}=\frac{8.1}{7.0}=115.7\%$$

计算结果表明，和基期相比，报告期三种商品的销售价格平均上涨了15.71%，由于销售价格上涨使销售额增加的绝对额为：

$$\sum q_1p_1-\sum q_1p_0=8.1-7.0=1.1(\text{万元})$$

观察上述计算可以发现，拉氏指数和帕氏指数的同度量因素水平和计算结果均不相同，这表明它们具有不完全相同的经济分析意义。以价格指数为例，拉氏指数以基期销售量为同度量因素，这说明它是在基期销售数量的基础上来考察各种商品价格的综合变动程度，其分子与分母的差额 $\sum q_0 p_1 - \sum q_0 p_0 = \sum (p_1 - p_0) q_0$，表明消费者为了维持基期的消费水平或购买和基期一样多的商品，由于价格的变动将会增减多少实际开支。帕氏价格指数以报告期销售量为同度量因素，这说明它是在报告期销售数量的基础上来考察各种商品价格的综合变动程度，其分子与分母的差额 $\sum q_1 p_1 - \sum q_1 p_0 = \sum (p_1 - p_0) q_1$ 表明报告期实际销售的商品由于价格的变化而增减了多少销售额。可见，从经济分析意义的角度看，拉氏指数和帕氏指数都有意义。

但是，计算价格指数的目的是测定商品价格的波动情况，以说明市场物价变动对居民生活的影响。如果用拉氏指数公式即同度量因素固定在基期，则其分子与分母的差额说明由于物价的变动，居民按过去的购买量及消费结构购买商品支出的金额是多少，这显然没有什么现实意义。从实际生活角度看，人们更关心在报告期销售量条件下，由于价格变动对实际生活的影响。如果用帕氏指数公式即同度量因素固定在报告期，则可以同时反映出价格和消费结构的变化，具有比较明确的经济意义，公式的分子与分母的差额说明由于物价的变动，居民按目前的购买量及其结构购买商品支出的金额的多少。可见，用帕氏指数公式计算价格指数，比较符合价格指数的计算目的。在实际应用中，常采用帕氏指数公式计算价格、成本等质量指数。

实际应用中，有时权数既不固定在基期，也不固定在报告期，而是固定在某个具有代表性的特定时期。这一加权方法的特点是，权数不受基期和报告期的限制，指数的编制具有更大的灵活性。尤其是在编制若干个时期的多个指数时，可以消除因权数不同而对指数产生的影响，从而使指数更具有可比性。

某电子生产企业2002年和2003年三种主要产品的单位成本和产量资料如下表所示。

产品名称	计量单位	产量		单位产品成本（元）	
		2002年	2003年	2002年	2003年
高能电池	节	900	1 000	8.5	9.0
电路板	块	500	500	55.0	58.5
录音机	台	700	800	100.0	115.0

要求：

（1）计算三种产品的产值总指数及产值增减总额。

（2）以2003年产量为权数计算三种产品的加权单位产品成本综合指数，以及因产量变动的产值增减额。

加权综合指数与简单指数的区别主要表现在两个方面：一方面，综合指数引入了同度量因素，使不能加总的指数指标转化为可加总的价格量指标；另一方面，最后得到的结果不受计量单位的影响。可见，在加权综合指数的构造过程中，同度量因素的引入具有非常重要的意义，它不仅起到了同度量的作用，而且对于指数化指标还起了加权作用，因此也可以称为综合指数的权数。

12.2.2.2 加权平均指数

加权指数的平均形式，是以个体指数为基础，通过对个体指数计算加权平均数来编制的指数。即先计算所研究现象各个项目的个体指数，然后将所给的价值量指标——物值（产值或销售额）资料作为权数（或者是固定权数），对个体指数进行加权平均求得的指数。

算术平均指数：

$$A_p = \frac{\sum \frac{p_1}{p_0} qp}{\sum qp}, A_q = \frac{\sum \frac{q_1}{q_0} qp}{\sum qp} \tag{12—13}$$

显然加权平均指数，对个体指数进行加权平均，更能反映现象的数量对比关系，在经济上更具有现实意义。

运用加权综合指数编制总指数有一定的局限性，即在编制综合指数时需要全面调查统计资料。以编制多种不同商品销售量总指数和销售价格总指数为例，在应用公式 $I_q = \frac{\sum q_1 p_0}{\sum q_0 p_0}$ 和 $I_p = \frac{\sum q_1 p_1}{\sum q_1 p_0}$ 时，要有各种商品报告期和基期的销售量和销售价格资料，缺少其中任何一项数据都无法计算出相应的总指数。因此，在实际工作中直接利用综合指数计算总指数往往很困难。那么有什么方法可以使我们既能使用非全面资料，又能编制出一个具有综合指数功能的总指数呢？加权平均指数可以帮助我们解决这一问题。

小词典

加权平均指数是以某一时期的总量指标（如价值量）为权数，对个体指数加权平均计算出来的总指数。

其中，作为权数的总量指标，通常是两个变量的乘积，它可以是价值总量，如商品销售额（销售量与销售价格的乘积）、工业总产值（出厂价格与生产量的乘积）等，也可以是其他总量指标，如农产品总量指标（单位面积产量与面积的乘积）等。而其中的个体指数可以是个体质量指数，也可以是个体数量指数。

加权平均指数因权数所属时期不同，有以下三种形式。

1. 以基期总量加权的平均指数

以基期总量加权的平均指数，是以基期总量为权数，对个体指数加权平均计算出来的指数。由于这一指数在计算形式上采用了算术形式，因此也称加权算术平均指数。加权算术平均指数通常用于计算数量指数，也可用于计算价格指数。数量指数和价格指数的计算公式为：

$$A_q = \frac{\sum \frac{q_1}{q_0} q_0 p_0}{\sum q_0 p_0} \tag{12—14}$$

$$A_p = \frac{\sum \frac{p_1}{p_0} q_0 p_0}{\sum q_0 p_0} \tag{12—15}$$

式中，$p_0 q_0$ 为基期总量权数；$\frac{q_1}{q_0}$为个体数量指数；$\frac{p_1}{p_0}$为个体价格指数。

 例 12—7

设某商店三种商品的有关销售资料如表 12—3 所示。计算三种商品的销售量总指数与价格总指数。

表 12—3　　某商店三种商品销售资料

商品名称	计量单位	个体指数		销售额（万元）			
		销售量 I_q	价格 I_p	$q_0 p_0$	$q_1 p_1$	$I_q q_0 p_0$	$1/I_p \times q_1 p_1$
甲	件	1.05	1.25	6.0	7.875	6.3	6.3
乙	米	1.15	1.0	10.0	11.5	11.5	11.5
丙	公斤	1.1	1.1	10.0	12.1	11.0	11.0
合计	—	—	—	26.0	31.475	28.8	28.8

解：根据式（12—14）、式（12—15）得三种商品的销售量总指数和价格总指数为：

$$A_q = \frac{\sum \frac{q_1}{q_0} q_0 p_0}{\sum q_0 p_0} = \frac{1.05\times 6.0+1.15\times 10.0+1.1\times 10.0}{6.0+10.0+10.0} = \frac{28.8}{26.0} = 110.77\%$$

$$A_p = \frac{\sum \frac{p_1}{p_0} q_0 p_0}{\sum q_0 p_0} = \frac{1.25\times 6.0+1.0\times 10.0+1.1\times 10.0}{6.0+10.0+10.0} = \frac{28.8}{26.0} = 109.62\%$$

计算结果表明，与基期相比，报告期该商店三种商品的销售量平均增长了 10.77%，三种商品价格平均上涨了 9.62%。

2. 以报告期总量加权的平均指数

以报告期总量加权的平均指数，是以报告期总量为权数对个体指数加权平均计算出来的指数。这一指数采用调和平均数形式，因此通常也称调和平均数指数。质量指数和数量指数的计算公式分别为：

$$H_p=\frac{\sum q_1p_1}{\sum \frac{1}{p_1/p_0}q_1p_1} \tag{12—16}$$

$$H_q=\frac{\sum q_1p_1}{\sum \frac{1}{q_1/q_0}q_1p_1} \tag{12—17}$$

式中，p_1q_1 为报告期总量权数；p_1/p_0 为个体质量指数；q_1/q_0 为个体数量指数。

例 12—8

根据表 12—3 中的有关资料，以报告期销售额为权数计算三种商品的销售量总指数和价格总指数。

解：根据式（12—16）、式（12—17）得三种商品的销售量总指数和价格总指数为：

$$H_p=\frac{\sum p_1q_1}{\sum \frac{1}{p_1/p_0}p_1q_1}=\frac{7.875+11.5+12.1}{\frac{7.875}{1.25}+\frac{11.5}{1.0}+\frac{12.1}{1.1}}=\frac{31.475}{28.8}=109.29\%$$

$$H_q=\frac{\sum p_1q_1}{\sum \frac{1}{q_1/q_0}p_1q_1}=\frac{7.875+11.5+12.1}{\frac{7.875}{1.05}+\frac{11.5}{1.15}+\frac{12.1}{1.1}}=\frac{31.475}{28.5}=110.44\%$$

计算结果表明，与基期相比，报告期该商店三种商品的价格平均上涨了 9.29%，三种商品的销售量平均提高了 10.44%。

以 q_0p_0 为权数，是加权算术平均指数和拉氏综合指数之间存在变形关系的条件。用除 q_0p_0 之外的其他任何权数，两者之间的变形关系都不存在。具体变形关系如下：

$$A_q=\frac{\sum \frac{q_1}{q_0}q_0p_0}{\sum q_0p_0}=\frac{\sum q_1p_0}{\sum q_0p_0}=\text{拉氏数量指标综合指数}$$

$$A_p=\frac{\sum \frac{p_1}{p_0}q_0p_0}{\sum q_0p_0}=\frac{\sum q_0p_1}{\sum q_0p_0}=\text{拉氏质量指标综合指数}$$

同样，以 q_1p_1 为权数，是加权调和平均指数和帕氏综合指数之间存在变形关系的条件。具体变形关系如下：

$$H_q=\frac{\sum q_1p_1}{\sum \frac{1}{q_1/q_0}q_1p_1}=\frac{\sum q_1p_1}{\sum q_0p_1}=\text{帕氏数量指标综合指数}$$

$$H_p=\frac{\sum q_1p_1}{\sum \frac{1}{p_1/p_0}q_1p_1}=\frac{\sum q_1p_1}{\sum q_1p_0}=\text{帕氏质量指标综合指数}$$

因此，在一定权数条件下，加权平均指数实际上是加权综合指数的一种变形应用。加权平均指数与加权综合指数同属于总指数，但二者有诸多不同之处：二者的计算方法不同，加权综合指数采用先综合后对比的方式，而加权平均指数则采用先对比后综合的方式；二者所依据的计算资料不同，加权综合指数需要掌握全面资料来编制，而加权平均指数既可以采用全面资料，又可以采用抽样资料；二者权数的来源不同，加权综合指数一般采用实际资料作权数，而加权平均指数还可以采用固定权数；综合指数的分子分母之差具有一定的经济意义（说明由于质量指标变动或数量指标变动带来价值总量指标的增减），而平均指数一般采用非全面资料，其分子分母之差不具有价值总量指标增减的经济意义。

3. 固定权数的平均指数

所谓固定权数，就是用某一时期经过调整后的数字作为不变权数，连续使用几年，这种权数多采用比重形式，其计算公式为：

$$I=\frac{\sum iW}{\sum W} \tag{12—18}$$

$$I=\frac{\sum W}{\sum \frac{1}{i}W} \tag{12—19}$$

式中，i 为个体指数或类指数；W 为权数。

用固定权数计算的加权平均指数，是总指数中的一种，这种指数与综合指数之间不存在变形关系。这种指数的可操作性强，在国内外得到了广泛应用。其权数一经取得，便可在相对较长的时间内使用。固定权数的资料可以根据有关的普查、抽样调查或全面统计报表资料调整计算确定。权数的表现形式为相对数，在平均的形式上以算术平均数居多。现以某市某年居民消费价格统计资料为例，说明这种指数的计算方法。

例 12—9

某市某年居民消费价格统计资料如表 12—4 所示。试计算该市居民消费价格总指数。

表 12—4　　某市某年居民消费价格统计资料

商品类别	类指数（%）i	固定权数 W	指数乘以权数 iW
一、食品类	104.15	42	43.743
二、衣着类	95.46	15	14.319
三、家庭设备用品及服务类	102.70	11	11.297
四、医疗保健和个人用品类	110.43	3	3.313
五、交通和通讯工具类	98.53	4	3.941
六、娱乐教育用品及服务类	101.26	5	5.063
七、烟酒及用品类	103.50	14	14.490
八、居住类	108.74	6	6.524
合计	—	100	102.69

解：居民消费价格总指数多采用固定权数算术平均指数公式计算，即

$$I=\frac{\sum iW}{\sum W}=\frac{102.69}{100}=102.69\%$$

计算结果表明，该市居民消费价格总指数报告期比基期平均上涨了 2.69%。

显然，这种固定权数的加权平均数在实际应用上只能进行相对数比较，不能进行绝对数比较，其分子与分母的差额没有任何意义。

12.3 指数体系

前面我们介绍了加权指数的一般编制方法。在实际应用中，不仅可以利用指数反映社会经济现象数量的变动程度，而且可以借助于由几个指数组成的指数体系，对社会经济现象之间的相互联系做更深入的分析。

12.3.1 指数体系的作用

复杂的社会经济现象往往可以分解为若干个构成因素，其数量关系可以用指标体系的形式表现出来。例如：

销售额＝销售量×销售价格

总产值＝产量×产品价格

这种指标体系反映了总量指标与因素指标之间的相互关系。它们之间的这种联系同样表现为各指标指数之间的联系，即

销售额指数＝销售量指数×销售价格指数

总产值指数=产量指数×产品价格指数

我们把这种由总量指数及其若干个因素指数构成的数量关系式称为指数体系。这些指数体系建立在一定的经济联系基础上，是较为严密的数量关系式，因而它们具有非常实际的经济意义。

 试一试

试将总成本和销售利润指标按照上面的方式分解，并写出对应的指数形式。

指数体系在统计分析中的作用主要有以下两点：一是对现象进行因素分析，即分析在现象的总变动中，各个因素的变动对总变动的影响程度。其中包括两个方面的分析——相对数分析和绝对数分析，如销售额指数=销售量指数×销售价格指数，是从相对数方面进行的分析；销售额变动=价格影响销售额变动+销量影响销售额变动，则是从绝对数角度进行的分析。二是进行指数推算，即利用指数在数量上的对等关系，根据已知的指数推算未知的指数。例如，某地区2007年3月份与上年同期相比，商品销售额增长18%，商品销售价格平均上涨6%，则根据指数关系式“商品销售额指数=销售量指数×销售价格指数”，可以求得商品销售量指数为111.32%（1.18/1.06），即商品销售量增长11.32%。

12.3.2 总量指数体系分析

总量指数是由两个不同时期的总量对比形成的相对数，它可以由不同时期的实物总量对比形成，如不同时期的粮食总产量或工业产品总量对比形成的总产量指数；也可以由不同时期的价值总量对比形成，通常称为价值指数，如不同时期的工业总产值、商品销售额等对比形成的价值指数。总量指数通常可以分解为若干个指数的乘积。这种由总量指数及其若干个因素指数构成的数量关系式，称为总量指标指数体系。根据情况，进行因素分析时可采用加权综合指数，也可采用加权平均指数。这里只介绍总量指标的两因素分析。

1. 加权综合指数体系分析

在加权综合指数体系中，为使总量指数等于各因素指数的乘积，两个因素指数中通常有一个为数量指数，另一个为质量指数，而且各因素指数中权数必须是不同时期的，比如若数量指数用基期权数加权，则质量指数必须用报告期权数加权，反之亦然。

加权综合指数根据所用权数所属时期不同，可以形成不同的指数体系。但实际分析中比较常用的是由基期权数加权的数量指数（拉氏指数）和报告期权数加权的质量指数（帕氏指数）形成的指数体系。该指数体系可表示为：

$$\frac{\sum q_1p_1}{\sum q_0p_0}=\frac{\sum q_1p_0}{\sum q_0p_0}\times\frac{\sum q_1p_1}{\sum q_1p_0} \tag{12—20}$$

因素影响差额之间的关系为：

$$\sum q_1p_1-\sum q_0p_0=(\sum q_1p_0-\sum q_0p_0)+(\sum q_1p_1-\sum q_1p_0) \tag{12—21}$$

式中，$\sum q_1p_1$ 为报告期总量指标；$\sum q_0p_0$ 为基期总量指标；q，p 为因素指标，q 为数量指标，p 为质量指标。

例 12—10

某商场甲、乙、丙三种商品 2006 年和 2007 年的销售资料如表 12—2 所示，采用加权综合指数体系对该数据进行因素分析。

解：三种商品销售额的变动为：

$$销售额指数\ I_{pq}=\frac{\sum q_1p_1}{\sum q_0p_0}=\frac{8.1}{5.5}=147.27\%$$

与 2006 年相比，2007 年三种商品销售额增长了 47.27%，增加的绝对值为：

$$\sum q_1p_1-\sum q_0p_0=8.1-5.5=2.6(万元)$$

其中，(1) 销售量变动的影响为：

$$销售量指数\ I_q=\frac{\sum q_1p_0}{\sum q_0p_0}=\frac{7.0}{5.5}=127.27\%$$

计算结果表明，与 2006 年相比，2007 年该商场三种商品销售量平均增长了 27.27%，由于销售量上升使销售额增加的绝对额为：

$$\sum q_1p_0-\sum q_0p_0=7.0-5.5=1.5(万元)$$

(2) 销售价格变动的影响为：

$$销售价格指数\ I_p=\frac{\sum q_1p_1}{\sum q_1p_0}=\frac{8.1}{7.0}=115.71\%$$

计算结果表明，与 2006 年相比，2007 年三种商品销售价格平均上涨了 15.71%，由于销售价格上涨使销售额增加的绝对额为：

$$\sum q_1p_1-\sum q_1p_0=8.1-7.0=1.1(万元)$$

由此可见，销售额增长了 47.27%，是销售量平均增长了 27.27%和销售价格平均上涨了 15.71%共同影响的结果，即 147.27%=127.27%×115.71%。而销售额增加了 2.6 万元，是由于销售量增长使其增加 1.5 万元和销售价格上涨使其增加 1.1 万元共同影响的结果，即 2.6=1.5+1.1。

2. 加权平均指数体系分析

与加权综合指数体系类似，加权平均指数体系由总量指数、数量指标指数以及质量指标指数三部分组成。不同之处在于，数量指标指数与质量指标指数的计算采用加权平均指数的形式。与加权综合指数相一致，对数量指标进行分析时，将同度量因素固定在基期；对质量指标进行分析时，将同度量因素固定在报告期。加权平均指数的指数体系及绝对量关系式如下：

$$\frac{\sum q_1 p_1}{\sum q_0 p_0}=\frac{\sum k_q q_0 p_0}{\sum q_0 p_0}\times\frac{\sum q_1 p_1}{\sum \frac{1}{k_p} q_1 p_1} \tag{12—22}$$

$$\sum q_1 p_1-\sum q_0 p_0=\left(\sum k_q q_0 p_0-\sum q_0 p_0\right)+\left(\sum q_1 p_1-\sum \frac{1}{k_p} q_1 p_1\right) \tag{12—23}$$

例 12—11

根据表 12—3 中的资料，分析销售额的变动受销售量和销售价格变动的影响分别为多少。

解：销售额的变动影响为：

$$销售额指数\ I_{pq}=\frac{\sum q_1 p_1}{\sum q_0 p_0}=\frac{31.475}{26}=121.06\%$$

和基期相比，报告期三种商品销售额平均增长了 21.06%，增加的绝对值为：

$$\sum q_1 p_1-\sum q_0 p_0=31.475-26=5.475(万元)$$

其中，(1) 销售量变动的影响为：

$$销售量指数\ A_q=\frac{\sum \frac{q_1}{q_0} q_0 p_0}{\sum q_0 p_0}=\frac{28.8}{26}=110.77\%$$

和基期相比，报告期三种商品销售量平均增长了 10.77%，由于销售量的上升使销售额增加的绝对值为：

$$\sum \frac{q_1}{q_0} q_0 p_0-\sum q_0 p_0=28.8-26=2.8(万元)$$

(2) 销售价格变动的影响为：

$$\text{销售价格指数 } H_p = \frac{\sum q_1 p_1}{\sum \frac{1}{p_1/p_0} q_1 p_1} = \frac{31.475}{28.8} = 109.29\%$$

和基期相比，报告期三种商品销售价格平均上涨了 9.29%，由于销售价格上涨使销售额增加的绝对值为：

$$\sum q_1 p_1 - \sum \frac{1}{p_1/p_0} p_1 q_1 = 31.475 - 28.8 = 2.675(\text{万元})$$

由此可见，销售额增长了 21.06%，是销售量平均增长了 10.77%和销售价格平均上涨了 9.29%共同影响的结果，即 121.06%＝110.77%×109.29%。而销售额增加了 5.475 万元，是销售量增长使其增加 2.8 万元和销售价格上涨使其增加 2.675 万元共同影响的结果，即 5.475＝2.8＋2.675。

需要指出的是，加权平均指数之间的这种联系，只存在于加权综合指数变形权数的平均指数，不存在于固定权数加权的平均指数。而且在该体系中，一个采用加权算术平均指数，另一个必须采用加权调和平均指数，否则这种对等关系便不存在。

12.3.3 平均数变动因素分解

小词典

两个不同时期的加权算术平均数之比称为平均指标指数，可以反映现象的平均水平变动情况。

在总体分组的情况下，总体平均指标的计算公式为：

$$\bar{x} = \frac{\sum xf}{\sum f} = \sum \left(x \frac{f}{\sum f} \right) \tag{12—24}$$

式中，$\bar{x}$ 表示总体平均指标；x 表示各组的变量值，即总体内各组的水平；f 表示各组的单位数；$\frac{f}{\sum f}$ 表示各组单位数占总体单位数的比重，即总体的结构。

由式（12—24）可以看出，在总体分组的条件下，平均数的变动受两个因素的影响，一是各组的变量水平 x；二是各组的结构，即各级单位数占总体的比重 $\frac{f}{\sum f}$。两个不同时期的加权算术平均数之比称为平均指标指数，可以反映现象的平均水平变动情况。我们根据前面的总量指标指数分析思想来分析平均数指数的变动。

我们可以将总体结构看做数量指标，将各组变量值看做质量指标。在研究总体结构的变动对总体平均数的影响时，可以认为是对数量指标进行分析，将各组的变量值固定在基期，这种指数称为结构变动指数；在研究各组变量值的变动对总体平均数的影响时，可以认为是对质量指标进行分析，将总体结构固定在报告期，这种指数称为组水平变动指数；平均指标指数包含了总体内各组水平和总体结构两个因素综合变动的影响，全面、综合地反映了总体平均水平的实际变动状况，这种指数称为总平均水平指数。于是平均指标指数体系由以下三种指数构成。

1. 总平均水平指数

$$I_{xf}=\frac{\bar{x}_1}{\bar{x}_0}=\frac{\sum x_1f_1\Big/\sum f_1}{\sum x_0f_0\Big/\sum f_0} \tag{12—25}$$

2. 组水平变动指数

$$I_x=\frac{\bar{x}_1}{\bar{x}_n}=\frac{\sum x_1f_1\Big/\sum f_1}{\sum x_0f_1\Big/\sum f_1} \tag{12—26}$$

3. 结构变动指数

$$I_f=\frac{\bar{x}_n}{\bar{x}_0}=\frac{\sum x_0f_1\Big/\sum f_1}{\sum x_0f_0\Big/\sum f_0} \tag{12—27}$$

此时，指数体系以及影响的绝对量关系式如下：

总平均水平指数＝组水平变动指数×结构变动指数

$$\frac{\sum x_1f_1\Big/\sum f_1}{\sum x_0f_0\Big/\sum f_0}=\frac{\sum x_1f_1\Big/\sum f_1}{\sum x_0f_1\Big/\sum f_1}\times\frac{\sum x_0f_1\Big/\sum f_1}{\sum x_0f_0\Big/\sum f_0} \tag{12—28}$$

总平均水平变动额＝各组水平变动影响额＋结构变动影响额

$$\left(\sum x_1f_1\Big/\sum f_1-\sum x_0f_0\Big/\sum f_0\right)$$
$$=\left(\sum x_1f_1\Big/\sum f_1-\sum x_0f_1\Big/\sum f_1\right)+\left(\sum x_0f_1\Big/\sum f_1-\sum x_0f_0\Big/\sum f_0\right) \tag{12—29}$$

平均数变动因素分析的指数体系可以用如下简明形式表示：

$$I_{xf}=I_x\times I_f \tag{12—30}$$

$$\bar{x}_1-\bar{x}_0=(\bar{x}_1-\bar{x}_n)+(\bar{x}_n-\bar{x}_0) \tag{12—31}$$

式中，$\bar{x}_1-\bar{x}_0$ 表示总体平均数的变动量；$\bar{x}_1-\bar{x}_n$ 表示由于各组变量值的变动而引起总体平均数的变动量；$\bar{x}_n-\bar{x}_0$ 表示由于结构变动而引起总体平均数的变动量。

例 12—12

某机械厂所属两个分厂的某机器产品成本资料如表 12—5 所示，试分析该厂某产品总平均单位成本的变动受各分厂成本水平变动以及全厂产量结构变动的影响情况。

表 12—5　　某机械厂某机器产品成本资料

厂别	单位成本（元）		产量（台）		总成本（元）		
	x_0	x_1	f_0	f_1	x_0f_0	x_1f_1	x_0f_1
一分厂	1 200.0	1 220.0	70	70	84 000	85 4000	84 000
二分厂	1 000.0	900.0	30	130	30 000	117 000	130 000
全厂	—	—	100	200	114 000	202 400	214 000

解：基期平均单位成本 $\bar{x}_0=\dfrac{\sum x_0f_0}{\sum f_0}=\dfrac{114\,000}{100}=1\,140$(元/台)

报告期平均单位成本 $\bar{x}_1=\dfrac{\sum x_1f_1}{\sum f_1}=\dfrac{202\,400}{200}=1\,012$(元/台)

假定平均单位成本 $\bar{x}_n=\dfrac{\sum x_0f_1}{\sum f_1}=\dfrac{214\,000}{200}=1\,070$(元/台)

该机械厂平均单位成本变动分析：

总平均水平指数 $I_{xf}=\dfrac{\bar{x}_1}{\bar{x}_0}=\dfrac{1\,012}{1\,140}=88.8\%$

单位成本变动额$=\bar{x}_1-\bar{x}_0=1\,012-1\,140=-128$(元/台)

其中，(1) 由于两分厂单位成本变动对平均单位成本变动的影响为：

组水平变动指数 $I_x=\dfrac{\bar{x}_1}{\bar{x}_n}=\dfrac{1\,012}{1\,070}=94.6\%$

各厂单位成本变动使全厂单位成本发生的变化额为：

$\bar{x}_1-\bar{x}_n=1\,012-1\,070=-58$(元/台)

(2) 各分厂产量变动对全厂平均单位成本变动的影响为：

结构变动指数 $I_f=\dfrac{\bar{x}_n}{\bar{x}_0}=\dfrac{1\,070}{1\,140}=93.9\%$

产量结构变动使全厂单位成本发生的变化额为：

$\bar{x}_n-\bar{x}_0=1\,070-1\,140=-70$(元/台)

计算结果表明，全厂平均单位成本下降 11.2%，是分厂单位成本下降使得全厂单位成本下降了 5.4%和产量结构变动使全厂单位成本下降 6.1%两者共同影响的结果，即 88.8%=94.6%×93.9%。

从绝对数上看，全厂平均单位成本降低了 128 元，其中，由于分厂单位成本下降使得全厂单位成本降低70元，产量结构变动使得全厂单位成本降低58元，即−128=−58+(−70)。

12.4 几种常用的指数

作为一种重要的经济分析指标和方法，指数在实践中获得了广泛的应用，世界各国都广泛使用指数来反映经济现象特别是物价的变动。但在不同场合，往往需要运用不同的指数形式。一般而言，选择指数形式的主要标准是指数的经济分析意义，除此之外，有时还需要考虑实际编制工作的可行性，以及对指数分析性质的某些特殊要求。下面介绍零售价格指数、消费价格指数、工业生产指数以及股票价格指数的编制。

12.4.1 零售价格指数

零售价格指数（retail price index）是反映城乡商品零售价格变动趋势的一种经济指数，可用于分析市场商品的供需情况，是观察和分析经济活动的重要工具之一。

根据不同需要，可以编制不同的零售价格指数。比如，可对城乡分别编制零售价格指数，也可编制地区零售价格指数，以及零售商品分类价格指数。先对我国零售商品价格指数编制中的一些主要问题做如下说明。

1. 选择典型地区

全国零售价格总指数用于反映全社会零售商品价格的总体变动水平，但要包括所有地区是不可能的，需要选择部分具有代表性的地区编制价格指数。典型地区的选择既要考虑其代表性，又要注意类型上的多样性以及地区分布上的合理性和稳定性。例如，1992年全国共选取146个市、80个县作为取得数据的基层填报单位，在此基础上选定经营规模大、商品种类多的商场（包括集市）作为调查点。

2. 选择代表规格品

全社会零售商品的种类十分繁多，要编制包括全部商品的零售价格指数显然是不可能的。因此，在编制价格指数时，只能选择部分具有代表性的商品。首先应对商品进行科学的分类，在此基础上分别选择能代表各类别的代表规格品。代表规格品是根据商品零售资料和城市、农村居民的消费支出记账资料，按照有关规定筛选的。筛选原则主要有：（1）与社会生产和人民生活关系密切；（2）销售数量（金额）大；（3）市场供应保持稳定；（4）价格变动趋势有代表性；（5）所选的代表规格品之间差异大。

3. 确定商品价格

全国零售价格总指数包括了商品牌价、议价和市价等因素。对所选代表性商品使用的是全社会综合平均价。一种商品的综合平均价是该商品在一定时期内的牌价、议价、市价的加权平均，其权数是各种价格形式的商品零售量或零售额。根据每种代表品基期和报告期的综合平均价，计算每种商品的价格指数，并以此作为计算类指数的依据。

4. 确定权数

我国目前的零售价格总指数是采用加权算术平均形式计算的，其权数是根据上年全社会商品零售额资料，并根据当年住户调查资料予以调整后确定的。在确定权数时，先确定各大类权数，然后确定小类权数，最后确定商品权数。权数均以百分比表示，各层权数之和等于100。为便于计算，权数一律可以取整数。

5. 计算平均价格

对于全年销售和价格变动比较平衡的商品，用简单算术平均法计算；对于年度中更换过代表规格品的商品，其年度平均价格根据新的代表规格品的月度价格用简单算术平均法计算。

6. 计算指数

从1985年起，我国开始采用部分商品平均价格法计算全国商品零售价格总指数。其计算公式为：

$$I_p = \frac{\sum iW}{\sum W} \tag{12—32}$$

式中，i 为个体指数或各层的类指数；W 为各层零售额比重权数。

具体计算过程是，先分别计算出各代表规格品基期和报告期的全社会综合平均价，并计算出相应的价格指数，然后分层逐级计算小类、中类、大类和总指数。

 例 12—13

现以部分资料（见表12—6）说明价格总指数的编制和计算过程。

表 12—6　　零售价格总指数计算表

商品类别及名称	代表规格品	计量单位	平均价格（元）		权数（%）W	指数（%）i	iW
			p_0	p_1			
总指数					100	111.6	11 159.8
一、食品类					38	116.2	4 415.6
1. 粮食					35	105.3	3 685.5
细粮					65	105.6	6 864.0
面粉	标准	kg	2.40	2.52	40	105.0	4 200.0
大米	粳米标一	kg	3.50	3.71	60	106.0	6 360.0
粗粮					35	104.8	3 668.0
2. 副食品					45	125.4	5 643.0
3. 其他食品					20	114.8	2 296.0

续前表

商品类别及名称	代表规格品	计量单位	平均价格（元）		权数（%）W	指数（%）i	iW
			p_0	p_1			
二、饮料、烟酒					5	126.0	630.0
三、服装、鞋帽					10	115.2	1 152.0
四、纺织品					3	99.3	297.9
五、家用电器及音像器材					8	94.2	753.6
六、文化办公用品					2	110.4	220.8
七、日用品					11	109.5	1 204.5
八、体育娱乐用品					2	98.1	192.6
九、交通、通信用品					1	91.1	91.1
十、家具					2	97.8	195.6
十一、化妆品					1	98.9	98.9
十二、金银珠宝					3	108.6	325.8
十三、中西药品及医疗保健用品					7	116.4	814.8
十四、书报杂志及电子出版物					2	108.6	217.2
十五、燃料					3	105.6	316.8
十六、建筑材料及五金电料					2	114.5	229.0

解：(1) 计算出各代表规格品的价格指数。如面粉价格指数为：

$$i=\frac{p_1}{p_0}=\frac{2.52}{2.40}=105.0\%$$

(2) 根据各代表规格品的价格指数及给出的相应权数，利用加权算术平均法计算小类指数。如细粮类价格指数为：

$$i_p=\frac{\sum iW}{\sum W}=\frac{1.05\times40+1.06\times60}{100}=105.6\%$$

(3) 根据各小类指数及相应的的权数，利用加权算术平均法计算中类指数。如粮食类价格指数为：

$$i_p=\frac{\sum iW}{\sum W}=\frac{105.6\times65+104.8\times35}{100}=105.3\%$$

(4) 根据各中类指数及相应的权数，利用加权算术平均法计算大类指数。如食品类价格指数为：

$$i_p=\frac{\sum iW}{\sum W}=\frac{1.053\times35+1.254\times45+1.148\times20}{100}=116.2\%$$

(5) 根据各大类指数及相应的权数，利用加权算术平均法计算总指数。即

$$I_p=\frac{\sum iW}{\sum W}=\frac{(1.162\times38+1.26\times5+1.152\times10+0.993\times3+\cdots+1.145\times2)}{100}$$

$$=\frac{11\,159.8}{100}=111.598\%$$

12.4.2 消费价格指数

消费价格指数（consumer price index，CPI）是世界各国普遍编制的一种指数。不同国家这一指数的名称并不相同。我国称之为居民消费价格指数。居民消费价格指数是反映一定时期内城乡居民所购买的生活消费品和服务项目价格变动趋势和程度的相对数。通过这一指数，可以观察消费价格的变动水平及其对消费者货币支出的影响，研究实际收入和实际消费水平的变动状况。通过城镇居民消费价格指数，可以分析生活消费品和服务项目价格变动对职工货币工资的影响，为研究职工生活和制定工资政策提供依据。

居民消费价格指数可对城乡分别编制城市居民消费价格指数和农村居民消费价格指数，也可就全社会编制全国居民消费价格总指数。城市居民消费价格指数是反映城市居民及其家庭所购买的生活消费品和服务项目价格变动趋势和程度的相对数，其编制过程与零售价格指数类似，但内容有所不同。消费价格指数包括消费品价格和服务项目价格两个部分。编制该指数时，首先要对消费品和服务项目进行分类，然后再选择消费品和服务项目的代表。目前的居民消费价格指数分为食品类、衣着类、家庭设备及用品类、医疗保健用品类、交通和通信工具类、娱乐教育文化用品类、居住类、服务项目类。其中，服务项目分为房租、水电费、交通费、邮电费、医疗保健费、学杂保育费、文娱费、修理费及其他服务费等九大类 251 个基本分类。居民消费价格指数的计算权数根据 10 万户城乡家庭消费支出构成确定。分别求出消费品价格指数和服务价格指数，并将二者进行加权平均汇总。其计算公式为：

$$I_p=\frac{\sum iW}{\sum W} \tag{12—33}$$

式中，i 为类指数；W 为权数，通常根据家庭生活费收支调查资料确定。

居民消费价格指数除了能反映城乡居民所购买的生活消费品和服务项目价格的变动趋势和程度外，还有以下几个方面的作用：

第一，反映通货膨胀状况。通货膨胀的严重程度是用通货膨胀率来反映的，它说明了一定时期内商品价格持续上升的幅度。通货膨胀率一般以居民消费价格指数来表示。其计算公式为：

$$通货膨胀率=\frac{报告期居民消费价格指数-基期居民消费价格指数}{基期居民消费价格指数}\times 100\% \quad (12—34)$$

第二，反映货币购买力变动。货币购买力是指单位货币能够购买到的消费品和服务的数量。居民消费价格指数上涨，货币购买力下降，反之则上升，因此，居民消费价格指数的倒数就是货币购买力指数，计算公式为：

$$货币购买力指数=\frac{1}{居民消费价格指数}\times 100\% \quad (12—35)$$

第三，反映对职工实际工资的影响。消费价格指数的上升意味着实际工资的减少，消费价格指数下降则意味着实际工资的增长。因此，利用消费价格指数可以将名义工资转化为实际工资。计算公式为：

$$实际工资=\frac{名义工资}{消费价格指数} \quad (12—36)$$

12.4.3 工业生产指数

工业生产指数（industrial production index）概括反映一个国家或地区各种工业产品产量的综合变动程度，它是衡量经济增长水平的重要指标之一。世界各国都非常重视工业生产指数的编制，但采用的编制方法却不完全相同。

我国的工业生产指数是通过计算各种工业产品的不变价格产值来编制的。其基本编制过程如下：首先，对各种工业产品分别制定相应的不变价格标准（记为 p_c）；然后，逐项计算各种产品的不变价格产值，加总起来就得到全部工业产品的不变价格总值；最后，将不同时期的不变价格总值加以对比，就得到相应时期的工业生产指数。记 t 时期的不变价格总产值为 $\sum q_t p_c (t=1,2,\cdots)$，则该时期的工业生产指数就是固定加权综合指数的形式：

$$I_q=\frac{\sum q_t p_c}{\sum q_0 p_c} \text{ 或 } I_q=\frac{\sum q_t p_c}{\sum q_{t-1} p_c} \quad (12—37)$$

式中，q_t 为计算期工业产品产量；$\sum q_t p_c$ 为计算期不变价格工业产品总值；$\sum q_0 p_c$ 为某一固定时期不变价格工业产品总值；$\sum q_{t-1} p_c$ 为计算期前一期不变价格工业产品总值。第一个公式类似于定基指数，第二个公式类似于环比指数。

采用不变价格法编制工业生产指数的特点是，只要具备了完整的不变价格产值资料，就能很容易地计算出有关的生产指数，而且可以在不同层次上（如各地区、各部门、各企业等）进行编制，满足各方面的分析需要。

然而，不变价格的制定和不变价格产值的计算本身是一项非常浩繁的工作，这项工作又必须连续不断地全面展开，其难度可想而知。尤其是在市场经济条件下，要在整个工业生产领域内运用不变价格计算完整的产值资料，面临着很多实际问题。

与我国情况不同，在国外，较为普遍地采用平均指数形式来编制工业生产指数。计算公式为：

$$I_q=\frac{\sum i_q q_0 p_0}{\sum q_0 p_0} \tag{12—38}$$

式中，i_q 为各种工业品的个体产量指数；$q_0 p_0$ 则为相应产品的基期增加值。编制这种工业生产指数的目的是说明工业增加值中物量因素的综合变动程度，其分析意义与一般的工业总产量指数有所不同。

在实践中，为了简化指数的编制工作，常常将各种工业品的增加值比重作为权数，并将这种比重权数相对固定起来连续编制各个时期的工业生产指数：

$$I_q=\frac{\sum i_q W}{\sum W} \tag{12—39}$$

这里运用了“固定加权算术平均指数”，与零售价格指数的编制类似。

12.4.4 股票价格指数

股票在最初发行时，通常是按面值出售的。股票面值是指股票票面上所标明的金额。但股票在证券市场上交易时，就出现了与面值不一致的市场价格。股票价格一般是指股票在证券市场上交易时的市场价格。股票价格是一个时点值，有开盘价、收盘价、最高价、最低价等，但通常以收盘价作为该只股票当天的价格。股票价格指数是根据精心选择的具有代表性和敏感性强的样本股票某时点平均市场价格计算的动态相对数，用于反映某一股市股票市场价格总的变动趋势。股票价格指数的单位习惯上用“点”表示，即以基期为 100，每上升或下降 1 个单位称为 1 点。股票价格指数的计算方法有很多种，但一般利用综合指数公式，以发行量为权数进行加权综合计算。计算公式为：

$$I=\frac{\sum p_{1i} q_i}{\sum p_{0i} q_i} \tag{12—40}$$

式中，p_{1i} 和 p_{0i} 分别为报告期和基期第 i 只样本股的平均价格；q_i 为第 i 只股票的报告期发行量（也有采用基期的）。

 例 12—14

设有 3 只股票，股价和发行股数资料如表 12—7 所示。计算股价指数。

表 12—7 股票、股价和发行股数资料

股票名称	报告期发行量（股）	股价（股/元）				
		基日 p_0	计算日			
			p_1	p_2	p_3	p_4
甲	12 000	13	15	14	14	16
乙	20 000	6	6	7	8	8
丙	25 000	5	7	8	8	9

说明：表中的某只股票某天的价格资料，是该天的平均价格。

解：根据表 12—7 中的资料计算 4 个计算日的股价指数如下（以报告期发行量为权数）：

$$第1日：\frac{\sum p_{1i}q_i}{\sum p_{0i}q_i}=\frac{15\times12\,000+6\times20\,000+7\times25\,000}{13\times12\,000+6\times20\,000+5\times25\,000}=\frac{475\,000}{401\,000}=118.45\%$$

$$第2日：\frac{\sum p_{2i}q_i}{\sum p_{0i}q_i}=\frac{14\times12\,000+7\times20\,000+8\times25\,000}{13\times12\,000+6\times20\,000+5\times25\,000}=\frac{508\,000}{401\,000}=126.68\%$$

$$第3日：\frac{\sum p_{3i}q_i}{\sum p_{0i}q_i}=\frac{14\times12\,000+8\times20\,000+8\times25\,000}{13\times12\,000+6\times20\,000+5\times25\,000}=\frac{528\,000}{401\,000}=131.67\%$$

$$第4日：\frac{\sum p_{4i}q_i}{\sum p_{0i}q_i}=\frac{16\times12\,000+8\times20\,000+9\times25\,000}{13\times12\,000+6\times20\,000+5\times25\,000}=\frac{577\,000}{401\,000}=143.89\%$$

即到第 4 日股价上涨 43.89 点。

股票价格指数是反映证券市场行情变化的重要指标，它不仅是广大证券投资者进行投资决策的依据，而且被视为反映一个地区或一个国家宏观经济态势的“晴雨表”。世界各地的股票市场都有自己的股票价格指数，而且大多以综合指数公式编制。下面介绍几种常用的股票价格指数。

第一，标准·普尔股价指数。标准·普尔公司是美国最大的证券研究机构，于 1923 年开始编制标准·普尔股价指数。从 1957 年起至今，标准·普尔股价指数的采样股票一直保持 500 种之多，包括 400 种工业股、20 种运输股、40 种金融股和 40 种公用事业股。该股票对比的基期为 1941—1943 年，以基期各种股票发行量为权数，对所有采样股票价格采用拉氏公式计算而成。由于它包括的股票市价总值约占纽约证券交易所上市股票的 75%，因此，代表性强，能较全面地反映股票市场价格的变动，在国际金融市场上的影响也较大。

第二，道琼斯股价平均数。由美国的道琼斯公司计算并发布，从 1884 年第一次发布至今已有一个多世纪之久。它是久负盛名、影响最广的一种股票价格指数。

知道吗 查尔斯·亨利·道（Charles Henry Dow，1851—1902）出生于康涅狄格州斯特林，是道琼斯指数的发明者和道氏理论奠基者，纽约道琼斯金融新闻服务的创始人、《华尔街日报》的创始人和首位编辑。他是一位经验丰富的新闻记者，早年曾得到萨缪尔·鲍尔斯（Samule Bowles）的指导，后者是斯普林菲尔德《共和党人》的杰出编辑。

资料来源：百度百科。

道琼斯股价平均数以在纽约交易所挂牌交易的一些著名大公司的股票为编制对象。最初采用简单算术平均法计算，将采样股票价格总额除以公司数，反映的是每一家公司的平均股票价格总额。为了反映单位股票价格，应将采样的股票价格总和除以总股数，但考虑到增资和折股等各种非市场因素对股票总股数的影响，选择采用除数修正法，即将各种采样股票价格总和除以一个修正后的新除数来计算道琼斯股价平均数。用公式表示为：

$$道琼斯股价平均数=\frac{采样股票价格总和}{修正后的新除数}$$

式中，修正后的新除数等于考虑非市场因素影响后的各种采样股票理论价格之和除以考虑非市场因素影响前的各种采样股票收盘价之和，然后再乘以原先的除数（未增资和折股前的总股数）。

通常引用的道琼斯股价指数实际上是一组平均数，包括：(1) 道琼斯工业股价平均数。由美国 30 家著名的工商业公司股票组成采样股，主要用于反映整个工商业股票的价格水平，在许多场合也被用作道琼斯股价平均数的代表。(2) 交通运输业股价平均数。以美国 20 家著名的交通运输业公司的股票为采样股计算而成。(3) 公用事业股价平均数。以美国 15 家最大的公用事业公司的股票为采样股计算而成，反映公用事业类股票的价格水平。(4) 股价综合平均数。以上述三类股价平均数所涉及的共 65 家公司的股票为采样股综合得到的股价平均数，反映整个股票市场价格的变化趋势。

第三，上海证券交易所股价指数和深圳证券交易所股价指数。我国的上证综合指数以 1990 年 12 月 19 日为基准，基日定为 100，以所有在上海证券交易所上市的股票为编制对象，采用以股票发行量为权数的综合股价指数。我国的深证综合指数是以在深圳证券交易所上市的所有股票为对象编制的指数，以 1991 年 4 月 3 日为指数的基准日。该指数也采用以股票发行量为权数的综合股价指数。

□ 本章小结

指数反映复杂现象总体的数量综合变动，是一种重要的统计方法。指数分析法是利用指数原理分析各种因素对现象变动影响的一种重要分析方法。介绍如何计算指数以及如何进行指数因素分析是本章的主要内容。

加权指数是计算总指数的常用方式，它有两种基本形式：一种是加权综合指数；一种是加权平均指数。这两种形式根据不同的计算逻辑，相互间既有联系，又有区别。加权综合指数根据先综合后对比的思路计算总指数，即先通过同度量因素计算出复杂现象总体在不同时间的总量，然后才进行对比。平均指数则根据先对比后综合的思路计算总指数，即先计算个体指数，再对个体指数进行加权平均。在一定的权数条件下，平均指数可以看作综合指数的变形。

编制加权综合指数的关键是确定同度量因素。借助同度量因素，使不能直接相加的个别现象的量转化为可以相加的量；将同度量因素固定，可以消除同度量因素变动对总指数的影响；选择同度量因素的固定时期，应当考虑经济指数的现实意义以及指数体系的内在要求。在一般情况下，计算数量指标指数以基期的质量因素为同度量因素，即选用拉氏公式；而计算质量指标指数则以报告期的数量因素为同度量因素，即选用帕氏公式。同度量因素也起着权数的作用。

编制平均指数的关键是确定权数。平均指数的计算形式有两种：加权算术平均指数和加权调和平均指数。实际工作中采用哪种公式编制指数，应当根据所收集资料的情况而定。

指数因素分析法的基本任务是在定性分析的基础上，依据指数体系中各指数间的联系，分别分析各因素对研究对象在数量上的影响程度及绝对量。

零售价格指数、消费价格指数、工业生产指数以及股票价格指数等是重要的经济指数，理解它们的编制过程有助于我们对经济的认识和研究。

□习 题

1. 什么是指数？它有哪些分类？
2. 什么是同度量因素？同度量因素在编制加权综合指数中有什么作用？
3. 拉氏指数与帕氏指数各有什么特点？
4. 加权平均指数与加权综合指数有何区别与联系？
5. 试述平均数变动指数体系。
6. 某企业生产甲、乙两种产品，资料如下：

产品名称	计量单位	产量		单位成本（元）	
		基期	报告期	基期	报告期
甲	台	2 000	2 200	12.0	12.5
乙	吨	5 000	6 000	6.2	6.0

计算：

(1) 产量与单位成本个体指数；

(2) 两种产品产量总指数以及由于产量增加而增加的生产费用；

(3) 两种产品单位成本总指数以及由于成本降低而节约的生产费用；

7. 试根据下列资料分别用拉氏指数和帕氏指数计算销售量指数及价格指数。

商品名称	计量单位	销售数量		单价（元）	
		基期 q_0	报告期 q_1	基期 p_0	报告期 p_1
甲	支	400	600	0.25	0.2
乙	件	500	600	0.4	0.36
丙	个	200	180	0.5	0.6

8. 某工厂有三个生产车间，基期和报告期各车间的工人数和劳动生产率资料如下表所示。试分析该企业劳动生产率的变动及其原因。

车间	职工人数（人）		劳动生产率（万元/人）	
	基期 f_0	报告期 f_1	基期 x_0	报告期 x_1
一车间	200	240	4.4	4.5
二车间	160	180	6.2	6.4
三车间	150	120	9.0	9.2
合计	510	540	6.32	6.18

9. 下表是某地2005年粮食零售价格指数计算简表，请以表中资料说明编制商品零售价格指数的一般步骤，并计算出2005年粮食中类零售价格指数。

商品类别	规格等级	计量单位	平均价格（元）		权数 w	以上年为基期	
			2004年 p_0	2005年 p_1		指数 i_p（%）	i_pW（%）
粮食中类总指数					100	107.92	
1. 细粮小类					82	108.74	8 916.68
(1) 面粉	标准粉	千克	2.00	2.20	56	110.00	6 160.00
(2) 粳米	一等	千克	2.80	3.00	44	107.14	4 714.16
2. 粗粮小类					18	104.18	1 875.24
⋮	⋮	⋮	⋮	⋮		⋮	⋮

10. 近期在新闻报道中，各种指数层出不穷，例如“克强指数”、“榨菜指数”等，它们都反映了经济生活中的不同方面，查找相关文献，解释这两种指数的含义，并根据自身兴趣构造出一种指数。

参考文献

[1] 金勇进编著．统计学［M］．北京：中国人民大学出版社，2010.

[2] 金勇进主编．统计学教程（第二版）［M］．北京：中国人民大学出版社，2010.

[3] 贾俊平，何晓群，金勇进编著．统计学（第三版）［M］．北京：中国人民大学出版社，2007.

[4] 肯·布莱克．商务统计学［M］．北京：中国人民大学出版社，2006.

[5] 陈希孺编著．概率论与数理统计［M］．北京：科学出版社；合肥：中国科学技术大学出版社，2000.

[6] 傅德印，刘晓梅编著．预测方法与应用［M］．北京：中国统计出版社，2003.

[7] 何宁等主编．统计分析系统 SAS 与 SPSS［M］．北京：机械工业出版社，2008.

[8] 曾五一主编．统计学简明教程［M］．北京：中国人民大学出版社，2012.

[9] 金勇进，蒋妍，李序颖编著．抽样技术［M］．北京：中国人民大学出版社，2002.

[10] 茆诗松，程依明，濮晓龙编著．概率论与数理统计教程［M］．北京：高等教育出版社，2004.

[11] 袁卫，刘超．统计学——思想、方法与应用［M］．北京：中国人民大学出版社，2011.

[12] 王燕．应用时间序列分析［M］．北京：中国人民大学出版社，2005.

[13] 吴喜之编著．统计学：从数据到结论（第二版）［M］．北京：中国统计出版社，2006.

[14] 徐国祥主编．统计预测和决策（第三版）［M］．上海：上海财经大学出版社，2008.

[15] 张文彤主编．SPSS 统计分析高级教程［M］．北京：高等教育出版社，2004.

[16] G. R. 埃维森，M. 格根．统计学——基本概念和方法［M］．吴喜之，程博等译．北京：高等教育出版社，2002.

图书在版编目（CIP）数据

统计学/金勇进编著. —2 版. —北京：中国人民大学出版社，2014.4
21 世纪统计学系列教材
ISBN 978-7-300-18660-3

Ⅰ.①统… Ⅱ.①金… Ⅲ.①统计学-高等学校-教材 Ⅳ.①C8

中国版本图书馆 CIP 数据核字（2014）第 060698 号

21 世纪统计学系列教材
统计学（第二版）
金勇进　编著
Tongjixue

出版发行	中国人民大学出版社		
社　　址	北京中关村大街 31 号	邮政编码	100080
电　　话	010－62511242（总编室）		010－62511770（质管部）
	010－82501766（邮购部）		010－62514148（门市部）
	010－62515195（发行公司）		010－62515275（盗版举报）
网　　址	http://www.crup.com.cn		
	http://www.ttrnet.com（人大教研网）		
经　　销	新华书店		
印　　刷	北京密兴印刷有限公司	版　　次	2010 年 1 月第 1 版
规　　格	185 mm×260 mm　16 开本		2014 年 4 月第 2 版
印　　张	19 插页 1	印　　次	2014 年 4 月第 1 次印刷
字　　数	402 000	定　　价	32.00 元

教师教学服务说明

中国人民大学出版社工商管理分社以出版经典、高品质的工商管理、财务会计、统计、市场营销、人力资源管理、运营管理、物流管理、旅游管理等领域的各层次教材为宗旨。

为了更好地为一线教师服务，近年来工商管理分社着力建设了一批数字化、立体化的网络教学资源。教师可以通过以下方式获得免费下载教学资源的权限：

在“人大经管图书在线”（www.rdjg.com.cn）注册，下载“教师服务登记表”，或直接填写下面的“教师服务登记表”，加盖院系公章，然后邮寄或传真给我们。我们收到表格后将在一个工作日内为您开通相关资源的下载权限。

如您需要帮助，请随时与我们联络：

中国人民大学出版社工商管理分社

联系电话：010－62515735，62515749，82501704

传　　真：010－62515732，62514775　　　电子邮箱：rdcbsjg@crup.com.cn

通讯地址：北京市海淀区中关村大街甲59号文化大厦1501室（100872）

教师服务登记表

<table>
<tr><td>姓 名</td><td></td><td>□先生　□女士</td><td>职　　称</td><td colspan="2"></td></tr>
<tr><td>座机/手机</td><td colspan="2"></td><td>电子邮箱</td><td colspan="2"></td></tr>
<tr><td>通讯地址</td><td colspan="2"></td><td>邮　　编</td><td colspan="2"></td></tr>
<tr><td>任教学校</td><td colspan="2"></td><td>所在院系</td><td colspan="2"></td></tr>
<tr><td rowspan="3">所授课程</td><td>课程名称</td><td>现用教材名称</td><td>出版社</td><td>对象（本科生/研究生/MBA/其他）</td><td>学生人数</td></tr>
<tr><td></td><td></td><td></td><td></td><td></td></tr>
<tr><td></td><td></td><td></td><td></td><td></td></tr>
<tr><td colspan="2">需要哪本教材的配套资源</td><td colspan="4"></td></tr>
<tr><td colspan="2">人大经管图书在线用户名</td><td colspan="4"></td></tr>
<tr><td colspan="6">院/系领导（签字）：
院/系办公室盖章</td></tr>
</table>